本书属于国家社科基金项目"当代西方共识民主理论研究"
（11BZZ008）最终研究成果

Study of Contemporary Western Consensus Democracy Theory

当代西方共识民主理论研究

寇鸿顺 著

人民出版社

责任编辑:洪　琼

图书在版编目(CIP)数据

当代西方共识民主理论研究/寇鸿顺 著. -北京:人民出版社,2014.12
ISBN 978 - 7 - 01 - 014174 - 9

Ⅰ.①当…　Ⅱ.①寇…　Ⅲ.①民主政治-政治理论-西方国家
　Ⅳ.①D521

中国版本图书馆 CIP 数据核字(2014)第 265752 号

当代西方共识民主理论研究
DANGDAI XIFANG GONGSHI MINZHU LILUN YANJIU

寇鸿顺　著

人民出版社 出版发行
(100706　北京市东城区隆福寺街 99 号)

北京龙之冉印务有限公司印刷　新华书店经销

2014 年 12 月第 1 版　2014 年 12 月北京第 1 次印刷
开本:710 毫米×1000 毫米 1/16　印张:26
字数:340 千字　印数:0,001-2,000 册

ISBN 978 - 7 - 01 - 014174 - 9　定价:68.00 元

邮购地址 100706　北京市东城区隆福寺街 99 号
人民东方图书销售中心　电话 (010)65250042　65289539

目　录

导　论

一、20世纪世界政治经济格局的变迁及其对民主理论研究的影响

刚刚过去的20世纪,人类经历了太多的事情。资本主义市场的迅猛扩张,在不到半个世纪的时间里带给人类两次世界大战,给人类心灵蒙上永远无法抹去的阴影;苏联社会主义由理论到实践的短短70年历程,带给这个世界许多新鲜的东西,又给这个世界带来很多沉重的思考。作为人类一种崭新的社会制度的存在,社会主义对资本主义的发展提出了更多的挑战,也给资本主义的发展注入了新的生机和活力。社会主义革命的胜利,唤醒了第三世界的民族意识。民族国家日新月异的发展,成为这个世界的主导国家样式。20世纪末苏联模式社会主义的失误,让资本主义再次主导这个世界。用西方的话语系统来说,如果说20世纪人类政治上取得重大进步的话,那就是民主制度得到确立,站稳了脚跟,并获得了迅猛的发展。

20世纪90年代以来,世界经济政治格局发生了深刻的变化,对民主政治理论的研究和发展提出了新的挑战。同时,国内民主与国际民主的互动影响也改变着民主化的进程。首先是经济的全球化或国际化。经济全球化的进程也加快了区域经济发展的步伐,地区组织成为区域政治经济一体化的地区性架构,例如北美自由贸易区、欧盟和北约等。这些区域组织已经深深地影响了世界政治格局的变化和政治学理论的研究。20世纪最后十年技术和通讯的迅猛发展也同样如此。为了处理由全球化带来的一些问题,世界上180多个国家在商业、经济、文化、货币和科学技术等领域产生了相应的合作组织。这些功能性的国际和地区组织,制订了一系列的规则和法律,从而形成了一系列的国际"制度"(regime)。各国不可避免地同意放弃

一些主权以期获得或保护一些"集体物品",例如贸易、安全、货币稳定等。但在这些国际性或区域组织运作的过程中,组织内的多元化、功能性组织间的民主等问题逐渐凸显出来。这不仅导致了更为复杂的政策问题依然需要由政府来处理,而且也导致了对一些国家主权的进一步侵蚀。同时,国际化意味着许多国家的政策不得不重塑其政治和经济制度以使其更符合有关功能性组织和国际制度的规则、规制和期望。国际化意味着民主理论不仅要单纯考虑国家民主理论还要考虑国家联盟与国际组织的民主问题。

苏联的解体与中国的崛起使世界民主版图发生了重大改变。苏联解体、苏东剧变使大约20多个国家成为政治转型的试验场。这些国家基本上集中在世界上同一个广大区域,在历史的同一时刻面临国际体系的相同制约,并且从相同的制度框架下开始转型。它不仅深深地影响着这些国家的政治变迁,同时也深深地影响着世界政治格局的变化。与此同时,中国坚持有本国特色社会主义道路,实行渐进式的经济政治改革,使中国走上了和平发展之路。经济快速发展、政治稳定的中国发展道路吸引着世界广泛关注。中国特色的社会主义民主发展道路,融汇了迄今为止人类文明发展进程中的各种积极因素,在中国历史文化基础上创新整合,焕发出了巨大的思想魅力和朝气蓬勃的实践活力。中国特色社会主义的巨大成功,也不能不引起许多政治学家重新思考这个世界的民主问题,重新认识社会主义民主政治的优越性与适应性。

民族与宗教的冲突是20世纪的又一突出问题。20世纪下半叶,民族暴力遍及了整个世界,尤为突出的是在东欧巨变、苏联解体后的新兴国家、中东、非洲、南亚和印度尼西亚。日益增多的民族冲突使得政治学者更密切地关注政治文化因素,以及其在形成一国制度和政策中的作用。同时也引发了解决冲突的对策和制度重建的研究。由于冲突经常导致自治、分离等国家分裂问题,因此,民族因素、文化因素成为民主重建中的重要变量,同时,也成为民主研究的重点和热点。在西方发达国家,特别是20世纪60年代以来,伴随着的大量移民涌入、民权运动和种族意识的觉醒,移民浪潮最终促成大多数发达国家成为了多民族国家。民权运动促成大多数民族国家至少在名义上采纳民主制度和扩大人民权利。由于各国具有不同的社会经济、历史文化、政治传统,各国民主的发展和运行状况差异很大,民族问题、民主问题导致了许多国家的多元分裂和政治的不稳定,使原本就不健全的民主出现了太多的失败和暴力。

在这些因素的交织作用下,20世纪下半叶,民主化浪潮再一次席卷全球,民主的观念和制度越来越为人们所接受,并成为现代西方政治制度的显著特征。正如达尔所言:"20世纪下半叶,世界发生了一场规模宏大而又史无前例的政治变革。所有对民主的主要替代物要么烟消云散,蜕变成稀奇古怪的残存物,要么退出其原来的领域,龟缩进它们最后的堡垒中去。"①达尔的说法虽然带有浓重的意识形态味道,但在一定程度上描述了这一时期民主制度的发展与变化。当今世界上几乎所有的国家都声称自己是民主国家,即使是威权体制也宣称他们并不反对民主,不过是条件不成熟而已;偶尔有军人攫取了国家政权,也常常宣称他们清洗国家,为的是恢复和实施真正的民主。于是,西方的学者们开始断言:民主的时代已经到来。L.达尔蒙德(Larry Diamond)和M.波莱特奈尔(Mare F.Plattner)提出:"当未来的历史学家回首20世纪时,他们可能把这个世纪的最后1/4视为现代文明史上最重要的民主骚动时期。"②一些人甚至急不可耐地宣称"历史的终结"③,"我们的世纪是民主的世纪",在"不同的制度问题上别无选择","民主胜利了"。人们不约而同地一窝蜂涌进欢呼民主时代到来的合唱队。④ 一时间,似乎人类真的进入了民主的世纪。

"民主思想的历史是奇特的,而民主实践的历史则是令人困惑的。"⑤现实与理想总是有距离的,西方民主的现实也常常令人失望,民主往往口惠而实不至。民主承诺人民集体决策,但事实是多数原则往往使政治权力集中在狭隘的多数人手中,并且常常引起对抗和冲突;民主承诺带给人们一个美

---

①　[美]罗伯特·达尔:《论民主》,李柏光、林猛译,商务印书馆1999年版,第1页。

②　丛日云:《"权威主义的马基雅弗利"到"民主的马基雅弗利"》,《天津师范大学学报》1998年第8期(增刊)。

③　参见[美]弗朗西斯·福山:《历史的终结和最后的人》,黄胜强、许铭原译,远方出版社1998年版。

④　参见丛日云:《"权威主义的马基雅弗利"到"民主的马基雅弗利"》,《天津师范大学学报》1998年第8期(增刊)。

⑤　[英]戴维·赫尔德:《民主的模式》,燕继荣等译,中央编译出版社2004年版,第1页。

好社会,保护人的自由,实现人的平等,促进经济繁荣,但事实是种种不公正和压迫并没有被消除,在民主体制的繁荣中仍遍布着恼人的贫困,各种偏见和理性结伴而行,本已弱势的少数群体还雪上加霜地遭到种种不公正的待遇;强势的民主国家还打着民主的旗号去带给别国人民以战乱与苦难。① 西方民主的失败也贯穿民主化全过程,从民主的历史到现实,从宪政与民主的悖谬联接,到资本与民主的矛盾组合,到多元文化间的民主冲突,民主失败渗透到民主的方方面面。② 实际上,头脑清醒的学者都不会对西方喧闹的民主随波逐流。正如达尔所言:"不论是在作为一种观念还是一种实践,纵观整个有记载的历史,等级制一直处于支配地位,而民主常常是例外情况。即使是在20世纪后期,'人民统治'这种合法性也不过是口惠而实不至而已,世界上只有少数国家,少数人民是在可以称得上是现代意义上的民主政体的统治之下的。""民主遭遇失败是非常普遍的事情。"③事实上,民主在有史以来的大部分时间里都是失败的。民主思想家熊彼特也说:"再也没有比罗列一份给人印象深刻的民主方法的失败事例的清单更容易的事了。"④在价值多元化的当代西方世界,民主可能会威胁其他价值,甚至成为不宽容的根源和工具。⑤

与不尽如人意的民主现实形成鲜明对照的是:不尽如人意的民主现实并没有成为人们否定民主的借口;相反,它激发了人们重新审视现行民主制度,探索民主理想实现途径的热情。可以说,20世纪以来的西方民主理论卷帙浩繁、汗牛充栋。正如达尔所言,"民主已被人们探讨了大约两千五百年,照理,应该有足够的时间提供每个人或几乎每个人都赞同的一套有关民主的理念才对。然而,无论是好是坏,这都不是事实。""与其说民主是一种

---

① See Promises and Disappointments: reconsidering democracy's value, in *Democracy's Value*, ed. by Ian Shapiro and Casiano Hacker-Cordon, Cambridge University Press, 1999. pp. 1-20.
② 参见佟德志:《现代西方民主的困境与趋势》,人民出版社2008年版。
③ Robert Dahl, *Democracy and its Critics*, New Haven and London: Yale University Press, 1989, p.52.
④ [美]约瑟夫·熊彼特:《资本主义、社会主义与民主》,吴良建译,商务印书馆1999年版,第421页。
⑤ 参见[美]C.M.霍伊:《自由主义政治哲学:哈耶克的政治思想》,刘锋译,三联书店1992年版,第172页。

有赖于人民去采纳和实行的现实政治制度,还不如说民主是一种有赖于哲学家去理论化的主题。"①

二、卢梭难题与利普哈特的共识民主理论

现代民主作为人类政治权力关系的组织与运作方式,从古典民主以来一直聚焦在两个议题上,即民主与共善之间关系、民主与制度之间的关系。这两个议题又可以用卢梭的两个问题加以概括。卢梭在《社会契约论》中,提出的一个关于民主的规范性问题就是:民主应该致力达成某种反映共善(common good)的全体意志(general will)。在公意形成的问题上,卢梭假定,"公意的一切特征仍然存在于多数之中",因此,"每个人投票时都说出了自己对这个问题的意见,于是从票数的计算里就可以得出公意的宣告。"②这种意见是否成为公意取决于票数的计算,多数规则成了公意唯一值得遵守的规则。尽管卢梭对多数原则并不十分满意,但他还是辩护道:"多数表决的规则,其本身就是一种约定的确立,并且假定至少有一次全体一致的同意。"③而实际上,不管是作为阶级社会现实存在的阶级的人,还是作为多元社会现实存在的多元的人,由于社会关系复杂与多样,必然出现不同的偏好(preference),在以国家为民主单位的情况下,这种不同偏好几乎难以达成一致。如果怀疑否认反映共善的全体意志的达成,则无疑表示民主是不可能的;如果承认并肯定反映共善的全体意志,就会出现一个非常模糊而又两难的问题,即民主中的多数决定与少数权力的问题。许多当代民主理论都是从不同角度出发,试图从规范角度和解释性角度去回答这一问题,于是就出现了不同的民主理念。

在《社会契约论》中,卢梭提出的另一个关于民主的既是解释性又是规范性问题的问题就是:人性与社会制度在本质上存在巨大差异。卢梭采用了极端的立场,认为尽管人性是善良的,但世间大多数盛行的制度却是邪恶的。在《社会契约论》开篇中他说:"人生而是自由的,但无往不在枷锁之

① 〔美〕罗伯特·达尔:《论民主》,李柏光、林猛译,商务印书馆1999年版,第3页。
② 〔法〕让·雅克·卢梭:《社会契约论》,何兆武译,商务印书馆1980年版,第140页。
③ 〔法〕让·雅克·卢梭:《社会契约论》,何兆武译,商务印书馆1980年版,第22页。

中,自以为是其他一切的主人的人,反而比其他一切更是奴隶。"①"基本公约并没有摧毁自然的平等,反而是以道德与法律的平等来代替自然所造成的人与人之间身体上的不平等。"②反映在民主上,民主所主张的是人民主权的实现,而制度除了作为把这种理念用制度固定下来这一一致性作用外,更多的情况是一旦这一理念得到确定,为保证社会稳定有序,就会用更多的制度去约束和制约这种权力。于是就出现所谓的自由宪政民主理论。这两个问题作为民主的基本问题,从民主产生到现代民主发展,虽然不同历史时期、不同社会制度、不同民主模式基本关系表现形式有所不同,但它作为民主的基本关系一直是现当代民主的基本问题。很大程度上,近代以来的民主理论的流变就是围绕着这两个问题展开的。利普哈特的多元社会的协合民主与共识民主理论也是围绕这两个问题的一种回答。

20世纪中叶以来,伴随着所谓第三波民主浪潮的兴起和各种风起云涌的社会运动,西方社会多元化已成为不争的事实。多元主义是近代以来西方政治生活的一个核心价值和基本特征。面对日益多元的社会,原本就处在发展过程中的西方民主,如何去适应不断变化的多元社会,在多元分裂的社会中形成社会共识,进行政治整合,从而建立稳定的民主就成了西方学界无法回避的话题。面对这一时代课题,当代西方民主理论试图从理念和制度上去协调和解决多元社会的民主与共识。20世纪20年代,英国工党著名的理论家哈罗德·拉斯基在肯定政治多元论的基础上,明确提出了政治多元化制度结构的构想,并成为多元民主理论的奠基人,在20年代,一度掀起了多元民主的研究热潮。20年代至50年代,由于法西斯主义盛行并导致两次世界大战,多元民主理论一度消停。战后多元主义民主理论再度适合了西方民主政治发展的心理和趋势,多元民主便开始在西方社会盛行。战后资本主义国家生产关系得到调整,利益集团政治成了当代民主制度的重要组成部分,加上战后科学技术和生产力的迅猛发展、民族意识觉醒等因素的共同作用,促进了战后多元民主理论的复兴和传播。50年代后,西方政治学界掀起了一股多元民主热。1951年,美国著名的政治学家戴维·杜

---

① [法]让·雅克·卢梭:《社会契约论》,何兆武译,商务印书馆1980年版,第8页。
② [法]让·雅克·卢梭:《社会契约论》,何兆武译,商务印书馆1980年版,第34页。

鲁门的《政府的过程》对社会团体多元主义作了专门论述。60 年代美国的著名政治学家罗伯特·A.达尔倡导的民主的行为主义分析法和多元主义民主理论,以及他的《美国的多元主义民主:冲突和赞同》《民主理论导言》和《谁统治》等著作奠定了他多元主义民主领军人物的地位,并把多元民主论推向高潮。70 年代以来,随着西方经济上的"滞胀"出现,政治丑闻、社会问题严重,多元民主在西方受到挑战。达尔在《多元民主的困境》《民主、自由、平等》等著作中,又对多元民主论作了修正和发展,使之成为当代影响最大的民主理论之一。80 年代末以来,随着经济全球化、苏联解体、民族与宗教冲突的日益加剧,加上所谓的"第三波民主浪潮",诸多西方政治学家又把注意力集中到了多元民主理论。罗尔斯的"重叠共识"理论、哈贝马斯的沟通理性理论、沃尔泽的多元正义理论、金里卡的少数民族权利理论等从不同方面丰富了多元民主理论。如果说以上民主理论更多的是从民主理念角度论证多元民主的话,70 年代以来,出生在荷兰的美国著名政治学家阿伦·利普哈特则用行为主义、制度主义的方法,以更宽广的学术视野对包括发展中国家和第三世界国家在内的民主行为和制度作了比较研究,从多元社会民主与制度的互动角度,汲取了当代西方的精英民主理论、协商民主理论、合作主义民主理论的精华,于 70 年代提出了"协合民主"理论,80 年代提出了"共识民主"理论,90 年代末又对"共识民主"理论作了进一步完善,在西方民主理论、比较政治学等领域产生了重要的影响,其理论不仅在新兴民主国家的宪政建构得到应用,而且在国际联盟(欧盟)也得到应用,并产生了深刻的影响。

阿伦·利普哈特(Arend Lijphart)(1936—　　),1936 年 8 月 17 日出生于荷兰的阿培尔顿(Apeldoorn),后移居美国并加入美国国籍。1963 年在耶鲁大学获得博士学位。1963—1968 年在加州大学伯克利分校任助理教授;1968—1978 年在荷兰的莱顿大学任教授;1978 年以后在加州大学圣地亚哥分校任教授;2000 年起成为该校的名誉教授;1989 年当选为美国国家艺术与科学院院士;1995—1996 年担任美国政治学会会长。

利普哈特一生专注于当代西方民主理论、比较政治学的研究,其研究成果受到学界的高度重视。利普哈特根据西方社会多元化的现实,在对西方传统多数民主反思批判的基础上,提出了协合民主(consociational democracy)①与共识民主(consensus democracy)理论,这是对西方传统民主理论的重要突破,为此他赢得了同行的赞誉,奠定了他在民主理论领域的大师地位。

利普哈特在20世纪60年代至80年代提出了与传统多数民主(majoritarian democracy)相对应的协合民主概念,并以欧陆国家的民主经验为基础进行了全面深入的研究。在传统观念中,两党制和同质性社会是民主制度的坚实基础,因而"多数民主"应该是主要的乃至唯一的民主模式。早在20世纪60年代,利普哈特就开始对这一传统观念产生了怀疑。1968年,他提出了与"多数民主"相对应的"协合式民主"的概念,探讨了在异质性强、多元化程度高的社会中,通过制度整合实现广泛的权力分享,以在彼此对立的各个社会集团之间达成妥协和共识,从而建立起稳定民主制度的可能性。利普哈特将这种民主模式的特征简要概括为:巨型联合内阁;局部自治;选举的比例性;少数派否决权。不过,在此后的20年中,利普哈特并未把"协合式民主"上升到足以取代多数民主的高度,在这一时期他的著作如《妥协政治》(1968)和《多元社会中的民主》(1977)中,利普哈特对"协合式民主"的探讨仅限于社会、语言、文化、种族和宗教高度分化的国家,如荷兰、比利时、奥地利和瑞士。正如他本人所说,尽管"意识到多数民主给宗教和种族高度分化的社会带来的危险",但是,"仍然相信多数民主对同质性比较强

---

① 关于"consociational democracy"目前国内尚未有统一的译法,有人把它译为"结盟民主",见高建、佟德志:《作为多元文化解决方案的结盟民主——利普哈特的民主思想初探》,载中央编译局等:《第七届中俄经济社会发展比较论坛:"多民族国家民主政治建设过程中的政治稳定问题"国际研讨会论文汇编》以及佟德志教授指导的曹晓进的硕士学位论文《利普哈特的结盟民主理论研究》;有人把它译为"联合民主",见[美]利普哈特:《多元社会的民主》,张慧芝译,台湾:桂冠图书有限公司2003年版;有人把它译为"协合民主",见[美]利普哈特:《民主的模式:36个国家的政府形式和民主绩效》,陈崎译,北京大学出版社2006年版;还有人把它译为"合作式民主",见[美]萨托利:《民主新论》,冯克利、阎克文译,东方出版社1993年版,第242页。还有人把它译为"协和民主",见Jan-Erik Lane,Svante Ersson《新制度主义政治学》(台湾学者何景荣译)。笔者认为,从词源学角度看,拉丁语词根consoci-的意思是"合作、协调";从利普哈特对于"consociational"的使用来说,更多的是在合作、协调意义上使用的;同时也使其与"concordant democracy"一词有所区别。因此,笔者倾向于"协合民主"的译法,并在本书中使用"协合民主"这一概念。

的国家来说是更好的选择"。①

20世纪80年代,他在对协合民主概念进行改造的过程中又提出了共识民主的概念,并论证了共识民主的特征。在对民主制度的类型进行了详细的区分之后,利普哈特发现除了"协合式民主"之外,"非多数民主"(non-majoritarian democracy)中还包括另一种模式——"共识民主"。在1984年出版的《民主政体:21个国家的多数模式政府与共识模式政府》中,利普哈特概括出共识民主的8个特征:超大型联合内阁;行政机关与立法机关的权力平衡;多党制;多个问题维度;选举的比例性;联邦制和地方分权;两院制议会;受司法审查保护的刚性宪法。②

20世纪90年代后,利普哈特的民主理论趋向成熟。他进一步以36个国家为比较对象论证了共识民主模式与传统多数民主模式的优劣。政治理论的创新正确与否,需要经过认真细致的检验。为了进一步验证自己的结论,利普哈特广泛地搜集资料,在多个分支学科内对许多国家进行了大量的比较研究,先后出版了《选举法及其政治后果》(1986)、《议会制政府与总统制政府》(1992)、《选举制度与政党制度:对27个民主国家的研究 1945—1990》(1994)、《民主百科全书》(1995)、《新兴民主国家的制度设计》(1996)等一系列著作。这些著作涉及的领域几乎涵盖了民主制度的方方面面,清楚地向我们展示了他艰难跋涉、不断前行的思想脉络。正是在理论研究臻于成熟、实证材料积累日益丰富的基础上,利普哈特最新的、最完善的成果《民主的模式:36个国家的政府形式和政府绩效》才得以水到渠成。《民主的模式》无疑是利普哈特教授多年心血的结晶,更是一部当代比较政治学领域内的最新研究成果。

在比较政治学领域和民主理论研究中的突出贡献为利普哈特带来了崇高的地位。"据统计,无论在整个政治学学科中还是在比较政治学子学科中,他都是最常被引用的作者之一,足以跻身西方国家屈指可数的几位政治

---

① ［美］阿伦·利普哈特:《民主的模式:36个国家的政府形式与政府绩效》,陈崎译,北京大学出版社2006年版,中文版序言。

② See Arend Lijphart, *Democracies: patterns of majoritarian and consensus government in twenty-one countries*, New Haven: Yale University Press, 1984.

科学带头人之列。"①

利普哈特在西方政治学界的声誉来自于他对西方民主理论的突破和贡献。他对西方民主理论发展的主要贡献体现在以下五个方面。

一是对多数民主的反思。在传统观念中,两党制和同质性社会是民主制度的坚实基础,因而英美竞争性的"多数民主"就是民主的典型样式,甚至是唯一的民主模式。"协合民主"和"共识民主"理论就是对"多数民主"的反思与超越。它探讨了在异质性强、多元化程度高的社会中,通过广泛的合作和权利分享来达成彼此对立的各个社会集团之间的妥协和共识,从而建立起稳定的民主制度的可能性。

二是协合民主理论。共识民主的理论基础是利普哈特 1968 年提出的"协合民主",与其他自由主义民主理论把研究样本集中在英美两国并把它们普世化不同,协合民主选取的是奥地利、比利时、荷兰和瑞士等西欧小国,多党制、异质社会、多元分裂是他们的共同特点,通过提供制度激励来实现广泛的权利分享,使对立的团体彼此之间达成妥协与共识,建立一个兼容并蓄的民主政体,实现政治稳定,这样的民主就是协合式民主。

三是共识民主理论。共识民主是对协合式民主的修正和发展,比协合式民主的定义更加精密具体,在协合民主四大原则的基础上,利普哈特把它扩充为十项原则,大大扩展了共识民主的适用范围。共识民主的理论贡献在于把众多民主国家的各式各样正式的、非正式的规则和制度归结为两个维度和十个基本特征,描绘了一幅清晰的民主二维概念图。同时把民主的模式品质与民主的绩效作为共识民主与多数民主的区别加以考察,提升了共识民主的应用价值。

四是多元社会的政治共识。共识民主汲取和整合了当代西方最新的精英主义民主、合作主义民主、协商主义民主、多元主义民主、稳定民主等民主理论的合理成分,就多元社会政治共识的达成进行了行为主义和制度主义的比较分析,形成了富有实证特色的多元社会的共识理论。

---

① [美]罗伯特·古丁等:《政治科学新手册》,钟开斌等译,三联书店 2006 年版,第 31 页。

五是民主理念与制度的互动。强调民主理念与制度的整合是共识民主与协合民主的一个重要特点。以至于有的西方学者把利普哈特当做制度主义的代表人物。自 20 世纪 60 年代以来,共识民主的成果在政治制度的比较研究中扮演着指导性的角色,与孟德斯鸠的制度的普适性不同,共识民主强调民主政体可以用各种非常不同的方式建构,尽管造成政策输出结果的不同,但都能建成稳定的民主,达成多元共识。

三、研究的意义

从历史唯物主义的角度,研究利普哈特的共识民主理论,总体上讲,该研究在理论上有利于促进民主理论的整合与创新,实践上有助于批判和借鉴西方民主制度,促进中国特色社会主义民主政治建设。具体而言,研究一个理论的理论意义和实践意义往往由这个理论本身的理论价值、理论内涵和理论本身的实践价值所决定。就利普哈特的共识民主研究而言,其理论意义和实践意义主要体现在以下几个方面。

1. 理论意义

一是研究利普哈特的共识民主理论有利于我们突破传统的西方民主观念,以更广阔的视野反思批判西方民主,树立中国特色社会主义民主政治的自信。利普哈特的协合民主与共识民主都是建立在对多数民主的反思的基础之上的理论建构。包括西方在内,传统的民主观念都把英美"排他性的、竞争性的、对抗性的"民主作为西方经典民主,并以强大的经济政治实力做后盾把它作为输出民主的主要模式乃至唯一模式。且不论把民主作为一种制度文化因素去输出本身就令人怀疑,仅就输出的结果而言,并没有给被输出国家和人民带来福祉,更多的是给这些国家带来的要么是战乱与纷争,要么是经济衰败与社会的萧条,其结果是进一步加深了这个世界的两极分化,加深了第一世界和第三世界之间的鸿沟。利普哈特作为一个西方学者,早在 20 世纪 60 年代,就对当时如日中天的英美模式的民主提出了怀疑。1968 年他提出了与"多数民主"相对应的"协合式民主"的概念,探讨了在异质性强、多元化程度高的社会中通过广泛的权利分享来达成彼此对立的各个社会集团之间的妥协与共识,从而建立起稳定民主制度的可能性。80

年代至今,利普哈特在对民主制度的类型进行了详细的区分之后发现,除了
协合民主之外,"非多数民主"(nonmajoritarian democracy)中还包括另外一
种模式——共识民主。共识民主比协合民主更适宜作为多数民主的对应物
和替代品。以此为基础,他在共识民主与多数民主之间差别的基础上,描绘
了一幅民主的二维概念图,对世界上的"稳定民主国家"进行分类和定位,
并且检验了各种民主制度的效果,提出了"多数民主在本质上并不比共识
民主更民主或者更公平"的观点。所以,我们研究协合民主、共识民主理
论,通过对西方民主类型的比较分析,会进一步加深我们对西方民主模式的
认识和理解,同时也能够反思我们对西方民主的认识。通过研究共识民主
与协合民主,还能强化我们树立社会主义民主的自信,即除了西方民主的多
数民主、协合民主、共识民主之外,在这个世界上,还有独立于西方民主之外
更具发展前景的中国特色的社会主义民主模式。

二是研究共识民主理论有助于我们加深对西方民主政治的研究,澄清
西方民主的不同模式及其相互关系。利普哈特的共识民主理论作为当代西
方最有影响力民主理论,其理论整合了当代西方精英民主理论、多元民主理
论、合作主义民主理论、协商民主理论等民主理论,内涵十分丰富,理论带有
明显的综合性。利普哈特的协合民主与共识民主理论强调多元社会亚文化
的研究,通过对包括西方国家在内的三十多个国家的社会结构和组织状况
的分析来研究多元文化对民主的影响,对解决多元异质社会稳定民主问题
具有启发意义。共识民主理论强调精英之间的合作、协商;强调社会各元间
的合作、包容、妥协;强调民主的向心性,明显是吸收综合了西方当代各种民
主理论的优点与长处。因此,研究利普哈特的共识民主与当代西方民主理
论之间的关系,有助于我们进一步加深对西方民主的了解,对西方民主的发
展趋势有一个比较全面的把握。

三是研究共识民主理论有助于我们加深民主与制度、民主与政党、国家
权力制衡等民主的基本问题的认识。民主与宪政关系一直是西方民主政治
研究的重中之重,也是民主理论研究的基本问题。"民主与宪政的关系反
映了西方政治文明在权力的形成与分配、权力的形式和保障等两个维度、多
个层面上表现出来的内在矛盾,对它进行认真的理论分析与批判不但有利
于我们准确认识西方政治文明的个性特征,而且有利于我们更好地总结西

方的经验与教训,为我国的民主法制建设提供智力支持。"①政党体系之与现代民主政治的重要性,自不待言,问题是传统西方民主理论强调选举中的政党竞争,利普哈特强调的则是比例代表制和政党的合作。利普哈特用统计的方法检视了选举制度的各种变项、比例性偏差、多党分化度以及过半数政党的产生等变项间的关系,以及政党与民主的变量关系。多元社会稳定民主的一个重要特征就是通过制度设计实现国家权力的广泛分享。通过权力分享消除国内社会的多元分歧,使异质性高的多元社会达到政治上的稳定。这些研究对于我们研究现代西方政党体制、运作机制及其特性等民主基本问题具有重要的理论意义。

　　四是研究共识民主理论有助于改善我们研究考察民主的方法。利普哈特作为一个比较政治学家,其理论提供了综合运用科学方法开展比较研究的绝佳范例。首先,利普哈特的民主理论广泛采用比较法,对两种民主模式的根本原则、基本特征、治国绩效的比较分析贯穿了其理论的始终。在社会科学领域内运用比较法的主要问题是变量多而案例少,对民主模式的研究当然也不例外。利普哈特坦承案例不足会导致比较法无法具备自然科学中的实验方法那种精确性,但他同时指出了弥补比较法的固有缺陷的办法,那就是"把比较分析作为研究的第一阶段,在此阶段仔细地阐明假说,把统计分析作为第二阶段,在此阶段用尽可能大的样本来检验这些假说"②。例如,在《民主的模式》中,第1—3章为我们提供了采用比较分析来阐明"整个系统的结构要素的相互关系"的"宏观假说"的范本。其次,应用统计法,通过对经验性材料进行数理处理来揭示变量之间的关系。《民主的模式》的第5—13章中广泛运用指标、量表、公式、分类法、线性回归分析、显著性检验等多种统计手段对10个结构性变量(即民主的10个基本特征)作了深层次的研究;第14章主要使用因子分析总结了之前各章的研究成果;第15、16章则采用双变量回归分析对两种民主模式的绩效进行了考察。在一本著作中如此集中地使用各种统计方法,是利普哈特研究民主问题的显著特点。这些统计方法的应用收到了良好的效果,基本达到了通过"微观复

---

①　佟德志:《宪政与民主》,江苏人民出版社2007年版,第3页。
②　Arend Lijphart. *Thinking about Democracy*:*Power sharing and majority rule in theory and practice*.London and New York.Routledeg Taylor & Francis Group.2008.p.249.

制"的方式"在其他国家和文化背景中来检验在某个背景中已经印证了的命题"之目的。再次,采用案例法加强比较研究和统计分析的效果。对比《民主的模式》及其雏形《民主政体》,可以看出利普哈特对纳入考察范围的案例进行了更加精心的选择,不仅在横向(地理)上将案例的数目从原有的21个民主国家扩大到36个,而且在纵向(历史)上将原来的考察时段的下限从20世纪80年代末延伸到90年代中期。值得一提的是,在归纳各个案例的总体模式的同时,利普哈特并未忽视对偏离总体模式的异常型案例的研究,肯定了异常型案例的理论价值,"它们弱化了最初的命题,但是意味着一个也许更有力的改进的命题"。总之,在综合运用了多种比较政治学研究方法的基础上,《民主的模式》中为我们勾画出了一个崭新的世界,"在那里,从前看来是风马牛不相及的时间、语言和民族,现在都发现了自己的位置,以及与其他民族的相互关系"。①

2. 实践意义

本书的实践意义在于有助于批判和借鉴西方民主制度,为完善社会主义民主制度特别是基层民主制度,提供有益的借鉴。

首先,研究共识民主理论有助于批判和借鉴西方民主制度。我国的社会主义民主制度是在经济文化比较落后的条件下建立起来的,就广大人民当家作主的民主实质而言,有着巨大的优越性;就党的领导而言,适合中国国情,具有强大政治整合力。党的领导、人民当家作主与依法治国的有机统一显示出巨大的政治优越性。然而这种优越性的充分发挥既有赖于经济文化的发展,又有赖于政治体制的完善。从实际情况来看,我国的民主建设难点问题主要有两类:一类是由我国特殊的国情所决定的特殊性问题;另一类是不同的国度都可能遇到的普遍性问题。解决前一类问题,必须从我国的实际出发,根据特定的国情条件寻求解决问题的具体办法。解决后一类问题则必须学习别人的经验,汲取别人的教训,以便用最小的代价获取最大的成果。因此,通过对共识民主理论研究,有助于批判地借鉴西方民主制度,以完善我国的民主制度。

① Arend Lijphart.*Thinking about Democracy*:*Power sharing and majority rule in theory and practice*.London and New York.Routledeg Taylor & Francis Group.2008.p.262.

其次,研究共识民主理论有助于推进我国协商民主建设。协商民主是我国的一项基本政治制度。共识民主是一种高代表性、高品质和高绩效的民主,它的核心观念是让尽可能多的人参与到政府中来,强调包容、互利、合作和妥协;民主制度的要素配置是为了达成共识。从一定意义上讲,民主就是达成共识的机制,民主的根基在于人们能够整合分歧,获得共识,包容差异。这与我国协商民主理念高度耦合。就具体政治制度而言,共识民主强调的非竞争性的政党制度与我国以政党合作制度为基础的协商民主也多有相似。所以研究共识民主理论对于推进我国协商民主建设,具有一定的启发意义。

再次,研究共识民主理论有助于推进我国的基层民主建设。基层民主建设是我国当代民主政治建设的重要内容,是直接民主的有益探索,也是人民当家作主的社会主义民主题中之义。但是,我国的社会主义制度并不是建立在资本主义充分发展基础上的,而是建立在半封建半殖民地基础上的。虽然经历了社会主义改造、集体经济、改革开放的洗礼,但毕竟还处于社会主义初级阶段,封建残余,如宗族势力的几千年影响还不同程度的存在。改革开放以来,农村经济快速发展,同时与经济多元化共生的是利益的多元化;再加上城镇化建设的快速展开、农民身份的变迁,历史上缺乏民主的训练和文化传统,农村基层民主面临的形势更加多元、更加复杂。如何在多元复杂的条件下探索农村基层民主,建设社会主义的基层民主,是我们面临的前人没有现成经验可借鉴的新课题。经过近几十年的探索,农村基层民主取得了巨大成就,但面临的问题和挑战依然存在,需要研究的新情况、新问题依然很多,且随着基层民主的进一步深入发展,深层次的问题已逐渐显露。而解决这些问题,除了联系实际具体分析之外,借鉴人类已有、并与之高度耦合的文明成果显然是十分必要的。共识民主理论是探讨多元异质社会民主共识与制度设计的西方最新民主理论成果,在适用对象上与我国基层民主有很多耦合之处,研究分析共识民主理论,辩证扬弃其理论,对于促进农村基层民主政治建设具有积极的实践意义。

最后,共识民主理论的宏观视野,对于全球化条件下国际组织和国家间联盟组织的民主推进也具有许多启发。例如,欧盟的民主建设在一定程度上就借鉴了协和民主与共识民主的思想成分,共识民主理论反过来又把欧盟的民主政治实践作为共识民主的研究个案进行研究,使其结论具有一定的实践基础。儒家和而不同的传统智慧与当前我国推进建立和谐世界的国际政治思想是一致的,而利普哈特的多元共识民主思想与制度设计来自于西方民主,有一定的国际经验基础,其基本主张与我们的国际政策与主张又有一定的耦合,借鉴其合理成分,积极探索与推进国际民主进程,无疑对反对国际霸权主义、单边主义,保护少数权力和文化个性具有一定的实践意义。

四、国内外研究概述

1. 国内研究

纵观国内对共识民主理论的研究,其大约起步于20世纪90年代,经过10余年的积累,已经取得了丰富的成果。国内较早介绍利普哈特民主理论的是1990年黄文扬主编的《国内外民主理论要览》,其中有一部分简要介绍了利普哈特的协合民主理论。① 国内对利普哈特的协合民主理论与共识民主理论的关注比较集中于20世纪90年代末和本世纪初。具体表现为利普哈特的代表性著作的中文译本的出版,以及一些研究文章的出现。

国内对利普哈特的民主理论的研究可以分为三种类型。

第一种是对利普哈特民主理论代表性著作的翻译。翻译利普哈特民主理论的主要研究者和著作主要有:中国社会科学科学杂志社1999年11月翻译的国际社会科学杂志的《民主的再思考》一书中翻译了一篇利普哈特的文章《多数裁定原则的理论和实践:不完善范例的顽强性》。② 台湾学者翻译出版了四本利普哈特的著作:1993年,陈坤森翻译了《当代民主类型与政治——二十一个国家多数模型与共识模型政府》③1999年,蔡熊山、陈骏

---

① 参见黄文扬:《国内外民主理论要览》,中国人民大学出版社1990年版,第423—451页。这一部分的题目是"美国利基法特·阿伦关于多数人民主模式和协商民主模式的理论"。
② 参见中国社会科学科学杂志社:《民主的再思考》,社会科学文献出版社1999年版,第208—226页。
③ 参见[美]利普哈特:《当代民主类型与政治——二十一个国家多数模型与共识模型政府》,陈坤森译,台湾桂冠图书股份有限公司1993年版。

德、陈景尧翻译了利普哈特主编的《新兴民主国家的宪政选择》①；2003 年，张慧芝翻译了《选举制度与政党体系》②、《多元社会的民主》。③ 大陆学者陈崎于 2006 年翻译了利普哈特的《民主的模式：36 个国家的政府形式和绩效》④，谢岳于 2008 年翻译了利普哈特的《选举制度与政党制度——1945—1990 年 27 个国家的实证研究》⑤。其中台湾的学者的译序都十分简略，大陆陈崎的译序较为详细一点。研究者基本以介绍利普哈特的民主理论为主，附以十分简要的个人评论。其中影响较大的是陈崎的译介，其译介是作为北京大学出版社"西方政党政治译丛"的一本出版的，他的序言不但较为详细地介绍了利普哈特的共识民主理论，比较了共识民主与多数民主的区别，对利普哈特的生平事业作了简要介绍，还请利普哈特专门为中译本专门作了中文版序言。

　　第二种研究类型是评介性的研究，这具体表现为一些评介性文章的发表。2006 年南开大学的谭融、郝丽芳在《天津师范大学学报》曾经介绍过瑞士的共识民主模式。⑥ 文章以瑞士"共识民主"模型简要地介绍了共识民主的概念、瑞士共识民主的联邦制权力分享、政党制度、选举制度、瑞士的联邦制度与共识民主等内容，试图通过对瑞士的共识民主的分析解读利普哈特的共识民主的基本概念。2007 年人民大学杨光斌在《江苏行政学院学报》简要评价了利普哈特的共识民主。杨光斌认为，利普哈特提出了多数民主的替代性民主模式即共识民主。然而，在行为主义方法论运用、共识民主的构成以及共识民主与观念的关系上，利普哈特的论证都存在问题。其实，现行的多数民主本身就是共识政治基础上的共识民主，否则多数民主就难以实行。"在对利普哈特的研究之价值进行肯定的同时，我们必须指出，无论

---

① 参见［美］利普哈特主编：《新兴民主国家的宪政选择》，蔡熊山、陈骏德、陈景尧译，台湾韦伯文化事业出版社 1999 年版。

② 参见［美］利普哈特：《选举制度与政党体系》，张慧芝译，台湾桂冠图书股份有限公司 2003 年版。

③ 参见［美］利普哈特：《多元社会的民主》，张慧芝译，台湾桂冠图书股份有限公司 2003 年版。

④ 参见［美］利普哈特：《民主的模式：36 个国家的政府形式和绩效》，陈崎译，北京大学出版社 2006 年版。

⑤ 参见［美］利普哈特：《选举制度与政党制度——1945—1990 年 27 个国家的实证研究》，谢岳译，世纪出版集团 2008 年版。

⑥ 参见谭融、郝丽芳：《论瑞士"共识民主模型"》，《天津师范大学学报》2006 年第 6 期。

是在理论创新还是在创新性地运用方法论上,利普哈特的研究都存在重大瑕疵,有的甚至是常识性错误。"①并从方法论、逻辑结构、概念范畴等方面进行了具体的批判。2009 年南开大学的程同顺、高飞在《学海》上介绍了协合式民主。文章用对比的方法,比较了协合民主与多数民主的区别主要在于:多数民主产生于同质型的社会结构,协合民主则源自于应对分裂型社会结构的挑战;多数民主是一种排斥型的政治制度,协合民主则是一种分享型的政治制度。② 此外,还有两篇国内文章涉及或提到了利普哈特的民主理论,也都是介绍性的。③

第三种研究是对协合民主、共识民主理论内在机理和应用的扩展性研究。这方面的研究主要是天津师范大学的高建教授、佟德志教授的研究。在佟德志教授的《现代西方民主的困境与出路》中,他把利普哈特的结盟民主(协合民主)作为一种解决现代西方多元社会民主问题的一个理论个案,对利普哈特的协合民主的应用进行了分析和探讨。④ 在 2009 年第七届中俄经济社会发展比较论坛"多民族国家民主政治建设过程中的政治稳定问题"国际研讨会上,他们把利普哈特的结盟民主理论作为解决多民族国家民主政治建设过程中的政治稳定性问题的一种理论方案在会议上进行了交流与探讨。⑤ 另外,佟德志教授指导的两篇硕士论文,分别对利普哈特的协和民主理论和共识民主理论进行了梳理研究,在利普哈特协和民主与共识民主的深入研究方面也作出了积极的贡献。⑥

---

① 杨光斌:《评利普哈特共识民主模式》,《江苏行政学院学报》2007 年第 5 期。
② 参见程同顺、高飞:《什么是协合民主——兼与多数民主比较》《学海》2009 年第 3 期。
③ 参见杨冬雪:《20 世纪民主理论:流变与评价》,《北京电子科技学院学报》2007 年第 3 期;韩世奇:《浅论瑞士的共识民主制》,《中国校外教育》2008 年第 8 期;黄晓辉、陈诚:《多数民主与共识民主下权力监控立论逻辑与效能比较研究——兼论我国权力监控机制改造之进路》,《福建师范大学学报》2008 年第 2 期。
④ 参见佟德志:《现代西方民主的困境与趋势》,人民出版社 2009 年版,第 270—278 页。
⑤ 参见高建、佟德志:《作为多元文化解决方案的结盟民主—利普哈特的民主思想初探》,载中央编译局:《第七届中俄经济社会发展比较论坛:"多民族国家民主政治建设过程中的政治稳定问题"国际研讨会论文汇编》,第 249—250 页。
⑥ 参见曹晓进:《利普哈特的结盟民主理论研究》,天津师范大学硕士学位论文,2008 年;李颖:《利普哈特的共识民主理论研究》,天津师范大学硕士学位论文,2009 年。

　　总体而言,虽然目前国内理论界与学术界对这一课题的研究刚刚起步,主要是翻译介绍和简要的评析,深入的研究目前尚未见到有分量的论著出版,但总体上国内对利普哈特民主理论的研究和关注是比较广泛的。随着利普哈特最具代表性著作陆续翻译到国内,人们开始逐步认识到协合民主和共识民主对西方多元社会民主现象的解释力,对新兴民主国家宪政设计的影响和对国际联盟民主问题的解释力。学者在研究介绍利普哈特民主理论的同时,也对他行为主义、制度主义的比较政治学方法,对他研究民主政治问题的宏大视野,也开始关注,并有逐步深入趋势。

　　2. 国外研究

　　共识民主理论提出后在西方政治学界产生了广泛的影响,成为许多国际著名高等院校政治学专业的必读书目,短短几年内其著作被翻译成六种文字出版发行。据不完全统计,利普哈特的协合民主与共识民主理论的相关著作和论文,先后被翻译成英语之外的各种文字多达 70 篇次,[1]在世界范围内产生了较大的影响。

　　在国外,利普哈特协合民主提出后就引起了广泛的关注,成为比较政治学研究的热点问题。民族国家和多元文化问题成为焦点后,西方宪政学家思考的重点也发生了新变化。威廉·格文(William B.Gwyn)指出:"自 20世纪 50—60 年代以来,西方最杰出的和最活跃并具创新力的宪政学家们是那些大西洋两岸的学者,他们关心的是,揭示出在宗教、意识形态、民族、语言高度分裂的多元社会是如何维持稳定的民主政府的。"[2]其中利普哈特是最具代表性的一位,他提出了用"协合民主"概念作为一种类型和解释多元民主的工程。与他同时首次提出此概念的还有吉哈德·列姆拉克(Gerhard Lehmbruch),"他二人于 1967 年布鲁塞尔国际政治科学学会世界大会上各自提出。"[3]自那以后开始了广泛的讨论,产生了汉斯·达尔德(Hans Daalder)所说的包括鲍维尔(G.Bingham Powell)、于尔格·斯泰纳

---

①　参见本书的附录"利普哈特著作年表"。

②　William B.Gwyn, "Review:Democracy in Plural Societies:A Comparative Exploration", *The Journal of Politics*,Vol.40,No.4,(Nov.,1978).p.1093.

③　Jürg Steiner, "Review:The Consociational Theory and Beyond", *Comparative Politics*,Vol. 13,No.3,(Apr.,1981).p.339.

（Jürg Steiner）、洛纹（Lorwin）、肯尼斯（Kenneth D. McRae）、诺得林格尔（Nordlinger）等人在内的"早期学派"，为瑞士、奥地利、比利时、荷兰的民主实践提出了理论架构。十年后，利普哈特对协合民主理论进行了探索性的扩展，出版了《政治包容：荷兰的多元主义和民主》（1968），《协合民主》（1969），《文化多样性：政治整合理论》（1971），《多元社会的民主：一个比较研究》（1977），《协合和联邦：概念和经验的联系》（1979），《协合民主：问题和前景，一个回应》（1981）等。其中《政治包容》是他对"传统智慧"认为多元社会不能实现稳定民主的观念的挑战。而《多元社会的民主：一个比较研究》则对协合理论进行了最为综合的讨论。这本书在 1979 年获得了美国政治科学学会奖励，以表彰其在文化和民族多元主义方面的杰出贡献。对于该书，有学者评价道，"这本书应列为比较政治学领域研究生读书要求的第一本。任何人认真读了他的书并沿着他的论证思考将肯定会对跨民族比较的重大问题有个总体的认识。"①

　　20 世纪 80 年代以后，随着研究的深入，利普哈特的民主理论走向更为开阔的领域，协合民主虽然与竞争民主模式相对立，但已不能涵盖所有的非竞争民主了，协合民主的某些要素需要修正，由此在民主统治的分类学里发展出了新的民主模式——"共识民主（Consensus Democracy）"应运而生，1984 年出版的《民主政体：21 个国家的多数模式政府与共识民主政府》是这一时期的代表作。80 年代后期，特别是 90 年代以来，是他在国家议会、选举、政党制度等民主制度研究方面倾注大量精力的时期，这一时期他写出了包括《选举法及其政治后果》（1986）、《议会制政府与总统制政府》（1992）、《选举制度与政党制度：对 27 个民主国家的研究，1945—1990》（1994）、《民主百科全书》（1995）、《新民主国家的制度设计》（1996）等一系列具有影响力的著作，此时期的研究成果皆系比较政治学领域的力作，积累了大量的实证材料，它们反映了利普哈特几十年潜心研究领域和思路的变化历程。最近的研究成果当属《民主的模式：36 个国家的政府形式和政府绩效》。

----

① Elijah Ben-Zion Kaminsky, "Review: Democracy in Plural Societies: A Comparative Exploration", *The Western Political Quarterly*, Vol.33, No.3, (Sep., 1980).p.433.

利普哈特的共识民主理论提出后即引起西方学者的关注,他们纷纷对共识民主理论展开了探讨。如瑞恩·塔格培拉(Rein Taagepera)在《利普哈特的民主的维度:逻辑联系与制度设计》一文中,对利普哈特的共识民主理论的两个维度和 10 个要素(即变量)进行了全面、深入而细致的分析并加以评判。① 瑞士伯尔尼大学的克劳斯·阿明根(Klaus Armingeon)一文中,批判了利普哈特关于多数民主和共识民主的政府绩效的研究结论。② 阿提拉·A·GH(Attila A·GH)在《早期巩固和绩效危机:匈牙利多数——共识的辩论》中对匈牙利进行了个案研究③;韩国首尔国立大学的讲师南-库克·凯姆(Nam-Kook Kim)在《共识民主是韩国政治的可选择模式》一文中,运用利普哈特的共识民主理论对韩国进行了个案研究。④ 一些学者对利普哈特的共识民主理论进行了扩展性的补充研究,如英国牛津大学纳菲尔德学院的阿尔钦·哈克沃第安(Armén Hakhverdian)和欧洲大学研究所的政治和社会科学系的克里斯特尔·库(Christel Koop)在《共识民主与西欧平民党的支持》一文中,运用利普哈特的行政机关——政党维度和联邦制——单一制维度来分析民主模式与民粹主义之间的联系,探讨了对民粹主义政党的支持是否来源于西欧民主的制度框架的问题。他们认为行政机关——政党维度确实对民粹主义的支持有意义,在联邦制——单一制维度上,联邦国家较于单一制国家更有益于民粹主义。⑤ 瑞士苏黎世大学政治科学系的艾德里安·怀特(Adrian Vatter)在《利普哈特走向区域:瑞士民主的不同模式》中,运用利普哈特的分析方法对瑞士各州进行研究,力求解释

---

① See Rein Taagepera, "Arend Lijphart's Dimensions of Democracy: Logical Connections and Institutional Design", *Political Studies*: 2003 vol 51.p.13.

② See Armingeon, Klaus. "The Effects of NegotiatiOn Democracy: A Comparatiye Analysis, European", *Journal of Political Research*; Jan 2002, vol.41 Issue 1.pp.81-105.

③ See Attila AA GH, "Early Consolidation and Performance Crisis: The Majoritarian-Consensus Democracy Debate in Hungary", *West European Politics*, vol.24 Issue 3, (Jul.2001). pp.89-112.

④ See Nam-Kook Kim, "Consensus Democracy as an Alternative Model in Korean Politics", *Korea Journal*, vol 48, No.4 Winter 2008.pp.181-213.

⑤ See Armèn Hakhverdian, "Christel Koop, Consensus Democracy and Support for Populist Parties in Western Europe", *Acta Politica* vol.42, no.4, (2007).pp.401-420.

瑞士各州政治制度的变量间的关系①,等等。

总体来看,外国学者对共识民主的研究范围广、内容丰富,在态度上或是赞成,或是反对,但基本上都认可利普哈特的共识民主理论对政治学特别是比较政治学研究的重大贡献。研究主要集中在以下几个方面:

一是从概念上来评判利普哈特的理论。概念分析是深入研究的基础,协合民主与共识民主的每个变量的概念都需要深入研究,清晰准确地界定。有的学者对利普哈特提出的两个维度以及每个维度的5个变量从概念上进行分析,并提出批评。如瑞恩·塔格培拉(Rein Taagepera)《利普哈特和民主的范畴》,对利普哈特的民主概念图以及对多元社会分类大加赞扬。②

二是运用利普哈特的多数模式和共识模式的特征对特定国家进行研究。这一类的研究数量较多。有的是从利普哈特的研究角度去分析其他民主国家的政治制度包括新兴和重建国家,有的是对国际联盟的应用分析,特别是对欧盟的民主分析,有的是分析论证利普哈特使用的案例国家是否恰当。比较集中的是对荷兰、新西兰、以色列、瑞士、德国、韩国、匈牙利、纳米比亚等数十个国家的个案研究。由于各国客观社会政治的现实复杂多变,对于哪些国家的民主制度属于共识民主,哪些国家的民主制度不属于共识民主,学者们尚未形成一致意见,这不利于对共识民主的深入研究。

三是对共识民主理论进行全面深入细致的分析并加以评判。包括对共识民主理论中的两个维度10个变量进行细致分析,对政府绩效进行考察,对利普哈特的共识民主更优秀的结论进行证明或批判等。学者们对共识民主理论的评判涉及方方面面,非常全面具体,但没有形成一致的看法,常常相互批驳,也很不系统,显得杂乱。

四是对共识民主理论进行了扩展性的补充研究。有的学者在利普哈特的共识民主理论的基础上,开拓了新的研究角度和研究对象,使得对共识民主的研究更加广泛深入,比如对不同的民主模式与解决国际矛盾和冲突的不同方式间的联系的研究、哪种民主模式更容易进行成功的制度改革的研

---

① See Adrian Vatter,"Lijphart Goes Regional:Different Patterns of Consensus in Swiss Democracies", *West European Politics*,(Jan.2007),vol.30 Issue 1.pp.148-171.

② See Markus M.L.Crepaz, *Democracy and Institutions:The Life Work of Arend Lijphart*, The University of Michigan Press,2000.pp.75-90.

究、联邦制国家各个州的民主制度的分析等,通过这样的扩展研究,开阔了研究的视野,使得共识民主理论内容更加丰富。当然,这些扩展性研究还有待进一步深化,共识民主理论的研究有待进一步完善。

纵观国内外学者对利普哈特民主理论的研究,虽然取得了一定的研究成果,并有不断深入的趋势,但研究状况显示出的不足也不容忽视。

其一,利普哈特40多年来撰写了大量有关协合民主和共识民主理论的著作,国内研究者对这些著述的阅读在量上尚显欠缺,成果数量较少。利普哈特关于协合民主理论的主要著述有《政治包容:荷兰的多元主义和民主》(1968),《协合民主》(1969),《文化多样性:政治整合理论》(1971),《多元社会的民主:一个比较研究》(1977),《协合和联邦:概念和经验的联系》(1979),《协合民主:问题和前景,一个回应》(1981)等。其中《政治包容》是他对"传统智慧"认为多元社会不能实现稳定民主的观念的挑战。而《多元社会的民主:一个比较研究》则对协合理论进行了最为综合的讨论。目前,国内包括国图、北图在内几个重要图书馆只能找到《多元社会的民主:一个比较研究》的英文本和台湾学者的中译本。其他著作连英文本也找不到。关于共识民主的理论著述比协合民主理论多一些,但仍然比较缺乏。《民主政体:21个国家的多数模式政府与共识民主政府》(1984)、《选举法及其政治后果》(1986)、《议会制政府与总统制政府》(1992)、《选举制度与政党制度:对27个民主国家的研究,1945—1990》(1994)、《民主百科全书》(1995)、《新民主国家的制度设计》(1996)、《民主的模式:36个国家的政府形式和政府绩效》(1999),目前国内能找到也只有《民主政体》(1984)《选举制度与政党制度》(1994)《民主的模式》(1999)。国内由于比较政治学发展的滞后性,利普哈特进入中国学者视野的时间不长,因此,对其民主理论的研究数量也较少,研究范围、深度、角度还很有限。我们尚需对其民主理论作出详尽而具体的研究,为进一步加深研究西方的新兴民主理论奠定基础。

其二,从研究的内容上看,对利普哈特民主理论的思想渊源和方法论的研究有待于进一步的深化。国外学者的研究内容,大多集中在对其理论本身应用和肯定上,并且较多地集中在实证性和检视性的研究上,极少涉及他的思想渊源和方法。实际上,对多元社会民主共识问题,从卢梭到当代诸如达尔、罗尔斯、哈贝马斯等诸多思想家都十分关注并有深入研究，但研究视角不一，对他们之间的纵向和横向的关系研究显得较为缺乏。作为一个比较政治学大师级的人物，利普哈特是一个方法论大师，现代西方能够称得上学派方法论体系的无非是制度主义、行为主义、理性选择主义，我认为，利普哈特的研究对象是宏观的政治制度，其方法论是典型的行为主义，或许可以把他定位为基于行为主义的制度主义者。在方法论意义上，利普哈特融行为主义和制度主义于一体，表现出一个重量级学者在方法论训练和运用上的过人之处。从这些方面而言，利普哈特是值得学习和尊敬的，但对这些方面的研究显得十分缺乏。

其三，国内外学者对利普哈特民主理论的发展过程关注不够。自 20 世纪 60 年代至今已有 40 余年，利普哈特民主理论的发展从协合式民主到共识民主，在此之间，他撰写了大量的有影响的著作，有的是对早年研究的拓展与深化，有的是对各种评论的回应，但其理论主题、研究对象具有内在的一致性和连续性。研究利普哈特民主理论的发展线索，有利于准确把握共识民主理论的内在逻辑，全面把握其理论。

其四，从研究主题与重点看，国内外学者根据不同的学术旨趣，对利普哈特民主理论的很多方面都进行了有益探索和扩展，但就其关注多元社会民主共识与制度主义的关系而言，还缺乏系统而深入的研究。就多元社会共识而言，当代的西方民主理论都认可现代社会是一个多元性的社会，同时也承认这个社会因其多元性而蕴含各种形式的对立与冲突。按照自由主义的基本看法，在现代社会，文化价值是多元的，不同的宗教、哲学和道德之间所追求的价值都有各自的合理性标准，我们无法找到一个超越的终极标准来裁决它们。然而，一个社会需要形成某种理性的秩序，总是需要某种社会共识，需要这种共识来整合多元化的社会，在这里就产生了一个这样的问题："多元社会和共识"之间处于一种紧张的关系。也就是说，在多元化的社会背景下，共识是否有可能形成或达成？如果有可能形成，那么它们又是如何处理那些冲突与对立的？正是利普哈特的"协合民主"与"共识民主"理论，试图努力从现代西方民主国家的现实民主经验出发，用行为主义与制度主义的方法，去设计一套制度来实现多元社会的政治共识，整合现代多元社会，实现多元社会的稳定民主。本书试图从共识民主理论对多元社会政治共识与多元社会政治整合两个方面分析探讨利普哈特的民主理论及对我们的启示。

五、研究主旨、基本观点、基本框架与基本方法

1. 研究主旨

本研究以共识民主理论为研究对象,试图努力通过对利普哈特协合民主与共识民主理论的研究,进一步探索多元社会条件下政治共识的达成及其与政治制度间的互动关系。本研究的主题是多元共识与制度整合,在此主题的统领下,以利普哈特民主理论为基本研究对象,在对其理论问题梳理的基础上,进一步论证以下问题。

一是多元社会对民主政治发展的影响问题。随着经济市场化与全球化的发展,加上民族宗教、社会制度和传统政治文化等各种因素的共同作用,在日益密切的人类交往中,社会群体和社会利益日益多元化。多元化不仅是一种价值存在,更多地表现为社会利益的多元、社会组织的多元和社会族群的多元。面对多元社会的现实,政治共识如何达成,民主理论如何回应,是当代政治理论无法回避的问题。当代西方政治理论对此问题的研究在何种程度回答了此问题,利普哈特对此问题的回答到什么程度,有多大应用价值。随着日益加深的人类交往和经济政治全球化的发展,国际社会同样面临着社会多元与政治共识的问题。本研究力图在对利普哈特民主理论对多元社会政治共识问题研究的基础上,对西方相关政治理论进行进一步的梳理,并在马克思主义的基本立场上进一步深化此问题的研究。

二是共识民主与多数民主的比较。从协合民主到共识民主,都是在与多数民主的比较中得以提出并建构的。共识民主在民主理念、制度建构、民主品质与绩效方面表现如何,在多大程度上超越了多数民主,有多少比较优势,二者实质上是一种什么关系。共识民主作为一种民主模式,其制度体系是如何构成的,其制度的聚合性如何,应用价值有多大,应用条件有哪些,真的可以作为多数民主的替代物,新兴民主国家的首要选择吗? 这些问题都是本书通过对利普哈特共识民主理论研究试图回答的问题。

三是利普哈特在很大程度上是从新制度主义层面上去建构其协合民主

与共识民主理论的,其基本研究方法是行为主义的。他在选择研究样本时预设的前提是稳定的民主国家,也就是首先预设这些国家的这些制度变量都是民主的。在协合民主理论中他把解决多元民主的方案诉诸四大原则和八个民主制度变量,在共识民主中研究了十个民主制度变量。其实证性制度研究很大程度上忽略了制度间的内在关系和制度变量与民主实践的内在关系。作者试图通过对利普哈特民主理论的研究,弄清这些变量、原则间的内在关系及其在多元民主建设中的地位和作用;弄清民主理念与制度、民主与宪政之间的关系;弄清当代西方民主中的政治共识与政治整合之间的互动关系等,从而进一步加深我们对西方民主的认识。

2.基本观点

一是任何一种西方民主理论都是一定历史时代的产物,作为一种在当代西方民主理论与实践领域影响都很大的共识民主理论,是当今西方民主理论的重要组成部分,虽然其理论深受西方自由主义立场的影响,但其理论的经验性、实证性,在一定程度上使其显得更加中庸和中道,合理成分、实用成分更加突出。

二是政治制度是生产关系的总和,政治制度的形成与变迁与一定社会的经济生产方式、文化传统密切相关。政治制度的选择与设计要充分考虑制度产生的社会经济发展条件,也要考虑制度应用社会文化的条件,更为重要的要体现以人为本,看其是否有利于促进人的发展。制度在多元社会的基本功能应是:在调节个人与社会公益、小共同体与大共同体、共同利益之间的矛盾的基础上,实现社会政治经济的和谐发展;同时,调解人的善恶行为,提升人的道德水平,最终实现人的全面和谐的发展。

三是社会主义民主是超越资本主义民主的新型民主,社会主义民主不能照抄照搬西方资本主义民主,但也从不放弃对任何优秀人类政治文明成果的吸收和创新。共识民主理论是建立在对英美竞争性多数民主反思基础之上的,又整合了当代西方最新民主思想合理成分,其理论启发可能更大一些。

四是社会多元化已成为当代西方社会的基本特征。社会主体的多样与多元直接影响着人们生存、发展及社会的统一、稳定与和谐。在多元社会中,传统社会的权威、共识、统一被瓦解,共同的情感、信仰、神圣的价值观念被祛魅。社会秩序的统一和稳定面临着多元事实和多元价值的威胁,统一的社会秩序很难维系。要使多元主体最终统一到一个民主秩序中来，就必须有多元社会的政治共识来支撑，就必须有新的政治整合机制来协调和规范人们的行为。

五是多元社会的共识是多元社会政治整合的心理基础和合法性基础。现代社会的共识是现代社会交往实践中形成的主体与客体、主体与其他主体之间的多重社会关系，它表达了交往过程中的参与者形成的共同的或一致的认可、理解和同意。社会越是差异、分化，就越需要整合和统一。整合本意是指整顿、协调、重新组合，从而形成新的秩序和新的整体。政治整合是指政治的一体化过程。现代社会的整合是辩证的、包容差异的整合，不是绝对的、无差别的、抽象的同一。整合不等于相同和同质化，整合是包含着差异的同一。整合的对象是发展的、变化的、复杂的，而不是静止不变的；整合方式与传统社会强制整合不同，更多的是非强制性的包容、协商、妥协与合作。

六是政治发展与民主的品质、一定的生产方式、经济基础和文化传统密切相关，也是一个基本制度的建构过程，因此民主对任何一个国家来说都是一个渐进的历史过程。共识民主理论注重对不同国家的文化传统和民主品质、民主稳定性的比较研究，注重不同国家的民主制度的比较研究，注重民主制度建构的研究，从研究方法到研究内容都有许多有价值的成分，对我们发展完善中国特色的社会主义民主政治具有一定的启发。

3. 研究思路

本书以多元社会政治共识与制度整合为主题，以共识民主理论的形成发展为主线，从对共识民主理论的理论背景分析多元共识的主题，梳理西方政治理论关于多元共识之理论及其关系，分析资本主义多元社会的内在矛盾；通过对利普哈特从协合民主到共识民主理论的历史发展轨迹和内在逻辑的论证，揭示出从协合民主到共识民主与制度的互动；分析论证协合民主、共识民主原则与制度变量之间的关系，讨论协合民主与共识民主各个变量的适用条件及其理论的应用。最后评析共识民主的得失，得出结论。

4. 基本框架

本课题共分四部分七章。第一部分是导论，主要说明本课题的理论意义现实意义、主要研究方法和国内外研究状况、研究的思路和主要观点等。

第一章为本课题的第二部分。这一部分，以历史唯物主义的立场对西方多元社会和多元社会的民主困境进行探讨，讨论多元社会政治共识的可能性，揭示本课题的核心问题政治共识与政治整合问题。第二至五章为本课题的第三部分，也是本课题的核心。通过对共识民主理论的分析研究来论证多元共识与制度间的互动关系。第二章梳理共识民主理论的理论渊源与基本概念，概述协合民主理论与共识民主理论，并借此阐述协合民主与共识民主的关系，进一步厘清共识民主与西方其他民主理论的关系及其理论发展的内在逻辑，并用比较的方法论证共识民主对多数民主的反思与超越。第三章通过共识民主与多数民主的比较，来论述共识民主的理论结构及其制度要素。主要从多元共识与政治整合的视角，通过政党、内阁、行政机关与立法机关、选举、利益集团等十个民主构成要素，在与多数民主的比较中来分析论证共识民主的内在逻辑和理论内容。第四章在比较分析的的基础上进一步探讨共识民主国家权力配置的机理和特点。第五章在民主的两个维度上对共识民主的绩效进行了评估，通过七个指标的比较对共识民主的民主品质进行了探讨，进一步论证了共识民主对多数民主的比较优势。第六章主要研究协合民主与共识民主理论对多元共识问题的解答及其与制度整合间互动关系。通过对利普哈特民主设计的研究来检视协合民主与共识民主模式的适用条件，讨论政治制度对民主的影响和民主与制度的互动关系。第七章和结论为本课题的第四部分。第七章论证利普哈特对民主理论的贡献与突破及其局限与不足，对利普哈特的民主理论进行分析评价；结语是通过本研究的论证得出的概要结论。

5. 研究方法

研究方法是研究主体从观念上把握客体的一种认识工具。选择研究方法主要依据于研究主体的目的和研究对象的特点和形态。研究方法科学与否，不仅影响其观察分析问题的角度，而且在很大程度上决定了研究者的结论。就本课题所研究的利普哈特的民主思想而言，属于思想史研究范畴。为此，必须坚持马克思主义的世界观、方法论，坚持历史与逻辑、理论与实践的统一，在马克思主义基本方法指导下充分运用思想史研究的文献分析、历史分析、逻辑分析、比较分析的方法，做到既尊重历史，尊重理论本身，实事求是，又联系实际、关注现实，推动理论发展，实现理论创新。

恩格斯说:"马克思的整个世界观不是教义,而是方法。它提供的不是现成的教条,而是进一步研究的出发点和供这种研究使用的方法。"①总体性方法是马克思主义的基本方法,是马克思的重大理论贡献。在《资本论》的创作过程中,马克思提出并坚持使用总体性方法来分析研究资本主义社会的社会、历史和人。在这里,马克思第一次提出了生产关系这个范畴,并把它看成是一个有机整体,一个辩证联系的总体,看成决定整个社会生活过程的现实基础,看成社会形态的统一的运动过程。马克思说:"生产力和生产关系密切相联。随着新生产力的获得,人们改变自己的生产方式,随着生产方式即保证自己生活的方式的改变,人们也就会改变自己的一切社会关系。"②所以,"每一个社会中的生产关系都形成一个统一的整体"。③ 总体性辩证法是一个严整的"从抽象到具体"的逻辑方法体系。"从抽象到具体"指的是人们在思维中再现现实的具体的总体性方法。本课题将始终贯穿运用马克思主义总体性辩证法。总体性辩证法是马克思主义方法论体系的精髓,它是关于自然、人类社会和思维的运动与发展的普遍规律的科学,主张用发展的、联系的和辩证的观点分析一切事物,因而,也注定是分析政治现象的根本方法。因此,本课题无论是对思想家的评介还是对共识民主理论的分析论证都坚持总体性哲学的基本原则,确保研究在总体的把握的基础上,作出公允的分析评价。而总体的具体性、有机性、辩证性、历史性、动态性是总体性辩证法在政治分析中的具体运用,这些原则也将在本论文的研究中得到应用。

一是文献分析法。文献分析法是思想史研究的基础性方法。共识民主理论是利普哈特民主思想的代表思想,研究共识民主理论,首先离不开对利普哈特著作文献的全面深入的解读。本课题中心主旨是在研究和把握利普哈特整个民主思想的基础上理出共识民主思想的核心与主线:多元共识与制度整合,所以,本课题的研究是在广泛深入全面研读利普哈特著作文献基础上展开的。任何思想都是一定历史时期经济政治生活的较为集中的反映,都是对一定历史时期时代问题的一种解答,因此也都是一个历史过程。

---

① 《马克思恩格斯全集》第 39 卷,人民出版社 1975 年版,第 406 页。
② 《马克思恩格斯全集》第 4 卷,人民出版社 1979 年版,第 144 页。
③ 《马克思恩格斯选集》第 2 卷,人民出版社 1995 年版,第 142 页。

文本解读不仅要客观地呈现和重述共识民主理论的基本观点、理论内容,更为重要的是,厘清理论的历史发展线索与逻辑,厘清它与同时代其他相关理论的关系以及理论本身各个构成模块之间的逻辑关系。分析与阐释意味着在分离的研究对象之间建立新的结构性的关系,这种结构性联系的建立以深度理解为基础条件,但又不能陷入重述的泥潭,因此,文献分析必须在尊重历史、尊重原著、尊重作者本意的基础上,做到历史与理论的统一、文本与研究目的的统一、作者原意与理论结构的统一。

二是历史分析法。"马克思主义历史分析法就是在政治分析中,从历史角度,'对每一特殊的历史情况进行具体的分析',从而用因果性揭示社会政治在历史的总联系中发展的一般规律,以及它在不同阶段、不同历史环境中的特殊规律。"①本课题的论述和论证过程坚持历史唯物主义的态度,即把利普哈特共识民主理论放到其产生和发展的历史进程中去考察和分析。利普哈特共识民主理论的产生与发展,不仅是个人创造性思考的结果,更与西方第二次世界大战后社会历史的发展密切相关,使用历史与逻辑一致的方法,能够合理地分析一定社会历史环境对个体理论发展形成的影响,以及个体理论对社会历史大环境的回应与影响。列宁告诉我们:"在分析任何一个社会问题时,马克思主义理论的绝对要求,就是要把问题提到一定的历史范围之内;此外,如果谈到某一国家(例如,谈到这个国家的民族纲领),那就要估计到在同一历史时代这个国家不同于其他各国的具体特点。"②实际上,社会民主政治系统为实现整体优化和持续发展而不断调整自身的结构和功能,以适应不断变化着的环境。因此,研究民主理论,也只有运用历史的方法,从动态上把握民主政治系统的发展轨迹与理论发展轨迹,在理论与历史的发展中考察认识现实,在现实、理论与历史的互动中洞悉理论,展望未来。同时,注重历时研究和共时研究的有机结合,通过对历史实践和现实问题的研究,更深入、辩证地理解、分析和把握共识民主理论的演进规律。

三是比较分析法。在政治学的研究中,比较研究更是一个基本的方法。

① 张铭、严强:《政治学方法论》,苏州大学出版社2003年版,第115页。
② 《列宁选集》第2卷,人民出版社1995年版,第375页。

"通过分析两个或两个以上的政治现象的相同点和相异点,来发现政治现象本质和规律的方法,通俗地说,这种方法就是'同中求异、异中求同'的方法。"①"社会和政治现象所展现的事实,不光是靠任何已有研究所能分析出的,而是更多因素综合而成的产物。"②因此,研究社会和政治现象,就必须不仅仅对诸如历史、文化、社会以及政治结构、人口、地理等相关方面因素所造成的影响给予说明,还要对政治和社会现象每个重要参与者的行为及他们之间的相互关系给予解释。利普哈特共识民主理论是对 36 个民主国家综合比较研究得出的结论,我们在对共识民主进行研究时同样要考察这些综合因素,要进行比较分析。一是横向的比较。共识民主的特点必须在与其他民主模式的比较中才能显现出来,尤其是要把共识民主与同时代其他民主理论与民主模式的区别和联系搞清楚,这是理解共识民主的关键。同时,共识民主是西方社会发展的产物,中国民主政治建设要借鉴这一理论,就必须首先意识到东西方政治文化的差异,只有在国情的比较中,才能找到对我们来说有价值的东西。深入分析共识民主理论的历史与现实,精心解释这一理论在西方政治民主化过程中发挥的积极作用以及所遭遇到的困境,无疑有助于我们探寻一些值得反思、总结和借鉴的素材。二是纵向的比较。比较不同历史时期的共识民主理论的存在、演进与嬗变,追寻其发展轨迹,把握其发展趋势。

四是事实与价值分析。"事实"即学术研究对象,或曰现实世界的客观状况的学术阐释;"价值"即研究者在其话语体系中所赋予的对研究对象,或曰客观世界的意义与价值期待。面对着意义多元的世界,无论是人们的生活世界或是学者的话语体系的世界之中,价值多元主义的歧异以及价值与事实两相分离的现实已经难以弥合划一。此种情境之下的学术研究,学者不能不时刻警醒何种限度内属于事实的范畴,而何种情形之下属于论者的价值赋予。而在这种"价值"与"事实"两分的研究视野之下,面对利普哈特的文本世界乃至相关论者的话语体系,无疑要时时面临如学者所谓的这样的困扰:"在一定程度上显示民主特性的那些'事实',确切地说是通过理

① 王惠岩:《政治学原理》,高等教育出版社 1999 年版,第 20 页。
② Arend Lijphart, "Comparative Politics and Comparative Method", *American Political Science Review*, vol.65, no.3 (September 1971).pp.682-693.

想而形成的行为模式。对现实世界中的民主制度进行严格观察的人,老实说是在观察由价值铸成的事实";换言之,即"事实与价值的紧张关系"①。因此,为力求学术研究的客观公允,不失科学精神,为力求对利普哈特理论的深刻解读,不失准确性与创造性,对其文本世界与现实世界相互交叠的价值与事实真实状况便必须透过"价值与事实分析"的研究方法予以剖析。在这种研究方法之下,首先将利普哈特及相关论者所论及的客观世界——西方民主的政治社会情境与这些论者的文本世界适当分离;在这种分离的基础之上,透过比较的分析与阐释,在客观与公允的学术立场上剖析利普哈特及相关论者的学术期待与价值赋予。在这种价值与事实的分析过程中,利普哈特政治发展理论所针对的现实世界的事实与所表达的意义世界的价值期待都可以在一定的程度上被理解与阐释。而这种事实与价值分析的研究方法也蕴含了在利普哈特政治发展研究过程中保持肯定与批判的双重视角的学术中立的立场。

坚持马克思主义历史唯物主义和辩证唯物主义的基本立场和总体性辩证法,目的在于保证研究的正确方向,从总体上而不是片面的把握研究对象,以对共识民主理论作出较为全面的研究,从而达到本课题研究的宗旨和目的;使用文本解读方法目的在于描绘共识民主理论的一般轮廓和内在逻辑,深度理解和把握其精神实质;使用比较研究法目的在于确定共识民主理论的思想渊源和总体特征,纵向厘清共识民主理论的传承关系,横向厘清与同时代理论的亲缘关系,通过比较彰显其理论意义;使用历史与逻辑一致的方法目的在于揭示其理论的外部动力和实践意义。

---

① [美]乔·萨托利:《民主新论》,冯克利、阎克文译,东方出版社 1993 年版,"序言"第 4 页。

第 一 章

多元社会的民主困境与共识民主的回应

一、政治共识与政治整合:民主政治
发展的基本问题

一定意义上说,民主政治是一套政治制度建构和一定政治共识的有机统一。现代条件下,特别是在西方社会多元、文化多元、价值多元的社会条件下,民主政治的真正确立、有效运作与有序运行,一方面需要一定的制度架构的设计与运作作为其运行的制度基础;另一方面也有赖于相应的政治共识等文化心理基础的建立和形成;有赖于相应的政治整合,对多元社会的社会群体、道德与价值观念及政治行为进行必要的整合,从而实现社会的统一,保证民主的秩序、国家和社会的稳定、达成民主共识,进而实现真正的民主。现代西方国家民主失败的原因,除了社会根本制度这个它自己无法克服的原因外,关键就在于没有培育与培养与当代多元社会民主制度相适应的政治共识、没有建立和完善与之相应的整合体制。与西方民主失败相对应的另一个事实是:第二次世界大战后,随着民族意识的觉醒和民族解放运动的兴起,新兴的发展中国家,或者在效仿、照搬西方民主制度的过程中惨遭失败;或者在民主化的进程中经历艰辛和曲折,或者在民主化进程中出现社会的分裂、政治动乱甚至民族国家的分裂,而发生这种事实的关键原因也在于此。因此,政治共识与政治整合,不仅构成了现代民主的题中之义,也构成了现代社会特别是多元社会实现社会稳定和有序民主的重要向度。

(一)政治共识与现代民主社会

一定的政治共识对现代民主十分必要。一方面,现代民主特别是在多元社会条件下,其题中应有之义就是要达成一定的政治共识,并据此对社会进行政治整合,构成社会政治整合的依据;另一方面,政治共识对民主政治体系和社会产生重大影响,它构成政治合法性的重要来源,为政治稳定有序提供社会心理支撑,构成政治包容与社会和谐的心理条件。

1. 现代民主社会的政治共识的内涵

人类发展的历史表明,人作为类存在物,需要一种超越于个体、群体、组织乃至国家之上的普遍性东西——即作为类存在一些共性的东西来维系类的持久存在和协调发展。换句话说,就是在一定时空条件下,需要形成的一些关于共同体存续所必需的、人们之间的"共识",来维系人类社会的存续与发展。

从词源学来考察,《牛津英语词典》把"共识"一词解释为"集体一致的意见",(collective unan in our opinion)。戴维·米勒和韦农·波各丹诺主编的《布莱克维尔政治百科全书》,把"共识"解释为:"在一定的时代生活在一定地理环境中的人们,共有的一系列信念、价值观念和规范准则。"①政治共识则是共识在政治领域的具体体现,是指一定政治共同体中的共有的目标观念、得到普遍认同的规则系统和决策形成过程的一致性。包括政治生活的基本理念、共同认可的政治规范准则、秩序安排和实践策略等;作为一种经验性的描述,它存在于古往今来的各种政治生活中。② 在当代政治实践领域中"共识"一词运用十分宽泛。它既可以指某个具体层面的主要政治力量在一定层面、一定领域的趋同与合作,如"华盛顿共识"、"北京共识"等;也可以指在抽象思维领域不同社会主体间的共有的政治信念、价值、观念、规范、准则、秩序安排和实践策略等。但就民主而言,现代民主社会的政治共识则包括了三个方面的内容:即价值共识、秩序共识和规范准则共识。

价值共识是指人们共有的某些基本观念、价值观念的认同和认可。现代民主社会的基本价值共识是指在现代社会条件下,人们对自由、平等、权利等基本价值的认同、认可与追求。近代资产阶级民主将自由、平等视为天

---

① [美]戴维·米勒、韦农·波各丹诺:《布莱克维尔政治百科全书》,邓正来译,中国政法大学出版社 1992 年版,第 155 页。

② 参见[美]乔·萨托利:《民主新论》冯克利、阎克文译,东方出版社 1998 年版,第 101 页。

赋人权,而真正的自由、平等的实现又反过来依赖于民主制度的确立与建成。就现代民主而言,民主作为人类共同享有的价值追求,其具体内容应主要包括两个方面:一是民主观念的共同认识。关于民主观念,不同时代和不同性质社会的人们对此有不同的理解。原则民主主义者认为人类应该追求民主,是因为民主与自由、平等一样,是人类共同追求的理想和目标;程序民主主义者推崇民主,是因为他们认为,在现有社会条件下民主是治理当代复杂社会的最佳选择。虽然他们也承认民主作为一种治理程序并不必然导致公平与公正,但他们深信在"民主政府"领导下公平与正义的实现会比在其他政体下有更多的机会,并坚信民主政体通常产生民有、民享、民治政府,如此等等。尽管对于民主人们具有不同的看法,但在国家的权力属于人民这一点上都认同和认可;都认为民主政体下统治者的权力来自于被统治者的同意,从而达成国家权力属于人民的民主理念。正是基于这一共识,人类才会渴望民主、追求民主、努力实现民主。二是对民主信念的共同追求。民主从理想变为社会现实是一个漫长曲折复杂的历史过程,在人类追求民主理想的过程中会出现许多的曲折,面临和遭遇许多痛苦与不幸,但人们并未放弃对这一理想的追求,原因是人们相信民主的理想一定会变成现实,同时也在追求理想的过程中不断强化这种认识,这就是民主信念。在追求理想的过程中不断强化这种理想就是坚定民主信念的过程,就是要认识到民主的实现是一个漫长的历史过程,对真正民主的实现要有一个长期的心理准备;就是要认识到民主是一个法制化的过程,是公民的自由和公民权利法律化的过程;就是要认识到民主是一个社会化的过程,民主不仅要体现在国家政治生活中,实现民主的法律化、制度化,而且要实现日常生活的民主化,使民主精神和观念贯穿于人们日常生产、生活中,实现日常社会管理和生活的民主化。如果缺乏对民主信念的追求和正确认识,就容易在民主化的进程中受到挫折时从奢望转为失望,又从失望陷入绝望,在民主化的进程中不顾国情的盲目照搬,结果是政治动乱、人民遭殃。

程序共识是指人们对于某种行为规范和运作程序的认同和认可。在民主体制下,民主政治的运作是一种有序的动态平衡,而不是无序的社会混乱与动荡。许多新兴民主国家,由于缺乏必要的心理准备,尽管国家层面已经建立了民主的程序规范,但在民主实践中,由于缺乏民众对民主心理文化及民主程序的共识,所带来的并不是人民当家作主、繁荣与有序的经济与社会发展,而是政治动荡、经济衰退、民不聊生。即便是在所谓发达国家,民主政治的有效运作与维系也同样需要程序共识。就政府的选择与更换而言,从理论上讲,暴力革命可以是人民推翻专制的手段,但不会是民主条件下人民选择政府的手段。既然人们认可和同意用合法程序选择政府,就意味着人们愿意接受该行为的后果及其带来的约束。同时也就意味着民选政府背离人民的意愿时,仍应按照合法程序来更换现有政府,不应采取无序、暴力的方式推翻自己选举产生的政府。如果所谓民主条件下出现所谓的暴力,它意味着虽然具有民主制度的某些特征,却并未建立民主的程序规范,并未形成民主的程序共识。

规范(准则)共识是指人们对一定社会政治生活的规则或准则的认可和同意。任何一个社会共同体之所以构成一个共同体,必须有着某些为共同体成员所认可和同意的规范(准则)体系。这些规则(准则)体系是共同体组织运行和秩序的基础,是共同体得以生存和发展的内在要求。而规则(准则)的存在而必须以有效为条件,也就是说规则的存在和发挥作用是与一定的社会共识为前提的。政治共识的形成过程实质上是共同利益的形成过程。政治共识反映了不同的利益诉求和愿望。也只有这样,共识才能成为其成员真正认可从而成为调节社会活动的规则。就现代民主产生和发展来说规则之于民主的作用也是显而易见的。18 世纪作为现代民主的充分展开阶段,在这一世纪的法国大革命和美国革命,就现代民主制度的形成来看,由于这两场革命在对民主规则的认识不同,形成了近代西方民主的两个传统:"与洛克相联系的传统和与卢梭相联系的传统"①,"这两种传统排列了西方政治的两条基因链,不但决定了西方政治制度发展的基本规则,而且成为现代西方政治意识发展的两条主线"②。"美国革命胜利后,制宪会议从《独立宣言》的民主立场上退了下来,选择了法治,有意削弱了民主,成为一场宪政革命;与此相反,法国革命选择了民主,却没有形成民主的制度化,而是进行了一场没有形成宪政秩序的民主革命。"③就规则之于民主的典范

---

① [美]约翰·罗尔斯:《政治自由主义》,万俊人译,译林出版社 2000 年版,第 42 页。
② 徐大同、高建:《西方政治思想史》第 3 卷,天津人民出版社 2005 年版,第 306 页。
③ 徐大同、高建:《西方政治思想史》第 3 卷,天津人民出版社 2005 年版,第 307 页。

意义而言,法国革命由于缺乏必要规则(法治),未使民主得以法律化、制度化;法国革命"照亮并荡涤旧世界的角角落落,但也迅速回归于黑暗",①并没有形成稳定的民主制度。美国革命虽然有意的削弱了民主,但实质是找到了一个民主和规则(法治)的平衡点,但结果是虽然"温和",但"耐久",革命后,形成了有利于民主发展的法治环境,为后来的民主的稳定发展创造了一个良好的规则体系基础。

2. 现代社会政治共识的作用

现代民主政治的有效运作依赖于与之相适应的政治共识作为其必要的社会心理基础,否则,民主社会就无法存在或维系。实际上任何社会如果没有一些得到人们广泛接受的价值观念、规范准则和程序,社会作为政治共同体就不可能存在和维系。在当代西方社会日益多元的时代条件下,追求政治共识的过程是与追求民主的过程是一致的。民主社会追求政治共识的过程,就是公民积极参与公共事务、协商对话、缓解个体利益与公共利益之间的紧张关系,寻求二者的和谐与平衡的过程;就是使个体与共同体利益不断获得扩大的过程,同时也是国家或共同体寻求公共利益与个体利益妥协与平衡的过程。所以现代社会政治共识对于民主的有效运作,更是显得必要和重要。现代民主社会的政治共识之于现代民主的有效运作的作用主要体现在:一是可以促进和形成现代的社会的民主;二是使多元民主之间达成妥协;三是缓和社会个体与国家之间的紧张;四是有利于社会的稳定和谐。

其一,现代社会政治共识有利于促进和达成民主。人类社会已有的民主样式并不是人类社会的民主理想的最终样式,它只是人类追求民主理想过程中的某一具体的历史样式。美国著名政治学家科恩在《论民主》一书中指出:"事实上20世纪的大多数民主国家远非成熟。它们(包括我们的国家在内)距离成熟的民主如此遥远,一切不足之处还处于刚刚被认识的阶段。"②他认为广度与深度是民主发展的两个尺度。在论《论民主》中,他提出并使用"民主的广度"与"深度民主"的概念。共识原则是政治生活中基本原则,政治生活中要达成共识就必然要求尽可能多的人参与到政治决

① 朱学勤:《阳光与闪电—近代革命与人性改造》,《万象》2002年第12期。
② [美]科恩:《论民主》,聂崇信、朱秀贤译,商务印书馆2004年版,第25页。

策中来实现民主参与最大化,从而提高民主的广度。如果政治生活中共识的仅仅满足于获得作出决策所需要的相对多数的或是狭隘的多数,仅仅遵从简单的少数服从多数的原则,那么这对于避免对抗和冲突的发生并不能产生有效作用。就民主的深度而言,共识原则也要求民主不断深化。民主的正义和目标不仅仅要在不同价值间作出取舍,而且还要努力使这些不同的价值联系起来,避免价值冲突,以达成合作与共识。"政治生活中的协商、妥协、包容、合作为特征的制度安排就是为人们最终达成共识提供条件。①"如果一个社会不仅准许普遍参与,鼓励持续、有力、有效并了解情况的参与,而且事实上实现了这种参与并把决定权留给参与者,这种社会民主就是既有广度又有深度的民主,"②在多元社会形成社会政治共识的过程,是不断发展民主、扩大交往、扩大参与的过程,也是为容纳和协调各种社会差异,形成妥协、包容、合作的过程。因此上说,政治共识的形成过程和民主的过程是内在一致的,相互促进的过程。

其二,政治共识可以促进多元社会多元间达成妥协、相互包容。多元社会追求政治共识并不是过分地要求共同体的全体成员在所有方面都保持高度一致,而是要求人们在公共领域解决共同问题的过程中,真诚寻求公民间达成一致的认识,保持持续合作与妥协的态度,并把它作为维系多元共存的基础。这就要求民主的过程必须将个体偏好转换为政治领域的维系共同利益的政治共识。纯粹的少数服从多数原则,实现的只能是同质共同体个体偏好的叠加,而实现不了个体偏好到公共利益的转换。只有在充分尊重个体偏好的基础上,从公共利益出发,营造公共性的舆论氛围,在彼此倾听与理解各自偏好的基础上,通过利益相关者的协商对话、讨价还价、相互妥协、退让,才能最后形成融通,达成一致,实现合作。正如毛里西奥·帕瑟林·登特里维斯所言:"参与者不是寻求胜利,即保证他们的初始观点胜出,而聆听并思索别人在说什么,并寻求最有力的解决方案。"③实际上,也只有在充分协商、妥协的基础上,人们才能形成公共问题解决的一致意见,并愿意

---

① 参见[美]科恩:《论民主》,聂崇信、朱秀贤译,商务印书馆2004年版,第12—31页。
② [美]科恩:《论民主》,聂崇信、朱秀贤译,商务印书馆2004年版,第22页。
③ [南非]毛里西奥·帕瑟林·登特里维斯:《作为公共协商的民主:新的视野》,王英津译,中央编译出版社2006年版,第144页。

为了共同体的利益而重新审视和调整个体和局部利益,实现差异性偏好的向公共利益的转换,最终达成体现公共利益的共识。也只有在这样一种协商的过程中,信息才能互通与交融,个体偏好在个体获得更多公共信息时才能产生交融。而且当个体偏好与公共利益与其他的个体偏好发生冲突后,才会有真正的妥协、退让与融通。个体在这个过程中与他人一起工作以后才能发现其曾考虑到的政策选择时,偏好也才能改变,并能找到个体偏好与他人偏好与公共利益之间的平衡。所以说:"如果说竞争给社会带来的只是效率的话,那么妥协与融通能够带来和谐与效率。现代经济学的分析表明,通过妥协与融通解决争端,社会支付的代价是最小的。"①

其三,政治共识有利于缓解个体与政治共同体之间的紧张。在实际社会生活中,个体道德与集体道德之间、个体与国家之间虽然有一致的地方,但也常常存在着冲突与紧张。追求共识的过程,就是缓解这种紧张、寻求利益均衡、维护个体利益与公共利益的和谐统一的过程。托克维尔在其《论美国的民主》中曾颇有洞见地从道德层面发现并指出了这种个体与社会之间的紧张。"个人主义由于只顾自己,使每个人异于大众、亲朋好友疏远,从而必将导致社会公德源泉的枯竭,久而久之会打击与毁灭一切美德。"②约翰·斯图亚特·密尔更是毫不留情地批判了西方社会个人原则同国家原则的尖锐对立:"不干涉的个人原则如果加以抽象和绝对的运用,自然会使政府和有序的社会成为不可能的事情。实际上是一个无政府主义的原则。"③个人与社会、个人与国家的这种紧张关系,在人们追求共识开展公共协商的过程中,可以得到有效的缓解。因为公共协商过程具有一种形成共同体的潜在力量,它是一种建立在交往基础上的团结形式。它通过思想交流、对话协商,使参与协商公民视野超出他们的私人领域的狭窄范围,认识到个人行为与公共利益之间的关系,从而减少自身有限的理性,增强公共理性。认识到个体作为共同体一员、个人在享有共同体利益的同时,也应承担那份集体的责任。同时,公共协商也会产生某种道德效应,来缓解个人主义

---

① 袁峰:《政治共识与和谐社会》,《上海师范大学学报》2008 年第 1 期。
② [法]托克维尔:《论民国的民主》(下),董果良译,商务印书馆 1998 年版,第 625 页。
③ [美]列奥·施特劳斯·约瑟夫·克罗波西:《政治哲学史》(下),李天然译,河北人民出版社 1995 年版,第 948 页。

和社会公德之间的道德紧张关系。因为在公共协商中,参与者从私利和局部利益出发是很难达成公共利益的。协商与对话要达成公共利益,最有可能的是放弃自私的政策主张,转变为协商所关注的公共事务的合乎道德的判断,才能被他人和协商过程所接受,才最有可能将这种判断转换为公共政策的意志。

其四,政治共识有助于保持社会的稳定。政治共识与社会秩序和政治稳定有着密切的关系,它是政治社会得以有序运转的必要前提,是维护社会稳定的重要途径,也是实现社会和谐重要的心理和思想基础。社会矛盾和冲突是人类社会发展中的一个经常要面临的问题。而广泛的社会共识就构成了社会政治组织存续的先决条件。"共识与矛盾冲突纠缠在一起,无法摆脱。既然矛盾冲突是人类状态的一个核心要素,共识就成为和平有序地处理社会政治事务的一个头等重要的先决条件;如果没有一些得到广泛接受的价值观念和规范,社会政治组织就不可能存在。"①

政治稳定在政治民主发展过程中具有十分重要的意义,没有政治稳定和秩序的政治发展,只会导致民主政治的衰败。塞缪尔·亨廷顿把影响社会政治稳定的一般政治因素归纳为:社会动员、政治参与、政治组织化和制度化的关系,影响政治稳定更进一步的深层原因是政治共识。"社会动员和政治参与的速度偏高,政治组织化和制度化的速度偏低,其结果只能是政治不稳定和无秩序。"②亨廷顿认为,政治的制度化水平和组织化水平与社会动员、政治参与水平的不协调,会导致政治的失序和动荡。一定程度和范围的政治共识是决定政治制度化和组织化水平的必要条件之一。"一个社会的政治发展水平,在很大程度上取决于这些政治活跃分子从属和认同于各种政治制度的程度。"③他把对法律的共同认识、社会一致利益的观念和道德一致性的观念放在一起,作为政治共识形成影响社会政治稳定的先决条件。"一定程度的政治共识,是任何社会群体存在的先决条件。一个有

---

① 邓亚东:《布莱克维尔政治百科全书》,中国政法大学出版社 2002 年版,第 166 页。
② [美]塞缪尔·亨廷顿:《变革社会中的政治秩序》,李盛平、杨玉生等译,华夏出版社 1998 年版,第 5 页。
③ [美]塞缪尔·亨廷顿:《变革社会中的政治秩序》,李盛平、杨玉生等译,华夏出版社 1998 年版,第 9 页。

序的组织,通常要求其成员对其组织功能的范围和解决从这种范围中产生
纷争的程序,至少应有相当的一致性认识。一种政治体系的积极参与者必
须具有这种认识的一致性。"①所以,政治共识在维持和提高政治制度化水
平方面起着基础作用,决定和影响着政治发展中的政治稳定。

萨托利也认为政治共识是维护政治稳定的重要途径。他是从价值共识
的角度来论述这个问题的。他认为缺乏信仰和价值共识的民主政治是脆弱
的民主政体,要巩固民主只有提高公众对政治价值和政治制度的政治共识,
提高政治制度化水平。在其《民主新论》中,他说:"如果一个在信仰层次上
意见分歧的社会有两极分化的标志,而两极分化的民主政体是运行能力最
差,最容易垮掉的民主政体。"②

(二)政治共识与政治整合

多元社会条件下,为了保持社会的有序与政治稳定,就必须对社会进行
必要的政治整合,多元社会政治整合的基础就是政治共识的形成。这里的
政治共识不是同质社会政治认识的一般叠加,而是异质社会公共交往过程
中形成社会共同体新的精神结构,是多元认识的整合形态。以共识为基础
实现社会的多元一体,实现包含差异的社会统一。

从现代国家的权力运作来看,社会从一元利益结构向多元利益结构的
转型促发了国家权力理念的变革。一种全能的绝对的政府已不再可能,取
而代之的则是有限理性基础上的有限政府。国家权力对自由的保护要以确
认公民的消极自由为基础;国家权力对公民积极自由的推进要以保障其更
大自由的实现为前提;国家权力的运用要受到法律的严格控制。这三方面
的政治效应都要求社会的各成员达成新型的合理的政治共识,以规导多元
利益结合的社会,从而使政治具备相宜的社会心理基础。在多元社会里,社
会成员及各种利益团体能够达成某种程度的政治共识,必须具备以下几个
方面的条件:首先,是社会成员和利益团体,应具有达成共识的理性根源。
一方面,社会成员、利益团体,族群都是理性存在者,都具有自己的利益要

① [美]塞缪尔·亨廷顿:《变革社会中的政治秩序》,李盛平、杨玉生等译,华夏出版社
1998年版,第22页。
② [美]乔·萨托利:《民主新论》,冯克利、阎克文译,东方出版社1998年版,第101页。

求,并且具备一定的表达自己利益实现自己利益的能力;另一方面,作为社会存在的个体和社会利益集团,都有自律的理性,具备审慎交往的能力以及选择或承担选择后果的能力。在此基础上,人与人之间,社会组织间就有可以基于某种理由进行对话、协商达成某种共识。其次,在多元利益结构中,人与人之间的矛盾冲突、群体组织间的矛盾冲突也都驱动了人们寻求共识,这种矛盾和冲突也迫使人们对共同和公共善的寻求,由此人们可以达成某种程度的共识;再次,多元社会、多元利益结构是一个紧密的合作系统,这个合作系统为达成政治共识提供了一个紧密的合作系统。这个合作系统为政治的达成提供了一种商谈平台。当代多元社会虽然充满了多种矛盾和冲突及多种多样的竞争与斗争,但是社会的多元化决定了利益不再是零和格局,而是一个互惠共享、相互依存的发展态势,人们只有通过合作才能实现自己的利益和价值。在这样的合作系统里,人们必须达成某种共识,共同遵守、共同约束。最后,多元社会各种利益集团包括族群之所以能够生存,其利益和个性的实现往往是对公共性的挤压得以实现的,对公共性的承认,既是其利益所在,也是达成共识的条件。每个人、每个组织都是特定社会的成员,都生活在一定的社会共同体里,个人的利益、集团的利益在共同体里都可以单独地存在和实现,而是与他者、与共同体利益紧密相关。在对自我利益和社会共同利益的关怀下形成共同生存的文化语境,这种共同语境是关照自我生存的公共领域。失去这个领域,共识便失去存在的土壤,也相应地失去了其合法性和有效性。这种共同性、公共性既是共识达成的条件,也是在共识的基础上进行社会统合的基础。所以,多元社会的政治发展努力寻求政治共识,并在共识的基础上去寻求社会整合是多元社会政治理论的基本任务。

多元社会国家所维护和追求的统一往往通过公民身份和国家认同来实现。公民身份是超越族群身份的国家社会成员的共同身份,国家认同是超越族群认同的更高层次的认同。换句话说,国家认同具有高于其他认同的地位,公民的国家认同和对群体的认同上,公民对国家的认同是首要的,对群体的认同要从属和服从于这种认同,所以格罗斯指出:"民主国家需要一个公分母,一种超越种族的忠诚,这种忠诚将各个不同种族和文化背景的集团混合为一个整体,一个得到所有居民或绝大多数居民认同和热爱的整体。

换句话说,就是一种超越了族群认同的认同。"①在多元社会里,处在某种族群和集体的个体的双重身份,直接或间接地影响着国家的政治整合。作为公民身份,他服从和认同国家,由此得到国家的保护。国家维护社会秩序的作用在于,当他的个人权利受到其他集团或他人侵犯时,国家进行必要的干预,这是国家对于公民个人权利的保护,也是国家对国家秩序的保护。同时他又具有某个集团或族群的身份,这种身份往往要求他对所处群体的价值和规则的遵守与认同,一旦这种认同或规则受到其他群体的侵犯,或国家侵犯时,这种群体通过组织动员,联合抵制他们的侵犯,在这里,群体的集体利益往往又高于个人利益甚至国家利益,这也会给国家的政治整合带来麻烦和不便。

现代国家的政治整合往往又是通过制度化建设,特别是宪政体制的建立得以实现的。制度即规则,制度作为社会的系列规范体系,在对调整社会秩序、协调社会冲突和减少不确定方面都是大有作为的。制度具有连续性、稳定性、可认可性、可操作性特点,可以有效地阻止社会发展和变革中带来的动荡和混乱。在现代社会中,制度可以有效地减少交易中的不确定因素,降低交易成本,创造秩序和效率。以法制为核心的制度体系的社会整合,已成为现代社会关系巨大的整合器、调节器。现代国家也十分重视以制度的方式来整合社会,维护稳定。在涉及国家内部地区间、民族间及其他影响发展与稳定的重大问题,宪法作为国家根本大法的作用日益凸显。但这种以法律(包括宪法)形式体现出来的国家制度以及指导国家建立的价值准则从来不是抽象的,而是整个国家和整个民族的价值观念的体现。所以,在多元社会条件下,尽管国家对少数族群和利益群体的文化权利寻以承认和保护,但这是国家所允许的一定范围内的承认和保护。任何制度的本质都是利益制度,任何法律法规都是在利益关系中规范人们的行为而存在的。显然国家建立统一的政治制度既意味着国家对内部成员的权力、资源、利益分配方面的肯定与支持,同时也意味着某种制约和约束,意味着某种义务和责任。就多元社会而言,局部利益,群体利益的发展需要国家制度的保护与支

---

① [美]菲利克斯·格罗斯:《公民与国家》,王建娥等译,新华出版社2003年版,第180页。

持;但同时其自身的某些权利或利益也必将受到限制。某些价值观念、风俗文化与国家利益冲突时,或被现代国家制度所渗透时,局部利益、群体利益的避让也在所难免。

现代国家政治整合与一定的语言文化相联系。一方面政治整合以一定的语言、文化作为整合手段;另一方面它也努力引领着一定的文化发展方向,形成主导的文化和意识系统。一方面国家要保证其思想和文化的统治地位,就需要统一的语言,以便于国家统治范围内的成员彼此相互交流和沟通,同时也便于国家的政策、统治者思想与文化影响到社会成员的思想。另一方面,国家作为政治整合的主体,它也会不断地努力引导和形成主流的文化系统,并借此使社会成员的意识统一到对国家的认同和忠诚上来。这种主流、主导的文化意识与整个作为一种强势文化引领着整个国家的文化发展方向,并作用于各种亚文化群体。一般来说,亚文化群体的亚文化之所以存在,是因为其历史传统或某种特殊的利益机制使然。这种文化在一定程度上维系其特色和利益的同时,也把其成员局限于某种狭小的范围内;然而从亚文化成员的自身发展来说,只有在介入到更大的主流的文化中,与主流文化、价值观念与思想一致时,才能有利于实现其自身的发展。在多元主义主导的当代西方国家和社会,对文化差异的认可和承认,一定意义上是强调了差异的合理性,这给现代国家的民主发展和政治整合提出了新的挑战。文化上多元与差异的存在会滋生政治分裂,从而使政治冲突成为政治生活不可避免的方面,成为政治生活的常态,而不是"变态"。① 因此,我们说,对一个统一稳定的现代国家而言,主流文化对亚文化的统合不仅是十分重要的,而且也是十分必要的。

(三)现代民主社会的政治整合

一元与多元、统一与差异、分化与整合,一直是人类政治社会面临的十分重要的问题。当今世界,以信息技术为核心的第三次科技革命浪潮,使人类社会的生产力得到了前所未有的提高,加上经济的全球化与一体化,极大

---

① See Robert Dahl, *Democracy and its critics*. New Haven and London: Yale University Press. 1989. p.218.

促进了人类的社会交往。科技革命在带来经济快速发展的同时,也深刻地影响和改变着人类的政治格局和社会结构,促进了人类社会的分化,当分化发展到一定时候,分化、差异、多元就成为人类社会结构的主导样式。分化就意味着异质、多元、灵活和无序,差异和多元就意味着矛盾、冲突和分裂。马克思主义国家观认为,国家是矛盾不可调和的产物,国家的作用就在于维护和实现一定的政治秩序。当分化、差异、多元成为了一个国家或社会的主导特征时,就预示着这个国家或社会将会面临着一个以整合为特征的政治发展阶段的来临。而这种政治整合往往是以政治共识为前提,以国家作为主要推动力,以制度化整合为核心的政治发展过程。

1. 现代社会的政治整合与概念

整合从其本义上是指整顿、协调、重新组合,从而达到一种有序和形成新的整体过程。社会学意义的整合与政治学意义整合不同,是指"在一定的自然、历史条件下,社会通过各种方式将经济、政治、文化、心理等组成社会结构的各种构成要素、功能及其相互关系协调起来,使社会成为一个和谐、规范、有序的平衡体系,从而形成社会运转的机制及其一般化的程度"。① 社会整合是一种过程和状态,目的是从无序达到有序,手段是各种社会构成要素的综合协调和运用。

政治整合是人类社会整合形成的一种特殊形式,由于政治的复杂与多样,决定人类政治整合内涵的复杂与宽泛。政治整合(political integration)一般也被译作政治一体化,是当代政治学的一个重要概念,同时也是在很广泛的意义上使用这个概念的。《布莱克维尔政治百科全书》中,关于政治的整合概念是在国家间意义上使用并定义的。"政治整合是指若干个政治单位结合成一个整体。这些政治单位在原则上不一定是按照地理划定的。但这一术语通常是指几个独立国家的结合。……其最严格的定义是指两个或更多的国家合并为一个国家。"②根据美国学者迈伦·韦纳的研究。政治整合这一术语,有五种用法,即:国家间层面、领土与国家权力层面、精英与群众层面、社会价值层面、政治组织能力层面。"所谓国家间层面,即国家整

---

① 桑玉成、陈家喜:《群体分化与政治整合》,《云南行政学院学报》2008 年第 1 期。
② [英]戴维·米勒、韦农·波各舟诺:《布莱克维尔政治百科全书》,中国政法大学出版社 2002 年版,第 604 页。

合,通常是指两个或两个以上的独立的政治体结合成一个整体;领土与国家权力层面,即领土整合,是指对附属的政治或地区确立国家中央权力;精英——群众层面,即精英与群众整合,是把精英同治者联系在一起;所谓价值整合即:政治整合还可以指导维护社会秩序的必需的最低限度的价值一致;所谓政治能力层面即:政治整合也指一个民族为某个共同的政治目的组织起来的能力。"①据此而言,政治整合的涵义与运用范围十分广泛,它既可以在国际层面上指全球和地区间的政治整合,如城邦国家之间、分裂国家之间和跨国组织的整合行为等都是在一这层面使用的;也可以指一国内部地区间、政治团体间的整合。作为在多元民主政治领域有着广泛影响的美国政治学家利普哈特,他是较早地从民主政治角度关注政治整合、政治共识的政治学家。早在1971年,他就意识到政治整合的重要性,并专门撰文研究此问题。在1971年的文章中,他认为,"一般意义上,政治整合可以被理解为地域上统一与一体化,包括民族主义民族统一、国际上地区间的整合、国内地区间的整合、国家建设与政治发展、政治稳定以及联邦主义等内容。"②通过对其后期的关于多元民主的著述研究也可以证实。他也正是基于这种比较宽泛的用法,展开其多元社会民主理论研究的。

换种角度,从现代化的进程来说,政治整合的内容也比较宽泛,它既包括地域、阶级、阶层、社会群体等实体内容的整合,也包含了文化、价值等观念方面的整合。就文化整合而言,在拥有不同文化的社会群体或次级政治单位、地域单位集合成一个统一一地域性单元,并建立民族认同、中央权威;就价值整合而言,通过弥合精英和大众之间在社会期望和价值观念上的分歧,实现维持社会秩序所必需的最小限度的价值观念上的一致。因此,"就政治整合的内涵而言,它既涉及将广泛的人类关系与态度、多样的和单个的文化归属感整合起来,并发展成为一种民族情感;还涉及将不同的政治单元整合成一个拥有政府并可实施权威的地域单位;又涵盖统治者与被统治者之间的整合以及将公民整合成为一个共同的政治过程和将个人整合成为有目

① 潘小娟、张辰龙:《当代西方政治学新词典》,吉林人民出版社2001年版。
② Arend Lijphart, Cultural Diversity and Theories of Political Integration, *Canadian Journal of Political Science* 1971.pp.14–51.

的行动组织当中等诸多的广泛的成分。"①由此,政治整合是指某种具有整合能力的政治主体运用各种方式,对某种政治资源进行有效协调和统一,从而达到某种程序和整体的政治行为和过程。其目的是保持和实现一定的政治秩序,核心是国家权力的整合。其主体主要是国家,还包括国际联盟、国际组织、政府、政党、阶级、民族、政治精英、集团等;整合的客体包括主权、领土、利益群体、文化、价值、认同政治行为等政治资源和政治要素。具体来说,政治整合的内涵包括以下几个方面:

第一,政治整合的实质是利益调整,核心是国家权力的制度化。政治整合的实质是特定利益关系的调整,主要是利益调整和利益分配机制,通过国家权力的制度化,形成一系列的规范体系,来调配和重组各类政治资源、协调各种利益群体、构建和谐有序的利益关系,保持和实现既定的政治秩序。同时,政治整合又是一个动态的过程和状态。政治整合是政治主体通过一定方式将各种政治、经济、社会资源重新组合,将各方面利益重新协调的一个动态的过程,它在一定程度上反映着一个国家或地区的一体化程度或政治秩序状态。

第二,政治整合的目标是保持和实现既定的政治秩序,将冲突控制在一定范围内,使政治体系和谐有序运转。这个既定的秩序的前提是民族国家主权与领土的独立、完整与统一,有时这种目标也体现为国家的一体化程度。国家主权机关在主权范围内的有效权威的确立和行使;其根本基础是主权范围内的人民,包括各种利益团体,该群体对国家的高度认同及国家核心的价值体系认同。

第三,政治整合的主体因整合的对象和目的不同可以有不同的整合主体。作为一种政治行为,政治整合的主体是由整合对象和整合目标的不同而由不同主体来完成的。就国家间的政治整合而言,其整合的主体是国家联盟和国家;就国内政治整合而言,政治整合的主体主要是国家,除国家外,政府、政党、阶级、民族、政治精英根据不同的整合目标和任务,均可构成政治整合的主体。

---

① Myron Weiner, Political Integration and Political Development. *Annals of American Academy of Political Social Science.* 1965. p.358.

第四,政治整合的对象是各种利益群体、各种社会力量及各种政治要素和政治资源。政治整合作为一种政治行为,其行为的作用对象构成整体的客体。其客体既可以是那些游离于现有政治体系外的利益群体,也可以是政府、政党、政治精英、人民大众等政治体系内的政治力量,还可以是他们的混合体。潜在的分散性的,逆反性的利益群体和政治力量也同样是政治整合的对象。就整合的客体而言,既可以是上述的实体性客体,还可以是道德观念、价值观念、政治行为、政治关系、政治心理等非实体性客体。在实际的政治整合实践中,可能这些非实体性的客体还会构成政治整合的主体内容。

2. 多元社会的政治整合

马克思主义的国家观认为,国家是阶级矛盾不可调和的产物,国家始终都是以实现一定的"公共秩序"作为基本任务。恩格斯在《家庭、私有制和国家的起源》中指出:"国家是社会在一定发展阶段上的产物;国家是承认这个社会陷入了不可解决的自我矛盾,分裂为不可调和的对立面又无力摆脱这些对立面。为了使这些对立面,这些经济利益相互冲突的阶级,不致在无谓的斗争中把自己和社会消灭,就需要有一种表面上凌驾于社会之上的力量,这种力量应当缓和冲突,把冲突保持在'秩序'的范围内。"①所以,建立和维持一定的社会秩序构成了国家的基本任务。当代世界已经进入了一个多元的时代,分化、异质、多元成为当代世界的一个明显特征,国家的这种维持秩序的任务就越发显得重要。

分化与整合是人类社会发展的一个永恒主题,只不过在不同的历史时期和不同的发展阶段,这种分化和整合的方式、形式不同罢了。人类社会的历史一定程度上说就是一个在不断分化与整合的过程中实现发展和完善的历史。分化是社会矛盾发展的产物,社会矛盾发展到一定程度,分化就出现了。分化意味着异质、多元、灵活和无序;整合是社会矛盾的另一方面,分化到一定程度,就需要重新的整合,整合意味着同质、一元、规范和有序。分化与整合是一个互为基础、互为条件、共生共伴的相互对立的矛盾统一体。对于社会发展而言,失去矛盾的任何一方,都会给社会发展和政治发展带来灾难性的后果。整个社会发展的历史表明:社会发展的历史、政治发展的历

---

① 《马克思恩格斯选集》第4卷,人民出版社1995年版,第170页。

史,就是在分化与整合的张力中实现螺旋式的上升与发展的历史。只有通过这样的历史过程,才能把复杂的社会要素和社会关系统合于一个有序的社会关系体系中,使社会处于一种稳定、有序的动态发展过程中。因此,分化与整合,冲突与协调,离散与整合之间的合理张力的平衡是社会稳定有序发展的重要因素。分化与整合是一对相生相伴的矛盾统一体。偏离任何一方都会给社会发展带来惨重的后果。过度的分化可能会产生新的社会内容和形式,但同时可能会损伤社会系统的统一,破坏社会有机体的完整,降低社会系统的向心力和凝聚力,甚至会造成社会的混乱,动荡,打断社会发展进程的良性运作,破坏和阻碍生产力的发展;适度的整合能保持社会的稳定、有序。而过度的整合会使社会系统各要素受到过多的牵制,从而扼杀社会的生机和活力,丧失社会发展的动力。所以保持适当的分化与整合的张力平衡,是社会发展的必要因素。

就当代政治发展而言,人类社会一方面表现为多元性,另一方面又表现为一体性。多元性是多元文化背景下,社会分化的结果,社会中不同的集团、族群利益团体和阶层,各自以自己的利益与文化的要求而存在;而国家作为公共权力机关,要维护整个国家和社会的有序运行而进行全面的统治和治理环境,通过一定的整合手段,使这些不同利益和文化要求和群体共同生活在一个基本的政治与社会秩序之下。政治社会的多元性和一体性构成了政治生活的两极。它们可以相得益彰,也可以走向矛盾和冲突。在合理的张力作用下,二者相得益彰。既保持了政治的多元性,使社会政治和文化呈现多样性,保持社会的生机和活力;又使社会和政治稳定、有序,保持社会的持续稳定的发展。在冲突时就会产生两种情况,一种情况是多元战胜了一元,差异取代了统一,从而使整个政治和社会失去权威的力量的规范的支配,社会陷入无尽的冲突之中,政治出现严重动荡、混乱,最终使社会走向分裂。另一种情况是一元战胜了多元,统一战胜了差异,社会的一切都削足适履地纳入到一个预设的框架下,匍匐在一个权威下,多元群体失去各自的特征,生机勃勃的社会失去了生机和活力,变成了死气沉沉的社会,社会中的人也就了"单面人"。因此,"国家为了维护社会稳定,有时采取中间路线,将多元的力量、特别是少数民族群体置于私人文化领域中,在统一的框架内容纳着多元。或者是通过柔性方式对待多元,使多元在和风细雨中失去个性。罗马帝国时代对不同民族的政策,中世纪神权笼罩下的西欧各国社会对异族的统治无不体现了这一整合方略。"①不同时代有不同时代的政治整合的主题与思维方式,当代西方多元文化主义的政治思想也有自己的研究主题。就政治整合而言,政治共识、公民身份、宪政体制、语言文化就构成了其政治整合的主题。

二、多元与分裂:当代西方社会的基本现实

马克思主义认为,民主是一定社会历史发展的产物,是一定社会生产关系的集中反映,它是建立在一定社会经济基础之上的上层建筑,并对一定社会的经济和社会生活发生反作用。恩格斯指出:"直接的物质的生活资料的生产,从而一个民族或一个时代的一定的经济发展阶段,便构成了基础,人们的国家设施,法的观点,艺术以致宗教观念,就是从这个基础上发展起来的,因而,也必须由这个基础来解释。"②列宁根据社会主义革命和建设的实践对马克思主义民主观做了进一步的发展,认为民主作为社会的上层建筑归根结底是为生产服务并由生产关系决定,民主制度和民主观念对经济基础和整个社会生活具有反作用。社会结构或经济基础的变化,必然会引起民主制度和民主观念的变化。适应时代发展的民主制度和民主观念又深刻地改变和影响着社会结构和经济基础。"任何民主,和一般的任何政治上层建筑一样,归根结底是为生产服务的,并且归根结底是由该社会中生产关系决定的。"③

利普哈特的协合民主理论与共识民主理论,是对当代西方社会出现的多元文化与价值共识危机所作出的一种理论回应,是对以英美多数民主作为一种强势民主理论与实践进行深入反思和比较研究的结果。现代西方社会进入后工业社会,后工业社会的分裂性文明和道德危机构成了后工业社会的显著特征。利普哈特认为,当代民主理论和政治哲学的任务就是要克

① 常士誾:《异中求和——当代西方多元化主义政治思想研究》,人民出版社 2009 年版,第 4 页。
② 《马克思恩格斯选集》第 3 卷,人民出版社 1995 年版,第 776 页。
③ 《列宁选集》第 4 卷,人民出版社 1995 年版,第 425 页。

服民主社会由于社会的多元分裂而导致的共识困境,试图通过民主主义理论与制度的整合建立一个稳定的民主政治,以缓解多元价值与社会统一之间的紧张,从而实现民主的有序与社会的稳定。

(一)后工业社会的历史现实

马克思在《资本论》中指出:"经济关系的完成形态,那种在表面上、在这种关系的现实存在中,从而在这种关系的承担者和代理人试图说明这种关系时所持有的观念中出现的完成形态,是和这种关系的内在的、本质的、但是隐藏着基本内容以及之相适应的概念大不相同的,并且事实上是颠倒的和相反的。"①所以要正确地了解事实,就必须清楚地和准确地掌握它们的实际存在同它们的内部核心之间、它们的表象和它们的概念之间的区别。一方面,我们要把现象与它们的直接表现形式分开,找出现象同它们的核心、它们的本质联结起来的中间环节;另一方面,我们必须理解它们外在表现形式的性质,即看出这些外表形式是内部核心的必然表现形式。之所以必然,是因为它们的历史性质,因为它们是生长在资本主义社会的土壤中。因此,我们不仅要研究和分析共识民主理论产生的历史背景,还要深入分析其哲学、文化和社会结构变化。只有这样,我们才能从总体上去认识和把握这一理论,去认识这一理论与和它所表现的现实的同一关系。

20 世纪中叶以来,西方社会的发展发生了重大变化。在一般情况下,当这个社会有超过 50% 的劳动力从事于工业发展,或者在这个社会的生产性第二产业部门之中的时候,这个社会就被认为是工业社会。当生产效率达到发达技术水平,以至于用较少人就能生产社会所需物品,更多的劳动力转向服务行业或第三产业部门时,这类社会就被称为后工业社会。(post industrial societies)②按照包尔对后工业社会的论述,他把后工业社会的变化归结为十一个方面:一是理论知识占据了中心地位;二是产生了新的智力技术;三是知识阶级不断扩大,并成为这个社会的主导集团;四是从产品经

---

① 《马克思恩格斯全集》第 25 卷,人民出版社 1974 年版,第 233—233 页。
② See E.G., Daniel Bell, *The Coming of Post-Industrial Society*, New York: Basic Books.1973.

济变为服务经济,多种服务性工作的增加,约束了经济增长,成为持续不断的通货膨胀的根源;五是工作性质发生了变化,工作不再是对付自然或人造自然(机器),而主要是"人与人之间的博弈",人们要学会如何相处;六是妇女发挥更大的作用;七是科学的形象已经改变,对未来自由的研究和知识的更新具有决定的意义;八是政治单位的布局出现了纵向(垂直的)和横向(水平的)变化,主要的利益冲突将在这些团体间发生;九是经过技术训练的专家或技术管理专家(technocrats)占据主导地位;十是出现了除资源短缺之外的信息、协作和时间方面的短缺;十一是有关信息的新问题,向经济学家、决策者提出理论方面和政策方面的新挑战。[①] 事实表明,在一个以要求高度专业化和劳动分工高度发达的社会里,由发达技术所产生的复杂性,不仅仅使经济现象和经济管理变得越来越复杂,而且深深地影响着这个社会里的人的生活方式和社会结构,同时也会深深地影响这个社会的政治民主及其运作方式。

(二)社会分化与后现代哲学

20世纪60年代以来,西方社会的社会结构发生了重大变化。战后逐步兴起的新技术革命浪潮,使当代世界发生了深刻的变化。现代科学技术不仅有力地推动社会生产力的飞速发展,有效地改变着人与自然的关系,而且也大大地拓展着它们的社会功能,对国际政治、经济、军事乃至人们的生活方式产生着巨大而深远的影响。随着以信息技术和生物技术为核心的现代科学技术的发展,日新月异的新知识、蜂拥而至的广告以及现代化的传播媒介使现代社会的经济成分、组织形式、就业方式、利益关系等日益多样化。现代化一方面以自己的成就极大地改变了人们的物质生产方式和生活方式;另一方面,现代社会特别是西方社会的现代化文明进程又使人们的心灵受到极大的震动。信息社会的信息大潮在让人们眼花缭乱地淹没在信息海洋的同时,也在不同程度上,以不同的方式改变着现代人类的价值判断,改变着人类存在的意义。现代化使人类的个性自由得到极度张扬,人们的生

---

① See E.G., Daniel Bell, *The Coming of Post-Industrial Society*, New York: Basic Books. 1973. pp.100-109.

活方式和价值观念千差万别,追求的目标相当歧异,无法从容不迫地按照一个终极价值,将自己归入一个统一的体系。现代化使人变成了单个的原子个体,人们感到自己似乎丧失了整体把握这个世界,甚至是主导自我的能力,既感到力不从心,又觉得没有意义。20 世纪 60 年代初,法兰克福学派的著名代表人物马尔库塞发表了《单面人》一书,对现代社会中的片面发展提出了尖锐的批评,可惜的是,虽然这一著作一出版便引起了整个世界的轰动,引起了世界上许多人对自己成为"单面人"的警觉,但时至今日,人的片面发展不但没有得到有效地遏制,而且环顾今日之世界,人类面临的最大危机就是意义的缺失。尽管当今世界,无论科学技术的发展,物质财富的丰富,还是人类信息的传递与沟通,都达到了一个无与伦比的时期,然而人类突然感到无法辨别自己的前进方向,不知道自己应该通往何处。人一下子觉得自己是一个无根的浮萍,甚至还常常有"行尸走肉"之惑。以自由主义主导的现代西方社会陷入了一场道德信仰分裂的危机。用英国著名历史学家阿尔诺德·汤因比的话说,就是一场"灵魂的分裂"。这场精神世界的危机,虽然其内容复杂多样,但就其要义而言,是对"公共性"的消解。正如丹尼尔·贝尔所揭示资本主义文化矛盾时所说的那样:现代社会信仰危机的后果是"城邦意识的丧失"。"这种意识就是自愿遵守法律、尊重他人权利,为了公共福利放弃个人发财致富的诱惑—简而言之,即尊重自己作为其中一员的那个'城邦'。城邦意义丧失后,取而代之的是,每个人各行其是,追逐个人不道德的欲望,这种欲望只有牺牲公共利益才能得到满足。""城邦意识的丧失意味着利益如此两极分化,欲望如此燃烧,以致恐怖主义和群体斗争战火连天,政治反常(anemia)四处蔓延;或者是,每一次公共交换都变成了自私自利的交易,最强大的部门牺牲弱小部门而获益。"①贝尔的论断准确地揭示了这个时代的多元化趋势及造成的各种问题。作为西方思想界对后工业社会的一种回应,一些学者把现代主义的这种困境归咎于传统一元论的形而上学思维,并对其发动了全面攻击。这种攻击首先来自于哲学界。20 世纪 70 年代末到 80 年代初,以法国哲学家德里达、福柯、利奥塔及

---

① [美]丹尼尔·贝尔:《资本主义文化矛盾》,严蓓雯译,凤凰出版社传媒集团 2007 年
版,第 255 页。

美国哲学家罗蒂等为代表的后现代主义者,高举"多元论"的哲学大旗,强调局部的非中心的多元政治论,形成了后现代主义哲学。以德里达、福柯、利奥塔等为代表的后现代解构主义,以解构为政治策略,主张局部和微观决定论,重差异、反政治、反权威、非中心。以罗蒂为代表的新实用主义,反对基础论、反对将民主建立在先验的哲学基础上,主张沟通和平等对话。他们以西方传统哲学中怀疑论、相对主义为工具,"或是诉诸狄奥尼索斯的迷狂的力量,或是诉诸苏格拉底的诗—思,或是坚持一种不带任何立场的解构游戏,或是求助于没有任何规定的反抗。"①而将真理、合理性等当做过时的哲学概念弃之不顾。在政治上,深刻揭露了西方政治的虚伪性,在反对"元叙事",反对"确定性"的同时,将自己"边缘化"和"行动"化,远离政治,把公民退回到自己的私人领域中去。"尽管国家是重要的政治斗争和公民场所,但公民现在被看做是他们的家庭、车间、性关系中建立他们政治主张的。"②后现代有的思想有更多地求助于欲望的大释放,公民以自己的本能回归,反对国家。所谓"行动"化,就是主张行动决定一切,反对任何有目的、有计划的活动,各行其是,想干什么就干什么。有人曾这样说:"我们着眼于现实,也就是说,此刻想干什么干什么。"③一时间,在众多文化领域中形成了一种多元齐颂的众声喧哗之势。总体上看,后现代思想家崇尚的是更为激进的多元主义。后现代思想家将现代主义视为一元主义,认为现代主义期望找到统一性、秩序性、一致性、成体系的总体性,客观真理意义及永恒性;后现代主义者倡导多样性、无序性、碎片化、非一致性、不完满性和流变性,反制度、反权威构成了后现代主义激进多元主义政治思想的核心。当然,在后现代思想家中,也不是没有人主张人们之间应该建立某种共识,但这种共识已经不是建立在形而上学基础上的绝对共识,更不是在权威指导下形成的,而是通过主体间真诚的主流和相互理解而构成的。因此,这种共识不是僵化的,而是发展的,不断更新的。

---

① 吴冠军:《罗尔斯与康德的事业——悼念一代思想巨匠罗尔斯》,《天涯》2003 年第10 期。

② Aviail Eisenburg, *Reconstruction Political Pluralism*, Sate University of New York Press. 1993.p.22.

③ [美]阿尔温·托夫勒:《未来的冲击》,孟广均等译,新华出版社 1996 年版,第 76 页。

到 20 世纪末期,现代社会的多元倾向已经成为西方社会不争的事实。现有的各种政治观念、伦理观念,无论是世俗政治的还是宗教文化的都已无法单独满足现时代政治发展和道德文化发展的需要。究其实质,这一现象背后隐藏的东西就是这样一种冲突:伴随着现代性社会兴起的一种多元价值主张与社会统一的价值共识之间的剧烈冲突。"我们被要求坚持我们的价值,同时又承认它们没有终极的合理依据——在一个无意的宇宙里追求有意义的生命。"①

(三)自由与多元:自由主义悬而未决的问题

自由主义意识形态在当代西方已经取得了支配性的地位,以至于美籍日本学者福山曾据此断言,"历史已经终结。"然而,当代自由主义却没有达到其主观意图所希求达到的普世性与多元性统一的目的,来自精神价值领域的这场分裂危机在某种程度上揭示了自由主义内部的紧张关系。自由主义由此又陷入了一场合法性危机。这种由于存在意义系统的转换所造成的价值分裂危机,无疑给以自由主义为价值取向的西方社会带来了不小的冲击,动摇、消解着自由主义的根基。

实质上,西方自由主义一开始便将自己界定为一种可以容纳多元价值主张的政治平台,鼓励充分地发展人的个性,促进世界多样化,尊重人的自由意志和价值追求。它滥觞于 16、17 世纪的宗教改革,这一时期围绕宗教宽容展开过激烈地争论,类似于言论自由、思想自由的现代理解,均始于那个年代,从而使当今社会的多元文化价值观念成为可能。

伊赛亚·伯林是战后自由主义者中非常具有代表性的一位思想家。他的《自由的两种观念》被马斯泰罗内誉为"一篇货真价实的'自由主义宣言',自由主义获得复兴的标志"。② 他建构的价值多元论在为自由主义提供了新的哲学基础的同时也从根本上使自由主义的普遍主义和自由价值的优先性丧失了根基。伯林认为:"人类理想全部实现的观念,本是一种形式

---

① [英]迈克尔·H·莱斯诺夫:《二十世纪的政治哲学家》,商务印书馆 2002 年版,第 32 页。
② [意]马斯泰罗内:《当代欧洲政治思想》,社会科学文献出版社 1996 年版,第 85 页。

上的矛盾,是一种形而上学的妄想。"①是一种"爱奥尼亚谬误"(Ionian Fallacy)②他认为,首先不仅价值是多元的、而且是相互冲突,不可通约的。因为即使是在同一价值或善内部,价值构成要素也都是复杂的和多元的,其中一些要素是不可通约、无法比较甚至是相互冲突的。价值是不能通约的,因为在人类道德或行为准则的范围内,人类目标或终极价值之间总会产生一些冲突,每种价值或善本身都可能是一个各种不可通约的要素进行竞争冲突的场所,对于这种价值冲突人们无法用一个合理的标准加以仲裁和解决。其次,"不同的文化形式也产生出不同的道德和价值,这些文化尽管包含着一些重叠交叉的特征,但也有许多不同的不可通约的优点、美德和善的观念。这种根源于不同文化或社会结构的善的观念也会是相互冲突的。"③

伯林的价值多元论是针对长期统治西方思想传统的一元论提出的。价值一元论认为,所有真正的问题都必然只有一个正确答案,这些正确答案,彼此间必然共同构成一个和谐的整体;真理的发现必然有可靠的途径。简言之,就是在众多的价值选择方案中,只有一个方案是唯一正确的选择;换句话说,对于"人们应该如何生活"这个问题,相信可以找出正确而客观有效的结论。伯林认为这种追求终极答案的一元模式,构成了西方文明典型的特征,是从雅各宾专政到当代各种终极主义的理论基础之一。因此,自由主义政治哲学不能是这种理论性的一元论,而应该是一种价值多元的政治观。"政治哲学是因为价值的多元性而存在的。"④

但是这样一来,伯林的价值多元论在重建自由主义基础的同时,又从根本上动摇了自由主义的根基,暴露了自由主义的内在矛盾和无法走出的困境。正如约翰·格雷所言:"价值多元论对于康德所建立一种纯粹公平的哲学计划是一个致命的打击。价值多元论对于洛克的基本公权利理论以及

---

① 转引自高全喜:《哈耶克与现代自由主义》,博克网·专栏文章·思想评论,2005 年 9 月 5 日,www.aisixiang.com/data/detail.php? id=7571 2011-2-26。

② 转引自高全喜:《哈耶克与现代自由主义》,博克网·专栏文章·思想评论,2005 年 9 月 5 日,www.aisixiang.com/data/detail.php? id=7571 2011-2-26。

③ [英]约翰·格雷:《伯林》,昆仑出版社 1998 年版,第 41—45 页。

④ 转引自高全喜:《哈耶克与现代自由主义》,博克网·专栏文章·思想评论,2005 年 9 月 5 日,www.aisixiang.com/data/detail.php? id=7571 2011-2-26。

这样的理论必定依赖的自然法则观点也同样是致命的。"①也就是说,伯林的价值多元论从根本上暴露了自由主义原本无法存在而又必须依赖的绝对主义的基础。这样,正如政治哲学家利奥·施特劳斯所言:"伯林面临的这一困惑无异于宣告'自由主义的危机'"。② 实际上,伯林的困惑的意义揭示了自由主义本身的一个悖论式的两难的选择:"如果承认自由主义是一种价值,那么它就会与作为一种方法的多元主张相矛盾,如果它不再是一种价值,那么它又如何提供一个标准来判别其他的价值主张之合理性。"③

在对伯林的价值多元论的讨论中,我国著名的政治学家马德普先生的评价是十分中肯的。他认为,伯林的价值多元论不仅从根本上动摇了自由主义的普遍主义性质,而且动摇了自由价值的优先性。"伯林的价值多元论所包含的对个人与社会关系的辩证理解,对主流自由主义政治哲学把个人原子化、抽象化的形而上学倾向提出了新挑战";"在于所蕴含的文化多元主义,对自由主义的规则普遍意义也构成了挑战";"其所容纳的历史主义,对任何超越时空的普遍主义也构成了挑战"。④ 有鉴于此,我们认为,伯林的困惑的意义在于:假如自由主义的正义原则坚持其特定的道德立场,虽然它拥有比较厚实的理论基础,但很难为信奉其他价值的人们所无条件接受,因此也无法成为下一个社会的公共意志——共识,并据此而实现社会的政治整合。另一方面,自由主义的合法性的丧失,使得自由主义的社会正义在理据上变得单薄起来。这是自由主义在多元社会中所面临的自己无法摆脱的困境。

这样,寻求价值多元与自由主义新的统一就成为西方哲学和政治学界悬而未决的课题,它是关系到西方自由主义是否具有合法性的根本性问题,在一个人们价值追求分崩离析的现代西方社会中,人们无法确认哪种价值

---

① 转引自高全喜:《哈耶克与现代自由主义》,博克网·专栏文章·思想评论,2005 年 9 月 5 日,www.aisixiang.com/data/detail.php? id=7571 2011-2-26。
② 转引自高全喜:《哈耶克与现代自由主义》,博克网·专栏文章·思想评论,2005 年 9 月 5 日,www.aisixiang.com/data/detail.php? id=7571 2011-2-26。
③ 转引自高全喜:《哈耶克与现代自由主义》,博克网·专栏文章·思想评论,2005 年 9 月 5 日,www.aisixiang.com/data/detail.php? id=7571 2011-2-26。
④ 马德普:《价值多元论与普遍主义的困境——伯林的自由主义对自由主义政治哲学的挑战》,《天津师范大学学报》2001 年第 6 期。

较为高尚,也不能用理论性的办法证明自由的价值观是真理,但社会的存在需要一定的整合基础,需要有普遍认可的共识和规则作为基础,只是现代西方社会在经历了精神价值多元化的阵痛后,还没有可能求助于一种终极性和普遍性的共识来实现现代多元社会的统一和稳定。因此,如何重新为社会整合寻找公共理性的基础,不仅是当代西方哲学的主要任务,也是当代西方政治理论的主要任务。

(四)西方社会的社会分裂和社群问题

亚里士多德在其《政治学》中,在论证政体时,对"政治"、"正义"和"平等"给出了一个十分经典的定义,并对稳定的民主政治提出了一个经典的命题。亚里士多德所谓的"平等"就是说全体公民人人平等。① 这种平等体现在城邦法律中是穷人和富人之间的平等。"在这种城邦中,法律规定所谓平等,就是穷人不占富人便宜:两者都处于同样的地位,谁都不作对方的主宰。"②体现在治权上,是治权的均衡分配。"在这种政体中,所谓平等的真正意义是穷人不占富室的便宜,治权不完全操于穷人部分(阶级),而在数量上均衡地分配于全体公民。"③体现在抽象的"正义"、"自由"中,平等就是全体公民"人人相等","人生应任情而行,各如所愿"④。所谓"正义","平民性质的正义不主张按照功勋为准的平等而要求数学(数量)平等。依从数学观念,则平民群众必需具有最高权力;政事裁决于大多数人的意志,大多人的意志就是正义"⑤。由此可见亚里士多德的平等并不是完全意义的数学平等。很大程度上是一种社会的"同质"。同时,亚里士多德还提出了一个关于稳定民主政治的命题:国家长治久安的前提则是社会人们之间的地位平等。⑥ 这里社会的同质性与政治共识,被视为稳定民主政体之先

① 参见[古希腊]亚里士多德:《政治学》,吴寿彭译,商务印书馆1965年版,第312页。
② [古希腊]亚里士多德:《政治学》,吴寿彭译,商务印书馆1965年版,第189—190页。
③ [古希腊]亚里士多德:《政治学》,吴寿彭译,商务印书馆1965年版,第314页。
④ [古希腊]亚里士多德:《政治学》,吴寿彭译,商务印书馆1965年版,第312页。
⑤ [古希腊]亚里士多德:《政治学》,吴寿彭译,商务印书馆1965年版,第312页。
⑥ 参见李帕特:《多元社会的民主》,(台湾)桂冠图书出版股份有限公司2003年版,第1页。原注为:Aristotle, *Politics*, trans, Ernest Barker(New York: Oxford University press. 1958).p.181.

决条件,或有利于民主政体之元素。相反地,多元社会深刻的社会分歧与政治分歧,则是导致民主政体不稳定与互解的罪魁祸首。

关于社会的研究,当代比较政治学者明确了两种类型的社会多层结构;一类是对社会中的个人予以归类和公开的标准——横切分层。比较政治学认为,个人会不可避免地发出忠诚感,①但这种忠诚不包括那些对建立在社会等级、语言、宗教、地域等基础上的政治体系的忠诚。用诸如阶级的标准来予以分开的个人,不可以用一个或其他更多的标准来归类,比如宗教,在这种被称为横切状分层(cross-cutting cleavages)的分层构造里,一个团体内的个人会和其他团体的个人较为密切地互相影响与合作,这种状况被寄希望于用来降低党派敌对程度,以及支持一个稳定和成功的政治过程。这种较密切的互相影响与合作,被利普哈特称之为"横跨式忠诚"。

另一类的分层结构,被比较政治学家称之为分裂社会(Segmented Society),按照其不同的分类标准,其社会中的各部分成员在很大程度上互相隔离,以至于一个团体中的个人不可能与其他团体中的个人有什么相互作用。哈瑞·艾克斯坦(Harry Eckstein)说:"一个社会会因区块间隙(segmental cleavages)而造成分裂。""政治分歧紧沿着区块间隙而产生,且特别关注于社会分殊化的客观界线—尤其是那些在某一社会中显得特别显著者。""被这些区块间隙所划分开来的人口群体,则称之为多元社会中的区块(Segments)。"②区块间隙可能具有宗教、意识形态、语言、地域、文化,或民族等性质,也包括政党、利益团体、传播媒体、学校与志愿性社团等所形成的间隙。在分裂社会里,由于区块间隙的存在,换言之,由于缺乏个人的相互作用来减缓不容忍情绪的确定和成型,分裂社会将会使各区块的敌对进一步恶化,使对于民主政治过程来说必不可少的谈判和妥协的运作变得更加困难。

在现实社会中,对于这类在西方民主国家中互相隔离的亚文化团体,有大量的实例存在:例如加拿大的法裔加拿大人,比利时的佛来芒人和瓦龙人,荷兰的四个主要种族团体,北爱尔兰的天主教共和党人和新教联盟(the

① 这种忠诚实质上是一种共同体的向心力,是与分歧相对应的概念。
② Harry Eckstein, *Division and Cohesion Democracy:A study of Norway*, Princeton:Princeton University Press,1996.p.34.

Protestant Unionists），以及奥地利的信奉天主教者和相对世俗化的 lager。当这些亚文化团体有地理上的界线时，就像法裔加拿大人将注意力都集中于魁北克省的问题上那样，他们由各自的领导者代表，强调和维护他们这个部分的独特利益。在这样的实例中，阶级、语言、文化、宗教或其他的多样性中产生的冲突会不断加深和加剧，而且这些团体的领导者自主权也会因此而得到加强。这就是马丁·海勒斯所称的"文化敏感"（Culturally sensitive）地区的"行政地方分权"（administrative regionalization）。①这些分裂的团体将从文化上被由少数人占据中间部分的更大团体所同化，即被"少数化"（minorization）②由于文化多样性问题的存在，要分析分裂社会的结构和他对政治系统影响，就不得不分析政治社群和政治亚文化问题。

社群（Community）就是根据一系列共享的价值观念来界定的相互作用的个人聚合体。按照俞可平先生在《社群主义》一书的定义，"一般地说，社群主义者把社群看做是一个拥有某种共同的价值、规范和目标的实体，其中每个成员都把共同的目标当做自己的目标，因此，在社群主义者眼中，社群不仅仅是指一群人；它是一个整体，个人都是这个整体的成员，都拥有一种成员资格。"③由于不同社群向度，如地理的、文化的、种族的等，不同的向度分别构成了不同类型的社群。

政治亚文化是政治文化的一个共时型政治文化，政治文化的主体往往是多元的，层次往往是多样的，政治态度、政治情感和政治价值的分布也是不同的，这就产生了政治文化结构的多元性。政治文化在不同主体和不同层次的这种多元分布现象，一般称作政治亚文化。"一种政治文化往往是由各种亚政治文化或次级政治文化组成的，千变万化的亚文化组成了政治文化的复杂结构。"④阿尔蒙德和鲍威尔认为"如果我们找到了一段时间内

---

① See Martin O.Heisler，Institutionalizing Social Cleavages in a Cooptive Polity：the Growing Importance of the Output Side in Belgium，in Martin O.Heisler，ed.*Politics in Europe*；*Structures and Processes in Some Post*，*Industrial Democracies*，New York：David Mckay，1974.pp.178-220.

② See Martin O.Heinler，*Political Community and Its Formation in the low Countries*"PR.D. dissertation University of California.Los Angerls.1969.pp.298-299.

③ 俞可平：《社群主义》，中国社会科学出版社 2005 年版，第 71 页。

④ 王沪宁：《比较政治分析》，上海人民出版社 1987 年版，第 166—167 页。

一直存在的态度分布类型,我们不妨把它们称为政治亚文化。"①从特征上看,"政治亚文化具有异质性,次极性、流变性与主导政治文化发展的非同步性、分散性等特点。"②正是层次复杂,形式多样的亚文化,组成了政治文化的复杂结构。要分析政治文化的共时性类型,就不得不对构成政治文化的各种亚文化进行考察。

比利时就是一个显著的例子。在比利时,由于三个分裂的亚文化团体同意改变宪法,将最终权力或主权以及关于明显体现各自亚文化(如教育、文化事务、地区规划等等)性质的问题的处理权从中央政府中分离出来,由各亚文化地区的议会来行使,从而自 1970 年开始使一度实行中央集中权制的国家,在 1993 年 7 月最终形成了联邦。比利时人将这个新体系称之为联邦,但其最终权力明晰地划归地方所有,所以其包含了联邦的所有特性。

比利时的亚文化团体有:说法语的,相对来说较为城市化和世俗化的瓦龙人;说佛莱芒语的,长期住乡下,宗教色彩较浓的佛莱芒人;以及说法语的布鲁塞人。这些在语言、宗教或文化上差异的亚文化团体,并不共有一些信息和观念。地理和文化的分界线,导致他们通过各自的领导者在政治上的不同表现,这些亚文化团体的长期运作最终导致其政治权力的膨胀。1995年新宪法将更多的政治权力给了这些亚文化地区的国民大会。比利时的政党制度也因此发生了改变。存在多达半个世纪的,由比利时社会基督教党(Bdgian Social Christian Party),比利时社会党(Bdgian Social Party)和比利时自由党(Bdgian Liberal Party)组成的稳定的三党制转变为一种多党制,先是由文化保守倾向的三党,统一人民党(the Unified People's Party)瓦龙国民大会党(the Walloon Assembly)和说法语的布鲁塞尔人的民主前线党(the Democratic Front)占据主导地位,现在则是一种分散的十二个政党的政党体系。虽然这些政党在整个地区所获得的支持各不相等,但这些党派的发展和变迁与亚文化和社群的支持有密切的关系。如:现在有一个佛莱芒人的社会基督教党和一个瓦龙人的社会基督教党;有一个佛莱芒人的社会党和

---

① [美]阿尔蒙德、小鲍威尔:《比较政治学:体系、过程和政策》,曹沛霖等译,上海译文出版社 1987 年版,第 35 页。

② 李艳丽:《政治亚文化》,武汉大学出版社 2008 年版,第 55 页。

一个瓦龙人的社会党;有一个佛莱芒人的自由党和一个瓦龙人的自由党。即使这些政党不是从文化中复制出来的,它们也离不开这种或那种亚文化的支持。

加拿大,作为另外一个明显的分裂社会,在社群和亚文化的共同作用下,同样也在转变它的政治体系,以使其适应社会中少数部分的需要和对"少数化"或文化同化的恐惧。法裔加拿大人的亚文化团体在魁北克省内广为存在,正是这些亚文化团体的广泛存在促使该省的精英作为代表来表达这个团体要求独立的诉求。他们说法语,信奉天主教、恪守教规,极端保守,与作为英联邦国家的加拿大的亲英人士相隔离,他们的法律禁止公共符号用英语书写,即使是魁北克人在整个加拿大还是坚持使用双语。魁北克集团组成了魁北克集团党,成为众议院中的第二大政党和政府的反对党,这个政党存在的目的就是我们众所周知的要脱离加拿大联邦和分裂加拿大。

西方社会普遍存在的社会多元化已是不争的事实。多元化的社群和亚文化团体也在影响甚至改变着社会的结构和社会的政治版图。例如,社群意识作为一种界定团体性质的一系列共有价值,在何种程度上成为一个国家可能生存的前提条件还不是很清楚。但有一点是明白的,对多元文化的扶持,对亚文化特色的防护和保留,以及对同化过程的抵制,都是必须以牺牲统一国家的共同性为代价的。比利时和加拿大的教训,可以使支持亚文化自治的卫道士们停下来想一想,因为这种自治是以牺牲范围更为宽广的民族国家共同文化为代价的。

三、矛盾与悖论:多元社会的民主困境

(一)多元社会的民主悖论

民主政治,说到底是一种社会历史现象而非精神文化现象。但认识和剖析民主政治问题,不能只停留在现实民主政治领域而抛开指导和影响它存在的精神文化领域。资产阶级从其产生起就是一个非常矛盾的阶级,其合法性的依据是理性主义,换言之理性主义哲学是资产阶级革命和它革命胜利后所建立的民主政治所信奉的基本哲学理念。而理性主义哲学本身就是一个充满矛盾的哲学理念。近代西方哲学,从全面系统的怀疑论、笛卡尔

的我思故我在,到霍布斯、斯宾诺莎、莱布尼兹,走过了一条笔直的发展道路。"它的一个重要的、变化多端的题目则是这样一种观点:因为认识的对象是我们自己创造出来的,因此,它是能够被我们认识的;以及只要认识的对象是我们自己创造出来的,那末它就是能够被我们认识的。"①而这种现实到了康德那里,康德对它进行了"哥白尼式的革命"。康德在其《纯粹理性批判》中说,"迄今为止认为我们的认识必须与对象一致,……让我们试试看,如果假定对象必须与我们认识一致,是否能更好地解决形而上学的任务……"②换言之,近代哲学向自己提出了这样的问题:"不再把世界视为独立于认识而产生的(例如由上帝创造的)什么东西,而主要地把它把握为自己的产物。"③康德虽然完成了把理论的认识转变为精神产品的革命,但康德却无法克服自己发现的"二律背反"。在近代哲学史上,康德在《纯粹理性批判》中,首先发现了理性的二律背反。他揭示出英法式的理性并不是完善的,存在着内在的精神分裂。康德认为理性是有限的,理性只能把握现象世界,本质世界则存在于理性所把握的彼岸,在这里现象与本质是割裂开来的。不仅如此,理性和信仰也是对立的,康德认为理性只能对有限的对象把握,绝对和无限是不能理解和把握的,绝对和无限只能被信仰。这样,在康德这里,世界便成为了由理性和信仰构成分裂的两重化的世界,哲学也成了无法整合的支离破碎的哲学。康德的另一个二律背反是:知识合法性与实践意志合法性的关系并不是统一的,知识层面的合法性并不说明实践也具有合法性。

黑格尔的《精神现象学》的理论主题就是要超越这种二元论,建构一种

---

① ［匈］卢卡奇:《历史与阶级意识》,杜章智译,商务印书馆 1992 年版,第 178 页。原文本段话也有注释:参见托尼斯的《霍布斯的生平和学说》,特别是恩斯特·卡西尔的《近代哲学和科学中的认识问题》,本书在后面还得提到后一书的论断,由于这些论断是从完全不同的角度获得的,并描述了同一条发展途径,即数学的精确理性主义对近代思想形成所起的作用,因而对我们是极有价值的。

② ［匈］卢卡奇:《历史与阶级意识》,杜章智译,商务印书馆 1992 年版,第 177—178 页。这是卢卡奇引用了《纯粹理性批判》德文版序言的一段话。另见［德］伊·康德:《纯粹理性批判》,韦卓民译,华中师范大学出版社 2000 年版,第 17 页。韦卓民先生的译文为:因此我们必须尝试一下,如果我们认定对象必须符合我们的知识,看看在形而上学中这样做,我们会不会有更多的成就。

③ ［匈］卢卡奇:《历史与阶级意识》,杜章智译,商务印书馆 1992 年版,第 178 页。

总体性的观念,缝织资本主义现代性各个层面之间的裂缝。黑格尔在《精神现象学》中批判了情感至上主义的浪漫派,把批判之矛指向了理性。黑格尔意识到,英法式的个人理性更具历史合理性,感性与理性的二元对立是一种假象。黑格尔从感性、知性、自我意识到绝对观念的思想游历,建构了总体性观念,藉此把理性和信仰统一起来。在理性基础上建立信仰,使信仰理性化,这样便可以调和科学和宗教,并把各种有限的精神统一在无限的精神科学(哲学)之中。为了实现这个目标,他必须建构一个自我满足、包容一切的具体总体。他通过建立一个绝对理性把康德的上帝、世界、灵魂和自由四个理念统一起来,统一成为一个形而上学本体的绝对观念。在黑格尔看来,绝对观念意味着一种自由,如果理性只停留在二律背反的阶段,那么理性本身就是一种有限的规定,理性也就只能停留在必然的层面,无法超越自身,达到一种无限的自由境界。世界和历史就是它自我显现的产物,整个过程最后在哲学中达到自我意识、自我综合。因此,黑格尔的总体性概念试图解决哲学本身的二律背反和哲学与历史实践的二律背反。超越二律背反是黑格尔哲学的理论起点,辩证法是实现这种统一的方法。《精神现象学》从理性的内在规定中达到一种"自由"境界的游历,通过将一切置于流动性之中,解决了理性自身内的僵硬对立。"反思首先超出孤立的规定性,把它关联起来,使其与别的规定性处于关系之中,但仍然保持那个规定性的孤立有效性。反之,辩证法却是一种内在的超越,由于这种内在的超越过程,知性概念的片面性和局限性的本来面目,即知性概念的自身否定性就表述出来的。"①总体性辩证法的作用就是使一切孤立的东西、表面上看起来是对立的东西,构成一个统一的整体,当然,这并不是抽象同一性的整体,而是有着差别的统一体。只有这样,才能超越二律背反,才能给知识以合法性的基础。

　　观念的总体性需要外化为一定的社会和政治现实。黑格尔的《法哲学原理》一书中的主题便是资本主义现代性的肯定。黑格尔早年的理想追求的是个人与共同体的自由发展,推崇的是古希腊的政治体制。他认为古希腊的政治体制体现了个人的自由发展与共同体的自由发展。黑格尔最初反

---

　　① ［德］黑格尔:《小逻辑》,贺麟译,商务印书馆1980年版,第176页。

对资本主义市场体制,不过经过对斯密、李嘉图、萨伊、斯图亚特等人古典经济学研究后,意识到,简单地否定资本主义市场体制,在现实层面回归古希腊的民主制度,是一种不切实际的想法。资本主义市场经济体制需要与劳动分工体系为基础的市民社会,处于家庭的直接伦理与作为伦理实现的国家之间,是比古希腊城邦更合乎理性的制度。由此他已经深入到了资本主义现代性的肯定性维度之中,但黑格尔研究又发现了资本主义市场体制蕴含的分裂——即以个体理性为基础的市民社会本身的内在分裂和以特殊的利益原则为指向的市民社会与国家之间的分裂。"市民社会是个人私利的战场,是一切人反对一切人的战场,同样,市民社会也是私人利益跟特殊公共事务冲突的舞台,并且是它们二者共同跟国家的最高观点和制度冲突的舞台。"①于是,他把绝对观念应用到了社会现实,从总体性绝对观念出发,设计了一个有机的、以君主为最高权力象征的官僚体系,在现实的制度与伦理建构层面实现自己的总体性。在此意义上,黑格尔试图用一种组织化的资本主义工业与市场体系——受国家的总体调控的制约官僚体系,超越当时的自由资本主义竞争状态。总体性的观念从绝对观念到政治现实的转换,既完成了对现代性的自我批判,也完成了资本主义的现代性的建构。黑格尔的组织化的资本主义制度体系的思想,后来成为韦伯理论研究的一个主题。至此,黑格尔的总体性构成了资本主义政治制度合法性的理论基础。

尽管黑格尔试图用绝对观念这种"头脚倒置"式辩证理性来缝补资本主义无法自我克服困难的二律背反,但事实证明黑格尔是徒劳的,因为它一进入实践,便又发现了新的分裂,那就是黑格尔在法哲学批判中发现的:"市民社会本身的内在分裂"和"市民社会与国家的冲突"。与资本产生同时产生的分裂伴随着资本主义的发展而发展,并随着资本主义的发展而愈演愈烈,渗透到资本主义发展的方方面面成为资本主义自身无法医治的"顽疾"。

这种顽疾体现在思想领域,表现出来的是卢梭的民主困境;体现在资本主义民主实践中,那就是资产阶级民主革命后的对民主反动和民主政治发展中民主的异化。

---

① [德]黑格尔:《法哲学原理》,范拯、张企泰译,商务印书馆 1961 年版,第 309 页。

英国伟大的政论家,诗人弥尔顿(1608—1674),在其《为英国人民》一文中大声疾呼:"对于暴君,人民有权反抗,""人民的权力至高无上"。"一切权力源泉一向是人民"。那么他拥护民主吗?恰恰相反,他认为必须由少数开明者强迫多数人接受自由;不然的话,多数人可能出于卑劣的动机迫使少数人成奴隶。英国的洛克虽然强调个人自由和个体权力,但对"平等"却一笔带过,对民主没有什么好感。孟德斯鸠激烈地抨击专制制度,但这并不意味着他是民主政体的拥护者。他认为,在民主政体下,平等精神会走向极端,由此产生的一窝窝小暴君们与单一暴君一样可怕。真正受到孟氏青睐的是当时英国的那种"有节制的"、"宽和的"君主政体,只不过必须建立宪制对君主的权力作必要的制约罢了。伏尔泰主张"人人自由,人人平等"但对于民主,他认为这种政体"只适用于非常小的国家。即便如此,它也会不断出错,因为它是由人构成的。相互倾轧在所难免,就好比女修道院来了一群男教士"。狄德罗则更为直截了当,认为一个种族的未来不能掌握在多数人手里。像其他启蒙派一样,他虽憎恨专制的君主和愚昧的教士,但并不想把国家的未来寄托给在他看来浑浑噩噩的人民,而是想把未来寄托于像自己一样有教养的人身上。

在那个时代的思想家中,要说出身平民的卢梭应该算是真正的民主主义者了。但卢梭对民主的思想也感到失望。1762年,卢梭发表了《社会契约论》,意在确立人民主权理论,认为人民订立契约建立国家,因此人民是国家权力的主人。凡是未经过人民直接参加而制定的法律都属于无效。卢梭还激进地倾向于直接民主制。但同时卢梭也不无矛盾地认为:"就民主制这个名词的严格意义而言,真正的民主制从来就不曾有过,而且永远也不会有。多数人统治而少数人被统治,那是违反自然秩序的。我们不能想象人民无休止地开大会来讨论公共事务;并且我们也容易看出,人民若是因此而建立起来的各种机构,就不会不引起行政形式的改变。"①

其实,资本主义的内在矛盾在思想领域的表现远不止此,以至于这种现象使思想家埃米尔·法盖(Emile Faguet.1847—1916),在撰写《19世纪政治思想家》时十分困惑:"几乎所有的19世纪的思想家都不是民主派。

① [法]让-雅克·卢梭:《社会契约论》,何兆武译,商务印书馆1998年版,第88页。

当我写《19世纪政治思想家》一书时,这令我十分沮丧。我找不到一个民主派,尽管我很想找到这么一位,以便能介绍他的民主学说。"①

资产阶级的这种内在矛盾和分裂还体现在资产阶级革命过程中。当封建主权和宗教神权岌岌可危时,资产阶级再一次把理性的目光投向民主,"民主"被绣在了资产阶级革命的大旗上,革命胜利后,内心矛盾的资产阶级便急不可耐地把民主踢出门去。

现在,人们一般把法国革命看做是现代民主的起源,写在法国革命大旗上的是"自由、平等、博爱"。尽管如此,法国大革命后,有产者对民众的能量是心有余悸,他们把法国革命看做是"民主"的结果,于是一时间"民主"被当做是财产掠夺、暴民政治、红色恐怖的代名词,正像法国学者迈耶指出的那样,"即使在法国革命前夕,民主一词的涵义仍模糊不清,此后它又与雅各宾专政、恐怖以及无休止的法国军事侵略联系在一起。"②

再看看大洋的另一边,美国革命后的"民主"的日子也并不好过。独立战争(1775—1783)刚刚结束,美国便遭遇了"谢司起义"(1786—1787)。此次起义引起了当时美国政界的恐慌,他们把"所有动荡都算在了民主的账上,迫不及待地以法律和正义的名义熄灭民主之火"。1787年的制宪会议成了一场保守派的聚会。"随便翻《美国制宪会议记录》,就会发现,这次会议是汉密尔顿、麦迪逊、莫里斯、梅森、格里、伦道夫等所谓美国"国父"对民主的声讨会。他们提到'民主'时,总是把这个词与'愚蠢'、'过分'、'危险'、'罪恶'、'暴政'连在一起。"③ 美国制宪会议成了一场"以所谓的'民主'的方式给民主带上了枷锁的会议"。"革命之后的西方社会全面地走向保守:在英美世界,作为民主核心原则的多数决定一直作为一种政治的和哲学的'担心'而存在;在欧洲大陆,拿破仑的滑铁卢战役之后,'民主仿佛成为仅存于世界边缘或几个城邦国中残缺的共和国的奢侈品'。"④

---

① Gustave Le Bon, *The Psychology of Revolution*, New York: G. P. Putnam's Sons, 1913, pp. 284-287.

② [法]查尔斯·基恩:《法国大革命以来的民主》,见[日]猪口孝、[英]爱德华、[美]约翰·基恩:《民主的历程》,杜猛译,吉林人民出版社1998年版,第148页。

③ 王绍光:《民主四讲》,三联书店2000年版,第26—27页。

④ 佟德志:《现代西方民主的困境与趋势》,人民出版社2008年版,第21页。

19世纪中叶至20世纪初,西方各国纷纷实行普选制,从而形成了所谓的"大众民主",将所谓的"第一次民主长波"推向高潮。① 作为革命的重要成果,普选权在后革命时代取得了重大进展。在政治实践中,从19世纪下半叶开始,欧洲居民生存状况得到了前所未有的改善,大众组织开始在政治领域里崛起,以一种更为组织化,更为强劲的力量登上政治舞台,缔造了以"大众民主"为基础特征的"大众时代";在政治思想上,"把普选权看做所有合理政府之基础的理论",成为自由平等学说的"总结形式和具体形式"。②

然而,随着普选制的实行,原本就不愿真正民主的资产阶级民主就不得不以异化的民主而出现。这种异化首先是表现为以"自由"和"宪制"来限制民主权威的适用范围。古典自由主义在反抗君权、神权和封建贵族体制方面的确是不遗余力,但他们争取的更多是新兴资产阶级参与政治的权力,而不是为大众争取真正的、普遍的政治参与权。一旦自由主义者成为社会的主导阶级,成为社会的主流,他就会千方百计地把民主当做自由的敌人而加以限制。这种矛盾心理在托克维尔身上体现得可以说是淋漓尽致。他在对美国民主制度考察后,对美国的平等大加赞赏,对权力的合法性来源于多数人的意志,也表示赞同,但是对待民主制度,他却是十分矛盾的,并在民主与自由的选择上,主张用自由来限制民主。为此,他有一段著名的独白:"在思想上,我倾向于民主制度,但由于本能,我却是一个贵族——这就是说,我蔑视和惧怕群众。自由、法制、尊重权力,对这些我极端热爱——但我并不热爱民主。……我无比崇尚的是自由,这便是真相。"③既然民主的最大危险来自于公共权力的无限权威,要规避这种危险就必须对公共权力进行限制和制约。因为这种权威侵害的对象是个人自由,所以,就必须用个人的自由来规范公共权力,限制公共权力的作用领域,划分出一个不受政治权威与社会干预的私人生活领域,即把公共权力限制在公共领域,不得侵犯个人的自由权利。用托克维尔的话表述就是:"给社会权力规定广泛的、明确的、固定的界限,让个人享有一定的权利并保证其不受阻挠地行使这项权利,为个人保留少量的独立性、影响力和独创精神,使个人与社会平起平坐

---

① [意]莫斯卡:《统治阶级》,贾鹤鹏译,译林出版社2002年版,第211页。
② [意]莫斯卡:《统治阶级》,贾鹤鹏译,译林出版社2002年版,第211页。
③ [法]托克维尔:《旧制度与大革命》"序言",冯棠译,商务印书馆1997年版,第4页。

并在社会面前支持个人。在我看来,这些就是我们所将进入的时代的立法者的主要目标。"①

在政治实践领域,民主宪法的形成按理应当是保障人民主权得以行使的法律保障,但实际上美国的宪法是在千方百计地限制民主,这就形成了所谓的"限权宪法"与"民主缺位"。这一点从美国宪法的产生过程可见一斑。美国的制宪者们拒绝了英国议会主权式的宪法规定政模式,而是选择了"限权宪法"的模式,限权宪法的原则体现了对立法机关的一系列的约束和限制,廓清了国家权力的范围,体现了"有限国家"的理念。对立法过程的限定体现了程序正义的理念,对立法结果的限定体现了对基本权利的保护,将生命、自由、财产等一系列基本权利排除在立法讨论之外,使之成为基本权利的"护身符"。所以美国思想家帕灵顿(Vernoon Louis Parrington)的评价是中肯的:"就'与当时英国宪法的关系而言,'以司法机关审查立法的主张既是'革命的,又是反动的'。"②

限权宪法的二元个性已经构成了当代美国政治制度的重要原则和三权分立的基石,并逐步成为西方民主的趋势。就司法审查而言,司法审查是保证立法与宪法精神一致的重要民主制度,加强司法审查越来越成为世界范围内的民主国家所重视。目前,世界上至少有60多部宪法以不同的形式采纳了这一制度。对此,当代美国著名法学家德沃金(Ronald Dworkin)不无感慨地说:"世界上许多其他国家,包括新成立的以及发展中的国家,都在朝着同一方向前进,即离开多数至上主义而倾向更为有力的司法审查机构,这样的机构将抽象的宪法保障解释为关于原则的问题。"③美国式的宪政与民主的"二元个性"构成了美国宪政文明的基因,深刻地影响着美国式民主的现在与未来。④ 在美国,就宪政与民主的关系来看,"既不会在很短的时间内以更加民主的方式重新制定一部宪法,也不会对宪法的非民主性依然

---

① [法]托克维尔:《论美国的民主》(下),董国良译,商务印书馆 1997 年版,第 880 页。
② [美]沃农·路易·帕灵顿:《美国思想史》,陈永国等译,吉林人民出版社 2002 年版,第 270 页。
③ [美]罗纳德·德沃金:《自由的法:对美国宪法的道德解读》,刘丽君译,上海人民出版社 2001 年版,第 101 页。
④ 参见佟德志:《宪政与民主》,江苏人民出版社 2007 年版,第 100 页。

视而不见。人们相信在宪政的合法性与民主的合法性之间将长久地存在着一种紧张的状态。正是这种紧张状态的始终存在,在某种程度上为美国的政治制度奠定了基调,它不但规定了美国式民主的重要特征,同时也张扬了美国宪政文明的二元个性。"①

其次,自由民主的异化表现为用"代议"来限制民众直接参与决策。从民主的发生学来看,古希腊直接民主,体现了"人民主权"的民主观念。在古希腊,公民们定期聚在一起用少数服从多数的方式来讨论国家的治理事宜,进行决策,人人都有平等参与公共事务和决策的机会,没有什么中间层来"代表"人民,这种做法使民主的主体非常明确。对此,卢梭推崇备至。"在希腊人那里,凡是人民所需要做的事情,都是由人民自己来做;他们不断地在广场集合。"②"正如主权是不能转让的",同理,主权也是不能被代表的;主权本质上是由公意所构成的,而意志又是绝对不可以代表的;它只能是同一个意志,或者是另一个意志,而绝不是有什么中间的东西。因此,人民的议员就不是,也不可能是人民的代表,他们只不过是人民的办事员罢了;他们不能作出任何的决定,凡是不曾为人民所亲自批准的法律,都是无效的;那根本就不是法律。③ 并且,代表观念是近代的产物,它起源于封建政府,起源于那种使人类屈辱并使"人"这个名称丧失尊严的,既罪恶而又荒谬的政治制度。④ 同样"议会"也是封建等级制度的产物,已经存在上千年,在大部分时间里,其参与者不是经选举产生的,所做的决议也无须经大多数参与者同意。所以,"代表"和"议会"原本与民主毫无干系,只不过是中世纪欧洲教皇、君主和贵族为维护自己权力而作出的发明。"代表"和"议会"与民主发生联系是 17 世纪以后的事。如洛克和孟德斯鸠都曾把君主立宪性质的政府叫做议会制政府,并提出议会至上的原则,希望由议会来行使权力,而不希望由人民直接行使权力。至于那些由贵族把持的议会如

① 佟德志:《宪政与民主》,江苏人民出版社 2007 年版,第 116 页。
② [法]让·雅克·卢梭:《社会契约论》,何兆武译,商务印书馆 1980 年版,第 127 页。
③ 参见[法]让·雅克·卢梭:《社会契约论》,何兆武译,商务印书馆 1980 年版,第 125 页。
④ 参见[法]让-雅克·卢梭:《社会契约论》,何兆武译,商务印书馆 1980 年版,第 125 页。

何能"代表"广大人民的利益,他们就语焉不详了,"因为他们本来不支持民主。"①第一位把"代表"与"民主"连在一起组成"代议民主"的人是汉密尔顿,他在 1777 年首次使用了这个词,麦迪逊则把汉密尔顿的"代议民主"体制叫做"共和政体",与"民主"没有多大关系,并且他是把它作为解决"多数暴政"的利器来限制民主的。麦迪逊直截了当地说:"在这样的限制下,很可能发生下述情形:由人民代表发出的呼声,要比人民自己为此集会,和亲自提出意见更能符合公共利益。"②

功利思想家边沁,大力抨击公众直接参与政府管理,认为"代议制政府"是从目标和效果上能够使最大多数人得到最大幸福的唯一政治形式。功利主义的继承人约翰·密尔,被公认为 19 世纪代议制民主理论的集大成者。在其名著《代议制政府》一书中,其预设的前提就是:"理想上最好的政府形式是代议制政府。"③"不用说,理想中最好的政府形式,并不是指在一切文明状态都是实际可行的政府形式,而是指这样一种政府形式,在它是实际可行的适当的情况下,它伴随着有最大数量有益的后果,直接的和将来的。"④在密尔看来,代议制是唯一能一举两得的制度,它一方面提供政府管理所需的专业化和有特长的人才;另一方面又保证政府对人民负责。但密尔对民众并不信任,而且密尔认为代议制度容易产生的危险都与民众有关:"我们已经讲到,代议制民主容易产生的危险有两种:代议团体以及控制该团体的民意在智力上偏低的危险;由同一阶级的人构成的多数实行阶级立法的危险。"⑤所以密尔非常害怕"一人一票"的选举制度,为此,他建议实行一种不公开的选举制度:越聪明的人,受教育程度越高的人应该得到越多的选票,可以说,对民众判断力不信任是密尔推崇代议制的重要原因。其实,仔细考究西方的民主理论,所有关于代议制的粉饰,无不是为了掩盖一个事实:拒绝民主的参与。

---

① 王绍光:《民主四讲》,三联书店 2008 年版,第 38—41 页。
② [美]汉密尔顿、杰伊·麦迪逊:《联邦党人文集》,程逢如等译,商务印书馆 1980 年版,第 49 页。
③ [英]J.S.密尔:《代议制政府》,汪暄译,商务印书馆 1982 年版,第 37 页。
④ [英]J.S.密尔:《代议制政府》,汪暄译,商务印书馆 1982 年版,第 43—44 页。
⑤ [英]J.S.密尔:《代议制政府》,汪暄译,商务印书馆 1982 年版,第 101 页。

其三,这种异化表现为:以"自由竞争性选举"限制大多数人参与的机会。现代西方代议制民主是基于国家规模大,人民群众直接参与决策的成本高的基本假设,要降低行政成本就需要由他们选出代表来表达他们的意志。即使如此,其实这里边还存在许多问题,例如,为什么代表的产生必须通过投票而不是通过其他方式,比如,抽签、轮流等方式。从民主的本义而言,抽签的方式比选举更民主,从 16 世纪的意大利历史学家和政治家杰恰尔迪尼(Francesco Guicciardini,1483—1540),到 17 世纪《大洋国》的作者哈灵顿(James Harrington,1611—1677)包括亚里士多德、孟德斯鸠、卢梭在内的思想家,对抽签的重视是超乎现代思想家想象的。不管他们对抽签的态度如何,不管他们对民主的态度如何,有一点是共同的,他们都认为抽签是民主的象征,选举制是贵族制、寡头制的标志。"①为什么经历了民主启蒙的近代资产阶级思想家、政治家从不理睬民主性更强的抽签制,而对反民主的贵族制、寡头制色彩的选举情有独钟呢?王绍光先生认为,无论是国家大小因素,还是技术因素都不是决定性原因:"最可能的原因恐怕是,选举比抽签更有利于维护精英阶层的利益"。对比两种当政者的产生方式,它们至少在三个方面又不一样:"第一,当政者的候选范围不一样。抽签制下,所有公民都是候选人,都有可能当选;选举制下,只有正式候选人才能有机会当选。而正式候选人的数目无论多大都只是公民的极小一部分。第二,影响当选的因素不一样。抽签结果是随机决定的,当选与否取决于是否享有公民权,而不取决于个人其他特征,而且影响选举结果的因素则举不胜举,既取决于普选的程度,选举制度的设计,选区的划分,也取决参选人数及各自的支持度,还取决于国内外势力对各候选人的支持与影响,更取决于候选人占用的资源……在选举制度下,富人、名人、巧舌如簧者有天然的优势。第三,以抽象的所有人都有平等的从政机会,……而选举制则有利于经济和知识精英入围,把人民大众的作用局限于几年一次的'选主',将政治变成为少数人的游戏。"②长此以往,无论选举多么开放,多么自由,竞争多么激烈,都不可避免地形成统治阶级与被统治阶级,使政体带上亚里士多德、孟

---

① [英]J.S.密尔:《代议制政府》,汪暄译,商务印书馆 1982 年版,第 52 页。
② [英]J.S.密尔:《代议制政府》,汪暄译,商务印书馆 1982 年版,第 53—54 页。

德斯鸠、卢梭所说的"贵族"与"寡头"色彩。

(二)多元社会民主的困境

思想、利益与身份的多元已经成为当代政治无法回避的特征。[①] 与利益多元、组织多元相对应,西方社会日益呈现出文化多元、价值多元的社会格局。我们也不得不承认,社会的多元、文化的多元、价值的多元已构成西方国家政治过程中十分重要的部分,对当代西方社会的政治生活产生了极其重要的影响。对西方政治而言,多元的影响可谓无孔不入,它渗透到包括主流意识形态在内的各种意识被吸纳、融合,形成了一种多元主义的文化。

在民主化的进程中,文化一直作为一个重要的变量而存在,然而在西方社会多元化之前,人们通常是在同质文化基础上来考量民主的。随着西方社会的多元化成为时代特征,"西方现代化进程中的各种同质文化就像人们在现代化开始前回想古代希腊一样,已经不复存在了。"[②]一个民主国家的多元文化存在的事实,深刻地影响和改变着西方民主国家和民主理论的基本理念、基本样式。例如在政治制度层面,多元文化主义对自由主义的宪政民主展开了全面批判,并提出了相应的解决方案。它不仅涉及传统的代议制民主,联邦制的制度设计,同时还创造性地提出了合作主义民主、协商民主、共识民主等民主形式,对西方政治制度产生了深远影响。

但是,就西方社会民主发展而言,以传统自由主义主导的宪政民主面临多元社会的挑战,加上其自身固有的矛盾和问题,其面临的困境和难题依然没有得到很好的解决。用达尔的话来说:"但民主多元主义之理论与实践的界限仍然漏洞百出,而探讨关于当代政治观念和意识形态的观点则大大超出了上述界限之外。因为当代最强大的意识形态都受累于其从18—19世纪或者更早的时候——在我们现在所生活的世界还没有完全形成之前——获得的形态和实质。它们就像中世纪的世界地图,很神秘,

---

① See Richard Beiiamy, Dealing with Difference: Foar Models of Pluralist Politics, *Democracg and Ccltural Diversity*, edited by Michael O Neill and Dennis Austin, Oxford: Oxford University Press.2000, p.198.

② 佟德志:《现代西方民主的困境与趋势》,人民出版社2008年版,第220页。

但若依据它到陌生的海域航行则很危险。"①因此上说,如何在多元文化的前提下实现民主,它已经是当代西方政治理论的一个重要课题,它与西方多元文化主义、协商民主、协合民主等理论纠缠在一起,尤为显得重要。

西方多元社会构成的异质性使得民主的处境变得越来越尴尬。在异质的多元社会中实现民主已成为当代西方民主面临的主要困境。

詹姆斯·博曼分析了西方多元社会的民主困境,他把这种困境称为多元主义、复杂性与民主的冲突。他认为多元文化环境中民主的持续性困境主要表现为两种:一种困境是社群主义困境。"一方面,没有涵括性的宪法要素和权利作支撑,不同政治权限的分割可能会维系表面性的政治统一,但却是以这样的代价来维持;完全不同的文化共同体各自协商,而不是相互协商。另一方面,不承认文化权利之差异会导致强制性的整合与统一。从而牺牲多样性。"②这种是自由主义困境(或者称之为公共性困境),对所有人有利的不一定对每个人都有利。③ 这种困境我们可以给他归结为:多元社会的公共理性之间以及非公共理性之间的冲突。

达尔对当代民主存在基本困境的分析可能更具有代表性。他分析了多元社会的民主潜在困境。在多元社会中,独立组织的存在是必要的,这些组织不仅是民族国家政府民主化的直接结果,而且对于民主程序的运行,政府高压统治的最小化、政治自由、人类福祉也是必须的。然而,"也可能会利用这样的机会增加或维持不公正而非减少公正。它也可能损害更广泛的公共利益来促进其成员狭隘的利己主义。甚至有可能削弱或摧毁民主本身。"④他把这种困境称为多元社会潜在的困境:"是自治还是控制?"其自治与控制的潜在困境,实质上还是一致性与多样性的困境,是多元文化主义

① [美]罗伯特·A.达尔:《多元主义民主的困境——自由与控制》,周军华译,吉林人民出版社2006年版,第2页。
② [美]詹姆斯·博曼:《公共协商:多元主义,复杂性与民主》,黄怀权译,中央编译出版社2006年版,第68页。
③ [美]詹姆斯·博曼:《公共协商:多元主义,复杂性与民主》,黄怀权译,中央编译出版社2006年版,第69页。
④ [美]罗伯特·A.达尔:《多元主义民主的困境——自由与控制》,周军华译,吉林人民出版社2006年版,第1页。

与民主之间的冲突。

由此出发,达尔罗列了四个方面多元民主的缺陷。即固化政治不平等,扭曲公民意识,歪曲公共议程,让渡对政府的最终控制权。所谓固化政治不平等,是指组织本身就是一种资源,它直接把好处赋予其领导人,间接地赋于其成员。"虽然组织在抵消趋于统治的一般趋势方面是必不可少的,但即使在抵制统治的时候,特定国家的多元主义模式,也可能有助于维持各种各样的不平等。包括对国家政府控制方面的不平等。"①多元社会之所以扭曲公民意识,是因为,拥有高度自治、忠诚和影响力的组织在国家政治生活中的存在,这些组织会不断地创造、促进、保护、加强和维护社会某些成员的利益,为了表达和加强特殊利益,组织将会不断强化特殊利益,而阻止公意的表达。同时为了减少组织内部潜在的分裂和冲突,组织领导人也会不断地强化并夸大组织与外界的冲突的可能性与严重性。"所以组织同时会强化团结与分裂,凝聚与冲突;加强成员之间的团结及其与非成员之间的冲突。"②进而扭曲公民与其社会成员的平等、合作与包容。多元社会这种独立自强的组织对同公共议程的歪曲是不可避免的。不平等的资源让组织固化了不正义,也使得它们在选择社会治理方案时根据组织和成员的利益会施加不同的影响力。而且,"通过强化以下的公民取向,即鼓励集团利己主义,培养对其他集团的不信任,弱化公意比每一个组织化的集团的具体利益更重要的观念等等。组织就会鼓励认真思考那些为数量相对较少的有组织的公民带来短期可见收益的方案,而不是向更大数量的无组织公民承诺实质的长期收益的方案。"③理想意义的民主标准之一就是公民总体对议程的最终控制。而组织化多元主义极度复杂性的存在,使得现代民主国家和它们的代表们发现,对随意的子系统拥有足够的控制,从而使它们处于控制之下。代表们会"自愿放弃他们的某些控制

① [美]罗伯特·A.达尔:《多元主义民主的困境——自由与控制》,周军华译,吉林人民出版社 2006 年版,第 36 页。
② [美]罗伯特·A.达尔:《多元主义民主的困境——自由与控制》,周军华译,吉林人民出版社 2006 年版,第 39 页。
③ [美]罗伯特·A.达尔:《多元主义民主的困境——自由与控制》,周军华译,吉林人民出版社 2006 年版,第 42 页。

权,他们知道,如果他们试图把国家政策强加于复杂的子系统,后者就会产生骚乱"。① 就会打破多元社会的平衡,使社会处于一种不稳定的状态。

在分析了多元社会民主的缺陷的同时,达尔还罗列了多元社会民主的六个方面的困境:②

其一是多元社会的权利与功利困境。达尔认为在多元社会多元并存的情况下,某些权利的行使会影响人们(包括权利所有者)的福利,如果全然不顾该后果,似乎不可能发现任何权利能够被合理地证明为正当。然而权利必须永远让位于功利主义的考虑的主张也同样不合理。

其二是更排他性的公民总体与更包容性的公民总体之间的困境。每个公民总体都是排他的;没有任何公民总体曾经囊括所有人类,不管它有多大。尽管人们认为更包容的公民总体总比不大包容的公民总体更为可取,但其逻辑上暗含了一个不可能的前提:唯一正当的公民总体是由全人类组成的。

其三,个人之间的平等与组织之间的平等的困境。投票平等原则是民主思想的关键,它涉及所有的个人。只要单位、团体、组织、州、省或国家而不是个人被给予了平等的投票权,投票平等的原则就一定会被违背。除非所有单位里的公民数量都完全相等,否则单位之间的投票平等就意味着公民之间投票的不平等。

其四,一致性与多样性的困境。多样性不仅对于珍视自己的生活方式、宗教、语言、风俗、传统、历史和价值观的集团是宝贵的,而且对于那些认为人类多样性本身就是善或其结果为善的人也是宝贵的,用功利主义的理由来说,多样性比一致性带来了更多的满足——特别是当一致性增加了压制差异(这种差异为其特有者所珍视)的成本的时候,保护多样性可以被证明是正当的。而差异到底应当在什么层次上被允许和被保护,差异就总是和基本权利相一致吗?如果差异与基本权利冲突怎么办?平等意味着相同或同质,追求平等,平等和多样性之间的冲突就不可避免。

① [美]罗伯特·A.达尔:《多元主义民主的困境——自由与控制》,周军华译,吉林人民出版社2006年版,第46页。
② 参见[美]罗伯特·A.达尔:《多元主义民主的困境——自由与控制》,周军华译,吉林人民出版社2006年版,第84—94页。

其五,集权与分权的困境。一致性通常要求某种集权,而多样性通常以某种分权为前提;集权就是使资源掌控在总中心的具体人手里;分权则是使有影响力的资源远离总中心,并且把它们转交给其他具体的人。领导人总是把可能得到的资源因素来实现自我扩张;这就是阿克顿的:"权力导致腐败,绝对的权力绝对导致腐败"。但是把资源从中心移交给更自治的子系统可以阻止中心的统治的同时,则可能导致每个子系统的内部自治。

其六,权力和政治资源的集中与分散困境。自由主义是敌视权力集中的,因为独裁的活跃,有时表现为集权统治的极端形式,所以自由主义民主有赖于权力和资源的分散;但多元社会的统一政策是可取的,没有集中就不能获得一致性,人们要么必须放弃合理的一致性,要么必须接受集中。"集中的优点和风险之间的冲突是真实的,在任何民主国家,公民和领导人都无法远离这一困境的力量。"①

所以,一致性和多样性之间的矛盾是多元社会的基本矛盾之一。尽管人们对多样性作出种种辩护,但是在面对分裂而手足无措时,人们还是会对一致性思想情有独钟。达尔认为并非所有的人类差异都事关权利,或者都会带来好结果,当差异损害了人们的基本权利的时候,人们对多样性的喜爱就会减弱。为此,他反问道:"难道我们在保护基本权利的时候没有提倡一致性吗? 我们应当反对公民投票或者受到公正审判的权利方面的差异吗?"②

对政治共识的追求无疑是民主政治根深蒂固的传统,而多元社会的现实无疑使政治共识的达成越来越困难,如何基于多元社会社会分裂与多元并存的现实解决社会政治共识总是成为多元社会的重要问题。很明显的是,多元文化的现实存在,使得这一问题在实践中变得日益复杂。尽管人们已经得出结论认为,民主过程对于达成集体决策是最好的,但是,多元主义同样使得到这个问题的满意方案的困难加重了。对此,达尔的说法可能是个很好的例证:"一个大的政治社会(更具体地说,是一个国家)包括不同的

---

① [美]罗伯特·A.达尔:《多元主义民主的困境——自由与控制》,周军华译,吉林人民出版社 2006 年版,第 93 页。

② [美]罗伯特·A.达尔:《多元主义民主的困境——自由与控制》,周军华译,吉林人民出版社 2006 年版,第 89 页。

组织和政治单元或多种单元,其中每一个都会提出互相竞争和冲突的主张,声称它是真正的民主单元,也许是真正的民主单元,因此,对于事务作出集体决策就成了一个问题了。"①

首先,多元社会,从价值多元的角度出发,对民主的合法性提出了挑战。如果民主走得太远,其重要的价值就可能受到危害,不仅民主的权威的范围应该被限制,并且,在政治领域里,必须思考某种政治方案来替代民主。盖尔斯顿在其《自由多元主义:政治理论与实践中的价值多元主义》一书的第七章"民主与价值多元主义"的讨论中,提出:"就民主与价值多元主义之间的关系看,我的总的观点是这样的:如果有一些好的理由能够让我们严肃地看待价值多元主义,那么,在普通的研讨或是在哲学的争论中,就更难给予民主以一种不加审查的、规范化的优先地位。"②盖尔斯顿认为,如果多元主义是正确的,包括民主在内的政治的善都不能具有压倒一切的重要性;论证了在政治领域里除了民主之外,其他的统治形式也能够被证明是正当的。最后他得出结论:第一,所有政治,包括民主政治在内,其合法的范围都是有限的;第二,在政治领域内,存在着民主政治的替代品,他们至少为了某些目的,在某些情况下具有合法性;第三,民主协商和决策应该以达成共识和寻求宽容而非专断的排外政策作为指导。③

盖尔斯顿的观点反映了作为西方主流意识形态的自由主义与多元化主义之间的紧张关系,同时也反映了价值多元与民主之间的紧张关系。以价值多元为核心的文化多元毫无疑问地与自由主义的规则普遍主义发生冲突。以自由的优先性为核心,西方文明形成了以个人自由为前提,公共自治为原则的制度设计,最终表现为西方宪政民主的制度样式。但当自由主义、宪政民主遭遇多元价值时,"自由价值的这种优先性地位被打破,而只能作为与诸种价值平等的价值为人们所追求时,个人之间的自由与平等关系最

① Robert Dall, *Democracy and its Caitics*, New Haven and London: Yale University, Press. 1989. p.288.

② [美]威廉·A.盖尔斯顿:《自由多元主义——政治理论与实践中的价值多元主义》,佟德志、庞金友译,江苏人民出版社 2005 年版,第 107 页。

③ 参见[美]威廉·A.盖尔斯顿:《自由多元主义——政治理论与实践中的价值多元主义》,佟德志、庞金友译,江苏人民出版社 2005 年版,第 120 页。

终全演变为各种文化之间的自由、平等关系,从而与先前的普遍主义形成明显的冲突,建立在个人自由基础上的规则普遍主义的体系就会发生改变。"①

多元文化主义和价值多元论对宪政民主的挑战与冲突,还表现为在价值多元的前提下,自由的原则不能被视为一个民主发生的共识框架,也不能为所有的文化提供可能的交往的基础,甚至与其他文化是完全不相容的。贝拉米明确地提出:"自由的原则不能被视为一个民主发生的共识框架,特殊的文化差异也不应该被如'蜂巢'般地分为独立的民主单位。"②泰勒斯认为:"自由主义并不能为所有的文化提供可能的交往基础,它只是某一种文化的政治表述,与其他文化是完全不相容的。"③

多元文化和价值多元主义对社会团结和政治稳定的影响虽然并不能完全肯定,也就是说多元文化和价值多元一定导致社会政治动荡,至少实证的材料不能完全支持这种观点。但多元文化和价值多元主义对社会团结和传统社会的政治稳定构成潜在威胁,增加了社会冲突的可能性,却是显而易见的。金里卡认为,"没有什么理由可以预先假定,文化多元主义与民主稳定之间具有内在矛盾。"但文化多元主义与分裂的关系有时显而易见。其根本原因在于"文化多元主义使种族属性'政治化',并且任何在公共生活凸显种族属性的措施都会引起分裂。"④

事实上,一个国家的多元文化主义常常会深刻地影响到一个国家的政治状况。"文化上的多元与差异的存在会潜在地滋生政治分裂,从而使政治冲突成为政治生活中不可避免的方面,成为政治生活的常态,而不是变态。"⑤达尔认为,当一种亚文化的成员相信他们的共同生活受到其他人的

① 常士閣:《异中求和—当代西方多元化主义政治思想研究》,人民出版社 2009 年版,第 163 页。
② Richard Bellamy, *Dealing with Difference:Fout Modls of Pluralist Politics*,Democracy and *Cultural Diversity*,edited by Michaed O'Neill and Dennie Austin.Oxford:Oxford University Press.2000.p.216.
③ [加]查尔斯·泰勒:《承认的政治》,董之林、陈燕谷译,汪晖、陈燕谷主编:《文化与公共性》,三联书店 1998 年版,第 320—321 页。
④ [加]金里卡:《当代政治哲学》(下),刘华译,上海三联书店 2004 年版,第 658 页。
⑤ Robert Dall, *Democracy and its Caitics*, New Haven and London:Yale Universit Press,1989,p.218.

行为或是计划的严重威胁时,他们的情形与某国国民受到外国势力威胁并没有两样。如果他们的对手也组成了某种独立的亚文化,其成员同样感到来自其他亚文化群体中的对手的威胁,那么,冲突将会更为激烈。因为,"亚文化冲突威胁着个人的或集体的认同以及生活方式,因为这样的威胁激起了深刻而强烈的感情,而且因为对身份和生活方式的牺牲不能通过协商而且心甘情愿地得到解决。"所以,"包含了亚文化的争论常常会转化为暴力的,没有回旋余地的冲突。"①

四、异中求同:多元社会政治共识的可能性

在相互冲突的多元社会中,是否可能存在一种普遍的政治共识来整合整个社会,使各种利益主体和平共处,和谐发展,一直在西方自由主义内部的存在争议。其争议的焦点在于:如果我们承认价值、生活方式的多元分歧是自由主义的基本性格,那么是否可能从多元文化分歧中寻求某种"理性共识"。

第二次世界大战以后,法西斯主义的极端国家主义与种族主义通过恐怖统治的途径,进行种族主义的全面政治控制,抹杀了人的多元性与市民社会的自主性。控制多元、分歧及任何自立自主的事物乃是人及整个社会的病症所在。因此,必须对国家统一性的政治权力和法西斯主义政治进行反思与批判。20世纪中叶以来的政治思潮就重新肯定了人的价值、世界观及生活方式(或文化形态)的多元性,并把它作为自由民主社会不可缺少的条件。这种价值多元主义经欧美重要思想家诸如:塞亚·伯林、麦克·奥克肖特、汉娜·阿伦特等人的阐释,而成为一种社会思潮。20世纪中叶之后形成的社会政治思想,可以说多是以多元主义为前提的。多元社会的政治共识也就成了这些思潮和思想思考的主题之一。

事实上,多元社会的分化与差异,不影响统一性的政治共识的建构,相反,人类社会的政治共识与政治整合恰恰是以差异与多元为基础的。这种共识与整合是存异基础上的求同,多元与差异基础上的共识,分化基础上的

---

① Robert Dall, *Democracy and its Caitics*, New Haven and London: Yale University Press, 1989, pp.255-256.

协同与合作,不是无差别的同一。

(一)价值多元与多元价值的不可通约

按照伯林的论述,多元主义意思是指人们所追求的有意义的目的、价值或生活方式是复杂、多样而且分歧的。这些目的、价值或生活方式都为我们所肯定,是值得去追求的。因此,我们无法用比较方法和程序,来分别它们的优劣。我们无法建立一种自认为普遍性的标准,来分别价值的高下层级,进而建立一种价值的等级系统。目的、价值与生活方式既然是无法比较,无法通约共量的。那么,它们往往是无法兼容并蓄、甚至是彼此矛盾、对立与冲突的。我们无法从这些复杂、无法通约的价值以及价值选择的依据的理由当中,确定某一种价值,把它作为根本的价值或基本的理性,藉此来统合这所有的价值。

格雷依据伯林的观点,进一步阐释了价值多元主义的基本观点。首先,他否认哲学理论能够仲裁价值之间的冲突,建立一套有关良善生活的终极原则。认为人的生活方式都是个人实践的结果,是传统与环境的产物,生活方式无优劣、高下之分。"如果人的生活方式是他实践的产物,这些生活方式的形态受到人的性情以及传统延续下来的环境所塑造与限制,那么,任何良好生活的概念,都无法以这生活是深植于人心人性为理由,自称比其他生活方式更居于优势地位。"[1]其次,人所肯定的价值,彼此之间不但冲突,而且还有可能产生更为复杂,相互冲突的解释性观点。以伯林的"自由"的意义而例,自由不但有积极和消极意义的分歧,而且,"某一种自由可能会消灭另一种自由;某一种自由可能会造就另一种自由,或产生更大程度的自由,或者,也可能阻碍、毁坏更多人享有的自由环境。"[2]多元主义否定柏拉图式的"至善理性",也否定亚里士多德的"德性统一"。所有真实之善不仅无法兼容,无法形成"和谐的体系",同时,"善"与"恶","美德"与"罪恶"也可能形成相倚之势。[3]

---

[1]　John Gray, *Liberalism*: *Essays in Political Philosophy*, London: Routledge. 1989, p.35.

[2]　Isaiah Berlin, *Four Essays on Librtty*, Oxford University Press, 1969, p.35.

[3]　See John Gray, *Post-Liberalism*: *studies in Political Thought*. London: Routledge, 1993, p.291.

价值多元主义带来的基本问题在于:我们是否必须在多元分歧,而且彼此冲突的价值中,寻求某种让这些价值可以相互协调的"共识"。在此问题上,伯林持保留态度,不去建构任何积极性原则,而格雷依据"激进的多元主义"立场,否认任何"共识原则"(包括普遍基本人权)的构建。而其他自由主义者则对此进行了积极的探讨。

20世纪50年代,古典共和主义者汉娜·阿伦特,从存在主义者的视角区分了公共领域和私人领域。她的"公共领域"的概念是个内容十分丰富的概念,首先,人的自由是在公共领域里实现的,个人的本质也是只有在公共领域才能得到完善。因为公共领域是个展现自己的地方,而"展现"对我们来说,"构成了存在"。① 其次,公共领域的"公共"表明了世界本身,在这里人们能够相聚、相连而又相互分离。最后,公共领域是在多样性和同一性相统一中获得其现实性的领域。只有在公共领域里达成政治共识才能实现和保障个人的自由。但是在多元化的现实条件下,如何确定公共领域与私人领域的界限,在公共领域中如何达成政治共识,阿伦特并未给出令人满意的答案。

(二)从"重叠共识"到"暂定协议":多元社会政治共识的可能性

在当代政治哲学和政治理论领域,明确提出并运用"政治共识"一词并把它作为规范范畴进行研究的,主要有罗尔斯的"重叠共识理论",哈贝马斯的"商谈共识理论"和利普哈特的"共识民主理论"。

罗尔斯认为,尽管人们不能在许多问题上达成一致意见,但是在政治领域里人们各行其是的做法是行不通的,必须以某种政治共识作为人们合作的基础,努力寻求并界定政治共识是政治哲学的重要使命。认为政治共识达成的结果是某种正义,他将正义的共识严格限制在政治领域,认为良好的社会是在政治正义概念上统一的社会。罗尔斯的"重叠共识"基于两个基本假设:人类逐渐接受和认同多元化的理性;笼罩在正义两原则之前的无知之幕。罗尔斯认为:合乎理性的完备性政治学说、宗教学说、哲学学说以及道德学说虽然各自独立,但它们之间可建立共识,其中"理性多元论"是政

---

① [美]汉娜·阿伦特:《人的条件》,竺乾威等译,上海人民出版社1999年版,第78页。

治学说的基础。① 罗尔斯认为,"目标即政治的正义观念。"②"理性多元论"构成了政治自由主义的内核,政治美德的价值使各种完备学说之间达成和谐一致,形成共识,人类的理性能够支持在各种独立的价值系统之间实现某种重叠共识。"可以获得各种合乎理性的学说之重叠共识的支持,因为,通过使该政治观念与各种完备学说及其对政治美德之重大价值的公共认识之间达成一种一致和谐,使得人们的顺应这种共识。"③

　　哈贝马斯的商谈共识思想是在与罗尔斯的重叠共识理论的思想交锋中提出的。为了避开罗尔斯重叠共识得以建立的两个假设以及由此可能带来的批评,哈贝马斯认为,传统的主体性哲学是始作俑者,应用"主体间哲学"代替传统的"主体哲学",把现代哲学范式转换到人与人之间的交往行为中。商谈共识是主体间哲学的外化,是一种交往行为中的理性认知。哈贝马斯说:"参与者应该无保留地追求他们的语内行动目的(illokutionären Ziele),他们的同意是对于可批判有效性主张(Geltungsansprüchen)的主体间承认相联系,并表现出准备承担来自共识的那些同以后交往有关的义务。"④哈贝马斯与罗尔斯哲学观上虽有争议,但二者的共识理论确有极其重要的共同点,两人都认为共识是一种道德观念。罗尔斯认为,共识本身就是一个道德观念。⑤ 哈贝马斯对此也予以有力支持,"话语理论更适于把握罗尔斯和我共同关注的道德直觉观念。"⑥哈贝马斯支持的理由主要来自于两个方面的认识:一是他认为共识与话语之间有着十分紧密的关联。他把话语看做是一种将社会生活符号化的规则系统;共识则是集合了社会的价值、信念和准则的规则系统,二者具有共通之处,其共通点是政治权力。话

---

① 参见[美]约翰·罗尔斯:《政治自由主义》,万俊人译,译林出版社 2000 年版,第153页。

② [美]约翰·罗尔斯:《政治自由主义》,万俊人译,译林出版社 2000 年版,第156页。

③ [美]约翰·罗尔斯:《政治自由主义》,万俊人译,译林出版社 2000 年版,第182页。

④ [德]尤尔根·哈贝马斯:《在事实与规范之间》,童世俊译,北京三联书店 1997 年版,第4—5页。

⑤ 参见[美]约翰·罗尔斯:《政治自由主义》,万俊人译,译林出版社 2000 年版,第156页。

⑥ [德]尤尔根·哈贝马斯:《包容他者》,曹卫东译,上海人民出版社 2000 年版,第2页。

语是调控政治权力生产和再生产的规则系统;共识则是保证政治权力合理有序运行的规则系统,这里话语规则系统部分地承担着达成共识的功能,可以被视为共识的一个子系统,二者具有内在的一致;但两种规则系统一旦出现冲突,话语也能破坏甚至颠覆共识。二是从字面来考察,"商谈理论"(discourse theory)字面意思也就是"话语理论",二者具有同等的意义。罗尔斯的重叠共识所意图达成的"和谐一致",一定程度上正是人们的公共理性,这与话语理论有内在共通之处。罗尔斯"重叠共识"理论的"公共理性"原则和哈贝马斯的"商谈共识"的"有效性"原则二者虽看似毫无关联,实则是一个问题的两个方面:即现代社会共识的理论和实践的不同侧重。罗尔斯侧重于共识的理论层面的论证和意义的阐述;哈贝马斯则侧重于实践层面的讨论与实践意义的阐发;罗尔斯把公共理性从理论上证成公共善和根本性正义。"公共理性是一个民主国家的基本特征。它是公民的理性,是那些共享平等公民身份的人的理性。"①这种理性的"公共性"在理论上可以体现为三个方面:"作为自身的理性,它是公共理性;它的目标是公共善和根本性的正义;它的本性和内容是公共的。"②与罗尔斯注重从理论层面的讨论不同,哈贝尔斯则提出设置一种"有效性",从而将"实践理性"转换为"交往理性",使"交往合理性"在实践中成为可能。他的"有效性"原则包括三方面:"命题之真实,主观上的真诚和规范性的正当"。③ 从而完成了实践理性到交往理性的现实转换。所以,二者虽然存在着理论或实践意义上的偏向性和差异,但实质上却是殊途同归,均可被视为现代政治共识理论的话语理论和实践的核心原则。

罗尔斯的"重叠共识"概念招致许多思想立场的批评。罗尔斯的"重叠共识"基本上来说,乃是以自由主义的政治文化为依据,并肯定在自由宪政及其人权和正义原则的基础上足以培养公民对此政治共同体的忠

---

① [美]约翰·罗尔斯:《政治自由主义》,万俊人译,译林出版社 2000 年版,第 225—256 页。
② [美]约翰·罗尔斯:《政治自由主义》,万俊人译,译林出版社 2000 年版,第 225—256 页。
③ [德]尤尔根·哈贝马斯:《在事实与规范间》,童世骏译,三联书店 1997 年版,第 6 页。

诚。一句话,自由主义的信念是重叠共识的最后保障。在罗尔斯那里,维系自由民主社会稳定性的一个重要条件在于,自由宪政的基本结构及其认同没有受到挑战、或者遭受严重的抗拒,在这种情况下,所有一切的争议都可能通过民主的程序获得某种程度上的解决。所以说,罗尔斯的"重叠共识"在一个自由宪政以及相应政治文化有一定发展的国家中,是可行的。

然而在激进民主论者的眼中,罗尔斯重叠共识是建立在现代民族国家统一性之上的,而罗尔斯没有反思现代国家的阶级支配性格,这种反思的盲点,致使"重叠共识"理论看似合理,可是蕴含了某种排斥性:即排斥了无法服从它所预设条件的阶级与族群。因此,罗尔斯的共识不但形不成共识反而带来了它本身所要反对的排他性与压迫性。

除此之外,在自由主义内部,对罗尔斯"重叠共识"概念提出系统的批评者,应属英国的政治思想家雷兹与格雷。

雷兹认为,罗尔斯用政治正义概念来回应"价值多元"的基本事实,其根基是浮浅的,罗尔斯证成政治性公平正义的起点是求诸于西方当前民主的政治文化的基本直观,对于这些直观,罗尔斯没有深究其合法性的理据,而是只把它当做一个基本事实;罗尔斯的政治公平正义不依据任何整合式的道德学说,而具有独立自主的性格,也就是说,罗尔斯不论证其政治正义原则的正确有效性,其理由是:如果正义理论的"正确有效性"必须从合理的道德整合学中去取得理据,那么它就无法成就其独立于这些整合学说的自主性,也就无法成为整合学说并藉此形成重叠共识。意即罗尔斯的公平正义并不论证它在道德与知识层面上为真,而只是说明这套概念是民主社会中讲理的公民都会接受的概念,依此可以整合多元分歧的理性共识。

雷兹批评罗尔斯的主要论点:一是罗尔斯的政治性的公平正义理论挖空了道德的"善"与知识的"真"的理据,违反他试图建立恒定的、正确有效的正义原则的基本同意;二是罗尔斯建立政治意义的公平正义时,运用了"反思均衡"的方法,并声称它具有道德有效性的基础,这又违反了他本人所强调的政治"自主性";第三,罗尔斯无法实际论证政治概念的公平正义的道德有效性;第四,罗尔斯的"宪政法治主义"无法保障公民制度的忠诚,

以及由此可以取得"黏合"社会的稳定元素。① 雷兹认为，稳定的共识资源
在广阔与纵深程度上，必须取决于社会文化的"象征意义"的有效元素。
如，政治文化的本质、一个民族的奋斗历史以及当前面临的困难处境等。没
有把这些历史文化的因素包含进去，而想求得公民的集体认同及从中孕育
的"忠诚"，是不可能的事。雷兹说：稳定社会的特征来自于公民对其社会
的高度认同。人民感到以成为其民族的一员而有尊荣。认同的特征在于人
民依附民族的象征、文化与成规以及法制（包括语言、文学、饮食等），它的
激励情感，创造出共享这些态度作风的公民彼此之间强韧的联系，它们在某
种程度上塑造公民想象，以及界定他们的历史水平。人们在共享其历史经
验时，也共享其尊荣。像这样的认同也包括信守某些确定的价值。这些价
值平常表现于抽象的概念（如自由、平等与博爱的概念），它们与宪政原则
的分歧……是可以相互兼容的。②

格雷基于他"激进多元说"的立场，批判罗尔斯的正义观念作为一种普
通的政治观念不能解决基本自由间的价值冲突。他认为罗尔斯"宪政主
义"的共识原则带有明显的"政治唯理主义"特色，其理论在面对真实的政
治观点时，就会产生如下限制：一是它无法说明政治领导者在竞争与激烈冲
突的政治领域里，为克服种种偶然突发的情况以获得公民认同的"领导权"
所表现出来的政治手腕和艺术，以及明智判断的政治智慧；二是它无法正视
政治是"竞争"和"冒险"的本质。三是如果我们承认政治"竞争"、"冒险"
的动态本质，那么，在政治场合因竞争冒险而得到的协调，永远都是暂时性
的，建立此"暂定协议"③是通过公民的"政治理性"（political reasoning）而形
成的。对于这种处理与论述公共政治事务的理性，格雷认为是："处理艰难
冲突所运用的'政治理性'，本质上是没有定论的，它允许妥协与暂时性（或
无定期）的协定，但这些协定必然随时间与空间的变化而不断地被修正。"④

① See Joseph Raz, *Ethics in the Pubic Domain: Essays in the Morality of Law and Politic*, Oxford: Clarendon Press, 1994. p.73.
② See Joseph Raz, *Ethics in the Pubic Domain: Essays in the Morality of Law and Politic*, Oxford: Clarendon Press, 1994, p.53.
③ "暂定协议"又译为"权宜之计"，英文原义为 modus Vivendi.
④ John Gray, *Enlightenment's Wake: Politics and Culture at the Close of the Modern Age.* London: Routledge, 1995. p.74.

这种政治理性不是依据可以证明的基本原理做结论,而是审视发生于具体环境形势下的公共事务所做的实际了解和判断。政治生活是运用了政治理论性的公共场域,在这个场域中,人们之间的言行互动是以达成"暂定协议"为目的,因此,参与其中的人,其言行不是追求绝对的真理与正义,而是和平共存。政治的高贵品性在于人们奋力去减缓政治中的对立、竞争的认同,在相互敌对、斗争的团体、社群中,努力追寻和平共存的可能条件,多元主义的政治理念是:"承认政治生活的现实,了解政治的理想在于减少战争的可能性。"①

格雷的"暂定协议"方案绝对不是一种安全稳固的"政治家园"(a political home)。自由社会由此产生出来的多元分歧随时都可能动摇或颠覆公民所寻求到的,自认为安全稳固的"共识",不论这种"共识"是基于个人或集体的认同,还是私人自由的空间、文化生活方式,政治社群的共善、公民身份或民族主义。

无论是罗尔斯的"重叠共识",还是以格雷为主的激进多元主义的"暂定协议",它们虽然理论旨趣各异,但在本质上还是在自由主义思想领域内的争论,在"多元主义与政治整合"的争论中,只不过是在同一理念下的不同理论脉络的延续。所谓同一理念就是自由主义的宪政、政治宽容、自由、平等的政治价值,不同的理论脉络是指罗尔斯所延续的康德、密尔一脉,而格雷延伸的是马基雅维利、尼采和海德格尔一脉而已。

综上所述,针对多元分歧与整合统一的问题,罗尔斯在《政治自由主义》一书中,以正义原则为主轴,建立起来的"重叠共识"的政治理想,并藉此以整合当代自由主义社会产生的多元分歧,从而达成社会的整合统一,有其道德理据,在实践上也是可欲、可行的。因为,其"重叠共识"是基于人们所秉具的道德与理性反思能力,肯定人的理性内在的具有"自我源发"与"自我立法"的能力,藉此能力,人们可以扭转或超越他所拥有的特殊性或偶然性认同的事物(如地域性、种族性、阶级性或民族性等),而同意作为规约存在和未来的宪政体制的正义原则。这种原则经由宪政实现运作(宪政

---

① John Gray, *Enlightenment's Wake: Politics and Culture at the Close of the Modern Age.* London: Routledge, 1995. p. 129.

的运作在于保障基本权益自由、确立民主程序以缓解对立、决定社会政策等)。一个良好且稳定的自由社会是可能被建立的。

雷兹与格雷认为,针对这种分歧的价值理念,人的理性不可能有能力确立一种绝对的道德原则,而必须承认一种价值(或生活方式)的抉择带有无法避免的终极性格,也就是选择一种价值(或生活方式)必须牺牲其他的价值(或生活方式)。对于罗尔斯以正义原则为主轴而形成的"重叠共识"理想及宪政安排,以及由此而建立的良好与稳定的自由社会,则应持怀疑态度。在他们看来,罗尔斯的这一套政治设计的确能解决政治现实中实质利益、价值观念与意识形态的相互冲突;另一方面,以正义的道德建立的宪政体制是否因为过度绝对的宪政法治的效力而形成"法治主义"的统治? 他们认为保障多元社会多元价值,不能诉求于道德主义、法治主义与宪政主义的途径,而应诉求于政治冲突的合理协调,以及为求得合理协调而必须具备的"文明作风"(如,互信、谦让、或有必要时所作出的牺牲、公道等)。雷兹、格雷等的多元自由主义,承认自由民主社会是西方历史偶然性的产物,自由主义的道德政治原则有其历史与区域性,而且在它的发展过程中也常遭受不同政治学说的抨击。政治哲学家可以藉此理论的精微推论,将它们构成一种一定程度和范围的普遍原则,而不能是普遍主义的普世原则。所以,他们的多元自由主义比之罗尔斯更具有历史意识,在某种程度上他们受到英国"保守主义"传统的影响,在思考稳定的自由社会可能条件时,不是那么深信普遍人权、宪政安排,他们更多的是强调一种政治社会培养出来的优良政治文化。

罗尔斯、雷兹、格雷同样肯定自由主义的思想传承、各自依据不同的理论立场,对于多元社会政治共识和政治整合问题提出了相异的观点,就调解多元社会的冲突而言,罗尔斯强调公民道德意识、实践理性以及基于道德原则的自由宪政认同;雷兹和格雷认为,建立自由民主社会良好秩序维护其稳定性,这不是凭罗尔斯理论性原则就可以成就得了的。他们给人们的启发不在于否定罗尔斯的理论,而在于多元社会民主的良好秩序和稳定社会的建立与维系是多方面的努力和多种因素共同作用的结果,更主要的是一个优良的政治文化是如何可能发展的问题。

五、政治共识:共识民主理论
对多元分裂社会的整合

"多元分歧"与"政治共识的统合"无疑是当代自由主义民主理论无法回避的话题,问题在于,如果我们承认自由社会的基本性格之一是价值、生活方式的多元分歧,那么,一个多元社会该如何追求社会的统一呢? 这是现代民主理论必须回答的课题。

当代的西方民主理论都认可现代社会是一个多元性的社会,同时它们也承认这个社会因其多元性而蕴含各种形式的对立与冲突。按照自由主义的基本看法,在现代社会,文化价值是多元的。不同的宗教、哲学和道德之间所追求的价值都有各自的合理性标准,我们无法找到一个超越的终极标准来裁决它们。然而,一个社会要形成某种理性的秩序,总是需要某种社会共识,需要这种共识来整合多元化的社会,这就产生了一个这样的问题:"多元社会和共识"之间处于一种紧张的关系。也就是说,在多元化的社会背景下,共识是否有可能形成或达成? 如果有可能形成,那么它们又是如何处理那些冲突与对立的? 美国当代比较政治学家阿伦德·利普哈特(Arend Lijphart)的"协合民主"(consociational democracy)与"共识民主"(consensus democracy)理论,企图从现代西方民主国家的现实民主经验出发,用行为主义与制度主义的方法,去设计一套制度来实现多元社会的政治共识,整合现代多元社会,实现多元社会的稳定民主。

(一)多元社会及其政治分歧的影响因素

在西方政治思想发展中,伯林、雷兹与格雷等人的自由主义理论论证了多元主义是指人们所追求的有意义的目的、价值或生活方式是复杂、多样而且分歧的。这些目的、价值或生活方式,都为我们所肯定,是值得追求的,因此我们无法通过比较的程序,分别它们的优劣。我们无法建立一种自认为是普遍性的标准,以分别价值的高下层级,进而建立一种价值的等级系统。目的、价值或生活方式既然是无法比较、无法通约共量的,往往又是无法相容并蓄,甚至是彼此矛盾、对立与冲突的。罗尔斯与当代其他所有多元主义者一样承认:"在现实的自由主义民主社会中,每位公民所追求的生活目标、价值与伦理的理念都彼此相异,难以相容,而且易于产生摩擦与冲突;不仅如此,它们不可能一致同意任何一种道德权威,不论是圣典或制度的权威,也无法一致同意道德价值的秩序或任何自然法则的意义。"①因此,"在现代民主社会中,我们发现各种不同的、合理的整全式的宗教、哲学与道德学说。这是任何民主社会不会消失的历史条件,是民主社会政治文化的恒定性格。在自由制度的基本人权与自由所保障的政治社会的条件下,各种不同的、分歧的、相互冲突的甚至无法相容并蓄的整全性学说势必会不断出现。"②这种学理上的冲突一旦涉入政党或者任何其他势力的斗争,必然动摇民主社会的完整性与稳定性。

利普哈特讨并不像伯林等人那样是从政治价值和哲学层次去谈论多元社会,而是借助于阿尔蒙德的政治文化理论来分析多元社会及其政治分歧的。在多元社会的界定上,利普哈特直接采用了艾克斯坦(Harry Eckstein)多元区块理论来定义多元社会。首先,多元社会意味着一个因区块间隙(segmental cleavages)而造成政治分歧的分裂社会,区块间隙可能具有宗教、意识形态、语言、地域、文化或民族等性质。同时,利普哈特还认为,在艾克斯坦的定义中还包含着更进一步的多元社会的特征:"它包括政党、利益集团、传播媒体、学校、志愿性社团等,也皆沿着区块间隙而组织。被这些区块间隙所划分开来的人口群,则称为多元社会中的区块。"③这里,利普哈特所指的多元社会,不仅是指价值多元,而且还包括了文化多元、社会多元与政治多元。多元社会的政治分歧就是沿着区块间隙产生,与高度分殊化角色结构相伴的政治亚文化。"政治分歧沿着区块间隙而产生,且特别关注于社会分殊化的客观界限——尤其是那些在某一社会中显得特别显著者。"④对多元社会的民主概念,利普哈特直接借用了达尔的多元社会民主

---

① John Rawls, *Political Liberalism*, New York:Columbia University Press,1993.p.130.

② John Rawls, *Political Liberalism*, New York:Columbia University Press,1993.p.36.

③ Arend Lijphart,Democracy in Plural Societies:A Comparative Explorative,New Haven:Yale University Press,1977.p.4.

④ Harry Eckstein, *Division and Cohesion in Democracy:A study of Norway* Princeton University Press,1966.p.34.

定义,把"民主"等同于达尔的"多头政治"(polyarchy)"在本书中把它当成达尔所称的'多元政体'之同义字,是颇为符合我们用意的。多元政体并非一种完全体现所有民主理想的政府系统,而是一个在相当程度上近似于这些理想的模型。"①

紧接着,利普哈特为了论证其多元社会稳定的民主理论——协合民主模式,直接借用阿尔蒙德的政治分类架构理论同时整合了"交叠与横切的成员身份(overlappingand crosscutting memberships)、政党体系(party system)、分权(separation of power)、政治发展(political development)"等概念,对多元社会的政治文化进行了进一步的分析。利普哈特认为,"这些理论和概念对于协合民主的分析,也有其不可或缺的重要性。"②根据阿尔蒙德政治文化与角色结构的分标准,政治系统被区分为四种基本类型:英美型(Anglo-American)、欧陆型(Continental European)、前工业化(preindustrial)或部分工业化型(partly industrial)与极权型(totalitarian)。③ 利普哈特把前两种类型称为民主政体,进而对前两种政治类型进行进一步分析,认为英美型政治系统的特征在于:"同质的、世俗化的政治文化,以及高度分化的角色结构。"欧陆型政治系统的特征在于:"分裂的政治文化——即其'政治亚文化'是彼此分立的;其角色结构则是'根植于亚文化中,并倾向于组成各自分立的角色亚系统'。换言之,欧陆系统属于多元社会。"④政治文化模式与角色结构同所探讨的国家的政治稳定性相互关联。英美政治系统基于其同质的政治文化及其自主的政党、利益集团与传播媒体,因此与政治稳定相关;欧陆型政治系统由于其分裂的政治文化、互赖的政党与团体,因此与政治不稳定相关。

为了进一步论证多元社会的政治共识的形成和民主制度的建构,利普

---

① Arend Lijphart, Democracy in Plural Societies: A Comparative Explorative, New Haven: Yale University Press, 1977. p.4.

② Arend Lijphart, Democracy in Plural Societies: A Comparative Explorative, New Haven: Yale University Press, 1977. p.6.

③ See Gabriel A. Almond, "Comparative Political Systems", Journal of Plitics 18, no. 3 (August 1956), pp.398-399.

④ Arend Lijphart, Democracy in Plural Societies: A Comparative Explorative, New Haven: Yale University Press, 1977. p.6.

哈特进一步论证了多元社会的区块和区块的间隙结构。利普哈特从间隙数量及其分化程度、不同间隙横切或吻合的程度、横跨性忠诚的抵消程度以及区块与政党间隙产生相关性的方式四个方面对间隙及其结构进行了进一步的分析。从间隙的数量、类型及其分化程度而言,利普哈特主要从阶级、宗教和语言层面对其认为是协合式民主国家(奥地利、荷兰、比利时和瑞士)进行了实证分析。利普哈特认为四个国家由于都是高度工业化的社会,因此它们的阶级结构基本上是相近的。在宗教和语言变量上,四个国家表现出了高度的多元性(见表1-1)。瑞士和比利时多元化程度较高,奥地利与荷兰几乎完全同质。荷兰与瑞士宗教多元化程度较高,奥地利与比利时近乎同质。

表1-1   四个协合民主国家之宗教与语言的分化度[①]

国　　家	宗教分化度	语言分化度
奥地利	0.19	0.03
比利时	0.06	0.48
荷　兰	0.64	0.02
瑞　士	0.50	0.40

在横切间隙层面上,根据横切间隙理论,分歧的缓和效应,最重要的是取决于它们彼此横切的程度,而非它们彼此的吻合程度,但也取决于它们的间隙强度—或者更确切地说,取决于它们的差异强度。强度相等的间隙彼此横切,可能仅是导致一些敌对群体的形成,在这些群体间进行合作是极其困难的。达尔指出,在这样一种情况里,横切具有一种分裂效应:“如果所有的间隙强度相当,便无法产生并合效应。横切间隙会促成和解,此仅当某些间隙较之于其他间隙不显著之情况下才有可能。”[②]即冲突以及强度不等的间隙,导致了一种由各种冲突所形成的支配与从属系统,同时也导致了这

[①] See Arend Lijphart, *Democracy in Plural Societies:A Comparative Explorative*, New Haven: Yale University Press, 1977.p.72.

[②] Robert A.Dahl, *Political Oppositions in Western Democracies*, New Haven:Yale University Press, 1966.p.378.

样一种过程,这种过程并不是分歧、分歧、再分歧——乃至无限,而是分歧与统一同时作为同一过程的不同的部分。利普哈特认为,完全横切与完全吻合的间隙是极其罕见的,但横切的差异程度是极其重要的。因为,一是间隙彼此横切的方式,会影响建立协合式民主的机会,因为它影响了区块的数量与相对的大小,也因此影响了区块间的权力平衡。二是间隙横切对于因间隙所引起的感情强度有重要影响。"间隙横切会引起导向温和的态度与行动之交叉压力。"①例如,宗教间隙与社会阶级间隙相互横切的程度极高,则不同的宗教群体间,会倾向于有彼此平等的感觉。另一方面,如果这两个间隙相吻合,则其中一个群体必然会对其卑屈的地位,以及在物质酬劳上所得到不公平分配,感到愤恨不已。

区块间隙分歧的构成状况的一个重要变量是区块间的横跨性忠诚。所谓横跨性忠诚就是区块间的凝聚力——一种向中庸与适度方向调和的凝聚性因素。横跨性忠诚是利普哈特的提出的一个分析多元社会的区块的重要概念,或者说是民主理论建构的关键概念。利普哈特虽然没有给横跨性忠诚下定义,但横跨性忠诚是与《多元社会民主》使用的"交叉分裂(crosscutting cleavages)"、"交叠身份(overlapping memberships)"密切相关的。"交叉分裂"概念是利普塞特(Swymour Martin Lipset)提出的,而"交叠身份"则是群组理论学的概念。"在政治文化的术语中,交叠身份是同质政治文化的特征。"②交叠身份导致了同一个体在集团和亚文化的属性上有多重的角色,从而使个体的行为与态度因不同角色心理上交叉作用而偏向适度和中庸。虽然,在利普哈特的理论中自始至终没有使用"交叠共识(overlapping consensus)"的概念,一方面是交叠共识理论提出较晚③,另一方面利普哈特 1999 年提出的共识民主概念在概念上有异曲同工之妙。理论区块间既有间隙间的冲突潜能,也有凝聚的潜能。所以区块间的冲突潜能既

① Arend Lijphart, Democracy in Plural Societies: A Comparative Explorative, New Haven: Yale University Press, 1977. p.75.

② Arend Lijphart, Democracy in Plural Societies: A Comparative Explorative, New Haven: Yale University Press, 1977. p.11.

③ [美]约翰·罗尔斯,在 1993 年出版的《政治自由主义》(Political Liberalism)提出的概念。

取决于它们固有的强度影响,同时也受横跨性忠诚所调节的程度的影响。利普哈特认为,区块间隙结构取决于横跨性忠诚的抵消程度。一方面,"横跨性忠诚能够为整个社会或特定区块创造出凝聚的力量。"①一方面,"间隙的交互影响以及因此而产生的横跨性忠诚,决定一个多元社会的区块数量与性质。"②另一方面横跨性忠诚自然是有利于区块精英妥协与联合的。

影响多元社会及其政治分歧的另外一个重要因素是政党间隙。政党是多元社会把局部之间政治分裂转化为政治领域制度安排的主要方法。利普哈特认为,多元社会的政党间隙以及其与其他间隙间的关系至关重要。"将区块间隙转化为政治版图,政党是首要的制度化工具。因此,政党体系间隙与其他主要间隙的关系,至关重要。"③实际上,政党与不同的宗教、阶级、语言、利益集团区块密切相关,或者说是高度一致,一致性越强,政党得到的支持就越强。正如李普赛特所言,"稳定民主需要所有主要政党包括来自各自人口集团的支持,而如果是不同政党的支持与基本的社会分裂密切对应,这样的体制就不能在民主基础上继续下去,因为它反映出强烈的冲突而排除了妥协。"④这说明政党属性与社会多元要素分裂之间的关系,是多元社会稳定民主政治的重要条件。

(二)政治整合与政治共识的形成

在《政治自由主义》中,罗尔斯在承认"合理的价值多元主义"为现代自由社会的一项基本事实的前提下,以政治性的公平正义概念为本源,以公共理性为核心,建立了"交叠共识"的理想,并且依照此政治理想论证了自由宪政的同一性及其认同,进而思考维系民主政治社会稳定性的可能性。与罗尔斯的政治哲学论证不同,在寻求维系民主政治社会稳定的民主,寻求社

① Arend Lijphart, *Democracy in Plural Societies: A Comparative Explorative*, New Haven: Yale University Press, 1977. p.81.
② Arend Lijphart, *Democracy in Plural Societies: A Comparative Explorative*, New Haven: Yale University Press, 1977p.81.
③ Arend Lijphart, *Democracy in Plural Societies: A Comparative Explorative*, New Haven: Yale University Press, 1977. p.84.
④ Seymour Martin Lipset, *Political Man: The Social Bases of Politics*, Garden City, N.Y.; Doubleday, 1960. p.31.

会政治整合与政治共识形成的理论探索中,利普哈特把理论的触角直接伸向民主实践,他把西方民主国家按照政治文化的不同性质分为以英美为典型的在区块多元化程度上属于低度类别同质性的多元社会和以荷兰、奥地利、比利时、瑞士低地国家为典型的在区块多元化程度高度分化的多元社会,以低地国家的民主实践经验为基础,从多元社会的区块间隙分析着手,分析了横跨忠诚、精英合作、政党妥协等多元社会政治共识形成的有利因素,并对低地国家民主经验进行总结,对多元社会宪政民主制度进行了宪政工程师式的设计。

一方面,利普哈特分析论证了同质多元社会的政治共识与民主的形成。利普哈特借用阿尔蒙德政治分类标准,把英美政治系统政治文化和角色结构看做是"同质的、世俗化的政治文化"和"高度分化"的角色结构。并以此来讨论其政治文化、政治架构与政治共识的形成和政治稳定的关系。认为英美的政治系统"更能弹性地回应多元社会内部与外部的需求"。① 并从其同质的政治文化、自主的政党、利益集团和传播媒体等方面分析了其政治共识与民主。

一是利普哈特与阿尔蒙德一样,认为英美政治架构中的分权原则有利于政治共识的达成和民主稳定。他们认为英美政治架构中政治亚文化体系中的角色结构与分权原则不谋而合。他们把分权理念中的三个正式分支(立法、行政、司法)扩展为非政治的次级结构(政党、利益团体、传播媒体);将"权力"改成"功能",而"权力分立"则构成"边界维持",这样高度分化的角色,与不同的政治功能间适当的边界维持,有助于民主系统的稳定。因为,"其政治体制的各次级系统间……存在有效的边界维持",政党与利益团体"各自组成分殊化的、自主的政治次级系统,它们是相互穿透的。"②他们认为,政治次级组织政党、利益集团以及其他等等是多功能的,它们不仅是唯一的利益汇集者,更重要的是它们通常扮演着与整体政治系统范围内的相关的政治"控管角色"。"所有的政治架构,无论其多么的专业化,……

① Gabriel A. Almond, Comparative Political Systems, *Journal of Plitics* 18, no. 3 (August 1956).p.408.

② Arend Lijphart,*Democracy in Plural Societies:A Comparative Explorative*,New Haven:Yale University Press,1977.p.9.

都是多功能的。"①

二是利普哈特与阿尔蒙德一样,认为英美同质性的政治文化的特征就是横切间隙的交叠成员身份十分有利于政治共识和民主。在同质的政治文化背景下,当个体同时属于若干不同并带有明显分歧的观点与利益的有组织的或无组织的团体时,由于心理上的交叉压力(cross-pressures)致使他们倾向于抱持温和的态度。再者,即使一个团体中包含有异质成员,其政治领袖也会因屈服于这种交叉政治压力,而倾向于采取温和、中道的立场。这种温和的政治态度与温和、中道的政治立场便是十分有利于政治共识达成和稳定民主的关键因素。相反,"倘使一个社会充斥着鲜明的区块间隙,且其成员身份与忠诚是非交叠的,而是排他地集中于每一个分立的社会区块内,便不存在导致温和的政治态度与政治稳定相当关键的交叉压力。"②

三是利普哈特认为英美政党体系有利于政治共识、稳定民主。首先,政党体系分类不仅用来区分不同的政党体系,同时也用来区分整个政治系统。利普哈特借用纽曼(Sigmund Neumann)的话强调:"这些不同的政党体系不仅对投票过程有深刻的影响,对于政府决策的影响更是深远……因此,以此方式所作的分类,是相当有启发性的,且是相当必要的。"③其次,政党数目与政治共识、民主的稳定性密切相关。就英美民主而言,"两党体系不仅'与事物的本然天性相符应'——因为它可以正确地反映出自然的民意二元性,且倾向于比多党制更稳定——因为它比较温和。在两党体系中,我们发现'政治分歧少了',而这点有助于抑制政党的煽动行为;然而在多党体系中,'政治分歧的恶化与差异性的强化',则与'普遍意见的极端化'相生相随。"④最后,两党体系有助于实现有效的利益汇集。在利普哈特和阿尔蒙德看来,有效的利益汇集和边界维持与政治共识形成和稳定的民主直接

---

① Arend Lijphart, *Democracy in Plural Societies: A Comparative Explorative*, New Haven: Yale University Press, 1977. p.9.

② Arend Lijphart, *Democracy in Plural Societies: A Comparative Explorative*, New Haven: Yale University Press, 1977. p.10.

③ Arend Lijphart, *Democracy in Plural Societies: A Comparative Explorative*, New Haven: Yale University Press, 1977. p.12.

④ Arend Lijphart, Democracy *in Plural Societies: A Comparative Explorative*, New Haven: Yale University Press, 1977. pp.12–13.

相关,二者也是英美政党体系的主要特征。在当代已经发展且有着适当的边界维持的政治系统(这里主要指英美型政治系统)中,利益汇集是政党最重要,也是最独特的功能;这一功能表现为处于"政治过程的中程阶段",且被假定为能够将清楚表述的利益转化为"相对少数的选项"。因此,"两党体系显得相当理想地适合与政党所有的这种功能,而多党体系则似乎是较缺乏效率的利益汇集者"。① 阿尔蒙德认为,"某些政党体系比其他政党体系更能有效地汇集利益,而政党数目便是一个重要的因素。在两党体系下,政党基于对广大选民的责任,通常被迫趋向于聚合性的政策。"另一方面,"对于小党林立的情况来说,每一个政党仅以传达个别亚文化或委托者的利益为主——只执行最小程度的利益汇集功能—的可能性大增。"②因此,两党体系不仅是最好的利益汇集者,同时也有助于有效的边界维持。所以两党体系有利于稳定的民主和政治共识的达成。

另一方面,利普哈特论证了异质多元社会政治共识与稳定民主的形成,并且认为这种异质的多元社会的政治共识与稳定民主的论证具有重大的规范意义。在《多元社会的民主:一个比较研究》中就高度区块化多元社会的政治共识与民主,利普哈特认为权力的多边平衡、适度的多党制、较小的国家规模、社会交叉分裂与横跨性忠诚、代议制政党体系、局部隔绝、精英包容传统等对异质多元社会的政治共识与民主尤其重要,其中精英合作与政治包容是异质多元社会政治共识与民主的核心之所在。利普哈特认为,这种高度区块化群体间超越区块或亚文化间隙而在整体层次上协商与合作,对于其他多元社会和第三世界多元社会,根据有重大的规范意义。③

其一,利普哈特认为,高度分化的多元社会的政治共识与稳定民主首要的也是核心的是精英的合作与包容。利普哈特没有从理论意义上去论证高度分裂的多元社会的政治正义和公共理性以及由此而形成的共识,而是从

---

① Arend Lijphart, Democracy *in Plural Societies*:*A Comparative Explorative*, New Haven:Yale University Press,1977.p.13.

② Almond, Comparative Political Systems, *Social Science Research Council at Princeton*, June 2-4,1955.p.397.

③ See Arend Lijphart, *Democracy in Plural Societies*:*A Comparative Explorative*, New Haven: Yale University Press,1977.p.15.

低地国家的民主行为层次论证了高度分裂多元社会的精英们应有的合作与包容。利普哈特一再强调精英合作在多元民主社会政治共识与民主中的决定作用,强调精英包容的既有传统是协合民主和政治共识达成的有利条件。"领导阶层的角色在协合民主中,显然是一项具有决定性的因素……它有助于解释被视为可能产生政治不稳定的政治系统之政治稳定性。"①多元社会的政治共识与稳定民主要求精英们合作的责任感、合作与妥协精神以及他们对支持者的忠诚。高度异质化的多元社会尽管深刻的间隙分割了各区块,但政治共识与民主要求区块领袖进行合作。这就要求区块领导人至少对国家的统一以及民主实践有某种责任感,这种责任感要求他们:"必须具有一种根本的意愿,愿意在温和的态度与妥协的精神下,与其他区块领袖们一起合作努力。同时,他们必须保持对他们自己追随者的忠诚。"②因为精英的任务不仅是比他们的追随者更具有包容性与妥协精神,而且还要带领他们的追随者包容与妥协。正如汉斯·达艾德所言,精英的关键任务有两条:"政治领袖不仅要比他们的追随者更具有包容性,而且必须带领他们的追随者跟着他们的步伐走。"③这里的"追随者"当然不是指被动的、不关心政治的一般大众,而是明确地指向中间团体,即"次精英的政治活动者"。同时,利普哈特也看到把政治共识与稳定民主之形成完全解释为精英的行为,这种解释力相当受限。一方面,精英的行为比一般大众的行为似乎较难捉摸,且不容易进行经验性的概括;另一方面,精英合作的其他条件诸如权力多边平衡、国家规模大小、横跨性忠诚、区块分割情况、精英和解的先在传统等也会直接影响多元社会政治共识和稳定民主,这些条件不但有利与共识的形成,也有助于强化它。

同时,利普哈特十分注重把政治文化因素作为精英合作与包容的条件。一方面,利普哈特通过考察荷兰、瑞士等国的民主,发现促使政治领袖倾向

①　Arend Lijphart, *Democracy in Plural Societies : A Comparative Explorative*, New Haven : Yale University Press, 1977. p.53.

②　Arend Lijphart, *Democracy in Plural Societies : A Comparative Explorative*, New Haven : Yale University Press, 1977. p.53.

③　Hanns Daalder, Parties, Elites, and Political Developments in Western Europe, *Political Parties and Political Development*, Princeton University Press, 1966. p.69.

与采用温和合作态度的重要因素是:"先前存在着的精英和解的传统。"瑞士与荷兰"何以亚文化分歧从来不至于导致分裂危险的发生,这一问题的前在理由是,趋向于温和与妥协的前民主历史。"①并认为这种传统不仅在荷兰与瑞士"尤其重要",在奥地利与比利时也"相当重要"。另一方面,利普哈特分析了精英合作与政治包容的三个主要因素,一是国家外部威胁的存在。"在所有协合民主国家里,精英联合都在国际危机时期或产生或加强,特别是在第一次和第二次世界大战期间。"②第二个有利因素,在亚文化之间的多边权力平衡而不是双重平衡或明显被一个亚文化来支配。第三个有利因素是决策机构相对低的全部负荷。③

其二,权力多边平衡(The Balance of Power)是异质多元社会政治共识与稳定民主的有利条件。"异质多元社会区块间的权力多重平衡,比权力二元平衡或某一区块霸权,更有利于形成政治共识或协合民主。"④权力多边平衡概念包含两个独立要素:一是区块间的平衡或近似平衡;二是至少三个不同的区块。因为权力的二元平衡意味着对立与竞争,而不是合作与妥协;一个区块拥有明显的多数,则它的领导人会试图支配与其相敌对的相对少数。区块数量越多,则其中某一个能够占据多数的地位的可能性就越小,适度多元才不会导致零和赛局,才会更有利于共识与民主。诚如史坦纳所言:"如果仅存在着两个区块或亚文化,一方的收获很容易被理解为另一方的损失,但在同时存在多元亚文化的情况下,即使某一亚文化改善了地位,并无法清楚地确定对谁造成了损失。因此这种情况很可能导向相互合作的情景;因为这种情况下,每一亚文化主要关心自己的利益所得,而没有人会更多地考虑某一决策可能付出的代价。"⑤适度的区块数量可以使中央政府

---

① Arend Lijphart, Democracy in Plural Societies: A Comparative Explorative, New Haven: Yale University Press, 1977. p.54.

② Arend Lijphart, Consociational Democracy, World Politics, Vol. 21, No. 2 (Jan., 1969), p.218.

③ See Arend Lijphart, Consociational Democracy, World Politics, Vol.21, No.2 (Jan., 1969), p.219.

④ Arend Lijphart, Democracy in Plural Societies: A Comparative Explorative, New Haven: Yale University Press, 1977. p.55.

⑤ Jürg Steiner, Amicable Agreement versus Majority Rule: Conflict Resolution in Switzerland, rev.ed. (Chapel Hill: University of North Carolina Press, 1974), p.268.

具有某种弹性,且有时可以在不必损害其他群体利益的情况下,应许某一群体的要求;有时大量的小群体的存在,可以使中央政府得以以一个中立者的裁决者的角色介入,除了执行磋商与协议的角色外,还能够扮演一个公正无私的调解者的角色。这些都是多元区块存在的有利因素。同时利普哈特也看到区块太多,也不利于民主和政治共识的达成。因为多元区块的数量越多,意味着单个区块要取得多数地位的机会便越小,也无法因此确定区块数越多便不会产生一个支配性群体。考虑到权力平衡和便于共识达成和协商等因素,利普哈特经过论证认为适当的区块数目应是三至四个,这样更有利于权力多边平衡。

其三,适度多党制和代议制政党体制有利于异质多元社会民主与共识。异质多元社会,鲜明的区块间隙通常转化为政党间隙,政党更多地作为社会区块组织化的政治表征出现。政党的利益汇集作用也更加突出和鲜明。与区块数量和权力多边平衡相联系,适度的政党数量与多元社会政治共识与稳定的民主密切相关。利普哈特认为适度的多党体系是多元社会的最适状态。这些政党可以作为其所属区块的政治代表,同时也提供了一种选择区块领袖的良好途径。利普哈特借用萨托利的分析,认为竞争的两党制比多党制更显得理想,但在自由选举的多元社会里,适度的多党制是有利于协合民主和多元社会政治共识的。萨托利认为,"两党制和适度的多党制都是向心的,而极端的多党制是离心的。""当政治制度的运转是向心时,可以找到适度的政治,而非适度的或极端政治反映出离心倾向的普遍趋势。"适度的政党体制"其中相关政党是三个、四个或最多四个。"[1]可见在利普哈特心目中适度的政党数量大致是三到四个。此外,他还指出适度多党的限定条件:适度多党制只有在所有的政党都是少数时才是有利因素,要避免出现超强支配的大党。利普哈特认为,代议制政党体制有利于多元社会政治共识与民主。政治党派是把局部之间的分裂转化为政治领域制度安排的主要方法。在各分裂因素与政党整合关系中,分裂要素和政党分裂之间有个交叉,交叉角越小,表示一致性越强。也就是说,代议制政党体制对于多元社会政

① Arend Lijphart, *Democracy in Plural Societies: A Comparative Explorative*, New Haven: Yale University Press, 1977. pp.62-63.

治共识来说,要看其在分裂社会的政治整合过程中,政党的属性与社会多元要素分裂之间的关系。"稳定民主需要所有主要政党包含有来自各人口集团的支持,而如果是不同政党的支持与基本的社会分裂密切对应,这样的体制就不能在民主的基础上继续下去,因为它反映了强烈的冲突而排除了妥协"①

其四,较小的国家规模有利于异质多元社会政治共识与稳定民主。利普哈特认为,较小规模有利于异质多元社会政治共识与稳定民主的好处在于:第一,较小的国家规模,直接的内在影响是使政治精英能够彼此认识,且经常会面,这点增加了他们不至于将政治活动视为零和赛局的机会,从而能选择协商与合作而不是竞争对立,精英间的关系由于国家之小而更加紧密。第二,从内政上考虑,较小的国家规模,可以减少政治决策的负担,国家更容易治理,间接地增加了共识形成的机会;从外交上考虑,小国对国际的影响有限,往往放弃对外政策,可以避免困难选择,保持中立。第三,从国家外部压力看,小国更能感觉外部威胁,这样的脆弱感对于维护内部的团结提供有力的刺激,面向外部危机,更有利于政治精英的联手,也更有利于使他们的追随者更支持区块间的合作。

其五,横跨性忠诚则是向中庸与适度方向调和的政治共识凝聚性因素。对异质多元社会而言,利普哈特认为,间隙的交互影响以及因此而产生的横跨性忠诚,决定了多元社会团体的数量与性质。横跨性忠诚为整个社会提供了凝聚力,并因此调节了所有间隙的强度,它们是多元社会政治共识更为重要的一个元素。在异质多元社会,民主主义是横跨性忠诚的一个因素。"民族主义便是这样一种潜在的凝聚力,民族主义的力量相当重要,民族主义确实地使整个社会团结在一起。"②

其六,局部隔绝和联邦主义也是政治共识形成的重要因素。利普哈特认为,协合民主国家多元团体之间的清晰边界有利于限制相互接触,进而限制潜在的敌对演化为实际的敌对,这里的团体是针对分裂团体而言,和团体

---

① Arend Lijphart, *Democracy in Plural Societies: A Comparative Explorative*, New Haven: Yale University Press, 1977. p.84.
② Arend Lijphart, *Democracy in Plural Societies: A Comparative Explorative*, New Haven: Yale University Press, 1977. p.82.

间的精英合作并不矛盾。这就是局部隔绝有利于稳定民主的原因。莱特指出,"一个社会内不同群体所接纳的意识形态,可能不相一致,但不会制造紧张关系;巨大紧张关系危险性的增长,仅当这些群体'密切接触往来'之时。"①利普哈特援引伊斯顿的话说,"致力于使一个分化的系统同质化,或许并不是达成一个稳定、整合系统的最好方式:'透过有助于在封闭的文化单元间,发展出更深层的相互觉知感与回应性等措施,或许可以获得更大的成就'。"②局部隔绝意味着多元社会沿区块碎片分裂而形成的独立组织,局部自治的结盟方法加强了独立组织的发展。关于联邦和结盟的关系,利普哈特提出了联邦同时是结盟的六个条件:联邦构造未必都民主,只有民主的联邦才有可能成为协合民主;必须是多元社会的联邦;四个协合民主要素都必须达到的联邦;政府是分权的联邦;非对称性的联邦;联邦有相对多而小的组成单位。③

关于多元社会民主与共识的论述,1985 年以来,利普哈特开始使用 9 个"有利因素"的说法,即:缺少一个巩固的多数、局部集团的数量适当(一般是 3—5 个);局部集团大小大致相同;人口规模小;对该国的外部威胁;局部间经济地位大体平等;局部在地理上的集中;妥协和包容的传统。④

(三)多元社会民主与政治共识的制度设计

利普哈特将自己的协合民主作为一种规范模型用以挑战民主悲观论,并以对民主国家的实证分析为基础,对协合民主和共识民主进行了制度设计。我们主要以协合民主为例来分析其制度设计对多元社会政治共识形成和稳定民主存续的影响。就协合民主模式而言,利普哈特以荷兰、比利时、

---

① Quincy Wright, "The Nature of Conflict," *Western Political Quarterly* 4, no.2 (June 1951). p.196.

② Arend Lijphart, *Democracy in Plural Societies: A Comparative Explorative*, New Haven: Yale University Press, 1977. p.88. David Easton, *A Systems of Political Life* (New York: Wiley, 1965). p.250.

③ See Arend Lijphart, Consociation and Federation: Conceptual and Empirical Links, *Canadian Journal of Political Science*, Vol.12, No.3, (Sep., 1979). pp.509-511.

④ See Arend Lijphart, *Power-Sharing in South Africa*, Institute of International Studies, University of California Berkeley, 1985. pp.119-126.

奥地利和瑞士为研究对象得出协合民主四个基本的制度特征,这就是利普哈特总结的协合式民主的四项原则:大联合、地方自治、比例制、相互否决。① 在共识民主理论中,利普哈特把协合民主的四项原则扩展为两个维度十项制度特征,本课题第三章专门论证其共识民主的两个维度十项制度特征及共识民主的品质,这里主要讨论其协合民主的四个基本制度。

第一,是大型联合政府(Grand Coalition)。由多元社会中的各个重要元的政治领袖或精英组成,或多个政党组成大型联合政府,实行行政权力的分享。利普哈特发现,政治博弈通常发生在具有对抗性的多数民主中,而多元分裂社会的政治赌注通常是偏高的,所以,可取的做法是:勿把政治当成一场赛局,相反大联盟来得更适当。温和的态度与妥协的意愿是联盟形成的先决条件。大联盟的功能促成所有公民间广泛的意见一致,这似乎比多数决民主更民主;大联盟不仅是处理重大危机的暂时性权宜之计,在多元社会"危机"内含与这种社会的本质之中,因此它必须诉诸长期性的联盟,这种联盟提供了将少数永远排除在政府之外的唯一可能性。② 同时,利普哈特还认为,联盟不仅是一种理念,它还体现在具体不同的多元社会的政治安排中。瑞士的联邦委员会提供了大联盟的绝佳范例,奥地利的联合内阁几近于精英结盟的理想类型,比利时与荷兰的轮替式联盟内阁与政府部门的大联盟交互作用,都是促进民主与政治共识的绝好范例。③

第二,社会分裂体自治权和联邦制(Segmental Autonomy and Federalism)。每一亚文化族群在处理自己关心的事务时享有高度的自治权,国家结构实行联邦制,在族群聚居地区实行区域自治,享有高度的自治权。在所有有关共同利益的事务方面,决策应有各区块按照大致比例构成的集体影响力来作出,但在其他事务上的决策和执行应留给单个部族或团体,这就是局部自治原则。联邦制是局部自治的一种特别形式。利普哈特曾对联邦制和局部

① See Arend Lijphart, Consociation and Federation: Conceptual and Empirical Links, *Canadian Journal of Political Science /Revue canadienne de science politique*, Vol.12, No.3 (Sep.,1979).p.500.

② See Arend Lijphart, *Democracy in Plural Societies: A Comparative Explorative*, New Haven: Yale University Press,1977.pp.31-32.

③ See Arend Lijphart, *Democracy in Plural Societies: A Comparative Explorative*, New Haven: Yale University Press,1977.pp.32-36.

自治进行了详细的论证和比较。"如果我们接受这样一种概念,即联邦不一定必须是领土意义的实体,在超越了空间—地理意义后,联邦就成了局部自治的同等物与结盟主义密切相关了。"①有两种情况值得注意,一个是,如果分裂社会出现地理上有集中的局部分裂,则此种情况应视为联邦主义;而分裂的局部在地理上是相互混合在一起的,没有领土的集中的这种情况,可以叫做"合作联邦主义"。② 联邦制明显是一种平息潜在的破坏性冲突的途径。在欧洲协合民主国家领土和非领土的联邦制都发挥了重要作用,前者在瑞士特别重要,后者在荷兰、比利时、奥地利的宗教意识形态的亚文化表现非常明显。

第三,权力分配的比例性(Proportionality)。议会选举实行比例代表制,根据得票多少,按比例分配议席;行政权力和公共资源的分配也实行比例制。其作用主要是使主要的亚文化群体在议会和其他决策机构中大致根据人口数量得到相应的代表。创设比例代表制的目的是为使政党获票率与当选人之比例(即议会内席次的政党比例)之间能够尽量符合,藉此保障少数权力,使得票结果尽量公平、合理。就此意义而言,比例代表制可以正确反映出各个政党的势力版图。和相互否决权一样,比例代表制和大联盟原则密切相关。按利普哈特的说法,比例代表制是"在不同集团间以政府补贴形式分配公共服务和稀有资源的方法"。③ 比例代表制作为一种中立的分配标准,把许多潜在的引起分歧和分裂的因素从决策过程中祛除,减轻了结盟政府的负担,有利于政治共识的达成和民主稳定。

第四,少数派的否决权(Minority Veto Rights)或者说是相互否决。少数派在一些主要的议题上拥有否决权,这包括语言、宗教、文化与教育等问题。这种方式保证了亚文化群体在没有群体领袖的时候,不会作出影响到其群体利益的决定。少数否决把对少数利益的保护作为其主要目标:它给予每

---

① Arend Lijphart, Consociation and Federation: Conceptual and Empirical Links, *Canadian Journal of Political Science*, Vol.12, No.3, (Sep., 1979). p.507.

② See Arend Lijphart, *Power-Sharing in South Africa*, Institute of International Studies, University of California Berkeley, 1985. p.7.

③ Arend Lijphart, *Power-Sharing in South Africa*, Institute of International Studies, University of California Berkeley, 1985, p.38.

个集团保护自己的权利,把每个集团的权利和安全放到少数集团自身的监督下。这样的否决能对各集团相互冲突的自然趋势进行系统的、平和的或有效的抵制,带给每个少数集团彻底的政治保护。少数否决为少数提供了重要的政治保护,但有可能导致少数暴政,使合作内部合作关系变得紧张。对此利普哈特认为有三方面的因素可以使这种弊端降到最小。"第一,否决是相互的,所有少数部族都拥有并可使用,实际上相互否定作为共存多数的等价物存在的。太过频繁地使用否决权不大可能,因为这也将会反过来伤害它自身的利益;第二,否决作为一种可获得的潜在武器造成的安全感使得其真正运用反而不可能;最后,每个部族都会认识到由不受限制地使用否决权所造成的僵局和动荡的危险。"①

正是为了使民主更好地运转起来,利普哈特在总结协合式民主理论的基础上提出了共识民主。20 世纪 80 年代以后,特别是 90 年代,随着研究的深入,利普哈特的民主理论走向更为开阔的领域,协合民主虽然与竞争民主相对立,但已不能涵盖所有非竞争性民主,协合民主需要进一步修正,从而在民主分类学里发展出新的民主模式。于是相对于"多数民主"(Majoritarian Democracy),又称威斯敏斯特模式,利普哈特又提出了"共识民主"(Consensus Democracy)概念,进一步发展了协合民主概念。与协合民主相比,共识民主的激进色彩也有所减轻,即进一步限制了少数派的否决权以及局部自治等主张。② 主要是扩大了应用范围,把文化之外的某些社会特征也加了进来,从而使其概念能够适应更多的国家,甚至是国家联合体。

---

① Arend Lijphart,*Power-Sharing in South Africa*,Institute of International Studies,University of California Berkeley,1985.p.38.

② 参见高建、佟德志:《作为多元文化解决方案的结盟民主——利普哈特的民主思想初探》,见中央编译局等:《第七届中俄经济社会发展比较论坛:"多民族国家民主政治建设过程中的政治稳定问题"国际研讨会论文汇编》,第 249—250 页。

第 二 章

共识民主的概念理念和模式

一、共识民主：概念、理念和模式

当我们审视各种人们信以为然的民主含义，并对各种民主定义对比后就会发现，理论家们所给出的民主定义可谓五花八门。理论家们的这种分歧和自信其实也很好理解，他们的自信和分歧源于这样一个基本的事实：几乎所有当代的民主理论家们都是生活在那些他们自认为是民主的社会之中，他们的著作或理论也都是直接或间接地和现实的民主政治联系在一起的。正如戴维·赫尔德所说的那样："民主思想的历史是奇特的，而民主实践的历史则是令人困惑的。"①因为民主实践是千差万别和异彩纷呈的，各类所谓民主政体不论是否真正体现民主理念却都标榜自己是民主的，这的确令人困惑，由此也就导致了关于民主概念和定义的五花八门。为了解释这些困惑，弗兰克·坝宁安（Frank Cunningham）区分了定义民主的不同维度，他从规范的、描述的和语义角度给我们描绘出了一个清晰的民主定义的三个维度。他认为："规范性方法关注的是民主的价值；描述性方法关注的是民主社会实际运作的方式，或从现实主义来看可能如何运作；语义学的方法关心的则是民主的含义。"②从不同的切入点进入民主理论必然采用不同的研究进路，这取决于研究聚焦的维度。利普哈特的共识民主理念是建立在对多数民主反思及其超越基础上，既有别于多数民主又是协合民主理论

---

① ［英］戴维·赫尔德：《民主的模式》，燕德荣等译，中央编译出版社2004年版，第1页。

② ［加］弗兰克·坝宁安：《民主理论导论》，谈火生等译，吉林出版社集团有限公司2010年版，第14页。

逻辑延续的新的理论范式,从协合民主到共识民主,其理论关注的都是宏观的民主制度,而且是经验性的宏观民主制度。所以,他没有选择从语义维度,去阐述其民主理论的含义,而是从规范性维度和描述性维度来展开其共识民主理论和模式的建构。在规范性维度上,利普哈特从其早期的协合民主理论到其后期的共识民主理论,其民主的价值追求在于从追求多元的协合与稳定到国家权力分享与平衡为基础的政治共识。在描述性维度上,在协合民主阶段,他借用了罗伯特·达尔的"多元政体"的概念,在四个欧洲低地国家的民主经验基础上,通过与多数民主的对比,提出了稳定的多元民主——协合民主的概念;在共识民主阶段,利普哈特借用亚伯拉罕·林肯对民主的定义,先是以 21 个国家的民主经验,后来扩大 36 个国家的民主经验作为其比较研究的对象,建构了权力分享与平衡的共识民主模式。

(一)共识民主的概念

民主自其产生以来,一直存在着事实与价值之间的紧张关系,这种紧张主要表现在两个方面:"(1)民主的理想不能界定民主的现实,反过来说,现实中的民主不是,也不可能同理想的民主一样;(2)民主是从其理想和现实的相互作用中,从应然的推动力和偶然的抗拒力的相互作用中产生和形成的。"①利普哈特在对民主的探究过程中,也无法回避这种理想和现实之间的紧张关系,他的全部工作,也正是努力去缓解这种紧张关系。在协合民主阶段,利普哈特作为一个敏锐的政治学家,他目睹了战后资本主义和社会主义两个阵营的对立和发展,经历了 20 世纪 60 年代末和 70 年代初西方社会的政治经济危机,敏锐地感受到麦迪逊式民主理论和平民主义民主理论都无法解释或运用于现实的民主过程。那么,西方社会的多元和动荡的民主如何运作呢? 利普哈特在对多数民主反思的基层上,在对多元分裂社会分析的基础上,给出了协合民主的解释;在共识民主阶段,他经历了 70 年代来新一轮的民主化浪潮及这股浪潮对世界力量格局的改变,80 年代末的苏联、东欧的巨变,感受到了这一时期各种政治思潮的相互冲突的相互渗透,特别是新自由主义输出价值和输出价值的失败,促使他进一步反思西方民

---

① [美]乔·萨托利:《民主新论》,冯克利、阎克文译,东方出版社 1993 年版,第 9 页。

主,特别是多数民主理想和现实之间的紧张以及多元主义的民主困境。为
了缓解这种紧张,解脱这些困境,80年代他提出了共识民主理论,90年代又
进一步完善了这一理论。

1.协合民主的理念与概念

利普哈特在其协合民主理论的形成过程中,面临的是社会多元和民主
稳定问题同民主理想之间的差距与矛盾。他认为:"社会同质性与政治共
识,被视为稳定民主政体的先决条件,或极有利于民主的政体的重要因素。
多元社会深刻的社会分歧与政治歧异,则是导致民主政体不稳定与瓦解的
罪魁祸首。"①利普哈特借用艾克斯坦多元分裂社会的概念给多元社会界定
了一个不同于他人的定义:多元社会意味着同"区块间隙"而造成分裂的社
会。② 政治分歧紧沿着区块间隙而产生,且特别关注于社会分殊化的客观
界线——尤其是那些在其社会中特别显著者。区块间隙可能具有宗教、意
识形态、语言、地域、文化、民族等性质,也包括政党、利益集团、传播媒体、学
校以及志愿性社团等,这些组织皆沿着区块间隙而组织。被这些区块间隙
所分开的人群,就是称之为多元社会的区块(Segments)。③

协合民主所追求的基本理念是社会政治的稳定与区块间的多元合作,
特别是区块精英间的回应与合作。在协合民主中,利普哈特追求的政治稳
定有四个相互联系、互相依赖、密切相关的向度,即系统维持(system mainte-
nance)、公民秩序(civil order)、合法性(lgitimacy)、效力(effectiveness)。④
政治的合法性与效力构成系统维持与公民秩序的前提条件;稳定民主政体
以最低度的公民暴力——包括实际的和潜在的,以正常的公民秩序作为民
主政治的合法性和政治效力为前提。

---

① Arend Lijphart, *Democracy in Plural Societies:A Comparative Explorative*, New Haven:Yale
University Press.1977.p.1.

② See Arend Lijphart, *Democracy in Plural Societies:A Comparative Explorative*, New Haven:
Yale University Press.1977.p.1.

③ See Arend Lijphart, *Democracy in Plural Societies:A Comparative Explorative*, New Haven:
Yale University Press.1977.p.4.

④ See Harry Eckstein, *Division and Cohesion in Democracy:A study of Norway*, Princeton:
Princeton University Press, 1996.p.34;Harry Eckstein,The Evaluation of political Perform-
ance:Problem and Dimensions, Sage Professional Pages in *Comparative Politics*.No.01 –
017.

同时,利普哈特又把民主系统的稳定寄托于多元区块的精英合作,这种精英合作的条件是区块间权力的多重平衡:适度的多党体系,较小的国家规模;区块间隙结构与政党间隙的结构及相关方式;间隙横切与成员身份交叠——及由此产生的横跨性忠诚——社会的凝聚力;代议制的政党体系;精英和解的传统。

因此,利普哈特的协合民主类似于达尔的"多元政体"(polyarchy),但它也不是现有民主理想的政府系统,而是一个在相当程度上接近于民主理想的模型。[1] 利普哈特把协合民主的基本特征归结为四个方面:大联盟(Grand Coalition)、相互否决(Mutual Veto)、比例代表制(Proportionality)、局部自治和联邦主义(Segmental Autonomy And Federalism)。[2] 它侧重于政治精英的合作以及社会分歧团体与政府所达成的协议,被设计用来把破裂型政治文化转换为稳定的民主政治。

2. 共识民主的理念与概念

民主政治既需要一定的制度架构作为其运作机制,也需要与之相适应的政治共识作为心理基础。民主政治的真正确立与有效运作有赖于与之相适应的政治共识等文化心理基础的建立与形成。共识是指在一定时代生活在一定地域环境中的人们共有的一系列理想信念、价值和规范准则。政治共识是共识的一般在政治领域的具体表现。传统社会政治共识比较注重价值问题而现代多元社会则更多地关注程序和规则问题;传统社会政治共识的达成更多地依靠宗法、权威和政治的强制力,而现代多元社会则更多地注重沟通协商妥协;传统政治社会的共识是为维系少数或某些特殊利益集团的权益,而现代多元社会的民主政治共识则必须是以全民的实质福祉为出发点,否则就很难形成政治共识的根基。现代多元社会的政治共识构成了现代社会民主政治稳定发展的前提和政治制度构建的基础。政治共识与政治整合密切相关。在价值整合上,现代多元社会的政治整合必须面对价值多元的利益表达和多元表达中各利益集团的精英的合作及核心价值观的统

① See Arend Lijphart.*Democracy in Plural Societies:A Comparative Explorative.*New Haven:Yale University Press.1977.p.4.
② See Arend Lijphart,Consociation And Federation:Conceptual And Empirical Links.*Canadian Journal of Political Science* Vol.12,No.3,(Sep,1979).p.500.

领问题;在程序整合层面,民主政治的基本原则具有特别重要的意义,它不仅决定着政治共识的质量,而且能化解一些复杂的问题、难以评估和排序的问题,从而大大降低政治共识的成本。利普哈特认为,无论在理论上或实践中,民主国家的运作是通过各自的政府机构设置和制度安排来运作的,方式可以说是多种多样,但如果从政治理念上去考察这些政府机构的设置和制度安排,就会发现各国的执政理念在于是寻求多数支持或是追求达成共识。实际上,利普哈特在协合民主模式的建构中,就已经意识到了政治共识的重要性,他在由协合民主到共识民主的转换过程中,更深刻地意识到了多元社会的社会分歧与政治歧异,是民主政治不稳定的罪魁祸首,因而他把民主政治的理念追求由多元社会的稳定和精英合作转向政治共识的达成,因此,在其共识民主的民主变量(包括机构的设置和制度安排上)的对象选择上,更多地注重了共识的达成,共识达成的基本途径就是权力的分享与平衡。

共识模式与多数模式的区别就在于对民主的理解不同。民主的字面上的定义是"民治政府",1863 年 11 月 19 日,亚伯拉罕·林肯总结在葛底斯堡发表的那篇彪炳青史的演说,对民治政府又做了进一步的拓展,那就是民主不仅意味着民治,更要民有、民享,也就是说,政府要与人民的偏好一致。① 从理论上讲,由这一定义所指称的民主国家可以通过多种方式来组织和运作。而这种字面或理论上的民主一旦和现实相联系,理论和实践的紧张关系就立刻彰显出来了,在国家层面上的民主,很难由全国人民来直接行使,这种所谓的"民治",就必须修正为:"政府是被经由人民自由意识提出的代表所治理。"这就是"代议制民主",既然是代表人民来行使权力,所以,"一个理想的民主政府照理说其行动总是与所有公民的偏好完全一致,可是这种完全回应的政府从未存在过,也永远不会实现,但它可以作为民主政府所渴望追求的理想。它也可以被看做是衡量不同政体回应性程度的标准。"②

---

① 这个定义的提出也许应该归功于丹尼尔·韦伯斯特(Daniel Webster)而不是林肯。韦伯斯特在 1830 年发表的演说中提出:为人民而建立,由人民来建立,对人民负责的人民政府。比林肯 1863 年的葛底斯堡演说早了 33 年。

② Arend Lijphart, *Democracies: Patterns of Majorturian and Consensus Government in Twenty-One Countries.* New Haven: Yale University Press. 1984. p.1.

在多元社会,由于人民组成问题或者说人民偏好的不同,把民主定义为"民治、民有、民享"的政府,就面临着一个根本性问题:政府代表谁的利益,由谁来治理? 对此困境的回答有两种合理的答案:一种是在社会相对同质的情况下,人民的偏好比较一致那就由人民的多数来治理,代表多数的利益,与之相应的民主模式也就是多数民主。这个答案简单又直接,在社会同质的条件下,很容易得到广泛的认可与赞同。原因是与政府掌握在少数人手中并对之负责相比,政府由多数人控制并符合多数人的愿望显然更接近"民治和民享政府"的理想。另一种答案与多元社会人民偏好不一致相关,那就是尽可能多的人,与之相适应的民主模式就是共识民主。共识民主把多数原则当做最低限度的要求,并努力使多数的规模最大化,而不是满足于获得决策所需的简单多数和狭隘多数。在这种模式下,"各种规则的制定,各类机构的设置,皆在使人们广泛地参与政府,并就政府推行的政策达成普遍的一致。"①共识民主与多数民主的另一个区别是,多数民主模式把权力集中于多数人手中,而这个多数往往是相对多数而不是绝对多数;而共识民主模式通过多种手段试图分割、分享和限制权力。就特征而言,多数民主是排他性的竞争性的和对抗性的,而共识民主模式则以包容、交易和妥协为特征,就此意义上说"共识民主也可以被定义为'谈判式民主'"(negotiation democracy)。②

由此,我们可以归结出共识民主的基本含义:第一,作为一种政治理念,它与多数民主寻求多数支持相对应,它追求达成共识;第二,在民主实践上,它与多数民主适用于同质社会,代表大多数人利益相对应,共识民主超越多数民主的狭隘多数,追求尽可能多的人;第三,就国家权力而言,与多数民主把政治权力集中在相对多数手中不同,共识民主主义通过多种手段分割、分享和限制权力,让更多的人享有权力;第四,与多数民主排他性、竞争性和对抗不同,共识民主则以包容、交易和妥协为特征。

---

① [美]阿伦·利普哈特:《民主的模式:36个国家的政府形式和政府绩效》,陈崎译,北京大学出版社 2006 年版,第 1 页。
② [美]阿伦·利普哈特:《民主的模式:36个国家的政府形式和政府绩效》,陈崎译,北京大学出版社 2006 年版,第 2 页。

（二）共识民主模式

利普哈特认为：模式一词可以有三种不同的意蕴，即理性的（rational）、规范的（perseriptive）和经验的（empirical）。他认为共识民主和多数民主符合上述三种模式，但主要的还是经验的模式。①

1. 理性模式

首先，利普哈特认为，民主的多数模式和共识模式都是理性的，在逻辑上是相关的。其基本的理论结论是，无论是多数模式或是共识模式都无非是国家权力的分配和分享方式不同而已。不同的政治体系中权力分配方式是不同的。"多数模式的所有特征，可以逻辑地追溯到尽可能地将国家权力集中于多数者手中的原理上；相反地，共识模式的所有特征，可以逻辑地符合以下前提：政治权力应该以各种不同的方式被分散和分享。"②

由于其理性的原理或理念不同从而产生了不同的政治体制。例如关于行政权力的安排，如果想让权力集中达到极大化，则其逻辑上的方法是将行政权力全部赋予在国会享有强有力过半数席位所组成的单一政党内阁。如果想让权力分享或分散达到最大化，则可以将所有的政党纳入到一个巨型联合内阁中，这些政党没有任何一个在国会中占有通过半数席位。在选举制度方面，多数模式将权力集中于多数者手中并予以极大化的方法是实行相对多数制；而权力分享的最大程度则可以通过不设门槛的全国单一选区的比例代表制。

在议会的设计与安排上，当然也有必然的和适当的限制。权力极大化的方法是选择一院制，而极端的方法是多院制，多院制在实践上行不通，于是就有了现代民主国家对议会组织实际的限制——强势的两院制。这种适当的限制表现政党制上纯粹的共识模式是多党制的，拥有足够数目的政党来反映所有自然社会的分歧和意见的歧异，但这并不意味着无限量和无意义的政党增殖。

---

① See Arend Lijphart, Democracies: *Patterns of Majoritarian and Consensus Government in Twenty-One Countries*, New Haven: Yale University Press. 1984. p.207.

② Arend Lijphart, Democracies: *Patterns of Majoritarian and Consensus Government in Twenty-One Countries*, New Haven: Yale University Press. 1984. pp.207–208.

2. 规范模式

利普哈特认为,多数模式和共识模式同样都可以是规范的。自柏拉图、亚里士多德以来,政治学的规范研究方法可谓源远流长,其主要包括哲学的方法、历史的方法、机构的方法和制度的方法。其总体特征是着重从哲学思辨的角度去研究政治价值规范,并以此为终极目标和根本原则;对国家和以国家为中心的制度性问题进行静态的、描述式的、历史主义的研究,包括研究国家的政治组织的正式机构和国家的政治制度。① 利普哈特作为一个宪政主义者,非常注重宪政设计在民主模式中的作用,他并不过多地关注宪政与民主的冲突与均衡,而是直接关注宪政作为一种基本政治制度的民主制度层面的设计与选择。他认为同一制度框架内不同的制度内容选择就形成了不同的民主模式。"如果社会上各团体间存在着深度的差异以及地区间形成尖锐的对立,则共识模式的解决途径将被采纳。"②换句话说,也就是社会的多元性、异质性会导致共识民主模式被采纳。反之,同质性的社会导致多数民主模式的采纳。当然,在《民主模式:36 个国家的政府形式和政府绩效》中,利普哈特在比较了多数民主模式和共识民主模式的民主品质和政府绩效之后,修正了这一说法,认为同质性较强的社会采用共识民主模式也优于采用多种民主模式。在《当代民主类型与政治:21 个国家多数模式与共识模式政府》中,他还没有去比较二者民主品质的政府绩效。但他明确地意识到了这一点。他认为,英国和新西兰之所以偏离多数模式的常规,是在于这两个国家都不是完全的同质的社会,特别是苏格兰民族党在为苏格兰争取更大程度的自治权。另外英国也得面对北爱尔兰问题,新西兰的毛利人少数民族保护问题等,使这两个国家采用共识的解决途径比多数的途径来得有效。

在宪法的性质方面,利普哈特认为,"多数模式的宪法接近于硬性的规定;而共识模式则仅对宪法条文做一般原则性的规定,并伴随着实现这些原

① 参见金太军:《规范研究方法在西方政治学研究中的复兴及其启示》,《政治学研究》1998 年第 3 期。

② Arend Lijphart, *Democracies: Patterns of Majoritarian and Consensus Government in Twenty-One Countries*, New Haven: Yale University Press.1984.p.2.

则的许多选择项。"①以选举制度为例,一是议会的席位数量确定以后,多数
模式国家就开始规划"单一选区相对多数制"的选举,而且选举的规划将立
即被执行。而共识模式国家的比例代表制,就需要在众多的比例代表制的
公式中,额外地作出应该采用那一个公式的最后决定。

在宪法的变迁方面,"多数模式的国家仅规定不成文宪法和国会主权
的原则,这意味着纯粹的多数原则,以及没有任何少数者否决的权利。"②而
带有少数否决权的共识模式规范,这种少数否决权只有在下列情况下才可
被实行:当对否决权是否应以特别多数的形式和地域政府同意的形式,以及
关于特定多数的大小等问题进行协商时才能被实行。至于司法审查问题,
多数模式不采用,而共识模式则希望设立这种司法审查制度。

同时,在模式的适用方面,利普哈特也意识到了多数模式的简单易行,
而共识模式可能复杂困难一些,但共识模式的可塑性更强一些。"从另一
个角度看,共识模式可以加以修正,用来适用特别国家的特定需求,关于这
点共识模式便占有更大的优势,共识模式也给予宪政工程师对既存合法的
传统进行改造的选择机会。"③

3. 经验模式

行为主义政治学的兴起从方法论上给传统政治学研究注入了生机,它
不仅极大地提高了政治学的分析、综合能力,也一定程度地改变了政治学研
究的出发点和内容。现代西方政治理论不仅作为一种价值体系存在,同时
也具备了作为一种科学体系的功能。从历史上看,20世纪中叶以前,规范
研究牢牢占据政治学研究的主流和正统。20世纪50、60年代以美国为首
的西方政治学界,掀起了行为主义政治学的浪潮,行为主义所奉行的经验研
究几乎成了政治学基本课题方法的代名词。利普哈特是一位行为主义大
师,某种意义上说,行为主义方法在他手中的运用达到了一种炉火纯青的地

---

① Arend Lijphart, *Democracies: Patterns of Majoritarian and Consensus Government in Twenty-One Countries*, New Haven: Yale University Press.1984.p.210.

② Arend Lijphart, *Democracies: Patterns of Majoritarian and Consensus Government in Twenty-One Countries*, New Haven: Yale University Press.1984.p.210.

③ Arend Lijphart, *Democracies: Patterns of Majoritarian and Consensus Government in Twenty-One Countries*, New Haven: Yale University Press.1984.pp.210-211.

步。他既能熟练自如地运用政治哲学法、结构功能方法、政治精英方法、政治团体方法等多种分析方法;在技术层面,自如地使用个案分析、模拟分析、调查研究、因素分析、统计方法等具体方法;还熟练地把比较政治学的方法融入其中,提供综合运用行为主义方法开展比较研究的绝佳范例。利普哈特的所有研究,特别是《民主模式》中,他广泛地采用了比较法对两种民主模式的根本原则、基本特征、治国绩效的比较分析贯穿了他研究的始终,在社会科学领域内运用比较法的主要问题是变量多而案例少,对多元模式的研究当然也不例外。利普哈特也不否认这一点,而且提出了一个弥补这种方法固有缺陷的方法——"用统计分析检验客观假说"的方法。在民主模式建构的过程中,"把比较分析作为研究的第一阶段,在此阶段仔细地阐明假说,把统计分析作为第二阶段,在此阶段用尽可能大的样本来检验这些假说,"以此来阐明"整个系统的结构要素的相互关系",从而来检验"宏观假说"。① 同时,如果被检验的命题集中于个体,那么可以采用"微观复制"以便"在其他国家和文化背景中来检验某个背景中已经印证了的命题。"②在对各个变量的分析中,利普哈特广泛地运用统计方法,通过对经验性材料进行数理处理来揭示各种变量之间的关系。在《民主模式》中,为了对 10 个民主模式的结构性变量进行分析,他广泛地采用了指标、量表、公式、分类法、线性回归分析、显著性检验等多种手段对 10 个变量进行研究,使用因子分析对各种成果进行总结,使用双变量回归分析对两种民主模式的绩效进行系统的考察。

在民主模式的经验层面他使用案例法来加强其比较研究和统计分析的效果。在案例选择上,他十分注意案例选择的标准。一是从时间跨度上,注重样本的"民主原则的持久性"。"这就是,这个国家是否有足够的条件接近于以下民主理想:它必须在一段长时间内,合理地回应公民的需求。""……大概自第二次世界大战结束以后,有没有持续至少三十年至三十五

---

① Arend lijphart, *Thinking about Democracy:Power Sharing and majority rule in the theory and practice.*New York:Routledge.2008.p.249.

② Stein Eckstein, "Comparative Cross-national Research:The Context of Current Efforts." in Richard L.Merritt and Rokkan, eds , *Comparing Nation:The Use of Quantitative Data in Cross-National Research*, New Haven CT:Yale University Press.1966.pp.19-20.

年的时间。""在这个严格的定义要求下,将产生一系列明确而且毫无疑问的民主国家案例。"①在这个标准下,他对当时实行民主政体的 51 个西方国家进行比较,选择了 21 个符合条件的民主政体作为案例进行分析,这 21 国家在社会经济和文化有许多相似的特征。第一,所有 21 个国家都属于人类较为富裕的地区。第二,21 个国家都是经济高度发展的,即高度的工业化和城市化的。第三,21 个国家形成了一个文化的同质团体,即 21 个国家几乎都属于西方基督教文化世界。唯一的例外是日本。第四,21 个国家在地域上大都集中在北大西洋地区:8 个是欧陆国家(法国、西德、意大利、瑞士、奥地利、荷兰、比利时、卢森堡);5 个北欧国家(瑞典、丹麦、挪威、芬兰和冰岛);2 个大不列颠群岛国(英国、爱尔兰共和国);2 个北美国家(美国、加拿大);另外 4 个在北大西洋地区以外,分别是日本、以色列、澳大利亚和新西兰。这 21 个国家也有许多差异。一是这些国家人口、大小、领土及经济实力有极大差异;二是社会的同质性与异质性的重大差异;三是多个国家社会的多元文化程度也有较大差异。② 在《民主模式》中这个标准虽有所放宽但时间最短的国家也有 19 年以上的民主经验。③

二是从民主国家的定义上,严格样本的民主标准。利普哈特认为,罗伯特·达尔《多头政体》中提出的 8 条标准,比较接近于民治、民有、民享的标准定义,并得到了广泛的认同。达尔的 8 条标准是:(1)投票权;(2)当选的权利;(3)政治领导人为获得支持和争取选票而竞争的权利;(4)自由公正的选择;(5)结社的自由;(6)表达的自由;(7)可选择的信息来源;(8)根据选票和其他的民意表示制定政府政策的制度。④ 利普哈特之所以选用达尔的 8 条标准,是因为他认为 8 条标准隐含了民治和民享的定义,例如"民治"意味着普选权,担任公职的资格自由公正的选举;而在选举前若没有言

---

① Arend Lijphart,*Democracies：Patterns of Majoritarian and Consensus Government in Twenty-One Countries*,New Haven：Yale University Press.1984.pp.38~39.

② See Arend Lijphart, *Democracies：Patterns of Majoritarian and Consensus Government in Twenty-One Countries*, New Haven：Yale University Press.1984.pp.39~48.

③ 参见[美]阿伦·利普哈特:《民主的模式:36 个国家的政府形式和政府绩效》,陈崎译,北京大学出版社 2006 年版,第 33 页。

④ 参见[美]阿伦·利普哈特:《民主的模式:36 个国家的政府形式和政府绩效》,陈崎译,北京大学出版社 2006 年版,第 33 页。

论自由和结社自由,选举自由便无从谈起。除此之外,在《民主模式》中,利普哈特还对 36 个民主国家的民主政体的时间进行了排序,对边缘民主国家进行了检讨,对袖珍国家的人口标准进行限定。

1999 年的 36 个国家的样本选择,与 1984 年 21 国家样本选择的不同主要在于:36 个民主国家中的社会多元化程度不同,它们的社会经济发展水平和人口规模各异。① 在这里,利普哈特重点讨论了 36 个国家的社会分裂程度,他把 36 个国家按照族群、种族、宗教等标准,把 36 个国家分为三类,即多元社会国家(印度、西班牙、加拿大、比利时、瑞士、以色列、巴布亚新几内亚、特立尼达和多巴哥、毛金求斯);半多元社会(美国、德国、法国、意大利、哥伦比亚、荷兰、奥地利、芬兰、卢森堡);非多元社会(日本、英国、委内瑞拉、澳大利亚、希腊、葡萄牙、瑞典、丹麦、挪威、新西兰、爱尔兰、哥斯达黎加、牙买加、博茨瓦纳、马耳他、巴哈马、冰岛、巴巴多斯),并对他们的经济发展水平、民主指数、人口规模及各种因素的相关制度进行了计算列表和比较。然后,以英国、新西兰、巴巴多斯为个案,按照 10 个方面的民主制度要素对多数民主模式进行了典型个案研究;以瑞士、比利时和欧盟作为共识民主模式的典型个案,进行了民主要素的研究。从而按个案标准建构了共识民主的经验模式。

第一,多数民主的行政权集中在一党微弱多数内阁手中,而共识民主的行政权在广泛的联合内阁中分享。

英国是典型的多数民主国家,政府中权力最大的机构是内阁,内阁通常由议会平民院中拥有多数席位的政党成员组成,不包括少数党成员在内。组成联合政府的情况很少见。由于两党制下的两党几乎势均力敌,所以,选举中获胜的政党往往只不过代表微弱多数,而少数派则相对强大。因此,"英国由一党组成的微弱多数内阁是多数决原则的完美体现:它掌握着巨大的政治权力,代表着并非压倒性的多数,并根据这个多数的利益进行统治。一个庞大的少数派被排除在权力之外,不得不扮演着反对派的角色。"②

---

① 参见[美]阿伦·利普哈特:《民主的模式:36 个国家的政府形式和政府绩效》,陈崎译,北京大学出版社 2006 年版,第 38 页。

② [美]阿伦·利普哈特:《民主的模式:36 个国家的政府形式和政府绩效》,陈崎译,北京大学出版社 2006 年版,第 7 页。

"共识模式"的原则是让主要政党全部或大部分加入广泛的联合内阁，分享行政权力，这与威斯敏斯特模式①把行政权集中在一党微弱多数内阁手中的做法形成了鲜明对照。② 瑞士的由 7 名联邦委员组成的国家行政机关联邦委员会为共识民主的联合内阁提供了一个绝妙范例。瑞士的联邦委员会组成有两个标准：一个是政党标准。第二次世界大战后，瑞士的基督教民主党、社会民主党和激进民主党一直各占议会下院大约四分之一的议席，瑞士人民党占约有八分之一的议席，于是他们根据 1959 年确立的"神奇公式"按照 2∶2∶2∶1 的比例分配联邦委员会的 7 个行政职位。另一个是各语言集团应该得到与其规模大致相称的代表权标准。联邦委员会中应有 4—5 名讲德语的委员，1—2 名讲法语的委员，通常还有 1 名讲意大利语的委员。上述两个标准虽然不是正式的规则，但都得到了严格的遵守。

比利时宪法明文规定行政部门中应有各大语言集团的代表。多年来形成了一个惯例，组阁时要使代表讲荷兰语的多数派和讲法语的少数派的大臣在人数上大致相等。1970 年这个惯例成为正式的法律。这条法规虽未涉及内阁党派构成，但战后以来一党内阁只存在大约 4 年时间，1980 年以来所有内阁都是由 4—6 个政党组成的联合内阁。

第二，多数民主模式中，内阁处于支配地位，而共识民主模式则实行行政权与立法权平衡的模式。

理论上讲，英国政府是议会政府，这意味着内阁要依赖议会信任才能维持。因为议会下院可以投票罢免内阁，所以议会应该是"控制"内阁。实践上，恰恰相反。内阁由议会下院凝聚力很强的多数党的领袖们组成，通常能得到下院多数的支持，稳固地保持着执政地位，并使自己提交的议案得到批准。显然，内阁与议会相比处于支配地位，由于权力集中在处于支配地位的

---

① 利普哈特用威斯敏斯特模式（Westminster Model）一词代替多数模式。威斯敏斯特是英国议会上、下两院的活动场所。故在狭义上，该模式专指美国议会和政府机构的动作模式。作为多数民主起源地的英国是此模式的典范。加拿大、澳大利亚、新西兰、亚非及加勒比海地区前英国殖民地多采用这种模式。在《民主模式》一书中，利普哈特选取英国，1996 年前的新西兰和巴巴多斯三个国家的民主制度作为威斯敏斯特模式的典型案例。这里的威斯敏斯特泛指多数民主。

② 参见［美］阿伦·利普哈特：《民主的模式：36 个国家的政府形式和政府绩效》，陈崎译，北京大学出版社 2006 年版，第 24 页。

内阁手中,因而一位英国前内阁大臣把英国的政府体制称作"选举产生的
独裁政府。"①新西兰的内阁情况大部分时间同英国一样,它的议会政府与
两个凝聚力很强的政党所主导的两党制结合在一起,是"严格的两党制促
使权力集中在由多数党议员组成的内阁手中"。②

与多数民主不同,瑞士的政治体制既非议会制也非总统制,按照瑞士宪
法规定,掌握行政权力的联邦委员会成员作为个人当选任期4年,任期内议
会不得对其进行不信任投票,如果政府的提案遭到议会否决,发起该提案的
联邦委员或整个联邦委员会均无须辞职。这种正式的权力划分使行政机关
和立法机关都更加独立,使二者的关系比多数民主国家显得更加平衡,比利
时政府与威斯敏斯特模式的3个国家一样,也是依赖议会信任的内阁政府,
但比利时内阁没有威斯敏斯特模式那样的优势地位,其主要原因是比利时
内阁通常是广泛而松散的联合内阁。它与社会的关系是一种"给予——接
受"的关系,所以,它的内阁处于相对脆弱的地位。

第三,在政党数目和关系上,多数民主模式大多是处于支配地位的两党
制,而共识民主则是多党制。

英国是典型的两党制。两党制所固有的一个特点是它们通常是单一维
度的政党制度;也就是说,主要政党的纲领和政策往往只在一个维度上彼此
大相径庭,这个维度就是社会经济问题。③ 英国的两党制在这方面就比较
鲜明,保守党和工党在政治上的主要差别就是其在社会经济政策上的差异,
工党代表着中左力量的要求,而保守党代表着中右势力的偏好。在议会选
举中选民对不同政党的支持模式也反映了这种差别:工人阶级选民愿意投
票给工党候选人,中产阶级选民则倾向于支持保守党候选人。当然,两党之
间也存在着其他差别,但这些差别远没有那么显著,对下院和内阁的组成也

---

① Lord Hailsham, *The Dilemma of Democracy*: *Diagnosis and prescription*. London: Collins. 1978. p. 127.

② Stephen Levine, *The New Zealand Political System*: *Politics in a Small Society*. Sydney: George Allen and Unwin. 1979. pp. 25−26.

③ 参见[美]阿伦·利普哈特:《民主的模式:36个国家的政府形式和政府绩效》,陈崎译,北京大学出版社2006年版,第9页。

不会发生重大影响。① 新西兰的政党体制与英国类似,比其还为典型,新西兰政党政治几乎完全围绕社会经济问题展开,工党反映中左力量要求,国家党代表中右势力的偏好,与英国不同的是新西兰下院几乎没有第二党存在。

在共识民主模式中的瑞士和比利时的多党制中,没有哪个政党能接近多数党的地位。瑞士的四个大党瓜分了联邦委员会 7 个委员职位,占据了议会绝大多数议席,其他政党也能在议会中获得议席,但不能获得联邦委员会委员职位。比利时,20 世纪 60 年代以前,具有三党制的特征,主要政党包括基督教民主党和社会党两个大党,以及中等规模的自由党。60 年代后因语言问题,使这些大党发生了分裂,新出现的几个代表不同语言集团的政党获得了重要地位,形成了极端的多党制的例子。在比利时,经常大约有 12 个政党能够获得下院议席,其中 9 个党发挥重要作用,参加内阁。利普哈特从两个因素上解释了这两个国家多党制的原因。第一,两国都是多元社会,不同种类的分野造成了社会的分裂。政党制度的多维特征就是社会分野多样性的表现。② 第二,"它们采用的比例代表制的选举制度使社会分野转化为政党制度分野的过程不受阻碍"。③

第四,多数民主与共识民主模式在选举制度的区别是:多数民主大多实行多数决的非比例性的选举制度,共识民主模式大多采用比例代表制。

作为多数民主典型代表的英国,其下议院议员选举是通过单名选区相对多数选举制造出的,即通常所说的"第一名过关制"(first past the post)得到半数以上选票的候选人当选;若得票数均未过半数,则得到最多选票的候选人当选。这种制度可能产生严重的非比例性的结果。例如,在 1974 年10 月的大选中,工党赢得了议会 635 个席位中的 319 席的过半数多数,而它所获得选票的比例仅为 39.3%,自由党的得票率为 18.6%,接近工党得票率的一半,却只获得了 13 个议席。此后 1979—1997 年举行的 5 次大选

---

① 参见[美]阿伦·利普哈特:《民主的模式:36 个国家的政府形式和政府绩效》,陈崎译,北京大学出版社 2006 年版,第 9 页。

② 参见[美]阿伦·利普哈特:《民主的模式:36 个国家的政府形式和政府绩效》,陈崎译,北京大学出版社 2006 年版,第 25 页。

③ [美]阿伦·利普哈特:《民主的模式:36 个国家的政府形式和政府绩效》,陈崎译,北京大学出版社 2006 年版,第 26 页。

中赢得议会过半数席位的政党的得票率从未超过44%,这种相对多数制被道格拉斯·W.雷称为"制造出来的多数"。① 因此,利普哈特也慨叹道:"因此,把英国看做相对多数决民主国家而不是多数决民主国家"或许更为准确。相对多数制产生的非比例性甚至可以制造出一位得票还不到相对多数的"全面胜利者"来。② 由于相对多数对保守党和工党十分有利,所以两党仍坚持这种非比例性的选举制度。但利普哈特也比较乐观地认为,英国的这种情况正在发生变化。一方面,自20世纪70年代初发生变化了新教徒与天主教徒的冲突之后,除了英国议会下议员的选举之外,北爱尔兰的其他地方选举都采用了比例代表制。另一方面,1997年大选中工党获胜后不久,以托尼·布莱尔为首相的新内阁决定,在1999年的欧洲议会选举中,英国将采用比例代表制选出自己的欧洲议会议员,从而实现英国与其他欧盟成员国的制度接轨。③ 新西兰的选举制度与英国情形基本一样。但1984年以来的大选有所变化。④ 与之相对照的共识民主模式的瑞士和比利时的比例代表制,两国的议会下院都是通过比例代表制选举产生的。与多数模式相对多数制往往使大党获得超额代表权,小党得不到足额代表权不同,比例代表制的根本目标是按照各个政党获得的选票来分配议会席位。

第五,就利益集团制度而言,多数民主模式实行的是利益集团多元主义,而共识民主模式实行的是利益集团合作主义。

英国的利益集团制度显然是多元主义的。多元主义意味着利益集团的多样性,在对政府施加压力时,它们不是相互协调而是相互竞争。多数模式下利益集团制度的典型特征同样是竞争和冲突,是一种自由竞争的多元主义制度,用利普哈特的话说:"威斯敏斯特民主模式把权力集中在多数派手

---

① Douglas W.Rae,*The Political Consequences of Electoral Laws*.New Haven:Yale University press.1967.p.74.
② 参见[美]阿伦·利普哈特:《民主的模式:36个国家的政府形式和政府绩效》,陈崎译,北京大学出版社2006年版,第10页。
③ 参见[美]阿伦·利普哈特:《民主的模式:36个国家的政府形式和政府绩效》,陈崎译,北京大学出版社2006年版,第10页。
④ 参见[美]阿伦·利普哈特:《民主的模式:36个国家的政府形式和政府绩效》,陈崎译,北京大学出版社2006年版,第16—17页。

中,构建起了一个充满竞争性和对抗性的政府—反对派的模式。"①20世纪
80年代的玛格丽特撒切尔领导的保守党政府与工会的激烈对抗,是与共
商、合作背道而驰的。

与之形成鲜明对比的是共识模式的利益集团合作主义,政府、工会和雇
主组织的代表定期召开会议,就社会经济政策寻求一致;这个合作过程通常
被称为"共商",所达成的协议通常被称为"三方协议"。利普哈特认为:"如
果在每一个主要职能群体(如劳工、雇主、农民)中利益集团的数量较少、规
模较大、力量较强、或者在每个群体中都存在着一个最强大的组织,能够将
各群体的偏好以及它们希望采取的策略协调好,那么会促进共商机制的运
行。"②瑞士和比利时的利益集团,最清楚地展示了自由合作主义的特点。③
利普哈特认为,这两个国家都清楚而集中地体现了合作主义普遍具有的3
个要素:"三方协调;数量较少而规模较大的利益集团;最强大的集团作用
突出。"④借用格哈德·莱姆布鲁克的话说:"瑞士最强大的集团表现出了不
同凡响的力量,瑞士利益集团的凝聚力比政党的凝聚力强是公认的
事实。"⑤

第六,在国家权力与地方权力的分配上,多数模式实行的是单一制中央
集权政府,而共识模式实行的则是联邦制,地方分权的政府体制。

英国是一个单一制中央集权国家,地方政府是中央政府派生出来的,在
财政上必须依赖中央政府,它们的权力不像联邦制国家的地方政府那样得
到宪法的保障。在这种体制下,议会多数党和内阁的权力在制度设计上没
有受到地理上、功能上的明确限制。英国中央集权制的例外是英国的北爱

---

① [美]阿伦·利普哈特:《民主的模式:36个国家的政府形式和政府绩效》,陈崎译,北
    京大学出版社2006年版,第10页。
② [美]阿伦·利普哈特:《民主的模式:36个国家的政府形式和政府绩效》,陈崎译,北
    京大学出版社2006年版,第10—11页。
③ See Peter J.Katzenstein,*Small States in World Markets:Industrial Policy in Europe*.Ithaca:
    Cornell University Press.1985.p.105.
④ [美]阿伦·利普哈特:《民主的模式:36个国家的政府形式和政府绩效》,陈崎译,北
    京大学出版社2006年版,第26页。
⑤ Gehard Lehmbruch,Consociational Democracy and Corporation in Swaziland,*Publius* 23,
    no.2(Spring).pp.43-60.

尔兰,虽然在 1972 年以前在它自己的议会和内阁的统治下实行高度自治,但 1972 年,英国议会的简单多数同意便决定予以取消。苏格兰和威尔士于 1997 年 9 月通过公民投票最后批准创立自治的且由直接选举产生的苏格兰和威尔士议会后,布莱尔宣告"中央集权的大政府时代"已经结束。

瑞士是世界上地方分权程度最高的国家之一,瑞士联邦中央政府与由 20 个州和 6 个所谓的半州政府间实行分权,这些半州是由原来 3 个统一的州分裂而成,半州在联邦院中只有一个代表,在对宪法修正案进行投票时,半州的重要性只相当于正式州的一半,其他大多数情况下,其地位与全权州平等。比利时在过去相当长时期内一直是一个单一制中央集权国家,1970 年以来,逐渐朝着地方分权和联邦制转变;1993 年正式成为联邦国家。比利时的邦州划分是一种独特的"双层"体制:一层是以地理因素划分的三个地区即弗兰德、瓦隆和操双语的首都布鲁塞尔;一层是按非地理因素划分的 3 个文化区域,即较大的弗来芒语区、法语区和较少的德语区。之所以要创造这种"双层制",主要原因是布鲁塞尔双语区的绝大多数居民讲法语,可周边的弗兰德区居民讲荷兰语。地理地区和文化区的设置有很多重叠之处,但并不完全吻合,它们有各自的立法机关和行政机关。例外情况是弗兰德区、弗来芒文化区政府也行使地理地区政府和职能。

第七,在立法权力机关的设置上,多数模式立法权集立法机关于一院之中,共识模式采用的较为均衡的两院制。

纯粹的多数模式的集权原则意味着立法机关的组织结构应该是一院制,但英国与纯粹的多数模式相悖,议会由平民院(下院)和贵族院(上院)组成,下院由选举产生,上院由世袭贵族议员组成,也包括一些政府提名的终身贵族议员。两院的权力并不对称,几乎所有的立法权力都属于下院,上院仅保留搁置议案的权力,财政议案可搁置一个月,其他议案可搁置一年。利普哈特称这种高度不对称两院制为"近似的一院制"。[①] 新西兰从 1950 年取消上院,不对称的两院制度变成了纯粹的一院制。

与之相对照的共识民主模式的强两院制,采用两院制议会是"为了在

---

① [美]阿伦·利普哈特:《民主的模式:36 个国家的政府形式和政府绩效》,陈崎译,北京大学出版社 2006 年版,第 12 页。

第二院或上院中给少数派（包括联邦中较少的州）以特别的代表权"。两院采用根据的不同原则产生，上院必须拥有实权，最好是同下院一样的权力。瑞士的两院制满足了这两个前提。国民院是下院，代表瑞士人民；联邦院是上院，代表各州，每个州在联邦院中有 2 名代表，半州有 1 名代表，这样，小州在联邦院中的代表权比在国民院中大得多，有效地保障了少数者的权力。比利时的两院即众议院和参议院，都是按比例选举产生，构成十分相似，在比利时实行联邦前拥有同等权力，实行联邦制后，产生的新一届参议院主要代表文化—语言集团的权益，很大程度上仍按比例构成，但新的参议院权力被削弱了，因此，利普哈特称之为"弱两院制"而不是强两院制。

第八，关于宪法的性质，多数模式国家的宪法大多是柔性宪法，共识模式国家的宪法大多是刚性宪法。

英国宪法是"不成文"宪法，说它"不成文"是因为没有一部成文法典来明确政府的组成。权力以及公民的权力，这些问题都大量地存在于基本法如 1215 年的《大宪章》，1689 年的《权利法案》和 1911 年、1949 年的《议会法》，通行的法律原则、惯例和习俗中得到了规定，所以说，英国宪法是柔性宪法。之所以称之为柔性宪法是因为只需要议会的普通多数，就可以修改其他法律那样修改宪法，而又不像许多民主国家修改成文宪法那样，需要 2/3 以上的超级多数。新西兰的宪法情形同英国十分类似。

共识模式国家宪法大多表现为刚性，比利时和瑞士都有一部成文宪法，只有通过特定多数方能修改。瑞士的宪法修正案要通过公民投票，不仅要得到全国半数以上选民的赞同，而且要在半数以上的州里获得多数选民批准，瑞士有 20 个全州，6 个半州，这意味着较小的州和半州的人口在瑞士总人口中比例虽然不是 20%，但可以否决宪法修正案。

比利时修改宪法需要两种类型的超多数。需要议会两院 2/3 的多数批准，另外，涉及文化—语言区的组织及权力的法律具有准宪法的地位，修改起来难度更大，除了得到两院 2/3 多数批准外，还要征得两院荷兰语集团和法语集团中半数以上议员的同意。这条规定赋予了讲法语的选民以有效的少数否决权。

第九，多数模式国家一般都缺乏司法审查，也即没有宪法法院，共识民主模式大都强调司法审查。

多数模式国家大都缺乏成文的宪法性文件,法院就没有或缺乏检验普通法律的合宪性的依据。尽管议会通常接受并自觉遵守不成文宪法的规定,但没有正式的规则要求议会必须受这些规定的约束。因此,不管是在修改宪法还是解释宪法的问题上,议会(这里是指议会多数党)可以说是最终或最高的权威。

在司法审查方面,瑞士最高法院即联邦法院没有进行司法审查的权力,这有悖于纯粹的共识模式,比利时 1984 年设立了新的仲裁法院。最高法院的主要职责是解释中央政府、文化—语言区政府以及地区政府之间权力划分的宪法条文。1988 年的宪法修正案中仲裁法院的职权得到极大扩张,现在它已经"被视为名副其实的宪法法院了"。① 在这方面的值得强调和关注的是欧盟的欧洲法院,它是欧盟一个关键机构。欧洲法院拥有司法审查权,如果欧盟成员国的法律违背欧盟的各类条约,它可以宣布这些法律违宪。

第十,把中央银行的独立性作为考察民主制度的变量是利普哈特的独创,在民主和政府的绩效评价方面具有重要意义。多数民主模式国家的中央银行都是行政机关控制下的中央银行,而共识模式国家中央银行都相对独立。

利普哈特认为,独立自主的中央银行会比依赖行政机关的中央银行在控制通货膨胀和稳定物价等方面做得更好。赋予中央银行独立性的做法显然与多数民主把权力集中于一党多数内阁手中的原则冲突。所以,英格兰银行实际上不能独立行动,而是在内阁的控制之下。而瑞士的中央银行在共识民主模式中比较典型,长期以来,人们一直把瑞士的中央银行看做是最强大、最独立的中央银行之一,与德国的联邦银行、美国的联邦储备银行并驾齐驱。比利时的中央银行一直是独立性最低的中央银行之一,但随着欧盟的发展,特别 1993 年得到批准的《马斯特里赫条约》的实施,比利时中央银行的自主权也在不断加强。

---

① [美]阿伦·利普哈特:《民主的模式:36 个国家的政府形式和政府绩效》,陈崎译,北京大学出版社 2006 年版,第 28 页。

二、共识民主理论是一种兼容并蓄的
当代西方民主理论

自 20 世纪 60 年代始,利普哈特作为一个民主理论家,就较早地关注英美传统的多数民主,并立足于欧陆传统的民主实践,吸取当代各种民主理论反思多数民主,在多数民主如日中天的 60 年代提出了"协合民主"理论;80 年代又以 21 个工业民主国家的民主实践经验为依据,在比较的基础上,对"协合民主"理论进一步发展,提出了"共识民主"理论;90 年代,他又进一步扩展了研究对象和比较领域,把民主经验的取样由 80 年代的 21 个工业民主国家,扩大为包括国际联盟(欧盟)和发展中国家在内的 36 个民主国家,对其民主政治,进行比较和研究,丰富了"共识民主"理论,并将其作为一种非多数民主模式与多数民主进行比较,进一步发展完善了共识民主理论。其共识民主理论作为一种建立在当代民主国家民主经验基础上的民主理论,其主旨是为了解决当代西方多元社会的社会分裂带来的民主与共识的困境。它首先是一种多元民主理论,因此,在它长达 30 余年的发展过程中,吸取了包括拉斯基、杜鲁门、达尔等人的多元民主理论,当然也吸取了包括伯林的价值多元论、罗尔斯的"重叠共识"理论等自由多元主义政治哲学的思想营养。其二,它与协商民主又密切联系。利普哈特的共识民主模式,用他自己的话说:"共识民主模式"以包容、交易和妥协为特征,……也可以被定义为"谈判民主"(negotiation democracy)。① 所以说,共识民主与包括"谈判式民主、审议民主在内的协商民主(deliberative democracy),也极具相似之处,有许多耦合与千丝万缕的联系。其三,无论是协合民主还是共识民主都强调多元社会的"精英合作",又带有当代西方精英主义民主和合作主义的明显特征。因此,它与精英主义民主和合作主义民主有某种亲缘关系。其四,共识民主理论又十分强调民主的制度建构与政治社会的稳定,所以它和当代西方新制度主义政治思想和稳定民主理论关系密切。作为一个比较

---

① 参见[美]阿伦·利普哈特:《民主的模式:36 个国家的政府形式和政府绩效》,陈崎译,北京大学出版 2006 年版,第 2 页。

政治学家,利普哈特的共识民主理论是建立在阿尔蒙德政治分类学和政治文化比较基础的政治思想,与阿尔蒙德的政治分类学、政治文化特别是政治亚文化思想有渊源关系。与达艾德的民主分析理论和迪尔韦热的政治社会分析理论关系密切。作为一个宪政主义者和民主理论的创新者,利普哈特又十分注重共识民主模式建构中的宪政因素和制度因素,热衷于新兴民主国家的宪政设计和制度输出。

综上所述,利普哈特的共识民主理论是一个兼容并蓄的复杂的当代西方民主理论,本节的主要任务就是通过理清共识民主理论与其他当代西方民主政治思想的关系,试图弄清其思想渊源和理论脉络,以便于我们更深层地理解和把握共识民主理论的精神实质。

(一)共识民主对多元主义与精英主义的综合

1. 多元主义民主

多元民主理论是研究西方社会多元文化及利益集团在政治生活中的作用的一种政治理论,其中心思想是:社会体系内存在许多相互竞争的利益集团,政治权力分散在相互竞争的各利益集团手中,而不是由单一的利益集团或国家所独占。在这种权力结构中,相互冲突的各利益集团通过直接或间接的院外活动,参与国家政治生活,影响政治决策,以求得集团利益的实现,国家政策是利益集团讨价还价和妥协的结果。这样,民主就成为建立在社会经济利益意识形态、价值尺度各异的利益集团之上的一种多元文化的社会政治结构或状态。与传统理想民主理论强调个人参加影响自己生活的各项决策不同,多元民主理论则强调各利益集团通过相互竞争影响国家政策的制定。多元民主理论认为,在复杂的现代工业社会里,个人直接参加决策是不可能的,只能通过中介体即各种利益集团组织来进行。个人可以参加多种利益集团,并通过各组织的领导人互相影响,包括讨价还价、让步妥协,由组织代表个人参与决策。政治活动的主体是社会机构和社会组织的领导人,而不是大众。多元主义民主理论认为,通过精英的相互影响进行决策,有助于个人的发展。传统民主理论坚信人人平等,不能根据社会地位、阶级、宗教信仰或种族判断一个人,人人平等包括政治平等,即一人一票,人人都有影响国家政策的平等机会,这种机会包括社会、教育、经济等方面的机会均等,反对专权和垄断。多元民主则强调分权,即各利益集团作为特别的主权者来影响和决定政策的制定。因各利益集团影响大小等因素的差异,影响政治的不均是一种十分普通的现象。传统民主理论主张"民治",个人能对自己的需要作出决断,每个人对国家都有均等的影响力,国家政策是个人理智选择的结果。而多元民主论则认为,国家政治是利益集团和寡头精英施加影响的结果,社会机构和组织以寡头代行民权。

多元民主理论的早期理论起源于19世纪后期法国历史学家冯·吉尔克和梅兰特,他们提出的"团体人格论"学说,认为在国家的政治生活中,国家起主要作用,但不是唯一起作用的机构,法人团体独立于国家而存在,并在政治过程中起重要作用,因此,也应得到和公民相同的地位。冯·吉尔克和梅兰特等人的团体人格理论可以说是多元民主理论最初的理论基础,这种团体人格理论对英国著名的工党理论家哈德罗·拉斯基产生了重大影响,拉斯基在继承团体人格论的基础上加以丰富和发展,提出了多元政治论,并明确提出了政治多元文化和制度结构的构想——联邦制。拉斯基本人因此成为当代多元民主理论的重要奠基人之一。

政治多元论在20世纪初期较为盛行,除了最有代表性的拉斯基政治多元论外,还有许多资产阶级学者也对多元主义作了论述。法国杰出的政治家约瑟夫·保罗——彭古尔就十分重视像医学会、学术团体等职业专门团体在民主化进程中的作用。英国牧师内维尔·菲吉斯以其《主权神授论》而成为一个多元主义论者,他坚持认为一切重要的社会集团如工会、高等学校等都有不可忽视的民主作用。但他主要强调教会的优越权,认为教会优于国家,应享有崇高的地位,它作为一个具有特殊人格的法人社团,应和个人一样享有同样的权利和特权。

多元民主论问世后,在20世纪初盛行一时,20世纪30年代,随着法西斯主义兴起,国家中心论和国家至上主义开始出现,多元民主理论几乎销声匿迹。第二次世界大战后,多元民主论得到复兴,获得了较大的发展。自50年代起,在西方政治学界掀起了一股多元民主热潮。其原因在于,一是多元主义民主理论适应了战后人们对法西斯国家至上论的痛恨心理和要求实行民主政治的心理。二是战后西方国家普遍加强了国家对经济生活和社会生活的干预,客观上刺激了利益集团政治的兴起。国家加强对经济生活的干预,国家在经济生活中的作用日益增长,激发了各种利益集团介入政治生活的欲望,各利益集团都想与政府建立联系,通过院外活动来表达自己集团的利益要求、观点和主张,并以此影响国家政策的制定,使自己的利益得到满足。利益集团政治成为当代资本主义制度的一个重要组成部分。三是多元政治有利于接受各方面的信息,提高决策的准确性。战后科学技术和社会生产力突飞猛进的发展,促进了社会分工和生产的专业化,使生产和社会领域更加复杂,传统的决策方式难以适应变化迅速的实际,多元政治的运行,能从不同渠道了解情况,接受各方面的情况、信息,及时跟上迅速变化的形势,从而极大地提高对经济和社会信息的接受、处理、传递和反馈的效率,为准确科学的决策提供有效保证。四是多元民主能够在某种程度上协调各阶级、阶层、社会集团的关系,维护社会稳定,巩固资本主义统治。多元政治使各利益集团都能参与政治活动,都有表达其利益要求和主张的机会,这在一定程度上弥补了西方政党制度的缺陷。同时,由于各利益集团在为各自利益运动立法时,往往各自强调自己的利益,这样,矛盾冲突就不可避免,也就迫使政府不得不关注各阶级、阶层和社会团体的利益,并协调平衡各方面的关系,客观上加强了利益集团与公民沟通,国家与公民的沟通。这些都有利于资本主义各种关系的调整和制度的巩固。

在多元民主热潮中,许多学者都对多元民主理论作了论述。1951年美国的著名政治学家戴维·杜鲁门,师承其老师本特利的多元主义理论,发表了《政府过程》一书,对社会团体多元主义作了专门论述。20世纪60年代,美国的著名政治学家罗伯特·A.达尔展现了对多元民主理论的全面研究,并把多元主义民主理论推向高潮。60年代达尔的《美国的多元主义民主:冲突和赞同》、《民主理论导言》和《谁统治》,掀起了多元民主理论研究的高潮。70年代随着西方经济上"滞胀"的出现,政治丑闻不断,社会问题严重,多元民主在西方受到挑战,达尔在其《多元民主主义困境》、《民主、自由、平等》等论著中,又对其多元民主论作了修正和发展,使之成为当代影响最大的民主理论之一。

之所以产生各种不同形式的民主理论,本质上都是对"民主是什么?"这个问题的不同回答。现代竞争性世界的特征是利益的复杂性和多样性,多元主义民主理论面对这种复杂性和多样性,已经不可能再按照古代雅典民主、卢梭的共和国和他所预言的那种民主理想来衡量当今世界的民主实际。他们只有运用"描述性的方法"来分析这个世界,用这种方法分析他们称之为民主的所有民族国家的不同特点和运行状况,因此,"他们把自己的民主理论标之为'实证的民主理论',是对于民主政治现实进行的描述—解释性探讨"。① 只有按照这种方式的解释和描述,其思想和理论才是"现实的和客观的"。赫尔德便把多元主义民主概括为:团体政治,多个少数统治,一定共识范围内的权力分配;一定范围内的政治合作;政府充当各利益集团的媒介和调节者等。② 美国的政治学者托马斯·戴伊和哈蒙·齐格勒,在其合著的《民主的嘲讽》一书中,对多元主义民主作了八个方面的概括:虽然公民不直接参与决策,但是众多的领导人是通过一系列的讨价还价、谅解和妥协而作出决策的,领导集团之间的竞争有助于保护个人的利益。有各种互相制约的权力中心(如实业界领导人、劳工领导人、政界领导人之间的竞争)可以互相掣肘,每个集团都不会滥用权力、压迫个人。个人可以通过选举在互相竞争的精英集团之间进行选择,影响国家的政策。举行选举和实行多党制,个人可以使领导人对其行动负责。虽然个人并不直接参加决策,但可以通过参加有组织的团体而对决策施加影响;领导集团不是一成不变的,可以组成新的集团并步入政治体系。社会各方面的政治影响力虽然并不均等,但权力却是广为分散的;参与决策的情况常常决定于人们在决策方面有多大利益。因领导集团是变化的,权力的大小依掌权者在公共事务中利益大小,领导艺术的优劣,对问题的了解程度,民主程序方面知识的多少,组织和公关方面的才能大小等等而定。社会上有许多个领导集团在起作用,有权在这方面决策的领导集团不一定在其他方面有权决策。国家政策不一定反映多数人的选择,而是各利益互相影响的一种平衡,因而产生的政策合理地近似地反映了社会的选择。③

---

① [英]戴维·赫尔德:《民主的模式》,燕继荣等译,中央编译出版社 2004 年版,第257 页。

② 参见[英]戴维·赫尔德:《民主的模式》,燕继荣等译,中央编译出版社 2004 年版,第254—293 页。

③ 参见[美]托马斯·戴伊和哈蒙·齐格勒:《民主的嘲讽》,孙占平译,世界知识出版社 1991 年版,第8—9 页。

2. 精英主义的民主

理论上,民主国家的人民应当而且能够在古典意义上让每一个政治决定都实行大众参与,这也许在古希腊是可能的,但有的理论家认为古典民主从来都没有实现过也永远不会完全实现。意大利政治学家加埃塔诺·莫斯卡指出,政府总是落在少数人手里。"在所有社会里——从非常不发达和远未开化的社会到最先进、最强有力的社会——都存在两个阶级——统治阶级和被统治阶级。统治阶级的人数总是很少,他们执行所有的政治功能,垄断权力并享受权力带来的好处,而被统治阶级人数众多,由统治阶级通过一种现在看来或多或少是合法的武断和暴力的方式来指导和控制。"①即使是那些质疑莫斯卡的人,也不得不承认大型现代社会的直接民主行政成本太高,以至于人人参与的现代民主几乎是不可行的这一现实。正如达尔所言:"所有社会的政治家,也感到在大型的现代社会中参与型民主是不可能的。对每个公民来说,政府太大了,问题又太复杂,以致于他们在作出决定方面没有什么发言权。""主要的政治、经济和社会的决定……都是由极少数人作出的……在大型政治系统要想以其他方式来取代它是困难的,也是不可能的。"②

实际上在西方,精英主义源远流长。从古希腊柏拉图《理想国》的"哲学王",到文艺复兴时期马基雅维利《君主论》的具有狮子和狐狸性格的君主,再到19世纪圣西门的"贤人治国",都从不同方式阐述了精英主义的理论,这些理论构成了精英民主理论的重要依据。20世纪初的一些精英民主论就直接吸收了这些精英论先驱的思想而创立了自己的精英理论,如莫斯卡、帕累托、米歇尔斯等就师承马基雅维利的思想,形成了马基雅维利主义学派。圣西门的思想在形成精英价值理论方面也起了很大作用。这些思想对当代精英民主理论也产生了直接或间接的影响。莫斯卡、帕累托、米歇尔

---

① Ed Gillespie. *Bop Schellhas*: *Contract with Amerca*: *The Bold Plan by Rep. Newt Gingrich*, *Rep. Dick Armey and the House Repulic ans to Change the Nation*. New York: Times Books/Random House 1994. 另见[意]加埃塔诺·莫斯卡:《政治科学要义》,上海世纪出版集团2005年版,第119页。

② Robert A. Dahl, *Pouer*, *Pluralism*, *and Democracy Modest Proposal*(1964年美国政治学年会上达尔提交的论文).p.3.

斯的精英论构成了传统精英民主思想。他们无限夸大大人物的历史作用，公开地、赤裸裸地抹杀群众的作用。他们公开鼓吹、颂扬暴力，为少数精英独裁作辩护，反民主的色彩更为浓厚，造成的后果也是消极的。20 世纪 30 年代的法西斯主义就直接受其理论影响。第二次世界大战后，精英主义理论弥补了战前精英理论的缺陷，使精英民主理论带上更为浓厚些的民主色彩，并以行为主义的研究方法代替了传统的历史比较法，标志着精英民主理论的发展进入到了一个新的阶段，成为新精英民主理论，这一时期其代表人物众多，主要有行为主义的先驱之一，美国政治和心理学家哈罗德·D.拉斯韦尔、约瑟夫·熊彼特、莱特·米尔斯、G.威廉·多姆霍夫、托马斯·戴伊等。

拉斯韦尔把行为主义的研究方法引入精英理论，使精英主义民主理论在第二次世界大战后的政治学界异军突起。他在早期的行为主义代表作《政治学谁得到什么？何时和如何得到？》一书中，对精英和判断精英的价值标准进行了研究。认为精英人物"是可以取得的价值中获得最多的那些人们"。[①] 取得价值最多的精英，其余的人是群众。他认为可取得的价值是指尊重、收入和安全。他对精英的特征进行了分析。除了上述按尊重、收入、安全等价值标准分析外，他还以精英人物拥有不同的技能来分析精英，如战斗技能、组织技能、象征技能等。他十分重视技能的作用，认为是否具有专门技能是一个人能否成为精英的关键。同时，他认为政治精英的统治技能也具有十分重要的作用。不同时期的各种专门技能相应的作用也不尽相同，他预言，科学技术技能和管理的作用正变得越来越重要，"通往富足的理想国之路是科学管理"。[②] 第二种分析法是阶级分析。其阶级概念与马克思主义所理解的不同，他认为："阶级是具有类似职能、地位和观点的重要社会集团"，[③]当今的阶级结构可分为贵族阶级、富豪阶级、中产阶级和

---

① ［美］哈罗德·拉斯韦尔：《政治学谁得到什么？何时和如何得到？》，商务印书馆 1992 年版，第 3 页。

② ［美］哈罗德·拉斯韦尔：《政治学谁得到什么？何时和如何得到？》，商务印书馆 1992 年版，第 78 页。

③ ［美］哈罗德·拉斯韦尔：《政治学谁得到什么？何时和如何得到？》，商务印书馆 1992 年版，第 7 页。

体力劳动者四个阶级。第三种是按人格来分析。不同的精英有不同的人格形象。第四种是通过态度群来分析。他的态度群是指人们对国家、民族、阶级、行业、个人所持有的立场和看法。采取态度群方法打破技能、阶级、人格划分的不同类型人群,使不同的人群具有相同的信念,如对国家和阶级忠贞不渝的信念。拉斯韦尔还对精英的统治手段进行了详细的论述,认为精英操纵或驾驭环境的方法主要有象征(这里是指意识形态)、暴力、物资与实际措施。

　　熊彼特在其《资本主义、社会主义与民主主义》一书中,提出了其精英民主理论。在此书中,他一方面批判了 17、18 世纪资产阶级革命时期洛克、孟德斯鸠、卢梭、潘恩等人提出的"古典民主理论"。他认为,传统民主理论把民主定义为"由人民来统治"是不明确的,从而否定了传统民主定义。他认为:"人民从来没有统治过,但是他们总是可以被定义弄得他们像是在统治。"①古典民主理论承认人民的参政能力,人民对于每个问题持有某种正确而合理的意义。他认为这种观点是值得怀疑和否定的。他以勒·蓬的群集心理学为依据进行了分析,认为人民在政治领域没有自己的独立意志,他们的意志是像商业广告制造消费者的欲望一样被职业政治家等制造出来的,从这个意义上说,人民的意志是政治过程的产物,而且它推动人民被一步步地牵着鼻子走。人民对那些直接涉及自己、家庭、朋友、商业往来等能够自身经历和观察到的、熟悉的、直接管理的事情,能够唤起明确的意志,表现出某种责任。一旦离开与个人利益直接相关的事情而进入国家和国际事务领域时,人们责任感就消失了。"在正常情况下,在典型公民心理经济学中,重要政治问题和他们的够不上嗜好的业余兴趣及不负责任的闲谈主题处于同等地位。这些问题看来如此遥远,它们根本不像业务上的计划,它们可能证明不很严重;人们觉得自己进入一个虚幻的世界。"②熊彼特认为,责任感的减弱和有效意志的缺乏,说明了普通公民在国内和国外政策上的无知和判断力的缺乏,"这种情况出现在受过高等教育与在非政治性事

---

①　[美]熊彼特:《资本主义、社会主义与民主主义》,吴良健译,商务印书馆 1999 年版,第 365—366 页。

②　[美]熊彼特:《资本主义、社会主义与民主主义》,吴良健译,商务印书馆 1999 年版,第 384—385 页。

业中取得成功的人们中间要比出现在地位低微、未受过教育的人们中间更令人吃惊"。① 于是熊彼特得出结论:人民是扶不起来的阿斗,"硬把人民抬上梯子是不行的"。② 这就从总体上否定了人民的参政能力。

熊彼特在批判和否定古典民主理论的同时,提出了自己心目中理想的精英民主模式。熊彼特认为,人民在民主过程中的职责仅仅是投票选出精英人物来统治。古典民主理论认为民主政体的首要任务是把决定政治问题的权力授予人民,选择代表处于第二位。熊彼特认为人民根本没有能力实行统治,"民主政治的意思只能是:人民有接受或拒绝将要来统治他们的人的机会"。③ 用一句话来表述:"即民主政治就是政治家的统治。"④政治家"是政治活动的精义所在"。⑤ 政治是政治家的职业活动,不是选民的职业活动,选民的选择并非来自选民的创议性,选民的选择是被塑造成的,塑造它是民主过程的本质部分。

熊彼特的精英主义民主思想典型地体现了精英民主的基本观点,是精英民主论的主要代表。

查尔斯·赖特·米尔斯在《权力精英》一书中,运用精英主义的观点考察了美国的全部权力结构问题,阐述了美国精英民主统治的观点。米尔斯认为,美国是一个由一小部分有权而又有影响力的小集团统治着国家。他们占据并控制着美国社会的各种组织的最高决策位置。这个小集团就是所谓的"权力精英"。权力精英具有一定的脱离其他美国人的特征,即他们一般来自至少具有两代发家史的富裕家庭,这些家庭的财富大多高于普通美国人所能期望的水平。他们的价值观和利益十分接近,他们一般活跃在政府、军队和大企业这三个部门。米尔斯在考察了权力精英的基础上,进一步

① [美]熊彼特:《资本主义、社会主义与民主主义》,吴良健译,商务印书馆1999年版,第385页。
② [美]熊彼特:《资本主义、社会主义与民主主义》,吴良健译,商务印书馆1999年版,第368页。
③ [美]熊彼特:《资本主义、社会主义与民主主义》,吴良健译,商务印书馆1999年版,第415页。
④ [美]熊彼特:《资本主义、社会主义与民主主义》,吴良健译,商务印书馆1999年版,第415页。
⑤ [美]熊彼特:《资本主义、社会主义与民主主义》,吴良健译,商务印书馆1999年版,第413页。

说明了精英统治的权力结构,即政权。美国的权力影响呈金字塔模式,可分为三个等级的金字塔顶部是权力精英,即大公司富翁、政府行政部门的领袖和军界首脑。在这个"三驾马车"之下是权力结构的中间层次,包括地方民意领袖、政府的立法部门成员、形形色色的特殊利益和地方舆论的喉舌。第三层是最低一层,是人数众多的公民。第一层隐蔽地、非正式地决定对内、对外政策、独揽经济、政治和军事大权;第二层的决策通常是通过游说活动和司法程序进行,其决策常常不如第一层重要。第三层是既无权又无组织的公民,他们不能直接左右那些可能对他们生活产生影响的决策。他们对已经决定过的事情也一无所知。他们可以投票但投票是毫无意义的,因为大多数选举出来的代表仅仅居于第二层,而真正作出决策的是权力精英,而且精英能轻易地影响政党们关于把那一个候选人安排给全体选民的决定。米尔斯还进一步分析了美国的民主。他认为把权力交给人民的民主观念现在仍然是在为美国的权力作辩护。今天决定人们命运的,既不是由公众提出的,也不是由他们决定的。现实的美国社会是由少数权力精英统治的。①

戴伊的精英民主论首先对精英进行了论述,他认为一切社会都分为两阶段,实行统治的少数人阶级和被统治的多数人阶级。治理社会是精英,而非民众。统治别人的少数人并不代表被统治的广大民众。精英大多出自社会经济上层,非精英上升到精英的过程必须缓慢而不间断,并且只有接受精英的基本观点才能进入统治集团。精英们在社会制度的基本准则和保持现行社会制度不变等方面意见一致,只是在很少一些问题上有分歧。国家政策并不反映民众的要求,而只是反映盛行精英中的价值观。精英对民众的影响多于民众对精英的影响。

戴伊认为,所有的社会都是优秀人物在掌权,不把大权集中于社会机构上层的小部分人手中,大规模的社会机构就无从形成。权力是社会组织的附属物,是伴随着社会体制中某些职位而来的控制社会的潜在力量,一个人只要在一定的社会中占有某一职位,他就具有某种权力。也就是说,在复杂

---

① 参见[美]查尔斯·莱特·米尔斯:《权力精英》,许荣、王崑译,南京大学出版社 2004年版。

的现代社会里,权力已经机构化了。"权力是社会体制中职位的标志。"①与权力定义相适应,他把精英定义为:"在美国社会体制结构中属于最高地位的人。"②这些人物对于全国主要的大公司、政府、法律、教育、民间和文化机构的计划、方针政策和活动具有制定、指导和管理的法定权威。对于美国的精英,戴伊认为,他们大多数出身于上层阶级,即各种社会团体组织中占有控制着比其人数多得多的阶级。低层个别人也有机会上升到上层。一是人数很少,二是主要来自于企业界、新闻界、法律界和教育界。精英的基本价值观一致,竞争和分歧范围非常小。戴伊提出并论证了公共政策制定的"寡头论模式"也是很有意义的。他把国家政策的制订,从动议到调研,到建议提出,到最后决策,都是由精英联系起来的,说明了美国国家政策制订的实际过程。

3. 多元精英:利普哈特对西方民主的综合

对西方社会真实的民主图景而言,不论是精英主义或多元主义者,所描绘的政治都会有真实的成分。在一个现代复杂的多元社会里,精英也是多元的,人们可以按精英论者那样,区分出商业精英、官僚精英、军队精英、劳工精英等,他们会根据不同的情况相互合作或冲突而相互作用,但这种相互作用不是整个集团与整个集团的互动,而是一个集团的一小部分精英代表与另一集团的精英代表间的互动。纯粹的精英主义者把社会看做一个单一金字塔,其顶部是一小部分精英式精英集团,纯粹的多元主义者把社会看做是互相碰撞的台球的集合,它们与政府的撞击产生政策。这两种观点都过于夸张,一个更准确地反映现实的综合也许是一系列的金字塔,每个塔顶都是一个精英集团;或者是一个小行星的集合,每个行星都形成了一个巨大的山峰,其顶端是一个精英集团。在那里各个集团之间相互作用。政治学家都试图用不同的概念来界定和描述这种情况。罗伯特·达尔把它称之为"多头政治"(polyarchy)。即相互之间达成稳定理解的几个集团的领导者的统治。③

---

① [美]托马斯·戴伊:《谁掌管美国—里根年代》,世界知识出版社 1985 年版,第 11 页。
② [美]托马斯·戴伊:《谁掌管美国—里根年代》,世界知识出版社 1985 年版,第 11 页。
③ See Robert A. Dahl, *Polyarchy: Participation and Opposition*, New Haven: Yale University Press. 1971.

普利哈特把它称之为"协合式民主"（consociational democracy），一个多元分裂的社会通过每个集团的精英间的合作，达成按照宪政游戏规则行事的协议，既要限制精英的追随者（集团内部）的使用暴力，也可以防止集团之间的暴力行动，从而维护了稳定的民主的运行。① 实际上，利普哈特超越了多元主义和精英主义，把二者合理成分结合起来，虽然利普哈特并未展开对这些问题的理论阐述，也没有讨论这些多元区块分裂社会的普选权，只是从欧陆小国的民主经验中去描述了这种分裂社会精英合作的实际经验。

最能说明利普哈特理论的例子是利普哈特的祖国荷兰。在那里天主教徒、加尔文教徒和世俗居民之间形成了严重分歧，并且社会的多元区块分裂非常明显。但为什么荷兰没有因此而分裂呢？因为这些集团的精英之间达成了一种"精英协调"或"精英合作"。虽然这种协调、合作或平衡并不会自动让人信服。利普哈特把它总结为两个方面：一是具有精英合作的传统，二是精英与其成员保持一致以及与其他团体的精英达成协议。

实际上，利普哈特的理论可能在黎巴嫩问题上更为典型。几个世纪以来，黎巴嫩在宗教界线问题上严重分裂，这包括马龙派基督教徒、希腊东正教徒、希腊天主教徒、逊尼派穆斯林、什叶派穆斯林、德鲁兹派穆斯林等等。1943年，黎巴嫩的两个大的宗教派别马龙派基督教徒和逊尼派穆斯林的领导人达成一个成文的协议——《国家公约》，规定黎巴嫩的总统由马龙派人担任，总理由逊尼派人担任，议长由什叶派人担任，副总理由希腊东正教人担任，国防部长由德鲁兹派人担任。② 由于《国家公约》在此后的30多年时间里运作良好，黎巴嫩成为中东地区一个稳定的安全岛，这种情况只有在精英们使其成员保持一致并相互协调的情况下才能持久。

当穆斯林要求有更大的发言权时，这个脆弱的平衡就打破了，根据1932年的人口普查，穆斯林处于少数派的地位；此后基督教徒故意避免新的普查，但多数人都认为穆斯林已经成为人口的多数。1958年，穆斯林支持埃及总统纳塞尔的泛阿拉伯计划，由此爆发了严重的斗争，后来依靠美国的干预才得以平息下去。1975年，当穆斯林与激进的巴勒斯坦组织联合

① See Arend Lijphart, *Democracy in Plural Societies: A Comparative Exploration*, New Haven: Yale University Press. 1977.

② See Samir Rhalaf, *Lebanon's Predicament*. New York: Columbia University Press. 1987.

时,黎巴嫩终于陷入了全面的内战。每个宗教集团都有自己的军队,并常常屠杀平民。经过多年的恐怖之后,黎巴嫩才开始逐步恢复团结。

黎巴嫩的例子说明了精英之间关系的重要性,精英之间和解了国家就比较稳定,反之和解破裂,系统就崩溃了。在《国家公约》时期,不同团体的成员并没有逐渐学会互相亲近并减少分歧,因为分歧实在是太大了。但只要他们的多元精英能够达成协议,他们的确是可能和平共处的,精英协议不会消除冲突与分歧,但它确实能够控制冲突保持平衡。

所以,多元精英模型或者叫多元政治或协合民主,试图综合精英主义和多元主义的部分观点,它可以解释政治生活的某些方面,特别是对多元社会区块分裂的情况。虽然不是全部,但其对多元区块分裂的社会的稳定民主建议还是具有建设性的。

(二)共识民主与协商民主的关联与区别

在利普哈特着力开展协合民主研究的同时,20 世纪 80 年代,"协商民主"(Deliberative Democracy)(或称为"对话民主"、"审议民主"、"商谈民主"、"话语民主"等)也在欧美流行,并获得了广泛的支持与认可。当代西方许多著名的政治哲学家都积极地倡导或公开表示支持,其他虽未公开表示支持的政治学家的民主理论里边或多或少地留有协商民主的影子,利普哈特在 90 年代出版的《民主的模式:36 个国家政府形式与绩效》中也把自己的"共识民主"模式与"协商民主"紧密地结合起来,称自己的"共识民主"为"谈判式民主"。① 毫无疑问,共识民主和协商民主是当代多样化民主模式中两种重要的民主模式,二者关系较为密切但也有明显区别。

目前,国内外学者对协商民主研究较多而对参与式民主(Participatory Democracy)的研究相对较少。但事实上,产生并兴起于 20 世纪 80 年代的协商民主与 20 世纪 70 年代的参与式民主密不可分,协商民主可以看做是参与式民主理论发展的新阶段。20 世纪 60 年代,西方的新左派运动促发了西方民主理论的新发展,参与要求在民主理论有了一席之地。1970 年,

---

① 参见[美]阿伦·利普哈特:《民主的模式:36 个国家政府形式与绩效》,陈崎译,北京大学出版社 2006 年版,第 2 页。

美国学者卡罗尔·佩特曼出版了《参与和民主理论》,标志着参与式民主理论的正式提出。之后,在麦克弗森、巴伯、托夫勒和奈斯比特等学者的推动下,参与式民主理论逐渐兴起。但参与式民主理论在具体可行性和实现效率方面的致命缺陷,促发了协商民主的应运而生,使参与式民主的思想通过协商民主得到进一步发扬。1980年,约瑟夫·毕塞特在《协商民主:共和政府的多数原则》一文中首次从学术意义上使用"协商民主"一词,倡导公民参与,反对精英主义。1987年,伯纳德·曼宁在《政治理论》第15期上发表《论合法性与政治协商》,1989年,乔舒亚·科恩发表《协商与民主合法性》,他们真正推动了协商民主理论的发展。① 此后,20世纪90年代以来,协商民主理论受到学者们越来越多的关注和推崇。伯纳德·曼宁、乔舒亚·科恩等对协商民主进行了深入研究。当代西方几个重量级的理论家,美国的约翰·罗尔斯、英国的安东尼·吉登斯、德国的于根·哈贝马斯等形成了协商民主的支持者和研究者,哈贝马斯和罗尔斯被公认为协商民主的理论大师。

近几十年来,西方不少左派人士对自由民主持批判态度,他们发掘并发展了古典民主的协商传说,试图以协商民主来补充和超越自由主义民主理念和实践,并藉此来缓解西方自由主义民主面临的合法性压力和挑战,为民主理论和实践发展提供了一种新的思维方式,重塑人们对民主的理解,革新现有的民主制度和形式。同时,协商民主理论为建构在全球化条件下的,复杂、多元、高风险的社会的民主治理机制提供了理论基础,也是协商民主得以发展的和兴盛的又一重要因素。②

在一个利益高度分化、文化多元的复杂社会,政治的稳定与和谐需要人们真诚地交流和沟通,特别是在公共政治领域,只有理性的交流,妥协与合作,才可能形成最大限度的共识,实现政治关系的和谐,社会的稳定和国家的统一。

协商民主具有多维度的含义,追求政治平等和决策中的审议性是其价

---

① 参见陈家刚:《协商民主》,上海三联书店2004年版,第2页。
② 参见[美]罗尔斯:《公共理性观念再探》,时和兴译,三联书店2000年版,第1—72页。另参见 Tohnuhr. *Deliberative Democracy in Australia*, Cambridge: Cambridge University Press,1998.

值目标之一。它强调公共议题应该受决策影响的人,通过理性的讨论,对话,审议等方式作出决策,所以,它是一种公共咨询、政治治理的手段,也是一种政治参与的过程,更是一种民主化、科学化的决策过程。正如戴维·米勒所说:"当决策是通过公开讨论过程而造成,其中所有参与者都能自由发表意见并愿意平等听取和考虑不同意见时,这个民主体制就是协商性质的。"①

协商民主对政治共识的追求也是其重要的价值目标。民主是某种形式的公共协商,如果决策不是强加给公民的话,公民之间的协商和共识就是必不可少的,公民同意既是其追求的目标也是其主要特征。协商民主理论认为,当政策通过公共讨论和辩论的途径制定出来,且参与其中的公民和公民代表超越了单纯的自私和有局限的观点,反映的是公共利益或共同利益的时候,政治决策才是合法的。② 哈贝马斯也认为,对沟通程序的共识是公共理性的一个理想条件。协商民主未必追求政策的共识,但必须假定某种无规则的共识。约翰·德雷泽克和西蒙·尼迈耶也把综合多元和共识作为协商民主的两种基本价值,一方面,他们认为多元主义自身是一种价值,不容否定,而且在某种层面上,多元主义与共识理性不冲突。另一方面,在无规则层面上,他们肯定共识的必要性。③ 协商是民主的,在很大程度上,它以自由平等的公民实现理性一致为基础。

同时,协商民主作为一种机制是一种公共参与的治理机制。协商民主作为民主理论与实践的新进展,更为强调公民参与的重要性,普通公民通过各种途径和方式积极参与公共事务,以影响公共政策的制定和执行行为。它要求公民通过自由平等理性的对话、讨论、审议等方式,以公共利益为取向,积极参与公共政策和政治生活。这种机制强调公民参与的平等性。参与者不仅在程序上是平等的,而且在实质上也是平等的。它通过制度化的

---

① [南非]毛里西奥·登特里维斯:《作为公共协商的民主:新的视角》,王英津等译,中央编译出版社 2006 年版,第 139 页。

② 参见[美]詹姆斯·特曼:《公共协商:多元主义、复杂性与民主》,黄相怀等译,中央编译出版社 2006 年版,第 4 页。

③ See John S. Dryzek and Simon J. Niemeyer. Reconciling Pluralism and Consensus as Political Ideals. *American Journal of Political Science*,50(2006).pp.634-649.

控制程序保证每个人有平等的机会参与决策影响决策;在实质平等方面,指的是一种影响结果的完全参与。这种平等正如佩特曼所说的完全参与,即受决策影响的人都有权参与,最终决策权不是属于一方,而是决策中的每个人都平等地享有决策结果。① 这种机制还强调公民参与的理性化。这里的理性既包括个人理性,又包括公共理性。因为参加者不仅要考虑个人的利益,同时,每个参与者都要超越自身的利益、观点、需求的局限,考虑到集体的利益。"公共协商的过程使决策理由更理性,结果更公开。给出的理由必须首先符合公共性的条件,即让所有人信服。"②"政治协商要求公民超越'市场'的私利而诉诸'论坛'的公共利益;只有当其改善政治决策,尤其是实现共同目标时,源自公民立场的协商才是被理解为正当的。"③这种机制同时还是一种治理机制,它是"一种具有巨大潜能的民主治理形式,它能够有效回应文化间对话和多元文化社会认知的某些核心问题,它尤其强调对于公共利益的责任,促进政治的相互理解,辨别所有政治意愿,以及支持那些重视所有人的与利益的具有集体约束力的政策"。④ 协商民主这种机制的核心思想是重视公民乃至整个公民社会在政策过程中的作用,促进国家和公民的相互依赖和良好合作。当公民团体与政府交换咨询,而且此项咨询的交换使得团体在某种政策领域中获得利益时,即产生政策网络。

哈贝马斯作为协商民主理论大师,他关于协商民主理论的研究可以说更能代表协商民主理论。哈贝马斯批评市场、资本控制民主的现象,其建立在交往行为理论基础之上的"理性的程序主义的商谈民主模式"更能说明协商民主理论的基本特征。哈贝马斯强调社会领域应该由"团结"(Solidarity)来主宰。爱情、友谊、伦理、科学、艺术、宗教等应按照自身内在逻辑发展,而不应由市场来主宰。民主制度应该是开放的、广泛的、参与式的。民主不仅仅是利益的综合或讨价的工具,还是一种不断纠正错误、改变人们的

---

① 参见[美]卡罗尔·佩特曼:《参与和民主理论》,陈尧译,上海人民出版社 2006 年版,第 67 页。
② [美]詹姆斯·博曼:《公共协商:多元主义,复杂性与民主》,黄相怀主编,中共编译出版社 2006 年版,第 5 页。
③ [美]詹姆斯·博曼和威廉·雷吉:《协商民主:论理性与政治》,陈家刚等译,中央编译出版社 2006 年版,第 5 页。
④ 陈家刚:《协商民主:概念、要素与价值》,《中共天津市委党校学报》2005 年第 3 期。

偏好,有利于政策的制定的有效措施。在协商民主中,审议和商谈是集体地考量一项政策是否合法的方式,透过审议和商谈来考量一项政策建设在规范的意义上或在伦理上是否正当,而不是简单地通过多数人的投票来决定。

哈贝马斯的协商民主模式,首先,强调了两个基本的观念。第一,民主是一种对公共政策进行讨论、协商的制度,政治决策最好是通过广泛的协商来作出,而不是通过金钱和权力。协商民主更像是公共论坛,而不是竞争的市场;公共讨论应以公共利益为导向,而不是个人的利益。第二,在协商过程中参与者应该尽可能平等而且尽可能广泛。协商民主理论强调公民集体决策和参与协商的能力、权利和机会。协商民主制度要求进行集体决策的权力能够平等分配,且在集体决策的过程中,参与者有平等和有效的机会。协商民主应该使决策结构化,以使商谈的影响能够最大化,而权力或财富对决策的影响最小化甚至消除,从而保证协商过程的平等、真实、合乎规范、且真诚表达。协商制度应该使协商的力量转化为国家力量或政府行为,并使所有相关的人都有影响决策的机会。

其次,协商民主理论重视与协商相关的各项权利。例如,要求高级的权利,公平而合乎规范的程序,平等的政治参与以及保证有效实现这些权利所必须的福利的权利等等。哈贝马斯说:"协商民主模式不建立于宏观主体(例如某一政治体的'人民')的基础之上,而是建立于无名的相互联系的协商及其沟通运作之上。今天,人民权利的制定必须遵守一种形成政治意志的程序及其理性规范,并且具有或多或少的协商特征。在决策机构内的讨论需要公开化,并对来自于非正式环境所流入的问题、价值定向、贡献和计划反映要敏感。"①

除此之外,协商民主还需要制度化的非正式的公共沟通网络及把公民权利转化为公共权力的协商力量。因为,只有制度化的意见和意志形成过程与非正式的公共沟通网络的相互任用,公民权利才有可能包含着更为深刻的意义:它不仅仅是个人利益的综合,而且又是被动地享受由国家权威恩赐的权利。协商民主制度促使集体决策由注重权力和金钱转移到注重讨

---

① J.Habermas.Citizenship and National Identity, Bart Van Steenberg, ed., *The Condition of Ctizenship*, London: Sage Dabication, 1994.99.pp.32~33.

论、协商的力量。①

最后,哈贝马斯并没有直接把协商民主理论当做公共权力机关的组织原则,因为这些机关的决策不可能都以协商的方式作出,而是把它当成一种对话规则,一种获得政治共识的一种政治实践。哈贝马斯认为协商民主主要适用于他所说的公共领域,即介于私人领域和公共权力之间的社会领域,公共领域是非正式的,主要受文化影响的领域,其中的协商是自发的、自由的,没有经过正式组织的。人们在公共领域发现,提出不同的社会问题,参与各种类型的协商,针对这些问题进行充分、理性的讨论和交流,并形成统一意见。公共领域达成的理性共识,经由公共权力机关转化成法律或公共政策。这不仅仅体现在公共领域的协商和达成政治共识上,而且也体现在公共领域与公共权力机关的交流互动上。正如哈贝马斯所说:"公共意见的形成过程,建制化的选举过程,立法的决定之间形成了交往之流,这种交往之流的目的是确保能够通过立法过程而把舆论影响和交往权利转化为行政权力。"②协商民主的要义在于大场域的互动中让民众有广泛参与的机会,将公共领域里协商取得的政治共识,转化为法律和公共政策,以达到解决问题,化解冲突,提高法律和公共权力的合法性。其规范性的意义在于:通过这些"极为多样的,多多少少是自主的公共领域"。以及"宪法框架中建制化的民主意见和意志的形成过程"来重构社会整合机制,特别是通过法律媒介顶住"货币"和"行政权力"这两种社会整合机制的压力。③

协商民主与共识民主都主张非多数民主,它们产生的理论背景、时代背景相似,内涵与构成要素也有多重耦合,是当代民主样式多样化发展出现的两种重要的民主模式。

首先,二者具有相似的产生缘由。二者都是基于克服传统多数民主模式的弊端并立足于完善、补充甚至替代现有民主运作机制为目的而产生的。

---

① See Mark Waren. Deliberative Democracy, in *Democratic*, *Theory Today*, April Carter and Geoffrey Strikes, Cambridge: Polity Press. 2002.

② [德]哈贝马斯:《在事实与规范之间:关于法律和民主治国的商谈理论》,童世俊译,三联书店 2003 年版,第 372 页。

③ 参见[德]哈贝马斯:《在事实与规范之间:关于法律和民主治国的商谈理论》,童世俊译,三联书店 2003 年版,第 372 页。

都是在传统的多数民主模式日益受到挑战的背景下,立足于解决多元社会民主问题而从不同角度作出的理论回应。共识民主出于对"人民之间产生了又一主义或有不同偏好时,政府应该代表谁的利益。"即"努力使'多数'的规模最大化,而不是满足于获得作出决策所需的狭隘多数。"①协商民主与共识民主的共同点是都认为多数民主的困境说明了多数民主的不民主性;多数民主选举的领导人所作出的决策和所实施的管理仅仅体现多数人的意志,而不是体现全体人民意志。多数民主是排他性、竞争性的民主,是以牺牲少数人的利益为代价而满足"狭隘多数"利益的民主,是一种危险的民主,它意味着"多数人的暴力和专政"。它们都主张,通过尽可能的广泛的参与和协商,达成尽可能多的人的共识,以实现真正的民主。

其次,二者的内涵和要素相似或多有耦合。协商民主是一个政治共同体通过成员之间的平等,自由的协商,在成员间互相交流和妥协的基础上,就关系成员共同利益的问题达成共识,形成成员共同接受的决策或管理意见的过程。它的核心是强调民主协商、平等对话、自由交流达成广泛的共识。与此相似的共识民主是强调共识而非竞争性、对抗性的民主,主张多元之间包容,而非排斥,力求使处于统治地位的多数的规模最大化而不是满足于微弱多数的民主模式。其核心要义是:多元协商、妥协利益合作,而达成政治共识。利普哈特本人也把自己的共识定义为"谈判式民主"(negotiation democracy)。②就二者的核心要素而言,也多有耦合。二者都主张参与者尽可能是多元的、广泛的、平等的,都强调政治共识的重要性;都认为包容、妥协,是重要的手段;其前提预设都参与主体的理性与公共理性。因此,可以认为共识既与协商民主在内涵和要素构成上有极高的关联度和相似性。

虽然二者有关联和相似之处,但二者的区别也是明显的。本人认为,二者的最大的区别在于作为一种民主模式,协商民主模式目前更多地是一种理论建构、制度设计和理想追求,还没有真正地完全进入实践领域;作为一

① [美]利普哈特:《民主的模式:36个国家政府形式和政府绩效》,陈崎译,北京大学出版社2006年版,第1页。
② 参见[美]阿伦·利普哈特:《民主的模式:36个国家政府形式和政府绩效》,陈崎译,北京大学出版社2006年版,第2页。

144

种独立的民主模式尚不可行,缺乏由商谈共识转化为法律和公共政策的具有可操作性的制度安排,它暂时只能在民主运作中起到一种补充作用。它虽然也应该在民主思想和实践中"有其一席之地,但无法在民主体制中享有一个属于它自己的独立地位,而只能依附于其他的民主活动或过程而存在"。① 而共识民主模式是一个来自于经验层面的民主模式,虽然其经验基础有一定的狭隘性,但它已经在制度层面上得到了一定程度的实践,并被证明在某些条件下是可以被成功实现的。行政权力分享、行政权与立法权平衡、多党制、比例代表制、合作主义的利益集团制度、中央与地方分权、立法权分割、刚性宪法、司法审查、独立的中央银行体系等共识民主的十项旨在使公共决策合法基础最大化的民主变量,作为一种平衡机制的公共权力,使公共决策的普遍一致和达成共识的制度安排,均有经验依据,在不同民主国家中已得到或多或少的实现,并在许多方面发挥出比传统多数民主模式更为优越的政治和社会效果。这些制度的设计,使得共识民主模式的运作,在很大程度上达到协商民主追求的理性问题、平等协商、达成共识的目的和效果,而不是协商民主理论的空中楼阁和遥不可及。

另外,就其实践性与可操作性而言,协商机制在由协商一致、形成共识与转化法律和公共决策之间缺乏必要的制度连接。而共识民主模式并不排斥传统的投票,它所做的是尽可能地扩大票决的民主合法性基础和保护少数的利益。比例代表制的制度设计是针对传统多数民主非比例性的产生的民主合法性欠缺的弊端而进行的制度设计,有一定的经验基础。而且多元社会所面临的困境是区块分裂状况的理性共识的形成,而共识民主模式,通过精英间的合作,来实现和扩大公共决策的参与面,虽然具有精英主义之嫌,但由于当前的政治参与及决策方式在很大程度上仍然是建立在票决的基础之上,所以增强选举的比例代表性的做法比用商谈取代票决的做法更具操作性、更符合民主发展实际,也更容易实现。

(三)共识民主中的多元合作与政治稳定

当代西方比较政治学对西方社会明确了两种类型的分层结构:一种是

---

① Micahael Walzerl.Deliberation,and What Else? in Ptephen Macedo ed.,*Deliberation Politics*.Oxford:Oxford University Press.1999.pp.58-59.

横切分层(Cross-cutting Cleavages);一种是分裂社会(Segmented Society)①,对于民主来说这种分层提出了一个合作与稳定的问题。

"合作主义"(corportisn)②是当代福利国家一个特殊的政治现象,传统合作主义通常指的是自上而下的、权威主义的国家主导型合作主义。当代西方的新合作主义与传统合作主义不同,它是自下而上的自由主义的社会型合作主义,新合作主义是当代西方多元主义的具体化和集中化。其作为一种民主理论关注的重点是经济领域中的的国家、资本和劳动三者之间的关系。合作主义作为一种民主模式,主要局限在西欧福利国家,特别是一些小国。按照山口定的定义:"在以经济政策为中心的领域里,不是按照'自由民主主义体制的观念由作为国民代表的议会和政党发挥核心作用,而是由以劳、资团体为中心的大规模利益团体或上层团体的领导人与政府的国家官员组成的协调机构在国家政策的决定(有时是执行)过程中起着实质性、决定性的作用。'"③赫尔德在其《民主模式》中,从三个方面界定了合作主义:一是在福利国家,传统的代议制已经逐步被以三方主义(国家、资本和劳工)为基础的决策过程所取代。二是来自企业的、工会的和国家部门的代表的作用越来越大已超过议会或地方代表成为表达和保护利益的主要形式。"超议会的政治过程逐步成为决策的核心领域。"④三是以地方为基础的代表参与政策的范围急剧缩小,从而挤压了普通民众参与决策的机会。"总之,经济变化、政治压力和组织发展破坏了议会至上的权威和公民的权

① 横切分层是指一个团体里的个人与其他团体的个人较为密切地相互影响与合作,这种状况被寄望于用来降低党派敌对程度,以及支持稳定与成功的政治过程。分裂社会是指社会中的各部分成员,在很大程度上相互隔离,以至于一个团体中的个人不可能与其他团体中的个人有什么相互作用。由于缺乏个人的相互作用来减缓不容忍情绪;分裂社会会使党派敌对进一步恶化,使对民主政治过程来说必不可少的谈判和妥协的运作变得更加困难。见:[美]劳伦斯·迈耶,约翰·伯内特,苏珊·奥格登:《比较政治学——变化世界中的国家和理论》,罗飞等译,华夏出版社2001年版,第47页。

② 关于这个词的译法,还有"组合主义"、"法国主义"、"二团主义"等,但杨雪冬认为译为"合作主义"更为贴切。学者认同杨雪冬的观点。参见杨雪冬:《20世纪民主理论:流变与评价》,《北京电子科技学院学报》2004年9月。

③ [日]山口定:《政治体制》,韩铁英译,经济日报出版社1991年版,第191页。

④ [英]戴维·赫尔德:《民主的模式》,燕继荣等译,中央编译出版社2004年版,第288页。

力。新的制度程序促进了主要的社会派别之间的联合。"①

与合作主义强调的"合作"不同，利普哈特在其协合民主与共识民主中，都强调合作，但他是在更宽泛的意义上使用合作的，他不是在经济领域针对国家、资本和劳工意义使用合作，而是在"多元分裂"或者"异质"社会结构中精英行为意义使用的。他强调的是，多元社会中，精英能够抛弃分歧，从而妥协、合作、达成共识，实现异质社会稳定的民主。利普哈特说："倘使政治领袖致力于结盟而非对抗式的决策，则多元社会也可以享有稳定的民主政府。"②

发展中国家与发达国家在战后相当长一段时间内都出现过政治动乱问题，这两类国家政治动乱的发生都与民主问题有关。稳定民主理论是指在民主危机的历史背景下产生的主张稳步推行民主进程的一种理论。这种理论站在少数人对多数人有效管理的立场上，主张多数人对少数人的制约不能妨碍少数人的有效政治管理。稳定民主关注政局稳定和提高政府能力，强调民主稳定发展的重要性，着力探讨了如何稳步推进民主的问题。该思想流派的代表人物主要有塞缪尔·P.亨廷顿、利普塞特等。利普哈特也十分重视民主化进程中的政治稳定问题，与稳定民主不同的是他的关注点主要集中在多元社会经验的研究和推进民主过程中的制度设计上，研究政治制度设计与政治民主推进的稳定。

亨廷顿的稳定民主理论是从现代化与发展中国家的发展问题来研究的，他认为发展中国家必须稳定地推进民主政治建设，现代化的结果最终产生稳定，而现代过程却容易引起不稳定。亨廷顿在探讨20世纪50—60年代发展中国家普遍发生政治动乱的原因时，认为发展中国家现代化过程中的动荡并不是因为他们的贫穷和落后，而是因为现代化本身。现代性产生稳定，而现代化却会引起不稳定。虽然现代化和政治稳定之间并没有直接的因果关系，但二者是通过某些中介环节形成的因果链条而发生因果关系的。亨廷顿把这些中介因素归纳为三对关系六个因素，他把这三对关系归

---

① [英]戴维·赫尔德：《民主的模式》，燕继荣等译，中央编译出版社2004年版，第288—289页。

② [美]李帕特：《多元社会的民主》，张慧芝译，台湾桂冠图书股份有限公司2003年版，第110—111页。

结为三个比率公式:社会动员/经济发展=社会挫折感;社会挫折感/社会流动机构=政治参与;政治参与/政治制度化=政治的不稳定程度。社会动员与经济发展两个因素都是现代化过程的必然结果。现代化过程中社会动员的作用是提高人们的期望;经济发展的作用则是提高社会满足人们期望的能力。当社会动员超过经济发展的速度时,社会需求的期望和社会需求的得到满足之间就会失衡,人们的社会挫折感就会非常强烈,于是人们就会寻求通过政治参与向政治系统施加压力来获得必要的满足。亨廷顿认为,这时如果社会存在着较大的纵向和横向流动的可能和机会,这种纵向和横向流动的可能和机会就会极大的缓解社会挫折感,而一般情况是前现代化国家的社会结构缺乏这种流动的可能和机会,所以,人们寻求通过政治参与向政治系统施加压力的可能性就更大。政治参与迅速扩大要求社会政治制度化的水平迅速提高,否则就会造成政治动乱。因此,亨廷顿认为政治参与政治制度化水平的比率关系是产生政治稳定的最直接和最关键的因素。这是因为:首先,社会动员对于现代化而言,是现代化的不可缺少的步骤,也是"产生不安定的必要条件"。① 因为社会动员是人们接受新的社会化和行为模式的过程,它必然会动摇人们对传统社会的政治合法性认同,同时也会形成新的认同感和忠诚感,从而引发社会群体内部不同群体间的矛盾冲突。"群体意识的萌发与生成便在情理之中。群体意识的发展,对社会体系既会产生整合性的影响,也会产生破坏性的影响。因为,群体偏见的出现将会造成群体间的冲突。"②其次,现代化过程中的社会动员会刺激个人特别是新兴社会集团迅速而有力的政治参与,有序的政治参与需要相应的制度作为保障,政治制度化水平不高情况下的参与扩大就意味着不安定和动乱。"社会动员和政治不安定似乎也直接相关。都市化、识字率和教育水平的提高,传播媒介为大众所利用,都提高人们的追求与期望,如果它们得不到满足,那么这些追求和期望就会刺激个人和群体参与到政治中去。在缺少具有适应力强和强有力的政治制度的情况下,参与的扩大就意味着不安定

---

① [美]塞缪尔·P.亨廷顿:《变革社会中的政治秩序》,李盛平等译,华夏出版社1989年版,第53页。

② [美]塞缪尔·P.亨廷顿:《变革社会中的政治秩序》,李盛平等译,华夏出版社1989年版,第53页。

和暴乱。"①

　　经济发展在一定程度上可以减缓现代化社会动员带来的政治不安定。经济发展会提高一个社会满足这些期望的能力,有助于减少社会挫折感以及由此产生的不安定。但同时,经济发展自身也是一个不安定产生的过程,为满足期望所需要的社会变革,实际上恰恰会提高人们的期望。经济增长与政治不安定之间的关系是随着经济发展水平的不同而变化的。经济发展水平很低,二者之间存在着正比关系,经济发展处于中等发展水平,二者追求无关联;经济发展水平很高,二者之间便存在着反比关系。

　　社会挫折感、社会流动机会与政治稳定密切相关。社会流动是指人们在政治、经济和文化地位及职位等方面的变化。社会流动分为横向流动和纵向流动。横向流动是一种水平流动;纵向流动是一种垂直流动。满怀期望的人们只要有流动的机会,就会有发泄社会挫折感的机会和渠道,社会则相对有稳定的保证。否则,政治参与便成了有雄心有抱负有能量的社会活跃分子进取的道路。社会挫折感促使人们向政府提出种种要求,公众通过扩大政治参与来满足这些要求。

　　政治参与是社会动员之后的社会成员和社会集团参与各层次的政治决策过程的活动,政治参与是发展中国家政治现代化的核心内容。政治参与能否导致社会政治动乱,关键是看现有政治体系的政治制度化水平。政治制度化是指社会集团进行政治参与的确定的组织和秩序,它具有缓和、疏导、规范参与主体行为的作用。亨廷顿认为,任何政治制度化的程序,可用其组织和制度的适应性、复杂性、自立性和凝聚性来验证。用亨廷顿自己的话说:"政治制度乃是首先一致性与共同利益在行为上的表现。"②"所谓的制度,是指稳定的受到尊重的和不断重复的行为模式。""制度化是组织与程序获得价值和稳定性的过程。"③

---

①　[美]塞缪尔·P.亨廷顿:《变革社会中的政治秩序》,李盛平等译,华夏出版社 1989 年版,第 47 页。

②　[美]塞缪尔·P.亨廷顿:《变革社会中的政治秩序》,李盛平等译,华夏出版社 1989 年版,第 11 页。

③　[美]塞缪尔·P.亨廷顿:《变革社会中的政治秩序》,李盛平等译,华夏出版社 1989 年版,第 12 页。

政治制度的适应性是指政治体系对变迁的环境的适应能力。在变化社会中的政治体系的适应性越强,说明其政治制度化水平越高。政治体系在现代化变革的社会环境中,应制定相应的措施,来适应政治参与扩大的需要,不断地把现代化中涌现出来的社会集团进行同化,纳入现存的政治体系,化消极因素为积极因素,扩大政治体系的输入和输出功能,提高其同化和领导力。政治体系的复杂性既包括在等级上和功能上组织的层级单位增多,也包括各类组织单位自身的结构分化,组织的单位越复杂,越能获得其成员对组织的忠诚。此外,具有许多目标的组织在失去一项目标之后,仍具有自我调节能力;而仅有一项目标的组织,其自我调节能力较差。最简单的政治体系,是那种完全依赖某个个人的体系,这种政治最不稳定。一句话,形式简单的政府容易蜕化,混合型国家则可能较为稳定。政治制度的自立性是区别于其依附性而言的。自立性是指政治组织及其运行程序独立于其他社会集团及其行为方式的程度。它包含各种社会势力与政治组织之间的关系,是各种社会势力互相竞争和艰苦较量之后的一种权力格局。一个政治组织的自立性必须具备两个条件:一是凝聚和整合各种社会利益,不能只是代表某一社会集团的利益;二是该政治体系不能轻易受某个社会集团的控制和影响,应该有自己独立的利益和价值。自立性差的政治体系,既容易受到社会内部非政治性势力的影响和左右,也容易受到社会外部势力的影响;自立性强的政治体系则不会轻易受内外势力的干扰和影响。在变革的社会中,都会出现许多新的参与政治的新群体,如果政治体系缺乏自立性,则这些群体在已有的政治组织和政治秩序认同的情况下登上政治舞台,这种政治体系和程序便会经受不住新社会势力的冲击,而导致社会不稳定。反之,在一个自立性强的健全的政治体系中,则可以调节与缓和新群体的冲击,并使政治体系的自立性得到保护。在一个高度制度化的政治体系中,政治体系的自立性机制或是减缓新群体介入政治的速度,或是通过政治社会化的过程,促使新群体中最积极的政治活跃分子发生变化,从而使政治体系不会因为接纳新的势力而牺牲其制度的完整性,导致社会的不稳定。

政治制度化的凝聚性和离散性是相比较而言的。一个组织或政治系统越统一,越具凝聚力,其制度化的程度便越高;反之,离散性越强,其制度化的程度也就越低。

任何政治制度化都是适应性、自立性、复杂性、凝聚性的统一。发展中国家大多是制度化水平较低的国家。因此,"社会动员和政治参与扩张的速度偏高,政治组织化和制度化的速度偏低,其结果只能是政治不稳定和无秩序。"对于发展中国家来说,无论是现代化还是民主化。"首要的问题不是自由,而是建立合法的公共秩序。人类可以无自由而有秩序,但不能无秩序而有自由。"①因此,政治稳定与政治民主具有同等的价值,民主变革也好,新兴民主国家也好,必须稳定地推进民主,在稳定中实现民主和民主的价值。

在分析了变动社会中影响政治稳定的因素的基础上,亨廷顿得出结论:发展中国家现代化进程和西方现代化进程有着严重差异,现代化中国家只有在谋求稳定的前提下,推进民主建设。关于如何实现现代化进程中的稳定的民主,亨廷顿的建议是:一是在实践中重视制度化建议;二是应该选择特殊的推动民主进程的途径,先集中权力,再分化权力。亨廷顿认为,现代化对于一个权力分散的、组织松懈的传统体制来说,现代化前期把权力集中起来促进传统社会和经济发生变化,然后再扩大政治体系的权力,动员和吸收新参政集团,共同建立现代政体。② 因为,"权力集中是社会变革的先决条件。"③"民主运动必须集中统一,因为在完成之前必须扫清障碍。"④三是重视军人在由执政官统治到公民政治参与扩大中的作用。亨廷顿认为,军人干预政治是治理混乱和稳定政局的最好办法之一,但军人干政不是目的,它应该在实际统治中,致力于政治制度化,净化社会,逐步扩大政治参与,最终确立一种公民秩序使政治权威的合法性建立在民选的基础上,最终还政于文人政府。这是其先集权,后分权思想的具体化。四是重视政党的作用。"在现代化国家中,谁有政治组织、谁就控制了未来。"⑤而政党是现代社会

① [美]塞缪尔·P.亨廷顿:《变革社会中的政治秩序》,李盛平等译,华夏出版社1989年版,第5页。
② 参见[美]塞缪尔·P.亨廷顿:《变革社会中的政治秩序》,李盛平等译,华夏出版社1989年版,第132页。
③ [美]塞缪尔·P.亨廷顿:《变革社会中的政治秩序》,李盛平等译,华夏出版社1989年版,第130页。
④ [美]塞缪尔·P.亨廷顿:《变革社会中的政治秩序》,李盛平等译,华夏出版社1989年版,第126页。
⑤ [美]塞缪尔·P.亨廷顿:《变革社会中的政治秩序》,李盛平等译,华夏出版社1989年版,第444页。

最典型的政治组织。亨廷顿认为现代政党体系有两种能力,第一通过体系扩大参与,控制或转移动乱;第二,缓和并疏导新近被动员的集团参与政治活动,使之不破坏体系。"一个强大的政党体系可以为吸引新的集团进入体系提供制度化的组织和程序。现代政党制度是现代化国家实现政治稳定的先决条件。"①政党的政治作用主要是组织参与、聚合利益、充当社会势力与政府联系的纽带。五是发达国家也须平稳推进民主政治建设。发达国家民主混乱的原因是:权威的衰落、公众信心和依赖的衰落、政治体制的衰败,重要的是,民主在很大程度上需要节制,走向民主与稳定的平衡。"一个内在本质是优秀的价值观,没有必要去达到最佳状态。"②政治民主的无限扩大也潜在地存在着一些合乎需要的节制,只有限制,才会能走向民主的平衡。"如果民主在一个更为平衡的状态下存在,其寿命会更长久些。"③

利普哈特在长达30余年建构其共识民主理论的过程中,没有像亨廷顿那样,把稳定民主作为一种价值目标去建构自己的民主理论,清晰构筑其稳定民主理论的具体语境,尤其是没有能够在政治民主化与政治权威理性化的双重观照下去考量民主稳定的论题。但作为同时代的民主理论家,他们也有许多关联和相似之处,例如:都十分重视政治稳定对民主的作用,都注重从制度建构方面去建构自己的稳定的民主理论,都十分重视政治体系中如政党、政治体系更迭,政治发展中各种利益集团等因素对于构建稳定政治体系的作用等等。与亨廷顿专门从政治发展与政治现代化的原理上分析论证政治稳定与民主政体政治发展不同,贯穿于利普哈特共识民主理论形成始终的一个重要价值取向是:现代民主政体持续稳定的机制;政治共识与多元冲突之间的平衡。一个重要理念是各种民主的要素或变量中的有利于民主和稳定的制度建构。简而言之,利普哈特则更为注重在多元社会民主特定的架构之内探讨政治稳定的论题,探讨多元异质社会的稳定民主自身的

① [美]塞缪尔·P.亨廷顿:《变革社会中的政治秩序》,李盛平等译,华夏出版社1989年版,第400页。
② [法]米歇尔·克罗齐、[日]绵贯社治:《民主的危机》,马殿军等译,求实出版社1989年版,第102页。
③ [法]米歇尔·克罗齐、[日]绵贯社治:《民主的危机》,马殿军等译,求实出版社1989年版,第103页。

内在特质。

利普哈特的共识民主理论(包括其早期的协合民主理论)作为一种现代民主政体良性演进与发展的核心理论体系,其民主理论的基本理念自然包括他对现代民主政体之稳定性维续的内在机制的理论认知,在其多维度探讨共识民主理论的过程中,如何维续民主政治的稳定与发展始终是其理论考量的基点。利普哈特在其《多元社会的民主》中,开宗明义,就把自己的协合民主定位于"多元社会的稳定的民主政府形态"。他以政治实践的乐观主义口吻说:"在一个多元社会里建立并维持稳定的民主政府型态,或许是困难的,但并非全然无其可能。"①不仅如此,在其后期的重要代表作《民主的模式——36个国家的政府形式和绩效》中,他选择民主国家的标准之一就是民主制度的稳定、巩固。"要求所选择的国家不仅目前是民主国家,而且要在相当长的时期内保持民主制度……它们的民主制度相当稳定、巩固。"②

在利普哈特看来,民主政治的稳定是政治社会体系维持其自身平衡,尤其是在多元社会中,人们的价值取向不同,政治社会体系能够形成一致的价值观念,达成政治共识,实现其自身价值的异同之间的平衡,从而实现其政治社会系统的秩序与稳定。在多元社会的民主政体中,政治权威的存在及其相应作用的发挥固然必要,然而更为必要的是多元社会政治社会体系的价值取向处于一种不断变化调整的状态之中,在政治社会所形成的价值妥协与政治共识中,政治社会体系实现其动态平衡,从而维系政治社会的稳定。由此,我们可以看出,与其他众多稳定民主论者不同的是,在利普哈特的学术语境中,政治稳定的论题未开辟专门的篇幅来讨论,而是被放置于具体的政体结构中、具体的制度中被讨论的,民主政体与非民主政体的区分是他探讨政治稳定的前提。因此,我们可以认为,利普哈特对政治稳定的论题更多地关照的是民主政体维系稳定的内在机制。

实质上,利普哈特对多元社会的政治稳定问题是始终保持理论上的清

---

① [美]李帕特:《多元社会的民主》,张慧芝译,台湾桂冠图书股份有限公司2003年版,第1页。

② [美]利普哈特:《民主的模式:36个国家政府形式和政府绩效》,陈崎译,北京大学出版社2006年版,第33页。

醒的,只不过他始终保持的是实践的乐观主义而已。政治不稳定当然是任何政体中都力求避免的,政治稳定也并非是在任何情况下都是可欲的,在社会多元和分裂社会中尤其如此。对此,亚里士多德就有十分清醒的认识,认为社会同质与成员间的政治平等是国家长治久安的前提。托克维尔也早有告诫:"我完全同意,社会的安定是一件大好事,但我也不愿意忘记,所有的国家在出现暴政之前,也经历过一段秩序良好的时期。当然这不是说任何国家都轻视社会安宁;但也不应说,一个国家只有社会安宁就足够了,如果一个民族只要求他们的政府维持秩序,则他们在内心深处已经是奴隶,即成为财富的奴隶,而将要统治他们的人不久也就可能出现了。"①利普哈特作为一个民主理论家,当然熟悉托克维尔描述的政治情景的弊害所在:在政治权威下实现一种奴役式的秩序与稳定,进而使政治堕落为专制。而他所追求的多元社会的政治稳定,便包含了包括托克维里在内的许多政治学家所可遇而不可求的稳定民主政治。所以,利普哈特也清醒地认识到,在多元社会里建立稳定的民主政治,是一件相当困难的事情。"欲在一个多元社会里建立并维持稳定的民主政府形态,是相当困难的一件事。"②也清醒地认识到,社会同质与政治共识,是稳定民主政体的先决条件,或权有利于民主政体的元素。"多元社会深刻的社会分歧与政治歧异,则是导致民主政体不稳定与互解的罪魁祸首。"③所以我们说,当代西方多元社会,是以社会和政治内部的高度紧张和冲突为特征的。多元社会中的社会冲突是多种多样的,低层阶级与上层阶级之间,精英与大众之间,左派与右派之间,不同的代际之间,不同的族群之间,不同的宗教势力之间,不同的地域之间,代表不同文化的政治势力之间的冲突等等。虽然所有的现代民主政治情景中的社会力量之间的政治与社会冲突都是利普哈特民主政治理论所考量的对象,但利普哈特并未陷入到冲突中的调解和单纯地追求社会稳定中,而是把它们归纳为多元社会的区块分裂的多元社会结构,从政治共识与社会政治整合

---

① [法]托克维尔:《论美国的民主》(上),董果良译,商务印书馆 1988 年版,第 673 页。
② [美]李帕特:《多元社会的民主》,张慧芝译,台湾桂冠图书股份有限公司 2001 年版,第 1 页。
③ [美]李帕特:《多元社会的民主》,张慧芝译,台湾桂冠图书股份有限公司 2001 年版,第 1 页。

的角度,强调共识民主是一种"通过多种手段试图分享、分割的限制权力"。……是一种与多数民主的"排他性的、竞争性的和对抗性的"相区别的,以"包容、交易和妥协"为特征的民主模式。①

如上所述,我们可以看到,利普哈特强调共识民主(包括协合民主),是在包容、交易、妥协而非排他、竞争、对抗原则下运作的民主政治体系,强调现代民主政体的包容、交易、妥协原则之下的政治一致与共识,是一种多元共识与社会多元冲突之间的内在动态平衡。在多元社会各种政治力量冲突的同时,通过多种政治的、民主的手段,使他们之间不断调整、宽容妥协,形成共识,实现一种动态的冲突与一致的平衡,进而维系政治体系的动态平衡,即民主政体的稳定。同样我们也可以看到,利普哈特的共识民主理论,也正是在对多元社会的价值与文化的多元与政治民主制度的双向观照中,建构他的政治民主理论和比较政治理论的。

(四)共识民主理论中的制度主义与宪政主义

自从现代国家概念于16世纪出现后,我们可以轻易地从政治思想史的源流中,找到关于国家形式的制度层面的理论。如果说,阿尔图休斯(J.Al-thusius)关于联邦制的理论、洛克(J.Locke)关于政府同人权保障而生的概念、孟德斯鸠(C.S.Montesquieu)的权力分立概念、林兹(J.J.Linz)关于总统制的看法等,我们把它看做是旧制度主义体系的话,以利普哈特为代表,包括迪尔韦热(M.Duverger)②在内的总体层面的制度研究,带来了许多观点各异的制度层面的论题。我们可以称之为新制度主义。当然这里也包括致力于对国家和市场作出整体区分,并检视政府干预的手段,来建构经济制度非传统方式的新制度经济学派的新制度主义。例如:美国经济学家D.诺斯(D.North)、R.科斯(R.Coase)、T.舒尔茨(T.W.Schultz)等对影响经济制度的研究,哈耶克、弗里德曼等对政治自由制度的研究等。他们的共同之处在于:政治民主不只依存于经济与社会条件,也依存于政治制度设计。

---

① 参见[美]阿伦·利普哈特:《民主的模式:36个国家政府形式与绩效》,陈崎译,北京大学出版社2006年版,第2页。

② See J.G.March and J.P.olsen, *Rediscorkring Institutions:the Organizational Bass of Politics*. New York:Free Dress.1989.p.17.

政治制度是国家依靠对合法暴力行动的垄断权来维持的规则,一旦这些规则被适当地制度化,它将成为决定如何治理国家的一种机制,这些规则中的一部分重要的基本规则,被明文记载于国家根本大法——宪法之中,因此我们在评估政治制度的重要性时,关注的焦点应该放在宪政制度的比较研究之上。利普哈特就是一位对宪法比较研究情有独钟的一位宪政民主主义者。

民主不是一个单一的概念,宪政也不是一个单一的概念,可以说,这两个概念都是有多少研究者,就有多少种理解的概念。从多元主义的角度来研究民主和宪政,是一个十分复杂和困难的事情。就"宪政民主"而言,"宪政民主"这一术语既可以理解为相互矛盾,又可以理解为同意重复。一方面,宪政与民主似乎是互相对立的,前者意味着"限制和分割"权力,后者则有权力的行使从根本上来说是"统一的和不受限制"的含义。另一方面,宪政可以被理解为民主博弈规则的法律化,即指"谁能投票,如何投票、何时投票以及为什么投票"。① 由于民主理想不仅仅包括对民主正式程序高度的忠诚,比如多数规则,许多宪政主义者就认为,没有一个真正的民主党人能始终如一地允许民主废除它自己。因此,保护民主程序本身所内含的权利,防止它们被民主选举产生的政客废除,这并不存在什么矛盾。② 然而,规则可以约束权利,也可以授予权利。世界上存在着许多不同模式的民主,它们对民主规则的定义是多种多样的,有时甚至是互相矛盾的。如果民主意味着"人民的统治",那么,民众就享有在他们愿意的任何时候重新定义规则的自由,而且不应该依赖于任何既定的定义,当人们想到,"许多民主国家的宪法曾经将一些重要的人群——特别是妇女和没有财产者——排除在公民身份之外,曾经为大众意志的行使设置严重障碍时,例如代表的间接

① 佟德志:《宪政与民主》,江苏人民出版社2007年版,第222页。关于本引文涉及的观点,可参见:S.S Wolin,Collective Identity and Constitutional Dower.The Presence of the Past:*Essays on the State and the Constitution*,Baltimere:The John Hopkins University Press.1989,p.8 关于宪政对民主范围的限制,可参见:A. Weale,The limits of Democracy,in A.Hamlin and P.Pettit.eds.*The Good Polity:Normative Analysis of State*,Oxford:Basil Blackwell,1989;以及 R.Ruffilli,Riforma delle istituzionietrasformazion della political,in *Istituzioni Societa State*,Vol.Ⅲ.Bologna:Il Mulino,1991.pp.707-721.

② See P.Jones,*Rights*,London:Macmillan.1994,pp.173-175.

选举,我们就需要对民主的批判保持开放的可能性,这一点就显得特别重要
了"。①

对于民主来说也有这样的问题,大多数宪法是通过民主方式制定和颁
布的,并在很大程度上从这一事实中获得其合法性。然而,如果宪法仅仅是
民主政治的人为产物,那么,人们就很难赋予它们任何独立的分量。而宪政
主义者也会回应,"民主观念是被它自己的鞋带绊倒了,或者说,自己废除
自己听起来同样很奇怪。"②民主是由一些价值构成的,比如自治和平等,但
这些价值并不是自己产生的,而是由宪法予以规定的,如果是这样的话,他
们就会相信,定义民主的宪法规则是不可剥夺的,即使是被人民剥夺,它自
己仍然是存在的。

实际上,这种悖论式的论辩说明,宪政主义者和民主主义者都试图重新
定义对方的术语以使他们互相兼容,宪政主义者试图将民主整合到宪政中
去,并强调将权利和自由的构架作为政治的必要假设的重要性;民主主义者
则认为,宪法是民主程序的结果,又与政治体系的制度和实践在很大程度上
是同构的。这样辩论,一方面反映了宪政与民主的二律背反,另一方面从一
个侧面也说明了宪政与民主的关系的复杂性。

宪政与民主的关系是复杂的,宪政与多元主义的关系也同样是复杂的。
如果从多元的视角去理解宪政,那就很难为宪政尤其是为司法审查进行辩
护。多元主义政治把现行的财富的分配和现行的一系列的偏好看成是外生
性的,这种外生性难以为政治进行辩护。"宪政的职能之一是防止多元主
义政治,至少是限制其最为有害的哪些方面。"③各种各样的宪政与非多元
主义的民主是高度一致的,对它们来说,"立宪民主的中心任务是确保公众
对偏好进行讨论并加以集体选择的选择领域,同时防止派别专制和自利代
表的危险。"④所以,很难抽象地讨论宪政与民主的关系,多元主义与宪政与

---

① 佟德志:《宪政与民主》,江苏人民出版社 2007 年版,第 222—223 页。
② 佟德志:《宪政与民主》,江苏人民出版社 2007 年版,第 223 页。
③ [美]埃尔斯特、[挪]斯莱格斯塔德:《宪政与民主》,潘勤等译,三联书店 1997 年版,第 397 页。
④ [美]埃尔斯特、[挪]斯莱格斯塔德:《宪政与民主》,潘勤等译,三联书店 1997 年版,第 397—398 页。

民主的关系,某些宪法可能会促进民主,另一些则可能会颠覆民主。多元主义某些方面可以促进宪政与民主改进方式,更多情况是给民主和宪政提出挑战。民主、宪政、多元社会之间存在不可避免的张力,未来的任务就是提出和建构一种恰当的民主观,提出并建构一些只会支持而不会削弱这种民主观的宪法规定。利普哈特的协合民主与共识民主理论,就是这种建构的一种有效的尝试。

在宪政民主关系的研究中,无论是实证的,还是规范的研究,大多数研究者都主要着眼于美国的经验。① 而利普哈特的协合民主与共识民主理论的视野则更为宽广了。协合民主主要以欧陆四个低地国家的民主经验作为研究对象,共识民主的研究和视野就更为宽广了;1984 年的《当代民主类型与政治:二十一个国家多数模式与共识型政府》中的二十个美国以外的发展中国家在内的民主经济为研究对象,到 1999 年《民主的模式:三十六个国家政府形式和政府绩效》中,研究对象是:1984 年的基础上,扩大为 36 个国家。利普哈特的宪政主义,主要还是欧陆型的宪政主义。欧陆型宪政主义与英国模式的西欧型的宪政主义还是不同的。有学者根据宪政"涵盖制度的多寡与强弱",把欧陆型的宪政主义称之为"浓厚的宪政主义";把英国式的西欧国家的宪政主义称为"浅薄的宪政主义"。二者的共同之处在于都依据古典的孟德斯鸠模式,国家机关包括国家元首、国会与司法部门,而国家的职权则包括行政权、立法权与司法权。国会是立法机构,专司制定成文法与通过预定法案。立法机关在国家的政治生活中扮演了重要角色。浅薄的宪政主义有赖于"程序的课责性"(Procedural accountability)、代表性以及权力上的分工;深厚的宪政主义除了这些机制外,还要求以下条件:刚性宪法(rigid constitution)、权利法案(bill of rights)、对少数者的保护以及司法审查制度的存在。② 在《新制度主义政治学》这部著作中,作者把利普哈特归为欧陆型的深厚的宪政主义者,并把他的多元社会的共识民主模式称之为"李帕特体系"。其实,利普哈特的共识民主模式中的宪政主义,比欧陆型

---

① 参见佟德志:《宪政与民主》,江苏人民出版社 2007 年版,第 224 页。
② See Jan-Erik Lane and Svante Ersson. *The New Instithtional Politics*. Routledge,2002.并参见 Jan-Erik Lane and Svante Ersson:《新制度主义政治学》,何景荣译,台湾韦伯文化国际出版有限公司 2002 年版,第 416—422 页。

的还要深厚:在 1984 年的《民主政体》中,利普哈特概括出了共识民主的 8 个特征:超大型的联合内阁;行政机关与立法机关的权力平衡;多党制;多个问题维度;选举的比例性;联邦制和地方分权;两院制议会;受司法审查保护的刚性宪法。① 在 1999 年的《民主的模式》中,利普哈特把共识民主的模式中各种正式的非正式的规则和制度归结为一个清晰的二维模式,十个特征:即:行政机关——政党维度(executive-parties dimension)和联邦制——单一制维度(federal-waitary dimension),第一个维度包括了行政权力,政党制度,选举制度以及利益集团制度等制度安排有关的 5 项特征;第二个维度包括了单一制与联邦制、一院制与两院制,承性宪法与刚性宪法;司法审查制度、独立的中央银行等 5 个特征。②

在这里利普哈特并未从原理意义上去探讨宪政、民主、多元社会的复杂关系,而是从多个民主国家的实际经验中,归纳比较,用共识——制度整合的思维方式去研究多元社会中宪政、民主的复杂关系。虽然其理论内部也不乏矛盾与冲突,但作为一种经验型的民主模式的自洽性要远远大于其内部的紧张。

除此之外,利普哈特还是一个执着于制度与宪政工程的学者。西方民主对于宪政的诉求可以追溯到 17 世纪英国资产阶级革命的动荡时期。宪政方式需要描述和解释同出政治机构以及有利于实现自由、平等和民主等价值的社会文化、经济条件等,在"立宪"或"修宪"的背后,其实都存在着一种强烈的信念:宪法是国家存在的最重要的制度,借助于宪法政策的制度与履行,很多事物都会随之改变。关于宪法对国家的主要功能,乔恩·埃尔斯特指出,从纯技术的角度看,制定宪法主要有三个功能:规定并保护权利;确定政治权力分配图;确定宪法修改程序。③ 就宪法与民主的关系而言,理查德·贝拉米(Richard Bellamy)的观点是:首先,宪法对政治的某些限制被

① 参见艾伦·李帕特:《当代民主类型与政治二十一个国家多数模型与共识模型政府》,际坤嘉译,台湾桂冠图书股份有限公司 1993 年版。

② 参见[美]阿伦·利普哈特:《民主的模式:36 个国家的政府形式与政府绩效》,陈崎译,北京大学出版社 2006 年版,第 2—3 页。

③ See Jon Elster, Constitutionalism in Eastern Europe: An Introduction, *The University of Chicago Law Review*, 58(1991), pp.447-482.

认为对于保护前政治或外政治领域是必要的,在这些领域中,不管他人有什么意见和利益,都应与外在的干预绝缘。其次,宪法能帮助人们解决集体行动中的问题,预防部分人民薄弱的意志和短浅的目光。再次,宪法能帮助政治使那些具有爆炸性和分裂性的议题远离议事日程。这种务实的考虑能支持宗教信仰自由和私人财产采取超越民主的保护。第四,它能保护民主固有的权利,比如言论自由和投票权。最后,它授予人民政治权利。例如使行政机关处于民主控制之下。① 实际上,关于宪法与民主的关系,还可以列出许多来,利普哈特作为一个宪政主义者是认可宪法对于民主政体重要作用的,无论是协合民主或是共识民主理论形成与发展,都没有脱离西方宪政民主理论所规范的代议政治和政党政治等的基本框架,仍然是关于宪政民主具体实现形式的规范理论。

在 1997 年的《多元社会的民主》中,他探讨了实行协合民主的八个方面的有利条件;探讨了非协合民主政体中的协合民主因素,并对加拿大、以色列、北爱尔兰的协合政体进行了实例分析;还以黎巴嫩、马来西亚、塞浦路斯为实证例,对第三世界的协合民主案例进行了评估,分析了其有利和不利因素。对第三世界原西方殖民地国家的协合民主因素也进行了分析和探讨,最后在经济与政治的结合上,提出其协合民主工程,实质上是制度设计的思想。在其 1984 年和 1999 年的著作中,也同样体现了其宪政工程的和制度设计的思想。最典型的表现其这一思想是 1996 年,利普哈特与克劳斯·H.维斯曼合编的《新兴国家的宪政选择》一书,该书从选举制度、行政与立法关系、市场经济三块对东欧国家和拉丁美洲新型民主国家进行制度建构,阐述了制度、宪政设计与民主化的关系、经济与民主的关系等。

自 20 世纪 60 年代晚期,利普哈特的制度主义或者宪政主义就在比较政治学领域扮演着指导性的角色。与孟德斯鸠体制的适用性相比,利普哈特的研究的焦点则锁定在具备民主条件的国家。从制度主义的视角考量,利普哈特的宪政主义或制度主义体系的基本理念是:民主政体可以用各种非常不同的方式进行建构,不同的建构方式会造成输出结果的不同;其民主制度的多种制度综合和各种制度的影响面,可以是一起提供出来的,但各种

---

① 参见佟德志:《宪政与民主》,江苏人民出版社 2007 年版,第 224—225 页。

制度影响力在经验层面的证据,要到不同制度的文化背景中和不同国家中去寻找。利普哈特的制度的另一个特点就是制度整合。

(五)共识民主中的选举与政党理论

就当代西方现实民主而言,选举制度、政党制度和行政与立法机构的制度安排,构成了当代西方民主运作机制的核心。选举制度的作用是把人民手里的选票变成议会里面的席位或政府中的职位;政党制度的作用是运作选举和组织政府;政党制度和选举制度的目的是组织政府,现代国家的政府基本上都会区分立法与行政两种基本功能,按两种功能的连接方式,国家政治制度可以划分为总统制和议会制。虽然从民主的原本意义上看,选举与政党原本与民主风马牛不相及,但现在选举被普遍认为是制度民主不民主的分水岭,似乎有了选举就是一切,而各种选举制度之间的差别是无关紧要的;政党从古代到现代都是不受政治欢迎的东西,只是到了最近一个世纪,它才变成好东西,因为在现代政治生活中,各种各样的集团、组织很多,政党与其他政治组织区别在于,其目的不是影响决策,而是通过选举或其他方式执掌政权。所以政党与选举成了西方现代民主的两个重要基本的东西。这实质上不是民主的本义,而是民主的异化。

不管你怎么去认识民主,但考察当代西方民主,选举和政党制度的考察是绕不过去的。在现有的民主体制下,选举是重要的。"除了小型的政治共同体之外,民主一定意味着代议制,在这种民主形态中,民选官员代人民做决定……在代议制民主中,这一必不可少的任务由选举制度——将公民的选票转换成代表议席的一套方法——来完成。因此,选举制度可以说是代议民主的基本要素。"①现代民主体制下,选举的作用重要性主要体现在两个方面。一方面是工具性意义。选举会决定谁能够变成政治精英,会影响政党制度的形态,立法机构的构成,行政机构的组建。同时选举制度还会影响个人的投票行为,以及政党的竞选策略。另一方面选举还有象征意义。它给选民的感觉是:我投了票,我参与了政治过程,我影响了政府的

---

① [美]阿伦·李帕特:《选举制度与政治制度:1945—1990 年 27 个国家的宪政研究》,谢岳译,世纪出版集团、上海人民出版社 2008 年版,第 1 页。

形成。哪怕这种感觉完全是错觉，但其政治意义不容低估。从这个意义上说，选举加强了人们对政府和政治制度的认同性，提高了政府和政治制度的合法性。

虽然选举未必是实现民主的最佳方式，但在现有体制下，我们还是有必要探究在什么条件下，选举制度如何能够较好地接近理想民主。一般意义而言，应该有三个基本条件：一是选举的普遍性，所有的成年人都有权参与选举和被选举，不论性别、肤色、财富多寡、学历高低。二是选举要真正体现民意，选举的结果要尽量少地扭曲民意。即使没有暴力、胁迫、操控、金钱的影响，选举制度的设计也可能会导致只代表少数选民的意愿或半数选民的意愿，所以选举制度的设计应该使选举的结果尽可能多地代表选民的意愿，是选举制度设计和研究的重点。三是选举的正义性和公正性。选举要用公正的方法来进行，不受暴力、胁迫、操控或金钱等外在因素的影响，让选民真正表达自己的意愿。选举本来是人民选举代言人的过程，上述因素作用于选举过程，都会产生背离人民意愿的结果。这是选举制度最基本的条件，但并不说明符合这些基本条件就一定是民主的，与这些基本条件对应，选举制度一般都有三个重要组成部分：即选举权的规定，选区的划分，代表性规则。这三个组成部分中，代表性规则又是能促使选举更能反映民意的方面。

据不完全统计，目前世界上约有90%的国家有政党。在有政党的这些国家里，政党在社会政治生活中占据着重要的地位，发挥着重要作用；这些国家的重要政治人物，如国家元首和政府首脑，通常都是某一政党的领袖或重要骨干。近代政党是资本主义发展到一定程度、资产阶级经济力量和政治影响不断提高的条件下产生的。资本主义商品经济的发展，为近代政党的产生提供了经济基础；资产阶级自由民主思想的发展，特别是人民主权思想的提出，为近代政党的产生提供了理论武器。

从历史上看，近代政党在西方的产生经历了一个漫长而曲折的过程，但它始终与近代资产阶级夺取或控制政权相联系，与近代代议制民主相生相伴。迪韦尔热把政党的产生方式分为"内生党"（parties created within the electoral and parliamentary framework）和"外生党"（externally created parties）两种类型。内生党与国家权力紧密联系，是从议会中的"派别"逐步发展成的政党;外生党则是为谋求国家权力但产生于议会外的政党。① 所以,迪尔韦热在这里没有区别"派别"与"政党"。但迪尔韦热从时间上界定了现代政党的产生。尽管早在 17—18 世纪,欧美已经出现近代政党的雏形,但严格意义的政党则产生于 19 世纪。② 迪韦尔热的"真正意义"的现代政党,美国的学者帕隆巴拉和魏纳可能为他的说法提供佐证。他们认为,17—18 世纪英、法等国的政治党派已经具备了现代政党最显著的特点,把夺取或控制政治权力作为党派存在的目的。现代意义的政党必须具备以下几个特点:"一是组织上的延续性:即组织的预期寿命并不取决于现任领导人的寿命;二是存在明显而可能具有长期性的地方组织网络并定期沟通和联系;三是组织的领导人不仅仅是对权力施加影响而是能自觉获得或联合他人获得和保持决策权。四是注重组织在争取大众支持方面的组织和动员功能。"③

既然政党是适应社会历史条件而产生的,那么也就意味着政党的功能以及通过政党功能的发挥所产生的作用,能够满足各种客观社会历史条件的需要;并随着客观社会条件的发展变化而发展变化。关于政党的功能,中外学者多有论述,如亨廷顿认为:"政党的功能是组织参与,聚合利益,充当社会势力与政府相联系的纽带。"④K.冯·贝米则将政党的主要功能具体化为"目标制定;利益表达;社会动员;精英的形成与遴选"⑤四大方面。实际上,现代政党的作用与现代资本主义民主是密不可分的。英国学者詹姆斯·布莱斯(James Buyce)曾经指出:"政党之在自由国家,乃为必生之组织。未有自由国家而无政党者,苟无政党则代议政治无由运用。"⑥凯尔森认为,"现代民主完全是建立在各政党的基础之上的;民主原则越是付诸实

① See M.Duverger,*Political Parties:their organization and activity in the modern state*,London:Methuen,1964.p.xxx.
② See M.Duverger,*Political Parties:their organization and activity in the modern state*,London:Methuen,1964.p.xxiii.
③ J.Lapaombara,and M.Weiner(eds).*Political Parties and Political Development*, Princton:Princeton University Press.1966,p.6.并参见吴桂韩:《论政党兴起与发展的原因——兼论中西政党政治的差异》,《天津市社会主义学院学报》2007 年第 6 期。
④ [美]塞缪尔·P.亨廷顿:《变革社会中的政治秩序》,李盛平等译,华夏出版社 1988 年版,第 90 页。
⑤ 何华辉:《比较宪政学》,武汉大学出版社 1988 年版,第 321—323 页。
⑥ [英]蒲莱斯:《现代民主政治》,参议院公报科 1923 年版,第 90 页。

施,各政党的重要性也就越大。""认为没有政治派别也能够实现民主,那不是幻想就是虚伪。"①因此,主张必须给予各政党以宪法所认可的地位,也就是说要使它们具有作为"形成国家意志的机制"的职能,这样就能够使现代化国家民主化。尽管在历史上,政党现象从属于民主,但在现代民主政治中,它却构成了民主政治的基本内容,在一定条件下,甚至成为民主政治的必要前提。实质上,从民主的本义来说,政党的存在,在促进了民主有组织的同时,也限制了民主,都是在限制公民的选择范围,把公民的选择范围尽量的压缩,变成了由几个政党来代表。

在当代西方政治体制下,政党的主要功能有四个方面:一是代表,二是组织,三是稳定,四是制定政策。就代表功能而言,政党的作用处于政府和社会之间,一方面把公民的要求加以提炼归纳传达给政府;另一方面,将政府的政策加以解释,传达给公众。组织功能,包括招募、训练政治精英,提名他们担任公职,动员各种社会资源,支持精英参加选举,赢得选举。稳定功能,是指政党要参与制度内的竞争,政党必须接受现行法制的价值、规范、游戏规则,从而为维护现状创造了条件。为了参与制度内的竞争,政党必须影响民众政治偏好的形成,把形形色色的个人与团体纳入现行政治秩序,诱导民众采取或不采取行动。防止异端政治势力形成新的政党,破坏现行政治秩序。正常的制定政策功能是指,政党存在的目的就是要执政,要掌握政策制定的权力。执政前,政党往往会提出自己的政策主张;不过,一旦执政,这些政策主张,很少能约束政党的政策选择。

政党制度是现代民主制度的一项重要制度。一般来说,政党制度是一个国家政党分布的一般形态,其分类的标准是政党数量。政党的数量不是指社会中存在的政党的数量,也不是指议会里所有政党的数量,而是指下议院中占支配地位的政党数量。或者更准确地说,有效政党的数量是占据下议院95%席位的头几位政党的数量。根据数量分类,可以把政党制度分为五类:一是无党制,指国会候选人以个人名义而不是政党的名义参加。二是一党制,即不允许反对党存在,只有一个政党执政的体制。三是一党独大,

---

① [意]萨尔活·马斯泰罗内:《欧洲民主史:从孟德斯鸠到凯尔森》,社会科学文献出版社1996年版,第399—400页。

有些国家虽然允许其他党存在,但实际上是一党独大。四是两党制,两大政党轮流坐庄,其他小党只能在这种体制下小打小闹,永远没有机会参与执政。五是多党制,即有多于 3 个主要政党的制度,多党制可以分为轻度多党制和高度多党制,前者指有 3—5 个政党,其中一个能掌握议会 40%以上的议席,处于主导地位,但其他的政党可以形成政治同盟与之抗衡;后者指有6 个以上的政党,且没有一个政党能掌握议会 40%以上的议席。

目前,世界上 236 个政体中,26 个是无党制,8 个一党制,41 个一党独大制,35 个两党制,最多的是多党制,共有 126 个。① 从某种意义上讲,随着当代西方多元社会的多元化的趋势,社会分歧与分裂的存在,这些分歧与分裂的演化,与未来党派数量增多之间,恐怕会存在着某种线性关系。换言之,多党制在某种意义上会成为西方社会政党体制发展的趋势。

当代研究政党制度的学者都十分关注政党制度与选举制度的关系。最早发现两者之间关系并对此做深入研究的是法国政治社会学家迪韦尔热,他在 1950 年—1960 年间,发表的论文中观察到选举制度对政党制度的影响。迪韦尔热用总体面与个体面两种模型,来研究和解释两种选举制度——多数决制与比例代表制——所造成的影响,并比较他们之间的差异。后来,并把他的模型扩充解释,转换成为一种新模型,用来解释民主国家政治制度中选举制度类型与精英政治结果(例如政党体系的割裂程度,或是政府的稳定程度等)之间的关联性模型,②被称之为“迪韦尔热模型”。其基本的论断是:(1)政党数目很少的国家,它们会在选举制度上选择多数决制度;(2)比例代表制倾向于造就多党林立的形态……(3)两轮投票绝对多数决制倾向于造成许多政党相互结盟的形态……(4)相对多数决制倾向于造就两党制……③这些结论或法则背后,其实都是一个问题:即选举制度与政党体系之间的关系问题。在迪韦尔热的反对者中,不论是主张“比例代表制会造成多党制的抬头”,还是认为“相对多数决制则会导致两党制产

① 参见王绍光:《民主四讲》,三联书店 2008 年版,第 175 页。
② See Maurice Daverger. *Political Parties:Their Organization and Actiuity in the Modem State.* London:Methuen.[1951]1964.
③ See Maurice Daverger, *Dnverger's Law:* forty years later. in Grofman, B. and lyphart. A.(eds) *Eelectoral and Their Political Consequence*, New York:Agathon Dress,pp.69-84.

生"的学者,其实说的都是一回事,都是说的同一个法则,只不过说法不同罢了。至今针对两轮投票制(法国绝对多数决)所衍生出的理论,看起来更像是一个特殊性假设,因为比起英国式的相对多数决制度,这两种选举制度在选票和席位之间的不比例性更加严重。也就是说,两轮投票制似乎有利于真正两党制的产生。

政治学和社会学领域里的规律,都不是铁律,只不过是出现概率较高的现象,要找其规律涵盖不住的例外十分容易。所以,最好不用数学领域的某种函数关系式来表达和解释社会和政治学领域的现象和规律。有些新制度学研究者,往往用函数关系式来表达这些关系,虽然可以达到简单明了的目的,但不能充分说明其真正的内涵。例如,在讨论"比例代表制倾向于造就出多党林立的型态。"这句话并不意味着可以用这样一个函数公式(D_1)政党体系=F(选举方式),更不意味着,政党的数目随着选举方式的变化一直不断地增加下去,它所表述的意义仅仅是"采用比例代表制的国家,较容易出现割裂化的政党体系"而已。这些表达也无法预言,某国的政党体系会割裂到什么程度。

其实,迪韦尔热定律,是可以通过现实进行印证的,香港中文大学政治学教授王绍光在其《民主四讲》中,通过对195个政体的设计分析印证了这个定律(见表2-1):

表2-1　选举制度与政党制度的关系[1]

政党制度 选举制度	两党制	多党制	一党独大	一党制	无党制	总计
简单多数/ 相对多数	21 (66%)	32 (30%)	20 (51%)	5 (100%)	10 (83%)	88
比例制	9 (28%)	57 (53%)	7 (18%)	0 (0%)	0 (0%)	73
混合制	1 (3%)	14 (13%)	12 (31%)	0 (0%)	1 (8%)	28

[1]　参见王绍光:《民主四讲》,三联书店2008年版,第177页。

续表

政党制度 选举制度	两党制	多党制	一党独大	一党制	无党制	总计
其 他	1 （13%）	4 （4%）	0 （0%）	0 （0%）	1 （8%）	6
总 计	32 （100%）	107 （100%）	39 （100%）	5 （100%）	12 （100%）	195

单一选区相对多数决倾向产生两党制；复数选区比例制倾向于产生许多相互独立的政党（多党制），单一选区两轮投票多数决（第一轮得票最多的候选人与第二轮投票）倾向于产生容易形成战略同盟的多党制。总之，多数决代表制倾向遇到新兴政治力量的出现，加速淘汰衰落的政治势力；而比例代表制的作用正好相反。"多数代表制不仅容易产生两党制，也容易孕育一党独大，一党制和无党制。"①

在选举制度与政党制度关系研究方面，迪韦尔热是这方面研究的第一人，在这方面的研究也很深入。② 在迪韦尔热研究的基础上，利普哈特批判继承了迪韦尔热研究，并在其协合民主模式和共识民主模式中运用了这些研究。在其《选举制度与政党制度中：1945—1990年27个国家的实证研究》一书中，集中地进行了这方面的研究。有人把利普哈特的研究称为利普哈特体系，并把迪韦尔热的研究作为利普哈特体系的一个重要组成部分。③ 利普哈特选取的样本大多数为欧洲民主国家，换句话说："也就是那些已实行多年的选举制度。"从选举制度的三个基本属性，即选举公式、选区规模、当选门槛及与代议制机构的规模一起来研究比例代表性与政党制度之间的关系。用利普哈特的话说："我以选举制度三个最基本的属性来描述各种不同的选举制，它们分别是选举公式（例如，相对多数决定制，各

① 王绍光：《民主四讲》，三联书店2008年版，第177页。
② 我们这里讨论的只是其理论的结论部分或核心部分，其理论还讨论了选举制度与议会制度、总统制，与政治稳定等的关系，并有大量的实证分析。
③ See Jan-Erik Lance and Svante Ersson, *The New Institutional Politics: Performance and Outcomes*. Routledge: 2000.

167

种不同形式的比例代表制以及其他,等等)、选区规模(每一个选区应选名额)以及当选门槛(一个政党为取得代表权所需的最低支持度)。这三个要素——我稍后将对它们做更精确的界定——和代议机构的规模一起,对比例代表性与政党制度造成特别重大的政治影响。"①在该书中,利普哈特首先对研究的目标与方法进行了讨论,其目标是研究比例代表制与政党制度之间的关系及对民主的影响;其方法是比较分析法、横断研究设计策略,即:交叉制表分析、多重相关分析与回归分析相结合。同时"鼓励重复进行"(在分类、测量及其他方法论方面的二次分析)。② 其二,他对 27 个国家的70 个选举制度进行了详细的描述和分类,从而强调了选举制度的普遍模式(例如比例代表制名单与顿特公式的高频率采用)和趋势(更具比例性的方法与双选区制的使用,都具有日渐增强的趋势)。③ 其三,他运用相关性分析,横断研究等方法,探讨了选举制度各种变量、比例性偏差度、多党分化程度与过半数政党产生等变量之间的关系。同时他还通过对选票结构、选区名额配置、总统制政体以及政党联合竞选制等四个附带因素的探讨来扩展他的分析。其结论是:"比例性偏差度在选举制度的特征方面能够得到最好的解释。"其他各种不同因变量则是"有效门槛"——选举规模与当选门槛的结合;先举公式、议会规模、政党联合竞选、选票结构与总统体制等因素的解释力是"较为中度的,但绝不是可以忽略的。"一句话:"选举制度虽然对多党分析程度的影响是中度的,但它仍然具有相当重要的作用。"④

实质上,利普哈特用洋洋数十万言的篇幅讨论的问题的实质是到底哪种"选举制度"和"政党制度"更好的问题,但在其实证分析中,既不讨论也不点明,只是通过分析去潜在地隐含。这里他的"好"的标准主要有三:一是适应多元社会,并形成共识;二是在多大程度上代表选民;三是对政治稳

① [美]阿伦·李帕特:《选举制度与政党制度:1945—1998 年 27 个国家的实证研究》,谢岳译,上海人民出版社 2008 年版,第 1 页。
② 参见[美]阿伦·李帕特:《选举制度与政党制度:1945—1998 年 27 个国家的实证研究》,谢岳译,上海人民出版社 2008 年版,第 6—7 页。
③ 参见[美]阿伦·李帕特:《选举制度与政党制度:1945—1998 年 27 个国家的实证研究》,谢岳译,上海人民出版社 2008 年版,第 7 页。
④ [美]阿伦·李帕特:《选举制度与政党制度:1945—1998 年 27 个国家的实证研究》,谢岳译,上海人民出版社 2008 年版,第 8 页。

定是不是有利。利普哈特在《选举制度与政党制度:1945—1990 年 27 个国家的实证研究》中的研究,无非是要说明:多党制在代表选民方面比两党制、一党制、一党独大制要好,能够更充分地代表选民;多党制与比例代表制的结合让极端政党也有机会通过制度渠道参与政治生活更有利于政治稳定。比例代表制比多数决制更有利于民主,比例代表性的选举制度,既是西方民主的发展趋势,也更有利于多元社会的民主。多元社会的民主制度的(这里主要说的是选举制度和政党制度)的选择与变迁,是朝着更有利于多元社会民主的发展方面发展的。

三、从"协合"到"共识":利普哈特 民主理论的发展逻辑与轨迹

传统看法认为,两党制和同质性的社会是民主政治的稳定有力基础;而多元社会深刻的社会分歧与政治歧异,则是导致民主政体不稳定与瓦解的罪魁祸首。而利普哈特根据西欧几个低地国家的民主经验,提出多党制和多元异质社会,如果能够提供制度激励来实现广泛权力分享与合作,通过权力分享与合作使对立的各个团体彼此之间达成妥协和共识,就能在稳定的基础上建立一个兼容并蓄的民主政体。在当今多元、高度分化的社会里,建立一种长治久安的民主政体,是利普哈特长达几十年的孜孜追求。1968年,利普哈特提出了与传统"多数民主"(majoritarian democracy)相对应的"协合式民主"(consociational democracy)①的概念;1984 年,他在对"协合式民主"加以改造的基础上提出了"共识民主(consensus democracy)"②的概念,并分析了共识民主的特征;1999 年,利普哈特又进一步以 36 个民主国家作为比较对象论证了共识民主模式与传统多数民主模式的优劣。利普哈特基于行为主义、制度主义与合作主义的基本立场,在这三个时期对民主模式的探索,为当代比较政治学领域的拓展和多元社会民主理论作出了巨

---

① See Arend Lijphart,Typologies of democratic systems,*Comparative Political Studies* (1):1968.pp.3-44.

② See Arend Lijphart, *Democracies:Patterns of Majoritarian and Consensus Ggovernment in Ttwenty-one Ccountries.* New Haven:Yale University Press.1984.

大贡献,对比较政治学及民主理论的发展具有重要意义。

(一)利普哈特民主理论对西方民主理论的整合与稳定民主的追求

同质性的社会和政治共识无疑是理想民主的先决条件,或者至少说是有利于民主政体的重要因素。亚里士多德有一句名言:"国家欲长治久安,则其社会必须由地位平等之人们组成。"①因此,"在两千年来的大部分时间里,有代表性的观点都认为民主程序只适用于很小的国家,如古希腊的城邦或中世纪意大利的城市共和国。"②但是,实际的情况却是:自 17 世纪以降,民主的理念愈来愈多地应用于民族国家,特别是自 20 世纪以来,"民主"不仅站稳了脚跟,而且获得了迅猛的发展,20 世纪 70 年代以来,全球政治重要的或许是最重要的发展,就是大约有一百多个国家实现了由非民主政治制度向民主制度的转变,还有很多的国家实行了有利于民主化的政治改革,从而形成了一次世界性的"民主浪潮"③尽管这种说法令人质疑,但大多数民族国家在名义上采用民主制度却是不争的事实。这就要求新的政治制度必须不同于适合城邦的那种政治制度,新制度必须既反映也促进关于民主本身的思维方式的变化。

从民主发展的实践上看,同质性较强西方现代化国家更容易形成所谓的"民主文化"。"现代化过程在那些同质性相当强的社会中取得了突飞猛进的发展,从而在政治上塑造了所谓'民主文化'。在启蒙精神与宗教改革的指导下,这种文化迅速拉开了其普遍主义之幕,不仅配合了资本主义的兴起,而且维系了民主的意识形态,从而成为西方民主成功的重要方面。"④在第二次世界大战后,西方资本主义生产方式的变化带来了各国经济的较大

① Aristotle, *Politics* trans.Ernest Barker(New York:Oxford University Press,1958).p.181.
② Robert A.Dahl, *Dilemmas of Pluralist Democracy*.Yale University Press,1982.p.5.
③ 世界著名的智囊团"自由之家"(Freedom House)于 2005 年公布的最新世界各国自由调查报告中,"选举式民主国家"(electoral democracy)共有 119 个,其中包括了 89 个"自由民主国家"(liberal democracy).Freedom House, "A Report from Freedom House", p. 4. 2005 年 10 月 25 日, http//www. freedomhouse. org/research/freeword/2005/essay2005.pdf.
④ 高建、佟德志:《作为多元文化解决方案的结盟民主—利普哈特的民主思想初探》,中央编译局等:《第七届中俄经济社会发展比较论坛:"多民族国家民主政治建设过程中的政治稳定问题"国际研讨会论文汇编》,第 249—250 页。

发展,随着20世纪50—60年代民权运动的兴起和"种族意识"的觉醒,多民族国家的多元文化问题凸显出来。特别是60年代以来,大量移民涌入欧洲,移民浪潮促成了一种地方身份认同问题的凸现,使许多国家成为了真正意义上多民族国家。而各个国家由于社会经济和历史文化传统、政治传统不同,实际的民主制度的发展与运行差异很大。在多元文化的背景中,不仅同质的文化越来越显得捉襟见肘,使建立在这种文化之上的民主文化也陷入困境,许多国家出现了严重的文化分裂和政治不稳定的双重困境,出现了太多的民主失败和暴力。相对同质的社会逐渐演变为多元社会,这种多元不仅是社会组织的多元,利益的多元,更令人头痛的是文化的多元和价值的多元,而且多元主义者还认为价值之间无通约共量性,价值与文化间的冲突是不可避免的。这就需要新的民主模式和制度来回应社会的变化。正如利普哈特所言:"社会按照宗教、意识形态、语言、文化、民族或种族的分界线高度分化,形成了拥有各自的政党、利益集团和传播媒介的、实际上彼此分离的亚社会,这使多数民主缺少了必要的弹性。"①

从理论发展来考察,多元主义是近代以来西方政治生活的一个核心价值和基本特征。起源于20世纪20年代初期,兴盛于20世纪中叶的多元民主理论、合作主义民主理论构成了西方民主理论的重要派别。在多元民主论中罗伯特·达尔被认为是其中"最早的和最杰出的多元主义的阐述者"。② 多元民主强调社会分权与多元竞争与妥协。达尔把民主定义为对政治领导的控制和对政治权力的制衡过程,他的多元民主理论选择了以团体作为基本政治单位,把侧重点放在了社会层面,以实证方式来构建多元民主理论。这就避免了不必要的价值判断,从而也提升了分析的经验程度,推动了方法论上的实证主义。达尔强调了共识的重要性,认为多元民主论并不只是只强调冲突的理论,社会冲突是在既有社会政治框架下的冲突;多元政体的运行是在较为广泛的政治共识基础上运行的政治体制。他说:"在某种程度上,我们通常所描绘的'民主政治'只不过是开玩笑。呈现出的政

---

① Arend Lijphart, *Patterns of democracy*: *government forms and performance in thirty-six countries*, New Haven: Yale University Press, 1999. p.32.

② [英]戴维·赫尔德:《民主的模式》,燕继荣等译,中央编译出版社2004年版,第255页。

治冲突只是表面现象。社会的绝大部分的政治积极分子对政策问题通常存在着共识,这在政治中是第一位的,构成政治的基础。它包含着政治、限制着政治、构成政治的条件。没有这样一种共识,任何民主的体制都不会长久地经历选举和政党竞争所带来的无休止的刺激与挫折而依然存在下来。"①

我国学者杨雪冬在总结 20 世纪民主理论的流变时,把合作主义民主论对当代民主理论的突出贡献总结为三个方面:"第一,强调了经济领域的合作,而这是以前民主理论所忽视的领域,扩大了民主的范围。第二,强调了功能性团体的重要性。传统的代议制理论把更多精力放在了地区性团体身上。随着社会分工的进一步发展,功能性团体的作用将日益明显。第三,间接证明了阶级分析方法的意义。虽然当代西方社会的结构变动巨大,但阶级分析法依然有其合理性。合作主义实际上就是阶级关系调整的体现。"②作为同时代的多元民主理论直接为利普哈特多元共识提供了丰厚的理论营养。利普哈特借鉴合作主义,强调了精英之间、利益集团之间、政府与议会之间的妥协与合作。

同时,阿尔蒙德的政治文化和政体分类研究,直接影响了利普哈特。阿尔蒙德认为,在英美民主模式中,民主具有同质的世俗的政治文化,政府、政党、利益集团等政治主体各有其政治功能,有着高度分化的目标结构。而在大陆模式的民主中,政治文化是分裂的,存在着多种政治亚文化。③ 阿尔蒙德从政治文化的角度来区分民主模式的做法开创了从政治文化角度进行比较政治学研究的先河,对利普哈特研究民主模式产生了直接影响。阿尔蒙德把西方民主政体划分为三种类型:盎格鲁—美利坚式政治体制(例如英国和美国),欧洲大陆政治体制(法国、德国和意大利),以及斯堪的纳维亚与低地国家的第三种模式。利普哈特从政体分类和政治文化角度出发,在对阿尔蒙德理论困境分析的基础上,对其进行修正和补充,并特别强调了第三种模式,提出了协合式民主理论。从这个意义上说,协合民主理论是对阿尔蒙德政治文化理论和政体分类理论的补充和进一步发展。正如

① Robert A.Dahl, *A Preface to Economic Democracy*, Cambridge:Polity Press.1985.p.65.
② 杨雪冬:《20 世纪的民主理论:流变与评价》,《北京电子科技学院学报》2004 年第 9 期。
③ See Gabriel Almond, Comparative Political Systems, *Journal of politics*, 1956(8).p.405.

利普哈特所说:"协合模式是对阿尔蒙德著名分类学基础上的精致化建构的努力。"①

正是在这种背景下,利普哈特明确提出了协合民主和共识民主的理论。与多元民主、合作主义民主相通,协合民主和共识民主也强调共识、分权,强调妥协、包容、合作。利普哈特的分权是社会集团精英之间的权力共享;合作范围由政治合作扩大到了经济社会领域,合作主体由劳、资和国家三方扩大到社会各个团体。强调的是精英的合作,排斥社会和精英的竞争;共识是相对于所谓多数民主微弱多数的造成社会对抗的共识。利普哈特认为,多元社会国家民主可以通过多种方式来组织和运作,共识民主则是解决多元社会民主运作的最好模式。"强调共识而不是对抗,主张包容而不是排斥,力求使处于多数地位的规模最大化而不是满足与微弱多数。"②"共识民主通过多种手段试图分享、分割和限制权力。与此密切相关的一个差别是,多数民主模式是排他性的、竞争性的和对抗性的,而共识民主模式则以包容、交易和妥协为特征。"③

(二)从协合民主到共识民主:利普哈特的对多元社会民主整合

传统的西方民主理论常常把支持英美这两个国家民主制度的条件普世化,这对民主发展和民主理论发展来说,极大地限制了人们民主的视野,也一定程度上制约了其他国家在民主制度上的创新。其实,自民族国家和多元文化成为影响民主和国家稳定的因素后,20世纪50—60年代以来,"西方最杰出的和最活跃并具有创新力的宪政学者是那些大洋彼岸的学者,他们关心的是,揭示出在宗教、意识形态、民族、语言高度分裂的多元社会是如何维持稳定的民主政府的。"④利普哈特便是其中的一位。针对亚文化多元

---

① Arend Lijphart, *democracy in Plural Societies:A Comparative Exploration*, New Haven:Yale University Press,1977.p.6.

② Arend Lijphart, *Patterns of Democracy:Government Forms and Performance in Thirty-six Countries*, New Haven:Yale University Press,1999.p.33.

③ Arend Lijphart, *Patterns of Democracy:Government Forms and Performance in Thirty-six Countries*, New Haven:Yale University Press,1999.p.2.

④ William B.Gwyn,Review:Democracy in Plural Societies:A Comparative Exploration,*The Journal of Politics*, Vol.40,No.4(Nov.,1978).p.1093.

主义(Subcultural Pluralism)对民主的影响,利普哈特 1968 年在初步考察低地国家民主模式的基础上,首先提出了协合民主(Consociational Democracy)概念来解释多元民主,并把它作为一种不同于英美的多元民主模式,即在自治的基础上按人口数量使各族群得到代表,并通过精英参与以及相互否决等制度使民主政治能够得到各大族群的拥护。此后,利普哈特对协合民主理论进行了探索性的扩展,为比较政治学作出了深具影响力的贡献。10 年里,利普哈特通过《政治包容:荷兰的多元主义和民主》(1968)、《协合民主》(1969)、《文化多样性:政治整合理论》(1971)、《多元社会的民主:一个比较研究》(1977)、《协合和联邦:概念和经验的联系》(1979)、《协合民主:问题和前景,一个回应》(1981)等一系列著述对传统认为多元社会不能实现稳定民主的反驳到多元社会民主的建构来研究和探索多元社会的民主问题。1977 年,他在其代表性著作《多元社会的民主》中对奥地利、比利时、荷兰、瑞士、加拿大、以色列、北爱尔兰、黎巴嫩、马来西亚、塞浦路斯、阿尔及利亚和乌拉圭等国家和地区的政府结构及权力配置进行了广泛的跨国比较和分析,系统完整地提出了协合式民主的理论,指出协合式民主具有以下四个特征:首要的是大型联合政府(Grand Coalition)。由多元社会中的各个重要元的政治领袖或精英组成,或多个政党组成大型联合政府,实行行政权力的分享。第二,社会分裂体自治权(Segmental Autonomy)。每一亚文化族群在处理自己关心的事务时享有高度的自治权,国家结构实行联邦制,在族群聚居地区实行区域自治,享有高度的自治权。第三,权力分配的比例性(Proportionality)。议会选举实行比例代表制,根据得票多少,按比例分配议席;行政权力和公共资源的分配也实行比例制。其作用主要是使主要的亚文化群体在议会和其他决策机构中大致根据人口数量得到相应的代表。第四,少数派的否决权(Minority Veto Rights)或者说是相互否决。少数派在一些主要的议题上拥有否决权,这包括语言、宗教、文化与教育等问题。这种方式保证了亚文化群体在没有群体领袖的时候,不会作出影响到其群体利益的决定。充分保证了少数族群的权利。① 这就是利普哈特总结的协合式民

---

① See Arend Lijphart, *Democracy in Plural Societies*, New Haven: Yale University Press, 1977. pp.25-44.

主的四项原则:大联合、地方自治、比例制、相互否决。①

协合式民主强调包容而非排斥,主张扩大统治多数的容量而非仅仅满足于单一的多数。这种模式适用于异质性较强的多元社会,即在宗教、民族、种族、语言、文化和意识形态等方面严重分裂和尖锐对立的社会。在这类社会中,多数统治模式往往是非民主的,甚至是非常危险的。这是因为少数派被长期排除在权力之外,会失去对政权的认同,从而会导致政治不稳定,甚至激烈的暴力冲突和内战,如在北爱尔兰,新教徒占总人口的60%,而天主教徒仅占40%,这将使天主教徒在大选中成为"永远的少数",结果导致了激进的天主教徒成立爱尔兰共和军,进行大量的恐怖活动。

正是为了使民主更好地运转起来,利普哈特在总结协合式民主理论的基础上提出了共识民主。20世纪80年代以后,特别是90年代,随着研究的深入,利普哈特的民主理论走向更为开阔的领域,协合民主虽然与竞争民主相对立,但已不能涵盖所有非竞争性民主,协合民主需要进一步修正,从而在民主分类学里发展出新的民主模式。于是相对于"多数民主"(Majoritarian Democracy),又称威斯敏斯特模式,利普哈特又提出了"共识民主"(Consensus Democracy)概念,进一步发展了协合民主概念。这一时期他写出了《民主政体:21个国家的多数模式政府与共识民主政府》(1984)、《选举法及其政治后果》(1986)、《议会制政府与总统制政府》(1992)、《选举制度与政党制度:对27个民主国家的研究,1945—1990》(1994)、《民主百科全书》(1995)、《新民主国家的制度设计》(1996)和《民主模式:36个国家的政府形式和政府绩效》(1999)。其中《民主政体:21个国家的多数模式政府与共识民主政府》和《民主模式:36个国家的政府形式和政府绩效》是这一时期的代表作,前者提出了"共识民主"概念;后者将其至臻完善。与协合民主相比,共识民主主要是扩大了应用范围,把文化之外的某些社会特征也加了进来,从而使其概念能够适应更多的国家,甚至是国家联合体。另外其激进色彩也有所减轻,即进一步限制了少数派的否决权以及局部

---

① See Arend Lijphart, Consociation and Federation: Conceptual and Empirical Links, *Canaian Journal of Political Science /Revue canadienne de science politique*, Vol. 12, No. 3 (Sep., 1979), p.500.

自治等主张。①

与多数民主形成对照,共识民主在政府结构和权力配置上有以下 10 个主要特征:大型联合内阁的行政权力分享;行政与立法权力制衡;多党制;比例代表制;利益集团合作主义(Corporatism);联邦制的与权力下放的政府;强大的两院制;刚性宪法;司法审查;中央银行独立。②

利普哈特认为,共识民主强调的是在不同的利益群体之间的权力分享,其标志性特征是包容、交易和妥协。瑞士、比利时和欧盟是共识民主的典型例证。通过实证的比较研究,利普哈特认为共识民主国家在妇女代表权、政治平等、选民投票率、公民对民主的满意程度、政府与选民的亲近程度、公众对内阁的平均支持度、社会福利水平、环境保护力度等方面都高于实行多数民主的国家。

共识民主论与其他民主理论相比,有两个突出特点:一是它是在对多数民主反思基础上超越多数民主的民主形式。近代民主的多数原则的理论假设是同质社会,多数原则在同质社会条件下应该是较好的选择,但面对西方社会的多元现实,遭遇了无法形成多数的困境和制造出来的多数的民主困境,所以多数原则一直备受理论家和政治家指责。在一个高度异质的多元社会里,由宗教、种族、语言、意识形态、文化等诸多区别存在的尖锐分歧而形成多个亚文化社会,更是无法形成绝对的多数,在这种情况下多数民主的原则就是多数者统治,排斥少数;多数裁决,少数服从多数。当人民的意见不一致和利益发生冲突时,由谁来裁决和根据什么原则来裁决?多数民主论者的答案是"人民的大多数",因为多数统治的政府同少数政府相比较,更能符合大多数人的利益和要求,而且更接近民主的理想。多数民主实行多数统治,而少数则处于在野反对的地位。多数民主存在着很多弊端,最严重的后果就是多数人的暴政。实际上民主的应有之义首要的是所有受决策影响的人,都应该有机会直接地或间接地通过民选的代表参与政策的制定,

---

① 参见高建、佟德志:《作为多元文化解决方案的结盟民主—利普哈特的民主思想初探》,见中央编译局等:《第七届中俄经济社会发展比较论坛:"多民族国家民主政治建设过程中的政治稳定问题"国际研讨会论文汇编》,第 249—250 页。

② See Arend Lijphart, *Patterns of Democracy:Government Forms and Performance in Thirty-six Countries*, New Haven:Yale University Press,1999.pp.3-4.

其次是多数人的意志应取得优势。如果排斥少数,就是非民主的。将失败的少数排除在决策参与的渠道之外,这显然违反民主的首要涵义。政治学家萨托里指出:多数原则经过合法化以后,将增加多数暴政的可能性。"多数原则给原来纯属事实的情况增加了一个合法性因素,一种权力,这个事实是,社会顺从是存在的,而且它会付出代价,也会走向极端。"①托克维尔也指出:一旦多数暴政形成,则处于劣势地位的少数团体因其在政治过程中永远屈居少数的地位,如果其被压制的时间过长,这些少数团体可能被迫采取革命的手段来推翻现状。"假使有一天自由在美国毁灭,那也一定是多数的无限权威所使然,因为这种权威将会使少数忍无可忍,逼得少数诉诸武力。"②也正是在这个意义上,利普哈特的共识民主强调:"在多元异质性社会中,多数统治不但不民主,而且还很危险,因为少数团体持续地被拒绝接近权力核心,将导致少数团体觉得被排斥与歧视,而失去其对政权的效忠。"③"共识而非对立,包容而非排斥,以及尝试扩大其统治多数的容量,而非仅满足一个单一的多数。"④

其二,共识民主理论十分注重制度建设的重要性,认为对民主制度的修正与设计可以适合不同国家的要求。利普哈特认为,多数民主模式的制度构成比较简单,多数民主模式的制度难以体现出制度本身解决自然性问题的作用。共识民主的制度建构实际上几乎完全是由各种后入制度构成,只要加以必要修正便能体现共识民主的聚合性,以适应不同国家的不同要求。"它给予宪政工程师对既存合法的传统进行改造的选择机会。因此,多数模型的简易性可被共识模型的可塑性弥补过来。"⑤利普哈特对巨型内阁和比例代表制有着特别的偏好,在《当代民主类型与政治》一书中,他充满信心地认为,"对于新兴的民主国家和正在民主化的国家,尤其是社会分歧程

① [美]乔·萨托利:《民主新论》,冯克利、阎克文译,东方出版社1993年版,第138页。
② [法]托克维尔:《论美国的民主》上卷,董果良译,商务印书馆1997年版,第299页。
③ Arend Lijphart, *Democracies:Patterns of Majoritarian and Consensus Government in Twenty-one Countries*, New Haven:Yale University Press,1984.p.24.
④ Arend Lijphart, *Democracies:Patterns of Majoritarian and Consensus Government in Twenty-one Countries*, New Haven:Yale University Press,1984.p.32.
⑤ Arend Lijphart, *Democracies:Patterns of Majoritarian and Consensus Government in Twenty-one Countries*, New Haven:Yale University Press,1984.p.226.

度很高的国家来说,联合内阁制和比例代表制是一种特别吸引人的制度设计。"①

(三)协合民主与共识民主的比较

协合民主与共识民主是利普哈特在不同时期对同一研究对象为达到同一学术目的提出的两个概念。二者关系密切,相同和重合之处颇多,前者是后者的基础,后者在继承前者核心内容的同时又有重大发展。虽然二者具有传承和发展的不可分割的内在联系,但二者的差异也是十分明显的。

利普哈特毕生致力于比较政治学研究,在长达40年的学术生涯中取得了丰硕的研究成果,在不同时期根据研究对象的变化提出和使用了不同的概念。早期的利普哈特主要从文化多元的角度理解协合民主,并对协合民主与低地国家的民主制度建设问题给予了更多的关注,其视角是一种严格的协合主义,这从其早期的论文可略见一斑。进入20世纪90年代,利普哈特则更多的关注"共识民主",在他这一时期的著作中,也更多地使用共识民主的概念,但同时利普哈特也并未放弃协合理论,仍然以协合理论分析民主,例如,1996年发表在《美国政治学评论》上的《印度民主的困惑:一种协合主义的解释》。②

总体上说这两个概念之间的联系是密切的。从时间先后内容重合度来说,二者具有历时性的传承关系。共识民主是由协合民主发展而来,其基本要素特征与协合民主多有重合。从协合民主与共识民主的特征上来说,共识民主的10个基本特征涵盖了协合民主的4个基本原则。在研究样本选择上,瑞士、比利时、荷兰和奥地利是作为理想的协合民主的典范来分析的。当然作为协合民主分析样本,有特定的时空含义,比如荷兰是1977年前的荷兰,奥地利作为协合理想典范主要指的是1945—1966时期的奥地利。因

---

① Arend Lijphart, Constitutional choices for new democracies, *Journal of Democracy* (2): 1991.pp.72-84.

② 参见高建、佟德志:《作为多元文化解决方案的结盟民主——利普哈特的民主思想初探》,见中央编译局等:《第七届中俄经济社会发展比较论坛:"多民族国家民主政治建设过程中的政治稳定问题"国际研讨会论文汇编》,第252页。

为各国体制随时间发生了变化,"统计数据大多是 1960 年前后的。"①在《民主模式:36 个国家的政府模式和政府绩效》中的共识民主样本中瑞士和比利时又是共识民主的典范。② 在主旨和反对对象上,二者都是针对"多数民主"主张分享权力的"非多数民主"模式,都"强调共识而不是对抗,主张包容而不是排斥,力求使处于统治地位的多数的规模最大化而不满足于微弱多数"。③

虽然二者相同相通之处颇多,但区别也是明显的。第一,共识民主对于协合民主来说,分析的视野更加开阔,适用范围更加宽泛。协合民主主要是以社会的种族、民族的分野以及与之相联系的文化、亚文化分野为前提的;而共识民主关注的焦点并不局限于民族、种族,还扩展到了包括宗派、财富、阶级、地域甚至是国别等各个方面的社会冲突和政治冲突,不仅视野更加广阔,而且适用于更多的国家,甚至国家联盟。第二,激进色彩有所减轻。如果说协合式民主是一剂针对多数民主的"猛药",它要求将所有重要的社会集团都纳入到分享权力的过程中来的话,那么,共识民主就是一剂温和的"补药",它提供了各种制度上的诱因,旨在通过这些制度来促进广泛的权力分享,实现充分的民主。第三,制度设计更加合理、适用性更强。共识民主赞成比例代表制和巨型联合内阁,但不提倡少数派否决权和局部自治。显然,与协合式民主相比,共识民主更适宜于作为"多数民主"的对应物和替代品。④ 第四,共识民主基于协合民主而提出,但共识民主更加精密具体。民主定义千差万别,但是民主总体上都是说明人民与国家的关系,本质上都指向人民权利的保障和国家权力的监控和限制,而后者又是对前者的保障,所以民主最终指向的是国家权力或公共权力的监控与制约,意味着人

---

① Arend Lijphart, *Democracy in Plural Societies*, New Haven: Yale University Press, 1977. p.2.

② See Arend Lijphart, *Patterns of Democracy*: *Government Forms and Performance in Thirty-six Countries*, New Haven: Yale University Press, 1999. pp.33–41.

③ [美]阿伦·利普哈特:《民主的模式:36 个国家的政府形式和政府绩效》,陈崎译,北京大学出版社 2006 年版,第 1 页。

④ See Markus M.L. Crepaz, Thomas A. Koelble, and David Wilsford, *Democracy and Institutions*: *The Life Work of Arend Lijphart*, Ann Arbor: University of Michigan Press, 200, pp. 170–172.

民对公共权力监控与制约。以此来考察协合民主与共识民主,协合式民主有六个原则:它们是:巨型联合内阁;比例代表制,此原则不仅适用于政府职位的分配,而且也适用于公共资金的分配;给予社会分裂体自治权,方法之一是联邦主义;对于宪法修正,采取少数人否决权;多元化社会;精英优势。到了共识民主阶段利普哈特把它发展成为十项制度变量:在多党联合内阁中实行广泛的行政权分享;行政机关与立法机关权力平衡;实行多党制;比例代表制;相互协调的、旨在达成妥协与合作的"合作主义"利益集团制度;采取平衡的两院制与少数人代表权;领土的和非领土的联邦主义以及地方分权;只有经过特别多数才能修改的刚性宪法与少数人否决权利;法律的合宪性要由最高法院或宪法法院通过司法审查予以裁定的制度;独立的中央银行。① 利普哈特认为,"十个制度要素的目的是限制多数人的统治:多数派与少数派对权力的分享(巨型的联合内阁);权力的分散(存于行政与立法间、二个立法机构间以及几个代表少数团体的政党间;公平的权力分配(比例代表制);权力的委任(给予领土上或非领土上有组织的团体);对权力正式的限制(经由'少数者否决')。"②共识民主与协合式民主的主要区别是:"共识民主提供了很多制度上的诱因来实现广泛的权力分享,而协合民主则要求所有重要团体都能被纳入'巨型联合内阁'的权力圈中,限制了权力分享范围;共识民主的目的是促进各个团体的自治能力,协合民主的目的是为它们要求自治权利。"③

鉴于此,利普哈特在后期研究中更多的使用"共识民主"概念而较少使用"协合民主"概念,他从共识民主概念出发,在共识民主与多数民主之间的差别的基础上描绘了一幅民主的二维概念图,对世界上"稳定的民主国家"进行分类和定位,并且检验了各种民主制度的效果,提出了"多数民主模式在本质上并不比共识民主模式更民主或者更公平"的观点,这在比较

---

① See Arend Lijphart, *Patterns of Democracy:Government Forms and Performance in Thirty-six Countries*, New Haven:Yale University Press,1999.pp.3–4.

② Arend Lijphart, *Democracies:Patterns of Majoritarian and Consensus Government in Twenty-one Countries*, New Haven:Yale University Press,1984.p.30.

③ Arend Lijphart, *Democracies:Patterns of Majoritarian and Consensus Government in Twenty-one Countries*, New Haven:Yale University Press,1984.p.31.

政治学领域和民主统治分类学领域产生了巨大影响,也从真正意义上实现了他对传统民主理论的突破。

(四)协合民主与共识民主的经验支持

利普哈特是值得尊敬的,从两个维度10个方面研究36个国家的民主模式,无疑是艰苦卓绝而富有创造性的。利普哈特对西方民主理论的巨大贡献源自他对传统理论的重大突破和民主理论的开创性贡献。利普哈特的协合民主和共识民主既是源自于现实的分析,又是艰苦卓绝的理论探讨,其理论从协合式民主的探讨到共识民主的提出与完善,该理论指向是民主的实践的变化,目的是增强理论的适用性。在高度分裂的多元社会里能够实现稳定民主政治,这对多元社会无法实现稳定民主制度的传统观念形成了挑战。协合民主的要义在于社会各集团领导人之间选择合作和包容,通过对权力的广泛共享来化解各亚文化社会集团之间的对立和冲突、达成必要的妥协与共识,从而建立起稳定的民主制度,其本质特征是强调精英合作和包容,该模式与强调竞争的维斯敏斯特"政府—反对派"模式相对立,在政党政治方面主张适度多党制(政党数量为三到四个)。共识民主是协合民主的进一步发展,相对协合民主而言,共识民主主要是扩大了应用范围,把文化之外更多的社会多元特征也加了进来,从而使其能够适应更多的国家,甚至是像欧盟这样的国家联合体。"共识民主"既是一种理论,在实践中也是一种民主模式。作为一种民主模式,它是民主政治分类学中的一种,它建立在原来协合民主社会文化的异质性和精英运用理性选择合作这两个维度基础上,从权力分享和制度建构层面从新建构民主;作为一种理论,它包含固定的要素特征和实现条件,最典型的特征包括在协合民主大联盟、相互否决、比例代表制、局部自治基础之上的十个方面;有利的实现条件包括权力的多边平衡、适度多党制、国家小、多元分裂和交叉、局部隔绝、精英包容等。作为一种经验模式,协合民主主要是指奥地利、比利时、荷兰、瑞士四个欧洲国家以及卢森堡、黎巴嫩、马来西亚等发展中国家,且这些国家都有特定历史时段的限定;共识民主主要是指瑞士和比利时,同时把它的应用范围扩大到欧盟。作为一种规范模式,协合民主为第三世界发展中国家的政治发展提供了新的可供参考的模式,虽然协合民主在第三世界国家的适用性取决于多种有利、不利的乃至不确定性的因素。而共识民主无疑更加扩大了它的应用范围。

共识民主对当代世界的宪政发展、民主改革的影响是深远的。目前越来越多的比较政治学家和宪法学家倡导进行宪政改革，用共识民主取代多数民主。值得注意的是，在布莱尔的宪政改革之后，英国也正在从经典的多数民主向共识民主转变，这表明共识民主不仅适用于尖锐对立的多元社会，而且适用于同质性较强的社会。

共识民主对于新兴民主国家的宪政设计具有重要的借鉴意义，特别是在族群深度分裂的国家和地区，共识民主可以被用来缓解和消除族群之间的矛盾和冲突，并通过一系列独特的制度安排来达成广泛的权力分享，使对立的族群之间能够达成妥协合共识，从而形成一个兼容并蓄比较稳定的民主政体。在当代，共识民主（或协合式民主）被认为成功地解决了北爱尔兰、波黑、伊拉克、南非、阿富汗和巴尔干半岛等国家和地区族群之间的暴力冲突。目前，联合国和其他一些国际组织以及欧盟都正将共识民主（或协合式民主）作为族群冲突问题的有效解决方案在全球普遍推广。

四、"共识民主"对"多数裁定原则"的反思与超越

利普哈特运用行为科学的方法对西方民主的多数原则从民主的理论与实践等方面进行了比较深入的反思与批判，并针对多数民主理论与实践上缺陷从民主的特征、制度设计、民主的品质与绩效等方面论证了共识民主与多数民主的区别，实现了共识民主对多数原则的超越，在探讨多元社会稳定民主模式方面作出积极贡献，具有一定的启发意义。

民主自产生以来的经验事实表明，由于人类智慧的有限性和社会发展的时代局限性，决定了人们不可能在有限的经验事实和有限的智慧中塑造出完美无缺的民主体系。具体说来，民主自产生以来，无论民主是作为人类追求的价值理念还是作为人类社会共同体统治的实践方式，多数原则都应是民主的正义。按照马克思主义的观点来看，由于资本主义社会的二律背反决定了在剥削制度存在的资本主义体制内是无法真正实现多数统治的，也就是无法实现民主的正义。从现代民主的发展来看，真正意义上的现代

民主产生后,多数原则与民主价值间的张力既构成了现代民主发展的内在动力,推动了现代民主的发展,同时也不断地产生矛盾和冲突,构成了现存诸多民主的隐忧与弊端,形成了西方民主的悖论和现实困境,从而证明了西方自由主义民主的失败。当代自由主义民主理论政治学家试图努力去调适这种紧张,从而实现民主的正义。

利普哈特对多元社会民主理论的研究,为当代比较政治学领域的拓展和多元社会民主理论作出了巨大贡献,对比较政治学及民主理论的发展具有重要意义。他的"共识民主"对"多数民主"的反思与超越更富有启发意义。利普哈特从西方民主的实践出发,从理论与实践方面证明了西方多数民主的失败。

(一)西方学者对多数民主的反思

从西方民主思想史考察,虽然资产阶级的自由民主不愿意让大众分享权力,但作为民主主体的多数的力量是自由主义民主早期发展的内在动力,推动着自由民主的发展,所以说可以在主体缺场的情况下实行形式上多数原则,但多数原则一旦要真正与大众结合,自由民主的多数原则与自由主义的个人权利之间的内在矛盾就无法调和。自由主义政治学家大多从个人权利保护出发论证多数原则,致使作为民主主体的多数在民主实践中的缺失,总体上表现出了一种对多数的一种排斥和惧怕,这是西方民主失败的根本之所在。

在西方政治思想上,现代意义的多数原则应该是在洛克之后提出来的。"自洛克之后,多数标准才开始以我们今天知道的意义出现,即它是一个摆脱了质量特征的数量标准。"①17 世纪的欧洲社会是一个急剧变革的社会。随着商业资本及其权力的迅猛崛起,人们在社会中固定的身份地位让位于商品与服务的协议与交换,带来了更多的对现实政治思考,政治自由主义开始兴起,自由主义在反对专制主义的过程中需要借助民众的"更大的力量",新兴的资产阶级在不十分情愿的情况下打着自由、平等的旗号来反对专制主义暴政过程中,不得不面对民主问题,现代民主的意义上多数原则由

---

① [美]乔·萨托利:《民主新论》,冯克利、阎克文译,东方出版社 1988 年版,第 27 页。

此而生。从这个意义上说,多数原则的产生有力地推动了民主的发展,构成了民主发展的内在动力。由此资产阶级自身的历史局限多数原则从产生以来就处在一种无法解脱的矛盾之中。

洛克从平等原则出发认为,少数人权力必须受到保护以免遭到多数人的侵犯。人类在自然状态下其权利是完全平等的,人们通过契约构成社会时,多数人必然是整体中的"更大力量",虽然政治社会的形成是全体成员一致同意的结果,但人们却不会在所有问题上始终保持一致。起初的"一致同意"以及"一致同意"继续下去的不可能性导致的直接后果便是作为社会中一个部分的大多数人对社会的统治。① 然而,进入政治社会之后,人与人之间不平等的事实的存在又决定了大多数人并不总是整体中的"更大力量",有时反倒是一个人或少数人具有更大力量而成为统治者。在洛克看来,政府虽然是社会全体成员意志的产物,但政府决策通常只能是多数人意志的体现,因为社会中意见和利害冲突使得决策不可能总是全体一致赞成的,所以,少数人的行动和决定要服从多数人的意志。这是因为"每个人基于同意组成社会的时候,已经同意这个实体应有行动能力,可见基于这一同意,每个人都要服从多数人的决定。"②虽然洛克并不是多数原则的真正捍卫者,但作为英国当时的现实和理论的逻辑他不得不认同这一原则。"洛克是基于权宜的考虑才接受了这一原则。"③

不仅洛克如此,就连主张平等作为民主核心价值的民主主义者卢梭对多数民主的理想也缺乏必要的信心。"就民主制这个名词的严格意义而言,真正的民主制从来就不曾有过,而且永远也不会有。多数统治而少数被统治,那是违反自然秩序的。我们不能想象人民无休止地开大会来讨论公共事务;并且我们也很容易看出,人民若是因此而建立起来的各种机构,就不会不引起行政形式的改变。"④

18 世纪是西方现代化充分展开的年代,也是西方宪政民主制的形成关键期。18 世纪是资产阶级革命深入发展,并在整个西方世界确立起来的历

---

① 参见[英]洛克:《政府论》(下),胡自信、段智敏译,商务印书馆 1986 年版,第 60 页。
② [英]洛克:《政府论》(下),胡自信、段智敏译,商务印书馆 1986 年版,第 60 页。
③ [美]乔·萨托利:《民主新论》,冯克利、阎克文译,东方出版社 1988 年版,第 194 页。
④ [法]让·雅克·卢梭:《社会契约论》,何兆武译,商务印书馆 1980 年版,第 88 页。

史时期,英国资产阶级革命对其他国家起到了重要的先导作用,由此而引发的资产阶级革命进一步在法国和美国展开,从而在西方社会全面的确立了资本主义制度体系。就宪政民主制的形成来看,由各国不同程度地糅合了法制因素,近代西方民主发展在事实上形成了西方政治的两个传统:"卢梭传统"和"洛克传统"。① 这两种传统排列了西方政治的两条基因链,决定了西方政治制度发展的基本原则,成为现代西方政治意识发展的两条主线。美国革命胜利后,制宪会议从《独立宣言》的民主立场上退下来,选择了法治,有意地削弱了民主,成为一场缺少民主的宪政革命;法国革命选择了民主,却没有形成民主的制度化,而是进行了一场没有形成宪政秩序的民主革命。从民主自身的发展来看,激进民主理论指导下的法国革命挤压了法治的空间,宪政民主理论指导下的美国革命则扼杀了民主的活力。历史的辩证法再一次彰显了自身的活力,经过一番否定之否定,革命后的美国,以杰斐逊、麦迪逊等人为代表的民主派取代联邦党人,进行了大规模的民主改革,从而加强了美国宪法的民主性;革命的法国在一次次的复辟与混乱中保守主义主导了思想界,纠正了激进民主的失误,加强了宪政法治体系建设。

在激进与保守,民主与法治交锋中,迫使人们更多地深入思考民主过程中的具体运作问题,进一步明确并逐步发展多数原则。美国的杰斐逊为了避免人民在参政时由于意见分歧而产生冲突,真正在宪政意义上提出并适用了"少数服从多数"原则,有力地推动了现代民主政治的发展。杰斐逊认为,"由于人民人数众多,在管理国家时必然会出现意见分歧,为了防止因意见分歧而导致无序,就必须实行少数服从多数原则,即凭多数人意志来行事,多数原则是人民行使权力的重要保证。"②"多数原则并不意味着可以侵害少数人的权利;相反,少数人的权利应该受到法律的保护。"③

与杰斐逊同一时期的汉弥尔顿又从分权意义上补充了这一原则。汉弥

① 罗尔斯认为,民主的两个传统即"与洛克相联系的传统和与卢梭相联系的传统"。见罗尔斯:《政治自由主义》第4页。尼诺也认为,如果将宪政主义理解为民主与法制的复合体的话,那么,"宪政主义在这一最宽泛的意义上体现为卢梭与洛克观念的冲突。"Carlos Santiago Nino, *The Constitution of Deliberative Democracy*, Yale University Press, 1996. p. 6.

② 徐大同、高建:《西方政治思想史》第3卷,天津教育出版社2000年版,第216页。

③ 徐大同、高建:《西方政治思想史》第3卷,天津教育出版社2000年版,第216页。

尔顿认为,"给多数授予全权,他们就会压迫少数;给少数授予全权,他们就会压迫多数。因此要设法避免把全部权力单方面交给多数或少数,而是应该将其同时交给多数和少数,即全体人民。汉弥尔顿已经充分意识到少数也是行使权力的人民的一部分,而不是排斥少数,这是多数原则的一大进步。"①

深入全面思考多数的无限权威和这种民主缺陷的政治学家当属托克维尔。托克维尔认为民主意味着平等和社会正义,它具有平等意义的倾向,民主社会是以身份的平等为主要标志的。而平等又意味着每个个人具有同样的权利,这一方面有利于个人利用平等的权利实现和保障着自己的自由;另一方面,使得每个个人因为拥有的权利没有差异,而这种没有差异的个人权利本身而言十分渺小和微不足道。与此同时,民主政治又是多数人的统治,是强调多数人意愿高于少数人或个人意愿的,多数利益高于个人利益和少数人利益,要遵循少数服从多数的原则。这就导致出现人民结成的集体利益和国家权力日渐突出,而单个人的权利和价值被漠然视之的情况,出现了集体利益具有全体利益的外衣和地位,但个人利益不足挂齿的现象。而民主国家又是人民掌权的国家,多数代表着社会全体行使着社会权力,这个权力的行使是被多数人的意愿、利益以及爱好、偏见甚至是冲动所左右的,个人或少数人因为力量的渺小和微不足道,所以不能抵制多数人的侵犯,这就注定少数人的正当权利和利益得不到必要的尊重和保护。"多数"在以全社会名义行使权力时缺乏任何的阻碍和限制,这种无限的权威一旦被"多数"用于压制少数或个人的正当权利或利益时,便出现了托克维尔最担心的现象即"多数的暴政"。②

在当时的美国,虽然没有出现托克维尔最担心的现象,但是他对于美国民主中存在的这种倾向充满忧虑、忧心忡忡。"我最挑剔美国所建立的民主政府的,并不像大多数欧洲人所指责的那样在于它的软弱无力,而是恰恰相反,在于它拥有不可抗拒的力量。我最担心于美国的,并不是在于它推行极端的民主,而在于它反对暴政的措施太少。"③在当时的美国现实政治生

---

① 徐大同、高建:《西方政治思想史》第 3 卷,天津教育出版社 2000 年版,第 218 页。
② [法]托克维尔:《论美国的民主》(上),董果良译,商务印书馆 1997 年版,第 287 页。
③ [法]托克维尔:《论美国的民主》(上),董果良译,商务印书馆 1997 年版,第 289—290 页。

活中,托克维尔指出,"多数"对于整个国家政治发生着巨大的、支配性的影响,作为联邦的最高权力代表的立法机构时刻被"多数"左右着,而行政机构的行政官员们则在心理或至少在表面上宣布效忠于"多数",美国的整个政治社会似乎被"多数"的"公意"所主宰,在行动上乃至思想上都不容许有与"多数"利益不同的东西存在。在此情况下,没有人有足够的力量和勇气抵制着"多数"的任何冲动而缺乏理性的行动,包括被侵犯自由的个人和少数。而在民主制度下,托克维尔认为人们的冲动和不理智是经常的,这对于个人的自由无疑是最大的威胁。所以,他一直反对包括代表着大部分人民的"多数"在内的任何集体和个人掌握无限的权威,"我本人认为,无限权威是一个坏而危险的东西。在我看来不管任何人,都无力行使无限的权威。","当我看到任何一个权威被授以决定一切的权利和能力时,不管人们把这个权威称作人民还是国王,或者称作民主政府还是贵族政府,或者这个权威是在君主国行使还是在共和国行使,我都要说:这是给暴政播下种子,而且我将设法离开那里,到别的法制下生活。"①这些都表现了托克维尔作为一个自由主义者对于失去自由的恐惧,同时也体现了他在赞颂民主制度时又同时认识到它对自由的潜在威胁的矛盾心理,民主中潜在的"多数暴政"的可能性倾向威胁成为了托克维尔最为忧愁的地方,也是他觉得这正是民主制度所存在的最主要、最值得注意的弊端之一。

民主制中多数与少数关系也是 19 世纪自由主义者们无法回避的重大问题。在密尔那里,个人权利与自由具有至上的价值,正是为了减少多数原则通过民主的方式对个人权利的危险,他试图在"个人独立"与"社会控制"的张力中寻求一个黄金分割点,划定社会对个人的限制。他提出,"在一个真正的民主制国家里,每个部分或任何部分都会有其代表。"②国家不仅仅是代表多数,少数应有自己的代表,这是民主制不可缺少的部分。密尔指责现行的代议制政府所固有的缺陷是将全部权力给予多数派,而不是按票数给予按比例的权力,致使较弱小的政党的政见无法在国家议会上表达。为此,密尔认为,必须实行比例代表制,以保护少数、避免多数专制的危险。

---

① [法]托克维尔:《论美国的民主》(上),董果良译,商务印书馆1997年版,第289页。
② [英]J.S.密尔:《代议制政府》,汪瑄译,商务印书馆1982年版,第102页。

19 世纪中叶至 20 世纪初,随着西方居民生活水平的大幅度提高,生存状况得到前所未有的改善,大众组织兴起,大众开始在政治领域崛起。从而形成了所谓的"大众民主",将"第一次民主化长波"推向高潮。① 政治实践中,大众作为一种更为组织化,更为强劲的力量登上政治舞台,形成了"大众民主"为基本特征的"大众时代";政治思想上,"把普选权看做所有合理政府之基础的理论"成为自由平等学说的"总结和具体形式"。②

随着西方社会利益的日益多元化,阶级阶层的日益分化,加上普选制的实行,西方民主的弊端逐渐显露出来,越来越不适应日益多元的社会要求。当代美国政治学家科恩较早地意识到了"社会团结"是实行多数原则的必要条件。"服从大多数的原则是民主习用的有力手段。除非大多数与少数真正构成一个整体,否则就不可能有大多数的统治。"③但科恩也同时意识到:"'固定或永久的多数'会导致'多数权力的滥用',进而破坏民主社会的平衡;'变动的多数'的裁定规则才是集效率与保护作用于一体的最适合的民主决策手段。"④

以多元民主理论著称的当代美国政治学家达尔认为,"多数人的主权"或更为空洞的人民主权不是当代民主的追求,他曾把民主定义为"多重少数人的统治",并将其作为多元民主的核心命题。他认为,民主过程的价值,在于建立多重少数人统治,而不在于建立"多数人的主权"或更为空洞的人民主权。坚信:"一个政体的性质是由多重集团或多重的少数来保障的。"⑤

相比之下当代美国政治学家萨托利对多数民主的论述更具说服力,也更具实践性,其高明之处在于他结合西方民主实践修订了人民的概念,通过修订人民的概念来说明多数原则。萨托利以美国民主制度为模式,对美国民主制度赖以建立和维系的可行性原则——多数原则的合理性来证明民主

① See Samule Huntington, *The Third Wave Democratization in the Late Twentieth Century*, Noman: University of Oklahoma Press, 1991. p.4.
② [意]莫斯卡:《统治阶级》,贾鹤鹏译,南京译林出版社 2002 年版,第 211 页。
③ [美]科恩:《论民主》,聂崇信、朱秀贤译,商务印书馆 1988 年版,第 50 页。
④ [美]科恩:《论民主》,聂崇信、朱秀贤译,商务印书馆 1988 年版,第 52 页。
⑤ [美]罗伯特·A·达尔:《民主理论前言》,顾欣、朱丹译,上海三联书店 1999 年版,第 181 页。

制度本身的合理性,认为这种合理性是可以通过实践来检验的。萨托利指出,民主理论通常都潜在地预设了一个理论前提:人民主权。人民主权主张权力来源于人民。萨托利把人民的定义分为六类,通过比较,他将人民的概念界定为有限多数原则所指的人民,即受到少数人权利限制的大多数人。他通过肯定少数人对多数人的限制性权利,赋予"人民"一种结构性的理解,指出"有限多数"的人民才是民主意义和现实意义上的人民,并由此重构了经典的民主问题。萨托利认为,"民主不是没有限制词的多数统治",①故民主应被定义为"受到少数人权利限制的多数原则"制度,即尊重少数人的权利,接受多数统治,同时多数人的统治又受到少数人权利的限制,那种权力不受限制的绝对多数或单纯多数原则"不再有民主的前景,民主开始之时,便是民主寿终正寝之日,因为民主前景取决于多数可以变成少数和少数可以变成多数"。②萨托利一方面延续了西方自由主义宪政理论关注少数权利的传统,另一方面又结合历史经验,将少数权利同多数决策,同民主自身的生存与维护联系起来加以考察,通过多数原则在实践中的效力的考察使其民主理论看起来更具有客观性和实践意义。

进入大众时代以来,尽管西方政治思想家从不同角度对自由主义民主理论中的多数原则进行各种各样的论证,但不可否认的是西方民主的内在矛盾并未得到真正的解决,而且面对当代西方多元社会,当代民主理论家以各种方式承认了西方民主失败的客观存在。美国学者凯斯·孙斯坦曾经坦率地指出:"民主遭遇失败是非常普遍的事情。"③人们可能会从各种角度出发去规定民主,然而就民主的基本含义而言,多数原则是不可动摇的:没有多数原则,就没有民主。"民主意味着真正的政治平等……民主主义者不能反对多数裁定的思想。"④

(二)利普哈特共识民主对多数民主的反思

相比之下,当代美国比较政治学家利普哈特从共识民主的立场出发,用

① [美]萨托利:《民主新论》,冯克利、阎克文译,东方出版社1998年版,第35页。
② [美]萨托利:《民主新论》,冯克利、阎克文译,东方出版社1998年版,第27页。
③ [美]凯斯·孙斯坦:《由市场与社会正义》,朝武等译,中国政法大学出版社2001年版,第439页。
④ William Safire,The Suzman Pian,*New York Times*,7 August 1986.

实证分析的方法对多数原则的反思则更为全面和彻底。利普哈特认为,就民主本身而言,民主在多大程度上能以完全真正的少数服从多数的说法来表达;纯粹的少数服从多数型民主模式完全不符合世界各地民主制度和民主传统实际运行的情况。利普哈特从民主理论与实践两个方面证明了西方民主并非真正的多数民主,虽然其基本立场也是自由主义的立场,但从另一个侧面证明了西方自由主义民主的失败,无疑这种论证更彻底一些,更具有理论的说服力。

首先,利普哈特认为,从民主的定义来看,如果简单地把民主理解为多数原则,是不符合西方民主实际的,实际上西方民主理论则更多的是讨论如何限制多数,保护少数的权利。利普哈特从西方多元社会的现实出发,认为,"民治和民享政府"的标准定义可以引出民主有两种模式——即少数服从多数的民主和意见一致的民主,他把少数服从多数的民主称为"多数民主"(Majoritarian Democracy),意见一致的民主称为"共识民主"(Consensus Democracy)。利普哈特认为这两种模式都来自于"民治和民享"这一标准定义,当人民意见不一致或有不同偏好,而且表达了不同的取舍意向时,国家由谁来管理? 政府应当反映谁的利益? 一种答案是人民的多数,这样一来少数服从多数模式就把政治权力集中在多数人手中,这就是多数民主模式的本质,并得到了广泛的赞同,原因是与由少数人掌握并对之负责相比,政府由多数人控制并符合多数人的愿望显然更接近于"民治与民享的政府"的理想。另一种答案是尽可能多的人。他承认多数人的统治优于少数人统治,在这一点上与多数模式并无二致,而意见一致模式仅仅把多数原则作为视为最低限度的要求:它努力使"多数"的规模最大化,而不是满足于获得作出决策所需的狭隘多数。它旨在使人们更广泛的参与政府,并就政府推行的政策达成普遍的一致。力求以各种方式分享、分散、约束并限制权力。① 首先,利普哈特认为,传统民主理论仅仅把民主理解为多数原则,这不仅是错误的,而且是危险的。从民主的定义而言,多数是个非常含混的概念,每个民主定义无一例外地都包含着对多数原则的限制。利普哈特借助

---

① See Arend Lijphart, *Patterns of Democracy:Government Forms and Performance in Thirty-six Countries*, New Haven:Yale University Press,1999.p.1.

萨托利多数的分析,分析了多数原则中的多数,如果多数指的是微弱多数,就失去了多数的意义了。"多数"这个词十分灵活而含混,不一定专指人数刚刚过半(半数加一)。按萨托里的说法,"在多数裁定原则这个标题下,常常至少可以分出3个量级:(a)合格的多数(常为2/3);(b)简单或绝对多数(50.01%);(c)相对多数或不过半数的最多票数,即最大的少数(少于50%中的多数)"。① 利普哈特认为,萨托里无疑是对的,可是如果多数裁定原则所指的范围竟从不及一半的最多数到完全意见一致,那就太宽泛而失去意义了。

同时,利普哈特借助达尔的分析,认为所有的民主定义都对多数原则的多数进行了限制。并且认为,如果把经过重重限制和制约的多数原则还称之为民主唯一或者唯一合法的原则,那就未免十分荒谬了。"例如达尔就说过:'没有谁主张、除敌人外也没有人明确宣称民主意味着多数派会或应当凭一时冲动任意行事。每个赞成民主的人……以及民主的每一种善意的定义,都包含着约束多数的思想。'作为例证,达尔引述了亚伯拉罕·林肯的第一次就职演说:'意见一致是办不到的。以少数裁定为永久性原则更完全行不通;所以,丢掉多数的原则,就只能剩下某种形式的无政府状态或者专制了。'恰如达尔所指出,林肯的意思肯定不是在埋怨美国宪法给多数裁定原则加上了种种限制。"②

其次,利普哈特认为,多数原则在代议制民主的实践中是行不通的,只有很少的现代民主国家才能称得上是多数决民主,但也并不是真正反映多数民众意愿的"民治和民享"的民主。利普哈特用行为主义的方法对西方代议制民主进行了分析,得出多数决民主具有的六个特征:"第一,如果内阁为某个在立法机构获得多数的政党所控制,则多数裁定原则就得到了最大限度的体现。第二,这个一党多数派的内阁应能控制立法机构,而立法机构中还有一个或多个其他政党的代表。第三,为了保证只有一个明确的多数党,立法机构显然应当是一院制;也就是说,为了避免在两院的条件下出

---

① Giovanni Sartori, *The Theory of Democracy Revisited.* Chatham, N.J.: Chatham House Publishers, 1987. p.221.

② Robert A. Dahl, *A Preface to Democratic Theory.* Chicago: University of Chicago Press, 1956. p.36.

现两个多数党相互竞争的局面,必须这样。第四,政府体制应当是中央集权,以求保证不存在内阁和议会多数党所不能控制的明确地理区域和(或)职能部门。第五,内阁和议会多数党不应受到宪法的约束,这意味着根本不应当有什么宪法,或只有"不成文"宪法,或虽有成文宪法而可以通过简单多数来修改它。第六,法院不应有权使用司法审查来限制多数党的权力,虽说由于如上所举,宪法可以用多数票修正,则司法审查的影响很有限,多数党不难将其制服。"①在此基础上利普哈特对 25 个民主政体(15 个西欧国家,加上美国、加拿大、以色列、日本、澳大利亚、新西兰、西班牙、葡萄牙和希腊)进行分析,认为只有两个国家可以确切地称为多数裁定型国家,这就是新西兰以及较小程度上的英国,其他民主国家都与少数服从多数模式相距甚远。②"若进一步仔细检查英国和新西兰这两个案例,便会发现它们虽然可以基本上说是少数服从多数模型的国家,但有并不纯粹如此。"③利普哈特认为,就是在这两个主要的所谓多数裁定型国家,进行统治的多数派的基础也"常常是人为的,并非群众的大多数"。事实上这两个国家也不能称为是多数裁定型民主的"好榜样"。因为,在 1945 年以来的英国和 1954 年以来的新西兰,"胜利"党在选举中获票从未超过总票数的一半。由此利普哈特得出结论:"在世界各国的实践和传统中,少数服从多数型民主均属例外情况而不是普遍规律。……事实上这种民主相当罕见,只限于极少数国家。它们主要是英国和受英国政治传统影响较大的某些国家。"④

最后,多数原则作为一种理念为人们所接受的原因是人们普遍地把它作为一种理论概念来接受的,实际上是被一种理论概念所遮蔽,并没有认真的用它来研究民主实践;美国民主一定程度的成功又从实践上遮蔽了人们

---

① Arend Lijphart, *Thinking about Democracy : Power Sharing and Majority Rule in Theory and Practice*. London : Routledge, 2008. pp.114–115.

② See Robert W. Jackman, Elections and the Democratic Class Struggle, *World Politics*, Vol. 39, No.1, October 1986. pp.132–135; Anthony Downs, The Evolution of Democracy : How Its Axioms and Institutional Forms Have Been Adapted to Changing Social Forces, *Daedalus*, Vol.116, No.3, Summer 1987. pp.129–134.

③ Arend Lijphart, *Thinking about Democracy : Power Sharing and Majority Rule in Theory and Practice*. London : Routledge, 2008. p.116.

④ Arend Lijphart, *Thinking about Democracy : Power Sharing and Majority Rule in Theory and Practice*. London : Routledge, 2008. p.120.

的理论视野,制约了人们的理论创新。多数裁定原则的理论几乎人人皆知,但实际生活中却不多见。这种明显的脱节现象应当如何解释呢？利普哈特认为,这完全是一种"库恩范例"(Kuhnian Paradigm),即一种基本概念、模式或者方法,它在特定的研究领域广为人们接受,却很少有人认真考察。事实与理论的差距又不足以使人们丢弃它,范例与自然之间总会有难以契合之处,人们对此并非忽略不计,而是稍加调整而进行补救,这就是此类范例的典型特征。就多数裁定的作为一种范例而言,脱节之处可以解释为:这些矛盾不过是表明此种民主过程基本有效,无非有一些小小例外而已。"它之所以如此顽强,部分是因为它的简单明了,因而也就美好而拥有魅力。另外还有一种概念,它表明民主决策方式可以根据有关问题的重要性和急迫程度在多数裁定到一致同意的范围内变化。多数裁定型民主比这种概念简单得多,而且更有吸引力。"①

然而库恩也说,脱节一旦发展成为严重的反常现象,就不可能继续忽视或随意解释,这种不完善的范例于是就会在一场"科学革命"中被推翻。②就多数裁定的理论与实践而言,无法不将脱节视为突出的反常现象,那么,何以未能如预期那样发生一场科学革命将其推翻呢？利普哈特从四个方面进行了解释性的分析:一是全世界都在进行政治学的实践,而在英美两国这种科学特别发达,有人甚至说:人们实际上已经被它们实践模式所控制。英国的实践和传统在这个领域所占的分量大大高于它在全世界应该有的比重。二是从伍德罗·威尔逊到美国政治学会的政党委员会成立,许多美国政治学家都十分欣赏英国政治,有意要按英国那种少数服从多数的路线来改造美国政治。三是,如果说麦迪逊主义的要点是约束多数派的权力,那么美国的政治制度中显然也有若干并非麦迪逊主义的特点。其中最主要的是:集行政权力于一人,以少数服从多数的方法选举总统,一党组成的内阁,各级立法机构选举主要凭相对多数票取胜,此外还有两党制。由于这些原因,美国基本划归少数服从多数型民主一边,而按联邦——中央集权坐标才

---

① Arend Lijphart, *Thinking about Democracy*: *Power Sharing and Majority Rule in Theory and Practice*. London: Routledge, 2008. p.120.

② See Thomas S. Kuhn, *The Structure of Scientific Revolutions*. Chicago: University of Chicago Press, 1970. pp.82-90.

属于显著的意见一致型民主。根据政府的少数服从多数型或者意见一致型
政体的程度大小,总统制政府具有矛盾的两重性。一方面,它意味着分权,
这是全体一致型的特征。另一方面,它又意味着行政权力高度集中。既然
比例选举制不适用于单一官员的选举,总统制政府的选举就必须采用相对
多数型或类似少数服从多数型的方法。四是科学创新的出现,更可能是在
学术领域和学科的边缘而不是在中心。而政治学家所统治的有关民主的研
究恰恰处于政治学的中心,政治学因而可能反而成为创新和独到思想的
障碍。①

以上四种解释,说明了反对多数裁定范例的革命未能发生的原因,但显
然不能以此来为不发生这种革命做辩解。利普哈特进一步的解释是要把民
主研究引入实践领域,引入到民主国家的宪政改造上。"把民主等同于多
数裁定原则,既狭隘又不实际;不仅理论上站不住脚,而且还容易导致误解,
如若用以制定新的民主宪法的指导方针,那将是危险的。我们应当背弃以
多数裁决原则作为民主的唯一准则;应当代之以包括全体一致在内的更加
广泛的民主概念;应当承认:在实际上,世界上的各个民主国家和各处的民
主传统更加接近于全体一致的民主体制而非多数裁定的民主模式;所以我
们应当接受全体一致模式,作为我们的出发点,尤其是在为当代世界上许多
分裂的社会草拟宪法时,更应当如此。"②

(三)共识民主对多数民主的超越

利普哈特在批判多数原则的同时把矛头直接指向了以多数原则为标志
的多数决民主,针对多数民主的缺陷和不足,提出并论证了西方多元社会中
稳定的民主政治模式——协合民主与共识民主。与多数民主微弱多数、强
调竞争、对抗、排他不同,协合民主和共识民主强调共识、分权,强调妥协、包
容、合作,从而实现协合民主与共识民主对多数民主的超越。利普哈特的分
权是社会集团精英之间的权力共享;合作范围由政治领域的合作扩大到了

---

① See Arend Lijphart, *Thinking about Democracy: Power Sharing and Majority Rule in Theory and Practice*. London: Routledge, 2008. pp.120-122.

② Arend Lijphart, *T Thinking about Democracy: Power Sharing and Majority Rule in Theory and Practice*. London: Routledge, 2008. p.122.

经济社会领域,把合作主体从劳、资和国家三方扩大到社会各个团体。强调精英的合作,排斥社会和精英的竞争;共识是相对于所谓多数民主微弱多数造成社会对抗的共识。利普哈特认为,多元社会国家民主可以通过多种方式来组织和运作,共识民主则是解决多元社会民主运作的最好模式。"强调共识而不是对抗,主张包容而不是排斥,力求使处于多数地位的规模最大化而不是满足与微弱多数"。① "共识民主通过多种手段试图分享、分割和限制权力。与此密切相关的一个差别是,多数民主模式是排他性的、竞争性的和对抗性的,而共识民主模式则以包容、交易和妥协为特征。"②

首先,利普哈特针对前文提到的多数民主实践中的六条基本特征,提出了协合民主——后又发展为共识民主的十条基本特征。"少数服从多数型"民主和"全体一致型"民主这两个术语,是利普哈特从小罗伯特·G.迪克逊那里借用的;利普哈特的共识民主虽不完全与迪克逊的一样,但也相似。③ 其他学者也曾把民主的两种基本类型作了类似的区分。达尔和赖克尔把利普哈特所说的少数服从多数型民主称为平民主义民主;而利普哈特所说的全体一致型民主——共识民主则大体上相当于赖克尔的"自由主义"民主,也相当于达尔的"麦迪逊式"民主与"多头政治式"民主二者的结合。④ 利普哈特对全体一致型的民主或者说非少数服从多数型的民主,总结了十条特征与之相对照,这可以从少数服从多数型民主的六条特征中推导出来,即:以广泛的联合内阁取代一党简单多数型内阁;以内阁和立法机构的权力制衡关系取代内阁统治;以两院制的立法机构、特别是两院权力大体相等但组成方式不同的立法机构,取代一院制立法机构;以联邦和分权的结构取代中央集权的政府;以只能依据绝大多数票才能修正的"刚性"宪法取代"柔性"成文或不成文宪法;对立法是否符合宪法,实行司法审查;以

---

① Arend Lijphart, *Patterns of democracy: government forms and performance in thirty-six countries*, New Haven: Yale University Press, 1999. p.33.

② Arend Lijphart, *Patterns of democracy: government forms and performance in thirty-six countries*, New Haven: Yale University Press, 1999. p.2.

③ Robert G. Dixon Jr., *Democratic Representation: Reapportionment in Law and Politics*. New York: Oxford University Press, 1968. p.12.

④ See William H. Riker, *Liberalism against Populism: A Confrontation between the Theory of Democracy and the Theory of Social Choice*. Sen Francisco: W. H. Freeman, 1982.

多党制取代两党制;实行多方面的政党制,即政党间除社会—经济问题外,在有一个以上的问题方面有分歧,例如在宗教、文化—种族、城—乡、或外交政策方面;以及以比例代表制选举取代相对多数型选举;独立的中央银行。①

其次,共识民主把多数原则作为最低限度的要求,强调包容、交易和妥协,从而从民主的品质上实现了对多数民主微弱多数、狭隘多数和排他性、竞争性、对抗性的超越。"多数民主"与利普哈特本人所界定的"共识民主"之间的本质区别在于:多数民主模式的本质在于"政府由多数人控制并符合多数人的愿望",是一种"排他性的、竞争性的、对抗性的"民主;共识民主模式虽然也承认多数人的统治优于少数人的统治,但仅仅把多数原则视为最低限度的要求,它的核心在于让尽可能多的人参与到政府中来,"努力使'多数'的规模最大化,而不是满足于获得作出决策所需的狭隘多数",是一种以包容、交易和妥协为总体特征的民主。② 从理论上讲,"共识民主"在民主的代表性(democratic representation)和民主的品质(quality of democracy)方面不仅丝毫不逊色于"多数民主",而且犹有过之,其原因显而易见:共识原则能够实现民主的范围和程度的最大化;而多数原则往往使政治权力集中在较为狭隘的多数人(有时甚至是相对多数人而不是绝对多数人)手中,并且容易引起对抗和冲突。既然如此,为什么在近年来"多数民主"的弊端不断暴露的情况下,目前仍然存在着一种强烈的倾向,即把民主单纯地等同于多数决,要么忽视了作为备选方案的共识民主,要么想当然地以为共识民主固然有一些优点,但在产生有效政府的方面存在着极为严重的缺陷呢? 这就涉及了民主实践领域中的另一些问题:制度安排和治国绩效。

再次,利普哈特根据西方民主经验针对多数民主缺陷对共识民主的制度设计从制度层面实现了对多数民主的超越。利普哈特对民主的制度安排一向极为重视,以致有的西方学者把他当做制度主义的代表人物。在《民

---

① See Arend Lijphart. *Patterns of Democracy*:*Government Forms and Performance in Tthirty-six Countries*, New Haven:Yale University Press,1999.pp.2-3.

② See Arend Lijphart. *Patterns of Democracy*:*Government Forms and Performance in Tthirty-six Countries*, New Haven:Yale University Press,1999.pp.4-5.

主的模式》的第 5—13 章中,利普哈特从"多数民主"与"共识民主"的本质区别出发,系统地比较了两种类型的民主模式之间在行政机关、立法机关、司法机关、宪法、政党制度、选举制度、利益集团以及中央银行等制度层面上的 10 个主要差别。这些比较分析虽然设计精巧、涵盖的范围全面,但并未超越传统的比较政治学研究的窠臼,而利普哈特的真正创见在于,"把众多民主国家中各式各样的正式、非正式的规则和制度归结为一个清晰的二维模式",即行政机关——政党维度(executives-parties dimension)和联邦制——单一制维度(federal-unitary dimension)。第一个维度中包括了与行政权力、政党制度、选举制度以及利益集团等制度安排有关的 5 项特征,第二个维度对联邦制特征和中央银行的角色更符合通过机构分离而进行的分权设计:联邦机构与各州的机构相互独立、彼此分权,立法机关的两院分离,高等法院和中央银行独立,在制度安排方面以分担责任或分享权力为总体特征。这种归结是一种体现了共担责任或共享权力原则的制度安排。① 在《民主的模式——36 个国家政府形式与政府绩效》的第二、三章,利普哈特通过对瑞士、比利时和欧盟民主运作的实际经验的分析从以上两个维度十个方面把共识民主与英国、巴巴多斯的多数民主进行比较,得出了共识民主从制度上优于多数民主的结论。

最后,利普哈特用行为主义的方法分析了共识民主的民主品质与民主的绩效,并把它们与多数民主进行比较,证明共识民主的品质与绩效优于多数民主的品质与绩效。在完成了对"多数民主"和"共识民主"在制度安排上的比较分析之后,利普哈特接着探讨了民主绩效问题。传统观念一方面承认共识民主在民主的代表性和民主的品质方面具有优越性,另一方面又把"多数民主模式下的政府比共识民主模式下的政府效率更高"作为一条不证自明的公理。利普哈特论证了共识民主较于多数民主的好处,第一,共识民主国家在妇女代表权、政治平等、选民投票率、公民对民主的满意程度、政府与选民的亲近度、公众对内阁的平均支持度、政府的腐败程度、社会福利水平、环境保护力度、刑事司法的严厉程度和对外援助水平等所有反映民

---

① See Arend Lijphart, *Patterns of Democracy:Government Forms and Performance in Tthirty-six Countries*, New Haven:Yale University Press,1999.pp.4-5.

主代表性、民主品质以及公共政策取向的宽容性与温和性的指标上都胜过了多数民主国家。① 因此，"共识民主"的确是一种具有"高度代表性"的"高品质"的民主模式。第二，对 19 个宏观经济绩效指标、4 个反映暴力程度的指标和 5 个反映通货膨胀水平的指标的考察并未证明"多数民主"的治国绩效比"共识民主"更为显著。利普哈特对此所做的解释是，那种认为"把政治权力集中在微弱多数的手中能够造就团结的、果断的领导集体，因而会增强政策的连贯性并加快决策的速度"的传统思维看似合理，实则由于过分简单化而存在着严重的缺陷：在多数民主模式下，政府的更迭（执政党的完全轮替）有可能比共识民主模式（执政联盟中的部分执政党轮替）更为彻底，其政策的连贯性反而不易保持；多数民主模式下的政府（特别是一党多数政府）的确比共识模式下的政府作出决策的速度更快，然而"快速作出的决策未必就是明智的决策"，在分裂的社会中，调和与妥协可能要比迅速作出决策重要得多，取得良好的治国绩效所需要的"与其说是一只强有力的手，倒不如说是一只稳定的手"，况且，作出决策是一回事，执行决策就是另一回事了，"同那些由'果断的'政府违反重要社会集团的意愿而强行制定的政策相比，得到广泛多数支持的政策更有可能按照预定计划顺利地执行"②。

利普哈特本人将自己的理论贡献归纳为两点：第一，我们可以根据多数政府与共识政府的差别，把众多民主国家中各式各样的正式、非正式的规则和制度归结为一个清晰的二维模式。第二，共识民主国家的总体绩效胜过了多数民主国家。传统的民主观念导致了"民主代表性的获得要以政府效能的降低为代价"的悖论，利普哈特的发现如果能够成立，就从根本上解除了这个桎梏——既然共识民主模式既是具有高度代表性的、高品质的民主，又是能够产生更高绩效的民主，那么"对那些正在着手设计本国第一个民主体制的国家或者正打算推动民主改革的国家来说"，在"多数民主"与"共识民主"之间作出选择时也就不必瞻前顾后、左右为难了。此外，在《民主

① See Arend Lijphart, *Patterns of Democracy：Government Forms and Performance in Thirty-six Countries*, New Haven：Yale University Press,1999.pp.274-300.
② Arend Lijphart, *Patterns of Democracy：Government Forms and Performance in Tthirty-six Countries*, New Haven：Yale University Press,1999.pp.258-272.

的模式》中利普哈特还大大拓展了"共识民主"的适用范围,强调了采用共识民主模式"不但对于文化和种族高度分裂的国家来说十分中肯、极为紧迫,而且也适用于同质性比较强的国家"①,使"共识民主"获得了足以与"多数民主"相匹敌乃至完全取代"多数民主"的地位。

---

① Arend Lijphart, *Patterns of Democracy：Government Forms and Performance in Thirty-six Countries*, New Haven：Yale University Press,1999.p.301.

第 三 章

共识民主国家权力要素的
配置及与多数民主的比较

  政治学要有效地解释和分析各类政治现象,就需要超越已有政治分析的局限,建立一套更具解释力,更具整合性的分析观念和架构。利普哈特共识民主理论的探索就是这样一种建构。在观念层面的建构上,利普哈特借助于民主的传统定义,将民主界定为:"民治和民享的政府。"①也就是说,政府要与人民的偏好一致。在实践中,多元社会民主国家的政府机构和制度安排方式可谓多种多样,但民主政府运作的理念和民主国家的执政理念在于寻求多数支持或追求达成共识,并由此分别构成多数民主与共识民主模式。共识民主体现了国家权力的分享与平衡的民主理念,多数民主突出了国家权力的集中的民主理念。利普哈特的共识民主模式在经验模型的样本选择上,以民主制度的稳定而长久的维持为标准。② 通过对包括发达国家和发展中国家的内的 36 个国家(1984 年为 21 个国家)的民主实践和民主模式的行为主义分析,通过对共识民主与多数民主 10 个要素变量的研究和比较,完成了共识民主的理论建构,并在此基础上建构了民主概念的二维概念图,分析比较了共识民主与多数民主的两种模式的绩效。

---

① Arend Lijphart, *Democracies:Patters of Majoritarion and Consensus Government in Twenty-One Countries.* New Haven:Yale University Press.1984.pp.1-2.并参见[美]阿伦·利普哈特:《民主的模式:36 个国家的政府形式和政府绩效》,陈崎译,北京大学出版社 2006 年版,第 1 页。

② See Arend Lijphart, *Democracies:Patters of Majoritarion and Consensus Government in Twenty-One Countries*,New Haven:Yale University Press.1984.pp.137-39.并参见[美]阿伦·利普哈特:《民主的模式:36 个国家的政府形式和政府绩效》,陈崎译,北京大学出版社 2006 年版,第 34—36 页。

政治理念要转换为现实政治实践并有效地作用于社会生活,就必须转换成一系列的社会政治制度。多数模式和共识模式是利普哈特研究民主问题的两个维度,共识民主模式是在与多数模式比较中建构的具有自由独特性和优越性的民主模式。共识民主的独特性体现在不同于多数民主的十个特征或者十个要素,因而这十个要素也就构成了共识模式的十个基本要素。利普哈特把这十个要素按照国家权力和责任是分享或是集中,划分为两个维度。行政机关——政党维度包括行政机关的类型、政党制度、行政与立法权的关系、选举制度和利益集团这 5 个方面,联邦制——单一制度维度包括国家结构、立法机关的类型、宪法的性质、司法审查和中央银行的独立性 5 个方面。利普哈特就是把这十个要素作为变量,通过对多数民主与共识民主的比较来研究和建构共识民主模式的。

一、政党制度:多党制相对两党制的比较优势

政党是现代民主政治的重要特征之一。政党是伴随着代议制政府制度出现而产生的,政党制度的发展反过来又促进了代议制政府制度的发展和完善。虽然,从民主的本义来说,政党的存在和发展,限制了人民群众的参与和选择,因为政党的主要功能就是代表组织稳定和制定政策。这四个方面的功能都是"限制公民的选择,把公民的选择范围尽量地压缩,变成由几个政党来代表。反映了一种精英倾向"。① 但因政党制度的不断发展而形成的民主型政党制度,已逐渐演变成为现代民主政治的重要组成部分。政党政治渗透到现代民主政治的方方面面,可以毫不夸张地说,没有政党的活动,现代民主政治是难以想象的。因此,研究民主政治,就需要研究政党和政党制度。利普哈特是研究政党与民主制度的大家,1994 年,他出版了专门研究选举制度与政党制度的专著《选举制度与政党制度:1945—1990 年27 个国家的实证研究》,用数学统计的方法,对 27 个国家的选举与政党制度进行了横断研究,来探讨选举与政党之间的关系。在《当代民主类型与政治:21 个国家多数模型与共识模型政府》(1984 年)和《民主模式:36 个

---

① 王绍光:《民主四讲》,三联书店 2008 年版,第 170 页。

国家政府形式和政府绩效》(1999 年)中,他都用大量的篇幅来讨论政党问题。在共识民主模式的建构中,他主要对多数模式两党制进行了批判,从政党数目、政党间的联盟程度、政党内部派别、政党冲突等方面,讨论了政党与其民主变量的关系,并对两种模式下的政党制度进行了比较。

(一)两党制是多数民主的典型特征,多党制则是共识民主的典型特征

从理论建构角度考虑,在众多的民主要素中,利普哈特把政党制度作为第一个重要的因素来讨论,是因为两种民主模式的根本原则是集权和分权的区别。在两个维度,十个民主变量中,政党体制是一个具有决定性的关键变量,制约和影响着其他变量。在"行政机关—政党"维度中,选举制度、利益集团制度、内阁制度的选择和性质,都与政党制度的选择和性质密切相关,在很大程度上,不同的政党制度选择制约和影响着其他四个变量的选择。因此,利普哈特说,"头一个变量考察的就是一党多数政府与广泛的多党联合政府之间的差异,这种差异也可以看做是两种民主模式之间最主要、最典型的差异,因为它集中体现了集权和分权的差别。"[①]利普哈特对诸因子分析也表明:"一党多数政府与多党联合政府之间的差异代表着该维度的'因子'之间的联系要比其他 4 个变量更为密切。"[②]

(二)对两党制理论的批判

对两党多数民主的批判是利普哈特民主理论的重大理论贡献,通过对两党多数民主的批判使利普哈特的共识民主理论的优越性得以显现。在共识民主理论提出之前的传统政治文化在政党制度上倾向于多数模式并明确赞成两党制。因为传统政治文化是把两党制的经验模式建立在世界上一些重要国家(英国,也有些两党制的观点是建立在美国的例子上)基础上的,所以认为它们代表着一种政党体制的典范。实际上世界上真正实行两党制的国家并不多,只是为数不多的几个国家。在利普哈特的研究里,威斯敏斯

---

① [美]阿伦·利普哈特:《民主的模式:36 个国家的政府形式和政府绩效》,陈崎译,北京大学出版社 2006 年版,第 44 页。

② [美]阿伦·利普哈特:《民主的模式:36 个国家的政府形式和政府绩效》,陈崎译,北京大学出版社 2006 年版,第 44 页。

特模式的经典国家也不过是英国、新西兰和巴巴多斯。他把美国作为多数模式的一种特例,作为一个位于多数模式和共识模式中间地带的偏离个案来处理的。① 与之相呼应的是萨托利的研究。萨托利认为,虽然一般观点认为英国、美国、新西兰、澳大利亚和加拿大是典型的两党制,即使是加上奥地利,两党制国家也不过6个。而奥地利和加拿大的政党情况缺乏规律性,"根据严格的标准(从而包括足够长的持续期),我们只能找到三个国家:英国、美国和新西兰。"②他同时引用了彭斯等人的观点,认为"英国和美国的两党制相差太大,把它们归为一类没有什么意义"。③ 所以严格意义上的两党制政党体制国家只能是英国和新西兰了。所以,传统政治文化对两党制的肯定,某种意义上存在很大的误区。

传统政治文化倾向于两党制多数模型的原因是认为两党制有直接的优势和间接的优势。直接优势之一,两党制使选民可以在两套不同的公共政策中作出明确的选择。两党制下获得选举胜利的政党的党纲将自动成为政府的施政计划。而多党制下联合内阁的执政计划必然是政党间的妥协的产物,这种妥协一般是政治领袖所作出的,而不是直接经由选举产生的,所以,两党制比多党制更民主。直接优势之二,两党制能起到缓和作用,因为两大党必须为获得位于政治光谱中央的浮动选民的支持而展开竞争,并因此而采取温和的、中间立场的政策。直接优势之三,两党制有助于行政部门的稳定和效率,因为单一政党成员组成的内阁将是一个有凝聚力的实体,内阁是由议会多数党所组成,而不是多个代表分歧利益的政党所组成的联合内阁;另一方面,由于内阁获得占议会多数的支持,所以两党制比多党制更有利于行政的稳定。第四,两党制不只使多数党更加有权力,而且又更明确地对政

---

① See Arend Lijphart, *Democracies: Patterns of Majoritarian and Consensus Government in Twenty-One Countries*. New Haven: Yale University Press. 1984. pp. 32–36. 利普哈特认为,美国的总统制和英国的内阁制,美国松散的两党制同英国凝聚的两党制之间有诸多的差异。(另见 Robert A. Dohl. *Political Oppositions in Western Democracies*. New Haven, Conn: Yale University Press, 1966. p. 358)

② [意]G.萨托利:《政党与政党体制》,王朋进译,商务印书馆2006年版,第268—269页。

③ [意]G.萨托利:《政党与政党体制》,王朋进译,商务印书馆2006年版,第269页。彭斯认为,美国国家政治的模式基本上是四党制(James Mac Gregor Burns, *The Deadlock of Democracy*, Prentice-Hall. 1967. p. 257)。

府权力的运作负责。

针对传统政治文化对两党制优势的赞美与支持。利普哈特予以了反击。

第一,传统政治学的比较论者之所以相信成功的民主政治需要两党制来维系,"理由之一在于对英美稳定的两党制与德国魏玛共和国、法国第三、四共和,战后意大利不稳定的多党制间的相对比后,所产生的成见。"①于是,将这些国家战后政权的不稳定,归咎于其多党制度。而利普哈特认为,他对较小民主国家的比较研究已经打破这种迷信。尤其是斯堪的纳维亚半岛国家,比利时、荷兰、卢森堡三小国及瑞士,他们成功的民主政治,长久以来就与多党制并存。因此,"如果认为多党制是无法避免地侵蚀民主政治的一股致命的逆流,那么就大错而特错了"。②

第二,关于多党制内阁的短命问题。利普哈特认为,"如果把内阁的不稳定性等同于政权的不稳定性,也同样是错误的看法。"③利普哈特认为,这种只有在内阁被经常倒阁而折翼的极端情况下才有效的判断,被当成了常态,实际上是极端的案例被夸大了。以法国第四共和为例。"可以发现法国第四共和内阁并非完全没有效率,很多曾任前内阁的阁员,又在新内阁担任阁员,他们担任阁员的平均寿命要比整个内阁长得多了。"④当代法国政治观察家西格弗烈德把这种现象解释为处于不稳定内阁下,又能维持稳定政策的矛盾。法国第四共和内阁的缺点,确实并不如外国观察家想象中的严重,当发生内阁危机时,部分阁员被撤换或相同的阁员间仅互调而已;没有任何公职人员被撤职,而且国家每天例行的公务仍然没有间断地继续下去。更何况相同的阁员仍在不同的内阁里保有职位,而且和他们原先内阁

---

① Arend Lijphart,*Democracies:Patterns of Majoritarian and Consensus Government in Twenty-One Countries*,New Haven:Yale University Press.1984.p.111.

② Arend Lijphart,*Democracies:Patterns of Majoritarian and Consensus Government in Twenty-One Countries*,New Haven:Yale University Press.1984.p.111.

③ Arend Lijphart,*Democracies: Patterns of Majoritarian and Consensus Government in Twenty-One Countries*,New Haven:Yale University Press.1984.p.111.See Leon Hurwitz,An Index of Democratic Political Stability:A Methodological Note,*Comparative Political Studies* 4,No.1(april.1971):41-68.

④ Arend Lijphart, *Democracies:Patterns of Majoritarian and Consensus Government in Twenty-One Countries*,New Haven:Yale University Press.1984.p.112.

政府般地组成了新的内阁。①

利普哈特又举出稳定内阁带来不稳定政权的例证。北爱尔兰联盟党在1921年至1972年长达51年的统治,并未造成一个稳定的政权,联盟党政府也没有解决北爱尔兰问题,该内阁伴随着内战的爆发而寿终正寝。所以,长寿的内阁并不意味着政权的稳定。利普哈特认为,多数模型混淆了内阁稳定与政权稳定,部分是因为多数模型对有权的和优势的行政部门,有特别的偏好。②

第三,利普哈特对"两党制是民主政治最适状况的观点"予以了批判,他指出了两党制所拥护的两个观点同这一观点之间的矛盾。多数民主的两个基本观点:其一是两大党都在向中间靠拢;其二是两党所提出的党纲,可供选民做清楚的选择。利普哈特认为,"如果两大政党的党纲都接近政治光谱的中间,则两大政党彼此间将非常相似而不是为选民提供一个有意义的'选择'。大部分两党制理论的拥护者,都不能同时对这两项对立的观点作出合理的解释。"③一般来说政党向中间靠拢的观点,是美国学派的观点;而英国两党制学者则持"清晰选择"的观点。因为两党的阶级实质比较一致,轮流操纵选举和国家权力。所以,英美的这种两党制被我国的学者形象的称为"一个老板,两家店铺"。④

第四,关于两党制能够对政府更好负责的观点。利普哈特认为,就政府行动应负明确的责任而言,两党制民主既不是必要条件,也不是充分条件。多党同样也可以产生一个多数党组成的"最小获胜单一政党内阁"。利普哈特指出,所有的两党制都隐含着多数决原则的假定。⑤ 首先,多数党都必须选择自己筹组内阁,而不是联合少数党组成联合内阁。其次,明显的单一

① See André Siegfried, Stable Instability in France, *Foreign Affairs* 34 No.3(April 1956): 399.

② Arend Lijphart, Democracies: *Patterns of Majoritarian and Consensus Government in Twenty-One Countries*, New Haven: Yale University Press.1984.p.112.

③ Arend Lijphart, Democracies: *Patterns of Majoritarian and Consensus Government in Twenty-One Countries*, New Haven: Yale University Press.1984.p.113.

④ 徐鸿武:《民主政治大视野》,北京师范大学出版社1998年版,第71页。

⑤ See Arend Lijphart, *Democracies*: *Patterns of Majoritarian and Consensus Government in Twenty-One Countries*, New Haven: Yale University Press.1984.p.114.

政党责任性必须先假定该国实施的是内阁制,因为,总统制下拥有分离的行政部门和立法部门,一旦行政部门属于某一党,而立法部门则由另一党控制多数席位,那么政府政策的责任性势必要分担。再次,两大政党的权力分享和责任性分担同样会发生在强势的两院制里(两个有实权而且是不同组成分子的议会):某一政党控制一院,而另一政党控制第二院。最后,为了贯彻政党的责任性,两大政党必须是凝聚力强的实体,各自支持或反对政府的执政计划。因此,在大部分方面,明显的政党责任性的归属,只有建立在英国式而不是美国式的两党制理论里,才比较可能实现。①

第五,两党制都必须高度依赖多数决的假设,它假定政治体制里只有一个重要的议题面向,而且都处于"左派—右派"的政治光谱。因此,两大党可以提供中间偏左和中间偏右的选择给选民。实际上,就某政策的选择而言,它可能是多面向的。英国的两党制逻辑强调提供清晰选项的必要性,他们所支持的两党制只存在于单一议题面向下的政党间彼此的竞争,如果两党冲突是多面向的,两党制因而被视为选举议题的紧身衣,制约和限制了竞选议题的选择。多党制则可以反映所有重要的议题选项。从此意义上说,两党制在民主价值取向上更优越,是站不住脚的。

(三)有效政党数目的计算方法

1. 有效政党的数目问题

传统上,学者们多用"政党的数目"为标准,来决定一个国家是一党制、两党制和多党制。问题是,如果仅从政党数目来界定一国的政党体制,显然是不充分的。因为绝大多数国家的政党数目都是要超过其政党制度名称所显示出的数量。于是学者们便探求用各种标准来界定一个国家的政党数目和政党体制。

迪尔韦热观察到了选举制度对政党制度的影响。于是他提出了三个判断。一是单一选区相对于多数决倾向于产生两党制;二是复数选区比例制倾向于产生许多相互独立的政党(多党制);三是单一选区两轮投票多数决

---

① See Arend Lijphart, *Democracies: Patterns of Majoritarian and Consensus Government in Twenty-One Countries*, New Haven: Yale University Press.1984.p.114.

（第一轮投票得票最多者参与第二轮投票）倾向于产生容易形成战略同盟的多党制。这便是著名的迪尔韦热定律。[①]

与迪尔韦热关注选举制度与政党制度的关系不同,萨托利则从选获得的议席数量来衡量政党的数量。他建议把未能赢得议会席位的政党忽略不计,其他政党的力量对比则根据其获得的议席数量来衡量,并且不能不考虑政党的大小,把所有获得了议席的政党都计算在内,只有那些达到了确定的截止点,譬如说获得 5% 或 10% 议席的政党才算,未达到这个标准的政党则忽略不计。萨托利这种政党门槛的概念的局限在于"政党门槛越是降低,包括不相关政党的机会也就越大"。[②] 于是萨托利又使用了政党实力的概念,这种实力也就是获得议会席位的实力,具有"联合执政潜力"或者是"勒索潜力"的"相关"政党才应该被当做政党制度的组成部分加以计算。如果某一政党参加过联合政府组成过一党政府当然也可以,或者被大党视为可能的执政伙伴,那么这个政党就有联合执政潜力。这种计数规则的局限是:"它仅仅适用定位于执政的那些政党,以及在意识形态上能够被其他联盟伙伴接受的政党。这可能漏掉一些相当大的永久性反对党,例如反体制党"。[③] 这些政党由于意识形态原因而受到所有执政党或大多数执政党的排斥,无法成为它们的执政伙伴,因而缺乏联合执政潜力。于是萨托利又提出了"勒索潜力"的辅助性计算法则,以威吓能力,或者更确切地说是以充当反对党为取向的所具有的勒索潜力为依据的辅助性计算法则。如果这些政党的力量大到不容忽视的话,那么仍需要把它们计算在内。

利普哈特批判地接受了萨托利的标准,他在计算民主政党数目时虽批判了这种标准,但在分析政党冲突时又使用了相关概念。利普哈特认为,"尽管萨托利的标准是以政党的大小以及意识形态的兼容性两个变量为依据的,但大小是其中的关键因素。""只有足够大的政党才有勒索潜力,而且

---

① See M.Duverger. *Duverger's Law's forty years later* in Grofman, B.and Lijphart.A.ceds.*Electoral laws and Their Political Consequences*, New York; Agathon Press.pp.69—84.

② ［意］乔·萨托利:《政党与政党体制》,王明进译,商务印书馆 2006 年版,第 171—172 页。

③ ［意］乔·萨托利:《政党与政党体制》,王明进译,商务印书馆 2006 年版,第 174 页。

足够大同样是联合执政潜力的首要决定因素：那些只有少数议席的极小的政党可能非常温和，因而在意识形态方面为其他大多数政党所接受，原因是它们没有足够的'分量'来支持一个内阁。因此，被计入政党数目的政党大多数是较大的党，无论其意识形态是否具有兼容性。"另外，萨托利没有使用这一变量对相关政党进行进一步的划分。因为有些相关政党虽然在很长时间里平均得票率比较低，低于他的政党门槛，但他对组成执政多数具有平衡作用。"一个占有 10% 选票的政党远远没有一个只获得 3% 选票的政党重要。"①

为了弥补萨托利的不足，让·布隆代尔提出了"优势"政党和"半"个政党的概念。他建议在对政党分类时要把政党的数目和政党的相对大小两方面因素都考虑进去。两党制下两个大党居主导地位，两党之外还有一个虽然比较小但具有执政潜力而且扮演着重要政治角色的党称之为半党。包含两个半以上重要政党的政党体制是多党制。依据政党的强势与弱势，他把多党制进一步划分存在一个优势政党的多党制和已存在优势政党的多党制。② 布隆代尔的"优势"政党和"半个"政党概念的提出，分别对凸显政党制度内某一个政党与其他重要政党相比所处的相对强势和相对弱势地位十分有用，但它们显然很不确切。③

利普哈特计算政党数目时，在考虑上述方法的基础上，借用了马尔库·拉克索和莱因·塔格佩公式：$N = \dfrac{1}{\sum S_i^2}$

其中，N 是有效政党数目，S_i 是指第 i 个政党占有的议席比例。④ 从这个公式中可以很容易看出，如果两党制中两个政党力量相当，有效政党数目就是 2.0 个，如果一个政党比另外一个政党强大，比如两党分别占有 70% 和 30% 的议席，有效政党数比就是 1.7 个——"这就意味着从纯粹的两党制向

① ［意］乔·萨托利：《政党与政党体制》，王明进译，商务印书馆 2006 年版，第 172 页。
② See Jean Blondel, Party Systems and Patterns of Government in Western Democracies, *Canadian Journal of Political Science* 1, No.2(June). pp.184-187.
③ 参见［美］阿伦·利普哈特：《民主的模式：36 个国家的政府形式和政府绩效》，陈崎译，北京大学出版社 2006 年版，第 47 页。
④ See Markku Laakso and Rein Taagepera, Effective Number of Parties: A Measure with Application to West Europe, *Comparative Political Studies* 12, No.1(April). pp.3-27.

着一党制的方面演变,与我们通过直觉作出的判断吻合。"①这也同样适用于多党制,在所有政党力量相当的情况下,有效政党数目与政党的实际数目相等,而当政党力量有差别时,有效政党数目少于政党的实际数目。所以,利普哈特认为这种计算方法"既能确切地告诉我们一个政党制度中究竟包含多少政党,还能兼顾政党的相对大小。"②但这种计算方法的局限是没有办法计算萨托利所说的那种具有"勒索潜力"的政党——反对党或体制外政党;更无法计算政党间的联盟程度和政党内的派别问题。于是利普哈特一方面采用了他们计算方法,计算"有效政党数目",另一方面又专门讨论了政党间的联盟问题,内部派别问题和党派冲突问题。

2. 结成紧密联盟的政党

利普哈特选取法国的基督教民主联盟(CDU)和基督教社会联盟(CSU),澳大利亚的自由党和国家党,比利时因语言分裂问题而形成的两个基督教民主党,两个自由党和两个社会党作为例证,用 4 条标准来讨论,结合紧密联盟政党的计数问题。第一条标准是关于不同政党在选举中为争取选票时是否存在竞争问题。第二条标准是两个政党在议会中的合作程度,尤其是两党是否组成了单一的议会党团、是否在一起召开秘密会议。只有德国的两个党做到了这一点。第三条标准是在组阁时,两党的表现不像独立的党。第四条标准是两党密切合作的能否长期维持。只有长期维持,把它们看做一个政党才是有意义的。只有合作的密切性和持久性才能判别是否是紧密联盟的政党还是金钱联姻选举联盟的政党。因为单名选区的选举制度使小党和中等规模的政党具有组成选举联盟的强烈动机,而不是组成紧密联盟的政党。实行比例代表制的国家也会出现选举联盟。③ 例如,葡萄牙在 1979 年和 1980 年获得选举成功的 3 党民主联盟,1983 年后又恢复为 3 个彼此竞争的政党。

① [美]阿伦·利普哈特:《民主的模式:36 个国家的政府形式和政府绩效》,陈崎译,北京大学出版社 2006 年版,第 48 页。
② [美]阿伦·利普哈特:《民主的模式:36 个国家的政府形式和政府绩效》,陈崎译,北京大学出版社 2006 年版,第 47 页。
③ 参见[美]阿伦·利普哈特:《民主的模式:36 个国家的政府形式和政府绩效》,陈崎译,北京大学出版社 2006 年版,第 49 页。

利普哈特认为即使有了上述四条标准,也无法准确判断政党数目,只有采取折中的办法,"这就是说,每一对结成紧密联盟的政党都被算作一个半政党。""这可能不是最完美的解决办法,但它比任何一种更极端的选择都能更好地反映上述政党所扮演的实际角色。"①

3. 内部派别林立的政党

对于内部派别林立的政党,如哥伦比亚的自由党和保守党,印度的国民大会党、意大利的天主教民主党、日本的自由民主党和美国的民主党,关于这些政党的计数问题,利普哈特同样采取了折中的办法,按一个半政党计算。利普哈特承认,因为他关注的焦点是多党制的程度,这是衡量政党在集权——分权维度的一个重要因素。这种计算方法可能会引起更多的争议,但同时他也认为这种方法可能会更真实可靠。② 这也直接影响他的内阁分类及选举结果比例性程度的计算。

(四)36 个民主国家的政党制度

按照上述计算方法和考虑因素,利普哈特根据 36 个民主国家的政党在1945—1996 年期间的选举结果计算出有效议会政党数目的平均数,最高值和最低值及各国举行大选的次数。这些国家有效政党数目相差很大,最多的是巴布亚新几内亚,有 5.98 个有效政党,最少的博茨瓦纳只有 1.35 个,36 个国家平均数为 3.16 个,中位数是 3.12 个。威斯敏斯特范例国家,英国、新西兰、巴巴多斯位于表的下端,共识模式范例国家,瑞士、比利时位于表的上端。

比利时、奥地利、哥伦比亚、丹麦、印度、意大利、挪威和瑞士等国家呈现出向更显著的多党制发展的趋势。德国、以色列、日本有效的政党数目最初逐渐减少,但在随后的 20—30 年中又增加了。只有葡萄牙一国表现出了明显的有效政党数目减少的变化趋势。③

---

① [美]阿伦·利普哈特:《民主的模式:36 个国家的政府形式和政府绩效》,陈崎译,北京大学出版社 2006 年版,第 50 页。
② 参见[美]阿伦·利普哈特:《民主的模式:36 个国家的政府形式和政府绩效》,陈崎译,北京大学出版社 2006 年版,第 51 页。
③ 参见[美]阿伦·利普哈特:《民主的模式:36 个国家的政府形式和政府绩效》,陈崎译,北京大学出版社 2006 年版,第 54 页。

(五)党派冲突的问题维度

利普哈特政党研究的并没有仅仅停留在政党的数量、政党的结盟和政党内部的派别上,他还把研究的触角深入到政党制度与政治问题的关系方面,从政党关注的社会问题维度与政党数目之间的关系。

利普哈特提出四条方针来认识政党制度中的问题维度:第一,解读官方公布的党纲或宣言应与党的其他正式声明、党内会议辩论、党的领袖发言结合起来,尤其要关注该政党执政期间所推行的政策。第二,对政党间的差异识别应把注意力放在政党之间的差别而不是党内差别上,一个国家有些重要问题可能并不是该国政党制度中的问题维度的组成部分,它们可能造成党内关于该问题的分歧,但并不是造成政党之间差异的因素。第三,侧重分析,"拥有联合执政潜力"或"勒索潜力"的政党在政治问题上的差别。第四,着重分析政党制度中具有持久性的问题,对那些在某一次选举中浮现出来但随后迅即消失的党派差别应忽略。

按照上述四条标准及问题的强弱,利普哈特归纳出了1945—1996年间36个国家政党制度中的七个问题维度:社会经济问题、宗教问题、文化—种族问题、城乡问题、政体支持问题、外交问题、后物质主义问题。

社会经济问题是政党制度中最重要的问题维度,它以较高的关注维度存在于1945—1996年间所有民主国家的政党制度中,左翼政党、政府与右翼政党政府所寻求和倡导的经济政策之间有显著差异。左翼政党和政府更加致力于系统地促成公共部门的高速增长,其中央政府的预算更高,收入的分配更平等,为减少失业而投入的力量更多,而且更加关注教育,公共医疗和社会福利开支。经济问题维度的差异决定了各国执政党在左右政治光谱中的位置,这也验证了利普哈特把选举视为"民主阶段斗争的表达方式"的观点。同时应当注意的是,20世纪60年代以来关于社会经济问题的左与右之间的差别有明显减弱的趋势。[①]

宗教政党和世俗政党之间的差别构成了第二重要的问题维度。36个

---

① See Seymour Martin lipset, *Dolitical Man*: *The social Bases of Politics*. Garden City, N.Y.: Doubleday. 1960. p.220.

国家中半数以上的国家的政党存在着宗教差异。宗教问题的重要性在第二次世界大战后也明显下降,宗教间的紧张关系明显缓和,甚至出现了两大教派在政治实践中联合起来的趋向。如战后德国基督教民主联盟就是由天主教新党和新教政党联合创立的。荷兰的天主教和两个主要新教政党 1977 的联合竞选及此后的合并,都印证了这一点。宗教政党和反宗教政党的相互对立也在很大程度得到缓和。20 世纪 60 年代以来,这些分歧主要存在于道德领域,如婚姻问题、同性恋者权利问题、生育控制问题、堕胎问题、性教育问题、色情文学问题等。

文化—种族维度是当代西方多元社会国家呈颇为显著的问题维度。这一维度是利普塞特和罗坎认为导致政党制度分裂的 4 种基本根源之一。① 在大多数社会多元化国家,文化——种族维度高度显著,印度和瑞士是两个令人吃惊的例外,尽管这两个国家在种族上高度分化,但在全国范围内,宗教维度的差异却远比种族—文化维度更为重要。

城乡之间的地域差异和利益差别存在于所有民主国家中,但只在少数几个国家的政党制度中构成了问题维度的来源。农民党主要集中在几个斯堪的纳维亚国家,由于农村人口的不断减少,它们也不再单纯依赖农民和农村的支持,而把目光转向城市选民。瑞典、挪威和芬兰的农民党在 1957 年到 1965 年间相继更名为"中央党"。丹麦的自由党和冰岛的进步党,而今也竭力塑造自己中间色彩的政党形象。目前在此维度上有显著性表现的 8 个国家中,显著性水平也都在中等程度。②

所谓的政体支持维度问题实质上是涉及几个共产党势力比较强大的欧洲国家和亚洲国家。法国、意大利、芬兰、葡萄牙、希腊、印度和日本。目前的趋势是欧洲共产党越来越倾向于欧洲共产主义,使它们在对西方民主制度和外交政策的态度发生了根本变化。印度和日本的共产党也变得更加温和了。③

---

① See Seymour Martin lipset and Stein Rokkan, *Cleavage Structures , Party Systems , and Voter Alignments , Party Systems and Voter Alignments : Goss-National Perspectives*, New York: frees Press.1967.pp.1-64.

② 参见[美]阿伦·利普哈特:《民主的模式:36 个国家的政府形式和政府绩效》,陈崎译,北京大学出版社 2006 年版,第 56 页。

③ 参见[美]阿伦·利普哈特:《民主的模式:36 个国家的政府形式和政府绩效》,陈崎译,北京大学出版社 2006 年版,第 59 页。

由于这一原因,这些国家没有一个国家的政党制度在政体支持维度上超过"中等"显著的程度。其他国家的共产党员或共产党性质的政党也都改变了策略,承认通过议会道路获得政权,成为资本主义社会体制内政党。

关于外交政策维度,一是涉及欧洲共产党的亲苏外交政策,随着苏东剧变,这一问题也逐渐衰落。二是法国和冰岛对参加北约的反对态度。三是英国、丹麦、法国、爱尔兰和马耳他等国在加入欧盟前身组织上的意见分歧等。关于外国政策维度分歧总体上既不是特别突出,也不是非常持久,因此都不超过"中等"显著的程度。①

物质主义——后物质主义的核心问题是参与式民主和环保主义。后物质主义是当代西方少数几个发达国家政党问题的新来源,后物质主义政党相对来说比较弱小,总体上缺乏执政潜力。

通过对政党问题维度的研究,利普哈特发现,问题维度与有效政党数目密切相关。第一,当一个社会中存在着多个引起政治冲突的维度时,我们就可以预见到这个社会中必须有相当数量的政党来表达所有这些维度。第二,两党制无法像多党制那样,轻易地容纳许多问题维度。36 个民主国家的有效政党数目和问题是维度数目之间存在着极强的相关关系,相关系数高达 0.84。② 随着有效政党数目的增加,问题维度的数目也会随之增加,多党制比两党制能够更轻易地容纳这些问题维度。

(六)政党与民主

利普哈特作为一个民主理论与政党理论大家,对民主与政党之间的关系研究在同类研究中是比较全面,而且是比较深刻的。在共识民主理论中,其主要目的是为了证明共识民主的多党模式在分权或者说是民主方面比多数模式要好,这一点已经被利普哈特比较充分地证明。但这里面涉及一个根本性的理论问题:政党与民主到底是一个怎样的关系问题。利普哈特对此并未做进一步讨论。

---

① 参见[美]阿伦·利普哈特:《民主的模式:36 个国家的政府形式和政府绩效》,陈崎译,北京大学出版社 2006 年版,第 59 页。
② 参见[美]阿伦·利普哈特:《民主的模式:36 个国家的政府形式和政府绩效》,陈崎译,北京大学出版社 2006 年版,第 59 页。

在古典民主理论中,研究政党与民主,都有一个预设的前提:在民主体制下政党制度是不可或缺的。毫无疑问,现代政党制度是与代议制民主共生的"双胞胎"。在传统民主政治中,政党也确实扮演了极为重要的角色,从提名候选人到选民动员,直到组成政府,政党实际控制了民主政治的全过程。但是,当代西方政党角色的变迁对这个问题也提出了挑战。一方面是政党角色功能衰退,在西方发达国家是比较普遍的现象。自 20 世纪 60 年代以来,政党信任危机日趋严重。美国民意调查发现,对各种政权机构的信任度,地方基层政府最高,其次是法院,第三是国会,第四是警察,第五是联邦政府,最低的是政党,只有 35% 的人相信美国两大政党。加拿大老百姓对教会、媒体、联邦政府、省政府、军队、公司、法院都有较高的信任度,只有 39% 的人信任政党,政党也是最低。欧盟也有类似情况,原欧盟 15 国有 76% 的民众不信任政党,而新欧盟国家中有 82% 的民众不信任政党。① 对政党的不信任,也反映在发达国家党员占人口的比重不断下降的情况上。在 1980 年以后的 20 多年里,法国、意大利、英国、挪威、芬兰、奥地利、瑞士、瑞典、爱尔兰、比利时、德国等,所谓"老民主"国家的党员人数(包括所有政党的党员)都遭遇了 9% 至 65% 的下降,平均降幅在 30% 以上。现在,除奥地利外,这些国家的党员人数占人口比重均在 10% 以下,平均为 5% 左右,英国、法国在 2% 以下。② 在西方发达国家政党制度中,入党是非常容易的,然而入党的人越来越少。这种情况还反映在,担任公职的政党党员,对党的忠诚度减弱,党纪维持已经变得十分困难上。这种情况在美国国会表现比较突出。③

另一方面,政党衰退与公民投票行为和选举技术的变迁也有很大关系。现代信息技术的发达,传媒的影响力日益扩大,候选人依赖现代媒体科技及公关技术,而不必依赖传统的政党组织的动员,加上专门为候选人募款和辅选的民间组织的出现,使政党的民主功能受到极大冲击。政党认同减弱的同时,独立选民人数上升,政见投票取向的候选人数上升。这些新情况,极大地削弱了政党的民主职能。

① 参见王绍光:《民主四讲》,三联书店 2008 年版,第 179 页。
② 参见王绍光:《民主四讲》,三联书店 2008 年版,第 179 页。
③ 参见葛永光:《政党政治与民主发展》,台湾"国立"空中大学印行 2004 年版,第 231 页。

另外一个问题是在对民主与政党制度的关系考察中,仅从政党制度中的政党数目考察也是值得探讨的。政党制度对于民主来说,是否有一个标准问题和标准的适用问题。一般来说,政党制度对于民主政治来说至少有三个方面的标准:一是政党制度在多大程度上代表选民;二是对政治稳定是否有利;三是对国家的发展是否有利。利普哈特认为多党制更有利于民主:多党制在代表选民方面要比两党制有利;能够更充分地代表选民;多党制在投票率上一般要比两党制要高;多党制也让极端政党有机会通过制度渠道参与政治生活,更有利与政治稳定。利普哈特的研究都是建立在对西方发达国家考察的基础的结论,未必对发展中国家就是好事。政党制度的形成与一国的历史、文化、社会经济及政府制度密切相关,可以说一国的政党制度受该国的客观环境因素影响极大,这些因素可能随着一国现代化的发展而有所政变,对发展中国家而言,一党制可能更好,这样的政党体制可能更有利于推动现代化,有效地完成经济发展的目标,日本、韩国的现代化进程,就是很好的例子。所以对发展中国家而言,有一个强大政党长期执政,可能更有利于现代化目标的达成和政治稳定。

政党制度对于现代民主政治扮演着重要角色,选择发展何种政党制度,应根据本国的历史文化和国情,不宜照搬他国模式。安东尼·奥罗姆有一句话,值得我们认真思考:"对许多新兴的民族国家而言,美国每一次都是作为有效民主制的一个范例,这真是具有莫大的讽刺意味。"①

二、内阁:行政权力的集中与分享

行政活动是国家最经常、最广泛、最普遍的活动,行政权力是国家权力结构中的重要权力。行政权力是集中在一党多数派手中,还是在多党派之间分享,是多数民主模式和共识民主模式最典型的区别。多数民主模式最典型的特征是一党多数政府,体现了将行政权力集中于多数人手中的多数原则,共识民主模式最典型的特征是多党联合政府,体现了广泛分享权力的

---

① [美]安东尼·奥罗姆:《政治社会学导论》,张华青等译,上海世江出版集团 2006 年版,第 219 页。

共识原则。

行政权力机制涉及国家行政活动中采取的基本组织结构形式和各种决策管理制度与方法,行政权力和行政机关的产生方式决定了行政权力机制的形式,在西方民主制度下,行政机关的产生往往与选举制度和政党制度密切相关,与议会制度相适应。代表不同阶级、阶层和利益集团的政党为了实现自身利益而彼此竞争和合作,这种竞争和合作的不同方式促成了某种议会类型和某种内阁类型。在议会制政府体制下,政府由占议会多数席位的政党或政党联盟组成,政府对议会负责,受议会监督,因此,议会制下的内阁必须获得议会多数的支持,至少也要获得议会多数的容忍。传统的内阁理论几乎全部建立在多数主义假设的基础上,大多讨论的是多数民主模式下的内阁类型的制度性特征。所以,"这些理论对民主国家的内阁类型所作的预测和实际情形有很大出入……忽视了导致少数派内阁和超大型内阁产生的制度性特征。"①于是,利普哈特在对 1945—1996 年期间 36 个民主国家的实证材料分析基础上,修正了内阁理论,分析了内阁类型和有效政党数目之间的关系。

(一)联合内阁的三种类型

根据内阁在议会中的不同基础,联合内阁理论把内阁分为 3 种类型:(1)最小获胜内阁(minimal wining cabinets)。"获胜"是指加入内阁的一个或多个政党控制了议会半数以上的多数席位;"最小"的意思是内阁中不包括任何对获得议会多数席位来说不必需的政党。(2)超大型内阁(oversized cabinets)。即不仅包括了获得议会多数支持所必需的政党,还包括其他政党的内阁。(3)少数派内阁或小型内阁(minority or"undersized"cabinets)。即没能得到议会多数支持的内阁。在最小获胜内阁中,行政权集中在获得议会多数支持政党手中,是多数决原则内阁的典型类型。超大型内阁,它不仅包含了获得议会多数支持所必需的政党,而且还包容了其他政党,实现了行政权力的广泛分享,是共识民主模型的典型内阁类型。利普哈特对内阁

---

① [美]阿伦·利普哈特:《民主的模式:36 个国家的政府形式和政府绩效》,陈崎译,北京大学出版社 2006 年版,第 65 页。

理论的重要贡献就是他证明了少数派内阁或小型内阁属于共识民主的范畴,发展了少数派内阁理论。

(二)少数派内阁的类型及其联合内阁理论

根据利普哈特对联合内阁理论的研究,他提出以下六种联合内阁类型,并认为最小获胜内阁和少数派一党内阁在多数民主——共识民主的光谱上处于居中的位置。[1] 也就是属于共识民主的范畴。

第一,最小获胜联合内阁(minimal wining coalitions)。即获胜的多数联合内阁中,仅包括那些对内阁获得议会多数支持而言必不可少的政党。这种理论假设是基于权力的最大化,即政党为了获取政治权力的最大化,不得不将不必要的政党排除在外,只有当一个多数党在议会中超过半数以上的席位时,才会出现由该多数党组成的一党非联合内阁。

第二,最小规范联合内阁(minimum size coalitions)。其理论假设也是权力最大化。这种模式不仅希望获得议会多数的支持,而且希望在联合内阁中最大限度地享有权力。

第三,最小政党数目联合内阁(coalitions with the smallest number of parties)根据迈克尔·莱瑟森的交易理论,上述最小获胜联合内阁所包括的政党数目应尽可能的少,因为在其他条件不变的情况下,涉及的政党越少,围绕组建内阁问题而进行的谈判和交易越容易完成,组织联合内阁的努力也就越容易获得成功。[2]

第四,最小范围联合内阁(Minimal range coalitions)。这种联合内阁不同于前几种联合内阁的是,它不以政党数目为基础,而以政党的纲领和政策偏好为基础;具有相似政策偏好的政党比政策偏好相去甚远的政党更易于组成和维持联合内阁。

第五,相关最小获胜联合内阁(minimal connected wining cabinets)。根

---

[1] 参见[美]阿伦·利普哈特:《民主的模式:36 个国家的政府形式和政府绩效》,陈崎译,北京大学出版社 2006 年版,第 65 页。

[2] See Michael Leiserson, Consociationcal Democracy in Switzerland:A Political-Economic Explanation and Some Empirical Evidence. *European Journal of Political Research* 12, No.1 (March).pp.25-42.

据罗伯特·阿克塞尔罗的"密切相关"理论,联合内阁既是由政策偏好相近的政党组成,又不包含非必要政党。这一理论的根本假设是:各政党首先设法联合与它们的政策主张最接近的政党,然后再联合其他政策相近的政党,直到组成一个得到议会多数支持的联合内阁为止。

第六,政策执行联合内阁(policy-viable coalitions)。该理论着重强调政党的政策偏好,这是基于政党真正关心的只是政策而不是保住职位的理论假设。在政策执行联合内阁的议会中,"中枢"政党起着关键作用,它在很大程度上决定了政策,该党倾向于哪派,哪派即可掌权。这就意味着,从严格的政策角度看,有多少党入阁,那些政党入阁概无关紧要,甚至在组成"政策执行联合内阁"时"中枢政党是否入阁都是无关紧要的。"[1]不过,拉弗和斯科菲尔德也承认,要想对政策问题的细节施力影响,加入内阁并成为政府部门的首脑是十分必要的。其他学者也为政策执行联合内阁加上了一个限制条件:联合内阁应包括中枢政党。因为由哪个政党控制内阁,哪个职位就具有重要意义。

(三)组建少数派内阁和超大型内阁的诱因分析

从上述六种联合内阁理论中可以看出,在预测联合内阁组成方面,政策取向的理论比非政策取向的理论更有优势。然而所有联合内阁理论均预测出某种最小获胜联合内阁的模式,而不能得出超大型联合内阁的结论,这是此类理论的最大缺陷。所以出现这种结果,原因是基于多数主义的假设。但在政治实践中许多议会制民主国家存在着为数众多的少数派内阁和超大型内阁。利普哈特认为其原因主要是:一是政党对时机的洞察与了解不同。政党的确是在寻求权力,而且要获得权力就必须加入内阁。但有的政党可能认为暂时不承担政府责任可能对选举更为有利,在一段时间内以反对党的面目出现会给自己提供更多的机会,以便在未来的选举中收获更大,并提高自己将来参与内阁的程度。[2] 也有的政党会认为,把额外的政党拉进内

---

[1] Michael Laver and Norman Schofield, *Multiparty Government：The Politics of Coalition in Europe*.Oxford University Press.1990.p.88.

[2] See Kcare Strlm, *Minority Government and Majority Rule*, Cambridge：Cambridge University Ress.1990.pp.44-47.

阁,以便应付变节脱党的行为,确保内阁的获胜地位。二是政策取向与规模原则。政策取向理论是对最小获胜理论的补充而不是替代。在实际政治中,政党的政策偏好可以施加强大的压力,导致联合内阁的规模和范围扩大化不是缩小。每个政党都希望联合内阁执行的政策与本党的政策偏好越相近越好。在联合内阁中,如果与某个政党联合执政的其他政党分别位于该党的左右两侧且力量大致相当,对它而言最理想不过。所以,组成越大型联合内阁也并非没有可能。三是当国家内外威胁成为所有政党或绝大多数政党压倒一切的目标时,也会导致超大型联合内阁的组成。战时经常出现超大型联合内阁,如英国的丘吉尔战时内阁。在多元社会中,内部威胁可能来自反民主的政党和运动的冲击,也可能来自赞成民主制度的政党间的深刻分歧。四是制度性特征也能促进少数派内阁和超大型内阁的产生,而不利于最小获胜内阁的建立。许多议会制民主国家没有对授权作出规定,一个新内阁无需议会正式投票来选举或批准即可就职,由于议会多数可以容忍内阁而不必给予它明确的支持,组成少数内阁的可能性就增加了。一些国家要求举行不信任投票时要具有"建设性",即在提出不信任提议的同时必须对新内阁的组成提出建议,这种规定可能导致:一次不信任投票与授权一样,需要特别议会多数的支持,因而促成各党组成多数派内阁。另外一种情况是议会中各个委员会所掌握的权力过大,这使政党能够通过其议会阵地影响政策,从而减少了其入阁动机。有些国家基于语言问题所作出的平衡也可以导致内阁的扩大。如比利时,如果讲弗兰德语的社会党人受邀加入内阁,那么根据语言平衡的原则,讲法语的社会党人进入内阁的可能性也会增加。修改宪法或普通法所需的特定多数规则可能是组成超大型内阁的重要原因。如果一个新内阁的议事日程中包括一项或多项重要的宪法修正案,那么为了达到这个目的所需的任何特定多数都可能造成内阁的扩大。

在理论上,少数派内阁可以分为名副其实的少数派内阁和"经过伪装的少数派内阁"。[1] 名副其实的少数派内阁中,政党不得不就一个又一个问题与内阁之外的政党反复地磋商,以便保住执政地位并为内阁提出的议案

---

① Kcare Strlm, Democracy Auountability and Coalition Bargaining, *European Journal of Political Research* 31 nos, 1-2 (February). pp.47-62.

提供支持。这些出于不同目的,与不同的内阁外政党的交易关系使这种少数派内阁类似于超大型内阁。另一种是"经过伪装的少数派内阁"。这种少数派内阁更像多数派内阁,原因是它们在议会中得到了一个或者多个政党的坚决支持。尽管这些政党无意加入内阁。利普哈特认为基于两点考虑,应把少数派内阁与超大型内阁同等对待。一是"无论支持内阁的政党作出如何坚决的承诺,都无法与实际参加了内阁的政党相比";二是某个政党究竟是不是支持内阁很难确定。① 基于此两点考虑,少数派内阁就靠近了超大型内阁,成为权力分享内阁。

(四)总统制内阁与特例内阁

议会制内阁和总统制内阁的一个主要差别是:在议会制下,行政机关(内阁)要维持其执政地位,要使内阁提出的议案得到批准,都必须依靠议会多数的支持;而在总统制下,行政机关只有在总统本人提出议案的情况下才需要议会多数的支持。总统由选举产生并有固定任期,总统及其任命的内阁的执政地位无须依赖议会的支持来维持。因此,从执政地位的角度看,总统制内阁既可以是最小获胜内阁,又可以是超大型内阁或少数派内阁,究竟属于哪种内阁要视总统、内阁成员属于哪些政党以及各政党在议会中的力量大小等情况而定。

议会制内阁与总统制内阁的另外一个差别在于:议会制内阁是团队式内阁,总统制内阁是总统一个人的内阁。在总统制下行政权力集中在总统手中,内阁成员是总统的顾问班子,而不是掌握同等权力的参与者。

奥地利、美国和日本的内阁展示了内阁类型的多样性,具有不同寻常之处。

1949—1966 年的奥地利内阁由两个最大的政党联手组成了非常广泛的联合内阁。从技术层面上看,属于最小获胜内阁,但在实践中这种广泛的联合内阁显然应被视为超大型内阁。

美国的内阁是典型的党派内阁,其中会有一两名来自其他政党的象征

---

① 参见[美]阿伦·利普哈特:《民主的模式:36 个国家的政府形式和政府绩效》,陈崎译,北京大学出版社 2006 年版,第 74 页。

性的内阁成员,象征性地参与内阁意味着某个政党得到的内阁职位要远远低于该党得票比例所预期的数目。因此,在对内阁分类时,那些象征性的内阁成员,及无党派阁员可以忽略不计。

1976—1993年日本的自由民主党内阁,从政党的数目看是最小获胜内阁,但从内阁的表现来看却像少数派内阁。自由民主党不会利用它在国会中的多数强行通过存在争议的议案。而是倾向于遵循形成跨党共识的准则。自由民主党通常会努力确保它的议案得到一个乃至更多反对党的支持。① 所以,自由民主党内阁应该被算作是少数派内阁而不是最小获胜内阁。

(五)内阁制度与政党制度及内阁首脑的权力

内阁与政党制度密切相关,当有效议会的数目增加时,最小获胜一党内阁的概率就会下降。利普哈特根据内阁代表性的广泛程度和入阁政党数目,探究了内阁的集权程度,即内阁首脑所掌握的权力与内阁集权程度存在相关性。共识民主模式的内阁多是超大型内阁和联合内阁,多数模式的内阁多是最小获胜内阁和一党内阁。两种模式下内阁首脑权力也有明显区别,多数模式下内阁首脑的权力要大于共识模式下内阁首脑权力。

三、行政机关与立法机关:权力优势与平衡

民主发展是一个历史进程,不同历史阶段都有与当时生产力和生产关系发展相适应的民主模式。这也是今天民主形式多样、差异显著的主要原因。同时,权力的制约与平衡方式,也是随着历史的进程不断发展变化,在政治发展的不同历史阶段和各国不同的民主实践,就会产生不同的权力制约与平衡方式。在民主的不同模式与权力制约的不同方式之间,虽然并不存在明显的一一对应的关系,但从历史的关联性以及实践作用机制上来考察,权力制约与平衡的不同方式,主要与民主某一模式相适应,并为某种模

---

① See T.J.Pempel,Japanese Democracy and Political Caltre.A Comparative Perspective.PS: *Political Science and Politicas*25,No.1(march).pp.5–12.

式服务。利普哈特考察了 36 个民主国家行政机关与立法机关的关系,并把这一关系作为民主变量的一个重要变量来区别共识模式与多数模式。在多数模式中,国家行政机关的地位优于立法机关,而共识模式中行政机关与立法机关的关系则更为平衡。在现实政治中,还存在着多种介于完全平衡与完全不平衡之间的模式。为了证明这一结论,利普哈特比较了 36 个国家中的议会制政府和总统制政府的主要差别,探讨了 36 个国家行政机关不同程度的优势地位及其行政机关类型与行政机关稳定性之间的关系,一党多数政府的频率与行政机关优势地位之间的关系,并对国家元首行使权力的相关问题进行了简要评论。

(一)议会制政府与总统制政府权力分配方面的差别

西方民主国家的政府形式一般有两种类型:议会制和总统制。这两种政府形式在行政机关和立法机关的关系方面存在着较大差别。

第一,行政机关的不同称呼及其与立法机关的关系。议会制下的行政首脑不管其官方头衔是首脑、总理、部长会议主席、国务总理等,其称呼可以统称为首相,其行政机关都要对立法机关负责,得到立法机关的信任,立法机关可以通过不信任案或谴责投票将其罢免。总统制下,政府首脑统称为总统。总统由选举产生,由宪法规定其任期,在正常情况下议会无法通过不信任案迫使其辞职。①

第二,行政首脑的产生方式不同。总统制下,总统的产生由普选直接产生或由公民选举出总统选举团,由选举团选出总统。议会制下,首脑的产生方式可以采取多种形式,由立法机关选举产生、由政党及其领袖们磋商产生、由国家元首任命等,但与议会都有直接或间接的关系,要得到议会的任命或认可。

第三,行政机关的模式不同,议会制下的行政机关是集体的、团队式的;总统制下的行政机关是个人的、非团队式的,内阁成员仅仅是总统的下属或顾问,最重要的决策由总统作出,总统可以采纳内阁的建议也可以不采纳其

---

① 即使立法机关能够迫使总统下台,政府仍然是总统制,它必须具备两个条件:第一总统有权解散议会,第二不论是总统解散议会,还是议会迫使总统下台,都应举行新的选举,选举出新的总统和议会。

至反对内阁建议。议会制内阁首脑的地位差别很大,有的十分突出,有的与其他阁员实际上平等,决策一般由内阁集体作出,而不是行政首脑个人。

第四,组成人员的独立性不同。在总统制下,分权不仅意味着行使权与立法权的相互独立,而且还包含着一人不得同时在行政机关和立法机关任职的原则。议会制下,不分权不仅意味着行政机关要依赖立法机关的信任,而且意味着同一个人可以兼有议员和内阁成员两种身份。有些国家要求内阁成员必须是议员,如英联邦国家和前英国殖民地国家。有些国家规定内阁成员不得兼任议员,不过,内阁成员可以参加议会辩论,如荷兰、挪威、卢森堡等国。

第五,对议会解散权的差别,这种差别是特例支持的差别。一般来说,总统制下,总统无权解散议会,而法国总统有权解散国民议会,成为总统制政府的特例。与议会制首相及其内阁可以有权解散议会的规定大相径庭,英国和许多以英国制度为蓝本的国家,首相解散议会的权力丝毫不受限制,而德国等几个国家规定议会只有在特殊情况下才能解散,而且解散议会的决定不能由行政首长单独作出。在以色列,总理可以解散议会,议会也可以要求总理下台,然后举行新的总理和议会选举。

第六,行政首脑的职数不同。议会制下通常有二位行政首长,一位是职权很小的、象征性的、礼仪性的国家元首(君主或总统),一位是总理(或首相),总理是真正的政府首脑,与其他阁员一起行使行政权力。而总统制下常规是总统既是国家元首,又是政府首脑,但二种体制下也都有特例。

这六个方面的差异,前三个是议会制和总统制的本质差别,后三个差别具有一定的普遍性但也有很多例外情况。另外,议会制和总统制在维护执政地位方面也存在差异。虽然议会制与总统制存在诸多不同,但这些差异不会对行政和立法机关的权力分配产生直接影响。

(二)权力优势和权力平衡的程度

利普哈特认为,政府中行政机关和立法机关权力的优势和平衡的衡量指标是权力机关的持久性和稳定性。在总统制下,权力的分立与平衡情况千差万别,在美国,权力分立同时意味着总统与国会的权力互相制衡,哥斯达黎加和瑞士也是如此,不过瑞士的分权并非总统制下的分权。法国的议会越来越从属于行政机关,哥伦比亚和委内瑞拉则处于居中的位置。总统权力来源有很多:一是宪法赋予的权力,包括"回应权",尤其是总统的否决权;"主导权"特别是在某些领域内通过发布命令的方式而享有的立法权。二是总统所属政党在议会中的实力和凝聚力。三是总统由普选产生所具有的强大权力。在总统制下,行政机关的权力相对处于一种强势地位,但总统和议会的权力也会发生经常性的变化,这种变化主要来自总统权力的第二个来源。由于"政党政治"盛行,各政党力量极为强大,当总统所属政党控制着议会多数席位时,就能给予总统强有力的支持;当行政权和立法权分属不同政党时,就可能导致僵局出现。相对来说宪法赋予总统的权力更为稳定一些。普选给予总统的权力要视总统在选举中获胜的程度而定,得票率的高低直接影响到总统权力的合法性基础。因此,利普哈特得出结论:"从总体上看,总统制不如议会制稳定。"①

在议会制下,内阁党派构成、议会选举、首相人选的变动,以及内阁的其他变化等可以作为参照物,用以衡量内阁的稳定性和持久性。联合内阁理论认为,内阁的持久性不但是衡量行政机关与立法机关力量对比的指标,也是整个政治体制稳定的标准,一个长期执掌政权的内阁在与议会关系中很可能占上风,短命内阁则可能处于相对弱势的地位。短命内阁没有足够的时间来制定合理的、连贯的政策,而无效的决策将危及民主制度的存续。

利普哈特对这种观点予以批判。首先,内阁的稳定性不能等同于政治体制的稳定性。利普哈特援引当代法国观察家安德烈·西格菲尔德对法兰西第四共和国短命内阁的评价:"实际上,缺陷不像表面看起来的那么严重……内阁危机发生时,只有部分内阁成员被更换,或者内阁仍由同一批阁员组成,只是对他们的岗位作了调整,况且,各级公务员没有变化,日常行政事务的处理也毫无间断。此外,由于上一届内阁的成员在下属内阁中仍掌握着权力,他们仿佛形成了政府团队。"②利普哈特认为,尽管大多数国家的内阁看似不稳定,其实这些内阁中都有高度稳定的"中间"人物,而且参加内阁的政党也具有连续性。其次,一党内阁看似比联合内阁的持久性强,但

---

① [美]阿伦·利普哈特:《民主的模式:36个国家的政府形式和政府绩效》,陈崎译,北京大学出版社2006年版,第93页。

② Andre Siegfried.Stable Instability in France. *Foreign Affairs* 34,no.3(April).p.399.

一党内阁的更替会给内阁的党派构成带来脱胎换骨的变化,而联合内阁取代另一个内阁通常只会引起内阁党派构成的部分变化。再次,在政策制定的有效性问题上,"二者之间也没有什么值得一提的差别"。① 最后,从党派构成上看,"只要党派构成未发生变化就算作一个内阁"。"连续赢得了几次大选的内阁,它们应算作同一个内阁"。利普哈特把内阁党派变化指标作为内阁寿命Ⅰ,把议会选举,总理人选的变动以及内阁形态的变化看做寿命Ⅱ,然后取二者的算术中项作为考察内阁寿命的标准。同时,按照由低到高的顺序对36个民主国家的行政机关优势指数进行了排列和对比,得出如下结论认为,政党数目越少,内阁平均寿命越长。最小获胜一党内阁的平均寿命最长。最小获胜内阁的持久性比少数派内阁和超大型内阁更高。产生最小获胜一党内阁越频繁的国家,行政机关的优势地位也就越明显。最小获胜内阁一党内阁与行政机关的优势地位存在着正相关关系。多数民主的典型特征是行政机关更占优势、更持久、权力也更集中,而共识民主模式中行政机关往往更短命,优势更不明显,更能体现行政权和立法权力的平衡与权力的分享。

(三)君主政体与共和政体的比较

利普哈特认为,从民主程度来说,君主政体不如共和政体。在君主立宪制下,君主的权力受到限制。君主通常情况下是一位非政治性的,公正无私的,作为举国团结象征的国家元首,但是在某种特定情况下,君主也可能是一个导致分裂的力量。议会制下君主并非完全没有权力,君主一般保留有首相任命权,当议会对首相大选形式看法一致时,任命首相只是一项无足轻重的权力,但是,一旦遇到首相突然死亡、辞职、或议会各党不能就首相人选达成一致时,君主的任命权的影响力就不容忽视了。

在共和体制下,总统侵犯政府或内阁首脑的权力的诱惑会更大一些,为了减少总统的权力,通常采用两种办法,一是总统由议会选出不经普选直接产生,从而使总统无法获得普选所赋予的威望、合法性以及这种威望隐含的

---

① [美]阿伦·利普哈特:《民主的模式:36个国家的政府形式和政府绩效》,陈崎译,北京大学出版社2006年版,第94页。

权力。二是不设总统,将总统的职能交由总理行使。

从理论上讲,建立一种由总统担任行政首脑,君主作为国家元首的总统制是有可能的,但在政治实践中,这种政治制度从未出现过。尽管认为总统制与君主制互不相容的观点是错误的,但它仍使那些以君主为元首的国家,在民主化进程中不会认真考虑采用总统制的政府形式。

四、选举制度:过半数制、相对多数制与比例代表制

毫无疑问,选举对于民主制度是重要的,其重要性体现在两个方面,一方面是其工具性意义。在现代民主制度下,选举是一种利益的调节方式,它促使各种利益在选举中得到充分的表达;还为试图进入政治体制的各种利益团体提供良好的渠道。因此,选举调节了民主国家的多元利益,保证了社会和政治的相对稳定和有序化。① 选举是一种权力分配机制,它决定了谁能够变成政治精英,并影响政党制度的形态、立法机构的构成、行政机构的组建等。不同的选举制度和方式造成不同的权力分配结果。另一方面是选举的象征意义。选举是大众参与政府形成渠道的政治意义不可低估。通过选举这种政治参与方式,选民学会什么是民主政治,如何介入民主政治过程,学会民主政治中的权利和义务,并完成政治化的过程。同样,候选人也利用此机会深入了解社会生活的各种情况,学会与形形色色的利益集团共事。

尽管选举未必是实现民主的最佳方式,对于真正关心理想的民主的人来说,我们还是有必要探究在什么条件下,选举制度能较好地接近理想的民主。利普哈特对共识模式与多数模式条件下选举的探究便是很有价值的一种。利普哈特认为,多数民主模式下民主政体采用的典型选举制度是"单名选区相对多数或者过半数制"(single member district plurality or majority system)。单名选区相对多数或者过半数制奉行"胜者通吃"(winner-take all)的原则,赢得多数选民支持的候选人获胜,投票给其他候选人的选民则一无所获,这个原则是多数决哲学的完美体现。更有甚者,只要某一政党在

① 参见[美]托马斯·戴伊、哈蒙·齐格勒:《民主的嘲讽》,孙古平等译,世界知识出版社 1991 年版,第 231 页。

全国范围内获得了过半数或者相对多数选票,它就有可能获超额的国会席位。与之相对,共识民主国家基本上采用比例代表制(proportional representation),其根本目的是多数党和少数党都获得相应比例的代表权,并根据它们所获选票的比例分配议会席位,避免任何政党获得超额代表或者不足额代表现象的发生。比例代表制比较好地体现了权力分享的哲学原则。

利普哈特比较两种模式代表制优劣的过程中,实际上涉及一个"代表程度"①的问题。所谓代表程度是指代表制度接近民主的程度。其上限为人人均为代表的制度,各个代表所代表的人数愈少,代表的程度就愈高。一般而言,一个社会中代表的程度会随着代表数目的增加而增加,也会随着总人数的增加而减少。如果一个社会力图实现可能实行的高程度的代表制,那固然是合乎民主理想的。我们之所以放弃直接民主,主要是因为社会规模太大,难以付诸实行。代表制就是要在不能实现普遍直接参与的情况下,仍能实现普遍参与。就此意义而言,密尔在《代议制政府》一书中就把"代表全体"和"仅仅代表多数"作为"真正的"和"虚假的"民主制的分水岭。密尔说:"少数应有适当的代表,这是民主制的不可缺少的部分。"没有它就不可能是真正的民主制,只不过是民主制的虚伪装潢罢了。② 密尔也是从民主角度讨论多数与少数的关系问题的,他强调少数服从多数,但绝对不能抹杀少数。所以他说:

> 在一个真正的民主制国家里,每个部分或任何部分的人都会有其代表,当然不是不按比例的,而是按比例的,选举人的多数总会有多数的代表,但选举人的少数也总会有少数的代表。就人对人来说,少数和多数一样将得到充分的代表权力,要不是这样,就不是平等的政府,而是不平等的特权的政府,即人民的一部分统治其余部分,就会有一部分人被剥夺他们在代表制中公平而平等的一份影响。这违反一切公正的政府,但首先是违反民主制原则,民主制是声言以平等作它的根柢和基础的。③

---

① 代表程度的概念是 J.M.布坎南和 J.塔洛克在《国家的计算》提出的概念,该书对代表制中诸因素及相互关系曾作类似数学的计算与展示。

② 参见[英]J.S.密尔:《代议制民主》,汪瑄译,商务印书馆 2007 年版,第 106 页。

③ [英]J.S.密尔:《代议制民主》,汪瑄译,商务印书馆 2007 年版,第 102 页。

密尔讨论比例代表问题基于公平、平等的原则,讨论的是一个社会中的多数和少数的平等代表权问题。其实质是同质社会中的多数与少数问题。而社会发展到今天,西方社会的多元化是西方社会的一个基本事实。虽然多元社会的多元政体固化了某种不平等。但就选举制度的选择而言,就代表制的程度而言,比例代表制相对于相对多数或过半数制而言,它是从政治选举过程中实现权力分享,找回政治平等的一种政治制度。所以对多元社会而言,比例代表制更能接近民主的理想,能在更大程度上实现普遍参与。

利普哈特使用了更为精确的方法,对依据选举制度的 7 个特征 36 个民主国家的选举制度进行了分类,着重强调了选举方式、选区规模、选举门槛,讨论了各类选举结果的比例性和非比例性程度及选举制度,对不同政党制度下政党数目的影响,提出了如下观点:

> 尽管各国采用的比例代表制千差万别,而且没有一种比例代表制产生的结果能达到完美的比例性,但在比例代表制下,选举结果的非比例性程度大大低于相对多数制和过半数制,只有总统制民主国家例外。此外,选举制度即便不是政党制度的唯一决定因素,也是重要的决定因素之一。①

(一)选举制度七个方面的决定性因素分析

选举制度的决定性因素主要有 7 个方面:选举公式、选区规模、选举门槛、待选机构的总人数、总统选举对议会选举的影响、立法机关中代表名额分配的不公平以及政党内部的各个选举环节。

1.选举公式

选举公式种类繁多,最基本的分类是把选举制度划分为比例代表制和单名选区相对多数和过半数制。其中每类中又可以分为不同的类型。

第一类是相对多数和过半数制。相对多数和过半数制又可分为三种具体类型。第一种形式是相对多数制(plurality formula),又称"第一名过关制"(first past the post)是指候选人得到选票最多即可当选,不管候选人得

---

① [美]阿伦·利普哈特:《民主的模式:36 个国家的政府形式和政府绩效》,陈崎译,北京大学出版社 2006 年版,第 104 页。

票是否过半,相对多数制是应较为广泛的一种选举公式,1945—1986 年间,36 个民主国家中有美国、英国、新西兰(1946—1993 年)、加拿大、印度、巴哈马、巴巴多斯、博茨瓦纳、牙买加、毛里求斯、巴布亚新几内亚、特立尼达和乌巴哥 12 个国家实行相对多数制。它还被一些总统制国家采用,如委内瑞拉、冰岛、哥斯达黎加和 1990 年以前的哥伦比亚。第二种形式是过半数选举制(majority formula):要求候选人在选举中获得绝对多数选民的支持。过半数选举公式一般用于总统选举,不用于议会选举。如果候选人在第一轮选举中都未能获得半数以上的选票,就在两名得票最多的候选人之间举行第二轮投票,以便产生得票超过半数的胜利者。应用这种选举公式的国家主要有法国、奥地利、葡萄牙,1994 年以来的哥伦比亚和芬兰等国的总统选举。第三种形式是选择性投票制(alternative vote)。这是一种名副其实的过半数选举制。选民在所有候选人当中固定他们所有候选人的顺序,某一候选人所获选的票数达到半数以上即可当选。如果所有候选人所获得第一选择票数均未超过半数,淘汰获得第一选择选票最少的候选人,其得票依第二选择转给其他候选人。如此不断淘汰,直到产生获得半数的选票的胜利者。

第二类是比例代表制,比例代表也有几种形式。第一种形式是"名单比例代表制(list PR)",其基本方法是在多名选区由各党提出候选人名单,选民把选票投给某个政党所提名单(有时也允许选民把选票分别投给几个名单),议席按照各政党所获选票的比例进行分配。在 1945—1996 年期间,36 个民主国家中有奥地利、比利时等 18 个国家采用这种制度。第二种形式是"混合选区比例代表制(mixed member proportional)"。每个选民有两张选票,一张投给本选区的候选人,另一张投给政党提出的候选人名单。通过名单比例代表制分配的议席对各选区议席分配的非比例性予以补偿。选举结果非比例性程度取决于按名单比例代表制分配的议席数量究竟有多少。德国、新西兰和委内瑞拉的半数议员,意大利四分之三的议员都是通过单名选区相对多数制选出的,其他议员则由名单比例代表制选举产生。第三种形式是"单记可转让投票制(single transferable vote)"。这种形式的独特之处是:选民投票的对象是候选人个人,而不是政党提出的名单。选民在选举时,在候选人中间选举并标出次序,在此过程中会发生两种类型的选票转让;一是当候选人已经获得了当选所需的最低选举数之后,他们不再需要的多余票,依其下一选择转让给名单上尚未当选的其他候选人;第二,得票最少的候选人被淘汰,他的选票以同样的方法转让给其他候选人。上述步骤反复进行,直到全部议席分配完毕。这种方式因其兼有允许向候选人个人投票以产生比例性结果两个优点而备受赞扬。不过在政治实践中,该方式使用率较低,仅有的两例是爱尔兰和马尔他,澳大利亚的参议院选举也采用此法。

日本被利普哈特称之为准比例代表制国家,在不同的历史时期日本分别采用了限制性投票制(1946),单记不可转让投票制(1947—1993)和相对多数——比例代表双轨制(1996年至今)。

2. 选区规模

选区规模是指每个选区应选出的代表名额。选区规模对选举结果的非比例性程度和政党数目产生巨大影响。其重要性体现在以下两个方面:

首先,选区规模对选用不同选举公式的国家产生不同的影响。采用相对多数制和过半数制的国家,扩大选区规模必然会导致选举结果的非比例性增强,对大党更加有利;反之,在实行比例代表制的国家,选区的扩大会增强选举结果的比例性,为小党创造有利条件。利普哈特指出,在采用相对多数选举制度的国家,很少再使用多名选区制度,其原因是:在单名选区模式下,本身就会产生较高的非比例性选举结果,再设立多名选区制度,无疑会加重非比例性结果。

其次,在比例代表制下,选区规模的差别很大,对选择结果的比例性程度有着巨大影响。例如,一个代表着全国选民总数10%的政党,在一个有5个席位的选区不可能赢得一席,但在一个有四个席位的选区它将有所收获。对比例代表制来说,把全国作为一个选区是最理想不过了,以色列和荷兰都是采用比例代表制的全国性选区的典型国家。同时,在采用名单比例代表制的国家没有两级选区,目的是为了把小选区中选民与代表联系密切的优势,与大选区尤其全国性选区选举结果的高比例性的优势结合起来,大选区会对小选区产生的非比例性的选举结果进行补偿。这种补偿远不如采用混合选区比例代表制的单名选区那样效果明显。采用两级名单比例代表制并把全国选区作为最高级选区的典型是丹麦、瑞典和挪威。

3. 选举门槛

选举门槛指为了避免小党轻易地获得议席,所有采用大选区或全国性选区的国家均为此设立的获得代表权的最低标准。之所以设立选举门槛，是因为在大选区采用比例代表制，就会造成选举结果比例性的最大化，并有利于小党获得代表席位，如果不设立选举门槛或选举门槛过低就会造成议会小党林立的局面。因此，实行大选区比例代表制的国家，或者设定在全国获得最低数额的选票作为选举门槛，或者在低级选区获得其低数额的议席作为选举门槛，只有少数国家同时要求达到两个标准，选举门槛的设立及选区规模所带来的障碍目的是限制小党的发展。

4. 待选机构的规模

由于选举制度是把选票转化议席的方法，议席的数目对选举的比例性也会产生明显的影响。当待选机构的规模过小时，实行比例代表制的国家采取何种公式也无法使议席分配达到高度比例性的结果，只有达到一定规模时，才能使比例性得到有效实现。议会的规模与人口数量相关，一般为人口数目的立方根。当议席数小于人口立方根时，对实行相对多数选举制的国家来说，非比例性结果将大大增强。

5. 总统制对有效政党的数目会产生非常明显的影响

在实行总统制的国家中，大党对小党而言，占有极大的优势，只有大党才有可能获得总统职位。这种优势地位也会延伸到议会选举中，尤其是在议会选举与总统选举同时举行，或议会选举在总统选举之后不久的情况，大党的优势地位特别显著。[①] 在这种情况下，总统制必然会削弱多党制。迪尔韦热比较了采用总统制的法兰西第五共和国和实行议会制的第三共和国，二者的议会都采用两轮投票制，结果却大不相同，他提出了为什么在相同的选举制度下第三共和国有 12 个政党而第五共和国却只有(分层两大集团的)4 个政党的问题：他作出的解释是总统制由直接选举产生使政治体制发生了变化。[②]

6. 立法机关的代表名额分配不公

立法机关的代表名额分配不公是造成选举结果非比例性的原因之一。

---

① See Matthew Sobery shuget and John M.Carey, *Preidents and Assemblies*: *Constitutional Design and Electoral Dynamics* .Cambridge: Cambridge University Dress.1992.pp.206−258.

② See Maurice Duverger, *Duverger's Law*: *Fouty Years Later*, In Bernard Grogman and Arend Lijphart eds.*Electoral Law and Their Political Consequences*, New York: Agathon.1986.pp. 81−82.

这种不公体现为三种情况:一种情况是在单名制选区中,各个选区的人数极不均衡;第二种情况是在多名选区中,选区的规模与选区内选民的人数不相称;第三种情况是在采用单名选区相对多数制和过半数制的国家里,这种不公情况更为复杂,要想客观地使代表名额的公正分配,就必须设立为数众多的小选区,并使各选区选民数量完全相等,这在实践中是很难实行的。在实行比例代表制,设立选区规模大小不等的国家中,立法机关代表名额分配不公现象并不十分突出,因为在这种制度下,议席的分配是按比例在预定的地理单位间进行分配的。

7. 选举政党联盟(opparentement)

选举政党联盟是指采用比例代表制的国家,在允许各政党提出独立候选人名单的同时,也允许他们正式地联合提出候选人名单。第一步按照联合参选政党所获选票的总数来分配议席,第二步再将共同获的议席按得票比例分配给每个政党。原本小党在选举中得到的是不足额的代表,而选举政党联盟对小党有利,它倾向于削弱选举结果的非比例性,并使有效政党的数目增大。瑞士、以色列和1977年以来的荷兰都采用这种形式。此外,采用选择性投票制和单记可转让投票制的国家,也允许多政党联合起来,在选举中谋求最大收益,爱尔兰和澳大利亚的政党经常利用这种办法获益。采用两轮投票制的法国,各政党联合起来,分别在不同的选区退出第二轮投票以达到互利的目的。

(二)选举的非比例性程度的测量与 36 个国家的非比例性程度

尽管上述 7 个因素都会影响到选举的非比例性程度,进而对政党制度中的政党数目产生影响。但真正想把所有政党的得票率与议席占有率之间的偏差汇总起来,并考察其非比例程度是个非常困难的问题。利普哈特采用加拉格尔指数解决了此问题。加拉格尔指数(G)其计算方法如下:先求出每个政党的得票率(Vi)和议席占有率(Si)之差的平方,然后加权汇总;现将汇总后的数值除以 2;最后算出所得数值的平方根[1]:

---

[1] See Michael Gallagher, Proportionality, Disprepertionality and Electoral systems, in *Electoral Stuclies*, no.1(March):1991.pp.33-51.

$$G = \sqrt{\frac{1}{2}\left(\sum (Vi - Si)^2\right.}$$

按照这种计算方法,利普哈特对以色列(1996 年大选)、哥伦比亚、哥斯达黎加、委内瑞拉、美国、法国(不包括 1986 年和 1993 年大选,两次大选法国一度采用了议会制)总统选举和议会选举进行了计算,计算了两种非比例和非比例性的几何平均数。他得出的结论是:一是无论是行政机关——立法机关权力平衡体制下抑或行政机关权力优势体制下,选民都更加关注总统选举;两类选举不在同时举行的时候,议会选举的投票率低于总统选举。二是总统选举是非比例性的。在总统制下,除了组织多数派内阁和减少有效政党数目之外,选举结果的非比例性又从另一个角度反映了总统制本身所固有的多数主义倾向。①

利普哈特还对 36 个国家议会选举的非比例性程度进行了测量,把测量数据与采用的选举制度进行比对,并按升序排列了 36 个国家的议会选举的非比例性指数。② 得出的结论是各国的选举结果的非比例性指数相差很大,最小的是荷兰,仅有 1.30%,最大的是法国,达到 21.08%;各国的平均数为 8.26%,中值为 8.11%。其中,美国是个特例,尽管其国会选举采用相对多数制,但其选举结果的非比例性指数并不高于 14.91%,原因是采用了预选制,这种预选制淘汰了小党。

另外一个重要结论是,在比例代表制与相对多数和过半数制这两种议会选举制度之间存在着一条明显的分界线。选用比例代表制的国家的非比例性指数均在平均数以下,选用相对多数制的国家(包括少数几个比例代表制国家)全部都在平均数以上,非比例性程度显著性比较强。

(三)选举制度与政党制度

选举制度是政党制度的决定性因素之一。比较政治学领域比较一致的看法是"迪韦尔热法则",即:比例代表制倾向于造就多党林立的形态;两轮

---

① 参见[美]阿伦·利普哈特:《民主的模式:36 个国家的政府形式和政府绩效》,陈崎译,北京大学出版社 2006 年版,第 115 页。

② 参见[美]阿伦·利普哈特:《民主的模式:36 个国家的政府形式和政府绩效》,陈崎译,北京大学出版社 2006 年版,第 116—117 页。

投票绝对多数决制倾向于造成许多政党间互相结盟的政党形态；相对多数决倾向于造就两党制。① 迪尔韦热用"机械"（mechanical）因素和"心理"（psychological）因素来解释选举制度的影响，其机械影响是小党很容易在每个选区中都遭遇失败。除了最强大的两个政党之外，其他小党均无法获得足额选票，其心理因素强化了机械因素的效果，选民很快就意识到，如果继续把自己的选票投给第三党，这些选票就如同废票，因而他们自然会倾向于把选票投给两大政党中罪恶较轻一党的候选人。② 另外，心理因素也影响政治家的行为，与其花费力气为第三党候选人参加竞选，倒不如加入一个大党来得容易。

道格拉斯·W.雷也是选举制度与政党制度的研究专家，他指出，所有选举制度的弊病在于大党极可能获得超额的代表议席，而小党一般得不到足额议席。较之比例代表制，这种情形在相对多数制和过半数制更为严重。这是因为所有选举制度的结果都是非比例性的，这些结果有益于大党而非小党的发展，并且倾向于减少有效政党的数目。③ 雷还认为在政治实践中，某些政党在没有得到多数选票的情况下获得了议会多数席位，在此过程中选举制度赋予大党的体制性优势起了特别重要的作用，它使组建一党多数内阁成为可能，而一党多数内阁正是多数民主模式的显著特征，这种政党就是通过选举人为制造出来的多数党。与之对应的是应得的多数党和自然的少数党。应得的多数党是指赢得了过半数的选票，获得了半数以上席位的政党；自然的少数党是指未获半数以上选票，未能获得过半数席位的政党。一旦需要多数党，即使在选举没有产生多数党的情况下，相对多数制和过半数制选举制度，半比例制及比例代表制都能制造出多数党。其中，相对多数

① See M.Duverger, *Duverger's law：forty years later*, In Bernard Grofman and Arend Lijphart. eds.*Electoral Law and Their Political Consequences*, New York：Agnation Press, p.986.p.70；M.Duverger, *Political Porties：Their Organization and Activity in the Modern State*, London. Methuen, 1964.pp.217-226.

② See M.Duverger, *Duverger's law：forty years later*, In Bernard Grofman and Arend Lijphart. eds.*Electoral Law and Their Political Consequences*, New York：Agnation Press, p.986.p.70；M.Duverger, *Political Porties：Their Organization and Activity in the Modern State*, London. Methuen, 1964.pp.217-226.

③ See Douglas W.Rae, *The Political Consequence of Electoral Laws*, New Haven：Yale University Press.1967.pp.67-129.

制和过半数制制造多数的能力最强。然后是半比例代表制,最后是比例代表制。①

利普哈特对比这些数据和理论推断出:一是相对多数制和过半数制国家的选举,较多地产生制造出来的多数党和应得的多数党,比例代表制国家的选举更容易出现自然的少数党;二是选举结果的非比例性与有效政党的数目之间是负相关关系。其相关系数为-0.50,有效政党的数目随着非比例性的增强而递减。非比例性每增长5%,有效政党的数目就减少大约半个(精确值为0.52个)。三是社会多元性及基于社会分裂而形成的社会集团都会对政党的数目产生巨大影响。②

五、利益集团:多元主义与合作主义

社会学和政治学领域的研究者对利益集团在社会和政治中的作用都进行过深入的研究。社会学注重的是人们在血缘和地缘基础上形成的社会关系。如霍曼斯在《人类集团》中将集团定义为:"在一定时期内经常相互沟通的一群人,他们的数量很少,以至于每个人能够又借助他人间接地交流,而是能够同其他所有人面对面地交流。"③与社会学家不同,政治学家主要从利益角度解释集团现象。本特力认为,集团就是利益的对等物,集团是基于共同利益的成员之间的交往。"没有不存在自身利益的集团……利益是集团的对等物。"④杜鲁门在两种意义上对集团进行了概括,一是在类型意义上,把集团用来指某种具有共同性和行为一致性的个人集合。在这个意义上,集团指同一年龄的人群,具有相同收入或社会地位的人群。生活在特定地区的人群……强调集团作为社会的一个基本单位,人们会想到,在于它具有由其成员共同构成的行为一致性。这种一致性并不直接取决于上文提

---

① See Douglas W.Rae,*The Political Consequence of Electoral Laws*,New Haven:Yale University Press.1967.pp.74-779.

② 参见[美]阿伦·利普哈特:《民主的模式:36个国家的政府形式和政府绩效》,陈崎译,北京大学出版社2006年版,第120—122页。

③ George C.*Humans*,*Human Group*.London:Rutledge.& Kegan Paul Ltd,1951.p.1.

④ Arthur Bentley,*The process of Government*,New Brunswick:Transaction Publishers.1995.p.211.

及的这些相似性,而在于人们互相之间的关系。① 二是在利益层面去定义
集团,共同的态度构成了利益,利益是指"共同态度所导向的目标",整体交
往的程度是利益集团的重要方面。"这里的利益集团,包括任何这样的集
团,指在一种或几种态度的基础上,为了建立维护或提升具有共同态度的行
为方式的集团。"②

利普哈特的利益集团概念是在多数模式和共识模式框架下使用的,把
它作为多数模式和共识模式的区别来研究和使用利益集团概念的。利普哈
特把利益集团制度作为多数模式和共识模式民主间的第 5 个差别,把它作
为构成"行政机关政党"维度 5 个差别中的最后一个差别,来讨论行政机
关—政党维度的。在多数民主模式下,典型的利益集团制度是由许多相互
独立的集团组成彼此之间相互竞争,互不协调,呈现出多元主义倾向。共识
模式与之形成鲜明的对比,共识模式的利益集团制度是合作主义的各利益
集团相互协调,以妥协为导向,富有合作精神。

利普哈特把合作主义等同于"民主合作主义",并把它与"社会合作主
义"和"威权合作主义"区分开来,利普哈特的合作主义利益集团有两个层
面的涵义。一是指利益集团制度,这种制度把各个利益集团整合进全国性
的、专业化的、层级分明的、垄断性的最高级组织当中。③ 换言之,作为一种
制度,全国性的各种利益集团已高度发展、分化、组织化并已形成有全国性
最高组织或被整合进全国性的组织当中。二是将各种利益集团纳入政策制
定的过程中。④ 也就是说利益集团不但已经高度分化,有全国性的组织,而
且已经纳入体制化的民主程序之中,或者说是参与协商的利益集团。因此,
利普哈特说:"然而经验表明合作主义的两种涵义往往是共存的,因为狭义
的合作主义几乎成了协商的必要条件之一。"⑤施米特也认为,合作主义和

① 参见[美]杜鲁门:《政治过程》,陈尧译,天津人民出版社 2005 年版,第 26—27 页。
② [美]杜鲁门:《政治过程》,陈尧译,天津人民出版社 2005 年版,第 37 页。
③ 参见[美]阿伦·利普哈特:《民主的模式:36 个国家的政府形式和政府绩效》,陈崎
译,北京大学出版社 2006 年版,第 125 页。
④ 参见[美]阿伦·利普哈特:《民主的模式:36 个国家的政府形式和政府绩效》,陈崎
译,北京大学出版社 2006 年版,第 125 页。
⑤ [美]阿伦·利普哈特:《民主的模式:36 个国家的政府形式和政府绩效》,陈崎译,北
京大学出版社 2006 年版,第 124 页。

协商之间有结构上的共通性和兼容性。在历史上,中央集团垄断性代表权等因素首先出现,可以说为最初的政策协商铺平了道路,这反过来促成了各个利益集团的进一步协商。① 利普哈特借用施米特的关于狭义合作的定义,对合作主义的利益集团进行了进一步的分析:一是利益集团规模较大,而数目相对数少;二是它们被进一步整合进全国性的最高组织中;三是利益集团协商是指这些最高级组织的领导人,特别是劳工领袖和资方首脑之间定期举行会谈,并与政府代表定期会谈;四是通过谈判与协商达成三方协议。不是具有倡导社会全体合作的意识。

利益集团多元主义与之相反,为数众多的小型利益集团,最高级组织要么没有,要么很脆弱,三方会谈很少举行或者根本不执行;也从未达成过三方协议,具有"胜者通吃"的心理。利普哈特也承认,纯粹的合作主义和纯粹的多元主义利益集团制度在实践中都是罕见的,而是一个以多元和合作主义为两极的一个利益集团制度谱系,多数民主国家都分布在处于两极之间的某一位置上。②

当代西方民主政治发展的一个显著特点就是利益集团迅猛崛起,并在社会政治生活中扮演着越来越重要的角色,成为政府和议会背后左右决策活动的最重要的社会力量之一。杜鲁门在分析了利益集团在当代政治中的作用后认为,现代利益集团已经对代议制政府构成威胁,如果不分析利益集团的政治作用是无法理解现代政治过程的。"由此断言利益集团的组织与活动对代议制政府构成了威胁,而没有考察他们与潜在利益集团之间的关系以及它们对众多潜在利益集团所产生的影响,是无法充分理解政治过程的。"③更多的人则把利益集团看做是民主多元主义制度的本质内容。④ 利

---

① See Philippe C. Schmitter, *Reflections on Where the Theory of New-Corporatism Has Gone and Where the Praxis of Neo-Corporatism May Be Going*, In Gerhard Lehmbuch and Philippe C. schmitter, eds, *Patterns of Corporatist Policy-Making*, London: sage. 1982. pp. 263-264.

② 参见[美]阿伦·利普哈特:《民主的模式:36 个国家的政府形式和政府绩效》,陈崎译,北京大学出版社 2006 年版,第 126 页。

③ [美]戴维·杜鲁门:《政治过程》,陈尧译,天津人民出版社 2005 年版,第 559 页。

④ 参见[美]戴维·米勒:《布莱维尔政治学百科全书》,中国政法大学出版社 1992 年版,第 362 页。

普哈特在协合民主阶段就十分注重对利益集团的分析,在协合民主理论中,他是把利益集团间多元社会区块分裂放在一起讨论的,其多元社会区块精英合作也意味着利益集团的精英合作。到了共识民主理论阶段,在1984年的《当代民主类型与政治》中并未展开对利益集团的专门讨论;在1999年的《民主模式》中则专章探讨了利益集团与民主模式的关系,并把利益集团制度作为民主政治的十个变量之一,分析了36个民主国家的利益集团多元主义指数,并分析了这一变量与内阁类型和议会有效政党数目之间的关系。

(一)对合作主义衰落论的批评

20世纪70年代以来,学术界对合作主义给予了高度评价,尤其在客观经济方面。随着70年代后期西方保守自由主义的再次抬头,对合作主义的批评之声也不绝于耳。对此,利普哈特有不同的看法。利普哈特认为,这些批评并不意味着应该摒弃合作主义与多元主义两种利益集团制度之间的差别,其理由是:第一,对合作主义的批评并不意味着合作主义架构的消失或正在消失,只不过是利用合作主义的频度的降低。第二,所谓"合作主义衰落"充其量是发生在某些国家,而且也仅仅是个程度问题,也不过是个别学者的观点。第三,艾伦·塞厄罗夫的量化研究证明了合作主义并未衰落,而是多元主义国家略有增强。第四,霍华德·丁·威亚尔达研究说明,合作主义并未衰落,而是发生了转向,发展到了更宽、更广的合作领域。"合作主义并没有受到抨击或者正在消失,只是在一个特定的领域(即劳资关系)内,正在重构并指向新的方向"。"……在工业化阶段体现合作主义的三方关系正在褪色,但新的后工业化问题(教育、卫生保健、福利、环境、其他问题)正在走上前台。"与以上问题相关的利益集团代表,仍然采用合作主义的方式,就新问题与政府进行谈判,政策过程中的合作主义色彩依然十分浓厚。[1] 第五,有人把全球化作为传统合作主义衰落的因素,利普哈特借助于卡曾斯坦的分析认为,全球化给合作主义带来负面影响是不可避免的,但从长远来看,全球化甚至可能推动合作主义的发展。第六,工会力量的削弱并

---

[1] See Howard J. Wiada, *Corporatism and Comparative Politics: The Other Great "Ism"*, Armonk, N.Y: M.E.Sharpe, 1997. p.175.

不必然意味着合作主义的衰落,而仅仅是反映了从社会合作主义向自由合作主义的转变。

最后,利普哈特引用了施米特的一句话来说明,利益集团合作主义不但没有衰落,而是一种新的发展和复活。"利益集团合作主义有着一种王朝般的连续性,其标志是周期性的死亡和继之而来的复活。"①

(二)36 个民主国家的多元主义与合作主义程度

利普哈特在塞厄罗夫对 24 个工业化民主国家利益集团多元主义程度研究的基础上,在利益集团多元主义和利益集团合作主义为两极的谱系中,用 8 个基本角度,采用 5 分制的量表方法对 36 个民主国家的各项指标进行了综合评估,测量了 20 世纪 60 年代和 80 年代的这 36 个民主国家的利益集团多元主义程度。其结论如下:

利益集团多元主义程度最高的国家是加拿大,其多元指数为 3.56;合作主义色彩最强烈的国家是挪威,其多元指数为 0.44;各国利益集团多元化主义指数平均数是 2.24,中位数是 2.50,这远高于多元主义和合作主义之间的理论中点 2.00。这表明 36 个民主国家作为一个整体更趋向于多元主义而非合作主义。12 个发展中国家的存在是造成这种现象的原因,因为 12 个发展中国家的大部分分布于多元主义一端,只有毛里求斯和委内瑞拉位于合作主义一端。英国和瑞士分别处于接近光谱上多元主义和合作主义两个端点,支持多数模式与共识模式的理论区别。②

(三)利益集团与政党制度和内阁类型的关系

利普哈特用相关系数分析法,对 36 个国家利益集团制度和政治制度、利益集团制度和内阁类型的关系进行了计算,并绘出 36 个利益集团制度与内阁类型之间关系散点图和利益集团制度与政党数目之间关系的散点图,并分析了它们之间的相关关系,其结论是:

---

① Philippe.C.Schmitter,Corporatism Is Dead! Long Live Corporatism? *Government and Opposition* 24.no.1(Winter) .p.72.

② 参见[美]阿伦·利普哈特:《民主的模式:36 个国家的政府形式和政府绩效》,陈崎译,北京大学出版社 2006 年版,第 131 页。

民主国家中最小获胜一党内阁出现越频繁,利益集团制度的多元主义水平就越高,与多数民主的其他特征基本一致,多数程度越高,利益集团的多元主义水平就越低,这些国家的利益集团制度反映出共识取向。①

内阁与利益集团之间的相关系数比政党与利益集团之间的相关系数高。合作主义水平最高的 3 个国家(奥地利、挪威和瑞典)属于极端的例子,其利益集团的共识取向,大大超过了它们通常的内阁类型而作出的预期,意大利和葡萄牙是与之相反的例子,其利益集团的合作主义程度比预测的要低。

利普哈特还指出利益集团制度的类型与选举制度也存在关系,它还与行政机关的优势地位紧密联系。

六、联邦制和单一制:中央集权制和
地方分权制的差异

联邦制作为一个重要的民主变量,它关注中央政府与地方政府间权力的划分,是关于国家权力如何组成和分享的变量之一。在民主的二维图中,联邦制是联邦制——单一制维度中最强有力和最核心的因素。利普哈特认为,为了实现多元社会的民主,实现权力分享在所有民主政体中,中央政府与非中央政府间,有必要作出某种权力的划分。多数民主模式首要特征是把权力集中在多数手中,而共识民主模式则以非集权为特征,采用权力分立和权力分享两种形式。这两种形式奠定了考察民主两个维度的理论基础。

利普哈特之所以把联邦制作为联邦制——单一制维度的第一变量,是因为联邦制可以被看做是"最典型、最彻底的分权办法,在各级政府间进行分权"②。在利普哈特那里,联邦制是协合民主概念里区块自治的同义语,是其大联盟原则的逻辑延伸。在其共识民主概念里,联邦制又是其"分

---

① [美]阿伦·利普哈特:《民主的模式:36 个国家的政府形式和政府绩效》,陈崎译,北京大学出版社 2006 年版,第 132 页。

② [美]阿伦·利普哈特:《民主的模式:36 个国家的政府形式和政府绩效》,陈崎译,北京大学出版社 2006 年版,第 135 页。

权"、"权力分立"的同义词。①

利普哈特认为,在所有民主制中,中央政府与非中央政府间实现某种程度的分权都是必不可少的。在多数民主模式下,为了维护多数决原则,中央政府不仅控制中央政府内各个机构,而且必须掌握所有具有潜在竞争力的非中央政府机构,因而多数模式的政府既是单一制的,又是中央集权的。反之,在共识模式下,权力不但在中央政府和地方政府间分立、分享,而且还要保证地方政府掌握较大权力,所以采用联邦制。

利普哈特作为一个联邦主义者,赋予了联邦制更为宽泛的含义和特征,并对 36 个民主国家的分权程度进行了测量和比较,论证了联邦制潜在的优越性。

(一)联邦制和分权——36 个国家分权程度测量

在西方,联邦制原则体现了这样一种理念:"自由的人民可以自由地进入永恒的但却是有限的政治联盟中,以达到共同的目标和保护某些权力,而同时维护了他们各自的完整性。"②也就是说联邦制关注以自由名义出现的政治权力的分立与分享,同时也关注和代表整体或充满活力的政府政治权力的集中。其基本原则是政治社会的公共机构及它们之间的关系是通过契约、合同或其他合同式的体制——宪法建立起来的。换句话说,联邦制是一种通过宪法来实现中央政府和地方政府之间的分权。据此,威廉·H.赖克给联邦制下了这样一个定义:"联邦制是指这样一种政治组织,在此组织中的政府活动被划分为地方各级政府活动和中央政府活动,每一级政府对某些领域的活动,都拥有最终决定权。"③这种定义与传统上把联邦制描述成空间上或地域上的分权是一致的。丹尼尔·丁·伊拉扎则把从非集权化来描述联邦制:"在多个中心之间进行权力划分……而不是由单一中心或者

① See Arend lijphart, *Democracy in Plural Societies：A comparative Explorative.* New Haven：Yale University Press.1977.p.41.
② [美]丹尼尔·丁·伊拉扎:《联邦主义探索》,彭利平译,上海三联书店 2003 年版,第40 页。
③ Willam H Riker, *Federalism*, In Fred I Greenstein and Nelson W Polsby eds, *Handbook of political Science*, 5：*Governmental Institutions and processes*, 1975, p.101.Reading, Mass：Addison-Wesley.

从一座金字塔的顶峰将权力下放。"在联邦制的诸多权力中心中,没有任何一个中心"重要性比其他中心更高或更低,不像金字塔式的组织,其结构设计的本意就是组织的层级结构一目了然"。①

利普哈特在二人分析的基础上,总结了联邦制的首要特征和次要特征。联邦制的首要特征是"非中央集权的目的就是地方分权"。② 其次要特征为:"成文宪法,两院制,联邦制加盟国有权涉入联邦宪法修正过程及单方改变加盟国的宪法的权力,较小联邦加盟国在联邦议会中平等或超额代表权,地方分权的政府。"③

成文宪法的必要性意味着作为权力分立的联盟契约,必须建立和确认联邦制关系并体现在成文宪法里。成文宪法是联邦制的产物,是作为一个政治制造物被发明出来的,以通过合乎规范的宪法选择程序,使得联邦制在基础上政体的立宪或建构成为可能。利普哈特认为一部成文宪法是必要的,但不是充分的,联邦制国家都有一部成文宪法,而非联邦制国家大部分也都有一部成文宪法。

联邦制国家的议会传统上都是两院制,一院代表全体国民,一院代表联邦政府的组成单位。在两院制的立法机构中,联邦政府两院里的较小单位要有超额代表。在联邦制议会中,较小的加盟国应得席位率,超过其在全国人口所在的比率,加盟国拥有参与联邦制宪法修正过程的权力。一般来说,联邦宪法非经加盟国的同意,不得任意修改。这种修宪权可能由联邦议会批准施行,或者以加盟国议会绝对多数或公民投票方式实施,有时二者同时具备才能行使。单方面修宪权是理论赋予加盟国自主性选择宪法的权力,或者自己选择不同政府形式的权力,但实践中很少有加盟国实行与联邦制政府不一样的政府形式。

地方分权是地方政府在联邦制政府中享有的权力与中央集权制国家的

---

① Daniel J Elazar, Contrasting Untary and Federal Systems, *International Political Science Review* 18, no.3(July) :1997.p.239.

② [美]阿伦·利普哈特:《民主的模式:36 个国家的政府形式和政府绩效》,陈崎译,北京大学出版社 2006 年版,第 136 页。

③ Arend lijphrrt, Consociation and Federation: Conceptual and Empirical Links, *Canadian Journal of Political Science*, vol.12, no.3(September 1979) .pp.499-515.

地方政府相比拥有更多的权力。伊拉扎曾反对使用"地方分权"一词,因为它隐含中央政府的存在,而且中央政府有权予以地方分权化。伊拉扎指出:"中央政府能随心所欲地予以地方分权化,也能予以再中央集权化,因此在地方分权化的制度下,权力的分散确定只是恩赐(grace),而不是项权利。"所以,伊拉扎用"非中央集权"一词来表示一项制度,"其权力在不破坏宪法结构和精神下,是如此地分散以至于不能合法地随意地将之集权化或集中化"。①

实际上,联邦制在利普哈特的协合民主中是其大联盟原则的逻辑延伸,是区块自治的同义词。区块自治是联邦制概念的普通化,区块自治是一种特殊的联邦制,区块自治或者说联邦制可以是领土型的,也可以是文化型的。② 在共识民主理论中,联邦制是其联合内阁的逻辑展开,虽然探讨更加深入,口气更加温和,但意义并没有大的变化,联邦制是作为权力分立、分权、权力分享的同义语来使用的。

利普哈特根据联邦制的非集权化和地方分权的 5 项特征,用 5 分制量表对 36 个民主国家的分权制度进行了测量。从利普哈特的测量中,可以看出,36 个民主国家中,单一制国家的数目远远超过联邦制国家,单一制国家数目是联邦制国家的两倍多,单一制国家大多采用中央集权制,有少数几个国家实行的地方分权;绝大多数联邦制国家采用地方分权,也有少数几个联邦制国家实行的是中央集权。在利普哈特的地方分权的联邦制和中央集权的单一制谱系中,36 个国家的联邦制指数平均数为 2.3,中位数为 1.6。这两个数值都比较接近单一制中央集权国家的极值 1.0,而远离联邦制地方分权的权值 5.0。

利普哈特还指出,印度由于频繁的党争而使用"总统管制",降低了联邦制的强度。1993 年以前的比利时、荷兰和以色列三国属于达尔所称"社会学意义上的联邦制"或准联邦制,这些国家在地理意义的联邦制比较松散,但中央政府长期认可和支持那些由社会主要宗教团体和意识形态集团

---

① Daniel J Elazar,Feclerlism is Decentralization ,*The Drift form Authenticity Publius* 6 no,4. cfai(1976).p.13.

② See Arend lijphart,*Democracy in Plural Societies:A Compative Explorative*,New Have CT: Yale University Press.1975.pp.40-41.

所组成的私立组织,使之承担一些重要的半官方职能,允许它们在教育、文化和保健领域内承担一些政府管理职能。

同时利普哈特还运用中央政府在国家税收中所占的份额,以及简一埃里克·莱恩和斯万特·埃尔松(Jan-Erik Lane and Svante Ersson)提出的"制度性指数"①与联邦指数进行了对比,印证了他的联邦指数的结论。联邦指数越高,中央政府所占有税入的份额就越低。联邦指数达到或接近1.0的单一制中央集权国家与联邦制高达5.0的联邦制地方分权国家之间差别尤为明显。相关系数为-0.66,莱恩—埃尔松指数与联邦制指数呈现出高度的相关,相关系数高达0.8。

(二)联邦制、民族自治与制度实验

利普哈特还考察了联邦制与民族自治、联邦制与制度实验的关系。他认为联邦制比较适用于较大的国家和多元社会国家。在这些国家中,联邦制会给予少数民族自治权,解决由于文化差异而带来的社会矛盾。

利普哈特采用了查尔斯·D.塔尔顿"一致的联邦制"和"不一致的联邦制"②的概念分析了联邦制国家同质性和多元性。一致的联邦是指由相似的社会和文化特征的领土单位共同组成一个联邦,在完善的"一致联邦制"中,各邦都是整个联邦的缩影。与之相反,在不一致联邦制下,联邦的各组成单位在社会构成和文化构成上都有极大差异,而且每个组成单位和整个联邦的社会构成和文化构成也截然不同。把这个理论运用于联邦制国家政治界线,与少数民族群体之间的社会界线进行比较,在"一致的联邦制"下这两种界线彼此交叉,在"不一致的联邦制"下两种界线彼此重合。

利普哈特通过比较这种界线发现,"不一致的联邦制"使较小的政治单位的性质趋于单一,从而降低了社会的多元文化程度。③ 换言之,联邦制的

① See Jan-Erik Lane and Svante Ersson.*Politics and Society in Westen Europe*,3d ed.London:Sage.1994.

② Charles D Tarlton, Symmetry and Asymmetry as Elements of Fedclerlism:A Theoretical speculation,*Journal of Politics* 27,no.4(November):1965.p.868.

③ 参见[美]阿伦·利普哈特:《民主的模式:36个国家的政府形式和政府绩效》,陈崎译,北京大学出版社2006年版,第142页。

作用使整个联邦制的异质性转化为联邦组成单位的同质性,从而减少了多元社会的文化差异带来的政治矛盾和摩擦,缓解了社会矛盾。他以印度为例,讨论了印度 1953 年按语言划分邦界,不一致的联邦制取得的巨大成功,它使语言成为一种巩固和整合的力量,而不是一种"分化瓦解的力量"。①同时,利普哈特还论证了联邦制和制度实验的关系,认为联邦制下的邦的自主权内容之一是它们拥有自己的宪法,在不违反联邦制宪法的前提下,各邦可以自由地修改自己的宪法,从理论讲,这就为各邦尝试不同的政府形式提供了可能,而且这种试验一旦成功,其他组成邦和整个联邦均可从中受益,但事实是联邦制国家的中央政府和邦政府几乎采用完全相同的形式,政府形式也大同小异。这使利普哈特感到遗憾。他举了美国伊利诺伊州 1890—1980 年的采用比例代表制的例子来说明,这种政治实验意义还是深远的。

七、议会和国会:立法权的集中与分割

在西方国家的政治制度中,议会或国会居于基础的和核心的地位。议会是现代西方国家政治生活特别是决策活动的中心,是国家最重要的统治工具之一。西方近代以来的人民主权理论和代议制理论,直接地构成了西方资本主义国家的议会制度形成和发展的理论基础。按照人民主权理论和代议制理论,要建立现代国家政权组织体系,必须首先由公民选举代表组成行使国家主权的机关,来讨论和决定国家和社会事务。对权力进行制约和监督是现代国家体制的重要内容,在政权组织架构中强调对权力的牵制和监控。在议会体制上,突出权力制约和分权,防止议会权力被某个利益集团垄断和滥用,以保证统治集团中各利益集团的愿望能够在议会运行中得以实现。因此这些权力制约原则,体现在议会组织结构上便是实行两院制,在职能分配上相互监督和制约;在权力分配上通过权力的分工实现相互制约,在议会的内设机构上和议会运行程序上贯彻制约和监督原则。现代西方议会组织的运用和组成,与选举制度、政党制度构成了极为紧密的关系。

---

① See Rajnj Kothari,*Politics in India*.Boston:little,Brown,1970.p.115.

利普哈特把议会制度作为联邦制——单一制维度的第二变量来考察立法权力的分配在共识民主模式和多数民主模式的区别。在纯粹的多数民主模式下,立法权集中在一院制立法机关手中。在纯粹的共识模式下,以两院制立法机关为特征,要求立法权在组成成分不同的两院之间平均分配。但在政治实践中,纯粹的多数模式和共识模式的议会制是极少见的,大多数民主国家的议会制度都是介于二者之间。由于各国的历史和国情不同,它们在权力分配和议会组成成分方面也各不相同。利普哈特以这种差异为基础,对两院制进行定量分析,并形成了共识模式——多数模式的议会强度谱系,以此作为分析其集权和分权的关系。

(一)议会的种类:一院制、两院制

各国的议会组织由于各国具体的历史、文化和国情,可以说是千差万别。把议会简单地分为一院制和两院虽然简单明了,但很难囊括全部的议会情况。如挪威议会和 1991 年以前冰岛议会就比较特殊,挪威议会的全体议员在一次选举中被整体选出,选举结束后从中挑出四分之一组成第二院,两院之间有联席议会委员会,两院之间的分歧通过议员全体会议解决。冰岛议会与挪威差不多,只不过冰岛第二院的议员数是议员的三分之一而非四分之一。这两个国家议会既有一院制的特点,又有两院制的特点。如果说通过联席会议的办法来解决议题具有一院制特点的话,在典型的两院制国家采用此法的例子也并不少见。利普哈特把它称之为"一个半院制"。根据乔治·泽伯里斯和珍妮特·莫尼的统计,世界上大约有三分之一的国家立法机构采用两院制,其余约三分之二的国家采用一院制。① 利普哈特所考察的 36 个国家中,只有 13 个国家立法机关采用一院制,其余均为二院制或准二院制。采用一院制的 13 个国家均为小国,人口不超过 1000 万(希腊刚刚超过 1000 万),这些国家没有一个是联邦制国家。

(二)两院的差异

两院制最早来源于英国,"上院"也称"贵族院"或"第二院",设置的目

---

① See George Ttseblis and Jeannette Money, *Bicameralism* Cambridge:Cambridge University press.1997.p.91.

的是监督和控制"下院"。随着民主化进程的深化,这种目的已失去了原本意义。按照利普哈特的分析,现代两院制有 6 个方面的差异。一是第二院的规模一般比第一院小(英国是个特例)。二是第二院议员的任期一般比第一院的议员长。三是第二院议员通过交错选举产生是第二院的共同特征之一。四是宪法赋予第一院的权力比第二院大,一般是第二院服从第一院。五是第二院在政治实践中的影响取决于宪法赋予的权力及整体产生的方式。在实际政治中,第二院议员产生的方式主要有间接选举和任命两种方式,其中任命的方式比较普遍。由于非选举产生的议员缺少民主意义上的合法性,也就没有普选所带来的实际影响力。六是第二院可以通过选举方式产生,也可以根据实际情况安排少数派获得超额代表权。其中前 3 个差别是次要差别,后 3 个差别是主要差别,因为后三个差别决定了两院制的性质是强两院制或者是弱两院制。根据第五条差异,如果以宪法赋予两院的权力及第二院的合法性为标准,可以把两院制分为对称的两院制和不对称的两院制。所谓对称的两院制是指宪法赋予两院的权力,以及两院的民主合法性完全平等或差异不大。不对称的两院制则是指两院在宪法赋予的权力和民主合法性方面高度不平等。36 个国家中有 7 个国家是对称的两院制,其中哥伦比亚、意大利和美国的第二院大多数议员由直接选举产生,瑞士、比利时的第二院大多数议员也是由普选产生,澳大利亚、德国、日本和荷兰的立法机关两院虽不完全平等,但根据定义也可以归为对称两院制一类。澳大利亚和日本的全体议员均由选举产生。荷兰第二院的议员由各省议会通过间接方式产生,由于第二院对第一院拥有绝对否决权,也可归为对称的两院制。德国第二院的议员必是由普选产生的,也没有绝对否决权,但它是独一无二的联邦院,其议员是由各州政府的代表(通常是各州的市长)组成,被称之为世界上最强有力的第二院,所以也被归于对称的两院制。按照第 6 个差别,可以分为成分一致的两院和成分不一致的两院。成份一致的两院多出现于那些行使联邦院职能的第二院,以及给较小的联邦组成单位以超额代表权的第二院。瑞士、美国、委内瑞拉、澳大利亚、德国、奥地利、比利时均有不同形式超额代表权情况。法国、西班牙、哥伦比亚是比较典型的成分不一致的两院制,其他国家多为成分一致的两院。

(三)36 个民主国家两院制的强弱分析

利普哈特按照两院制与一院制,对称和不对称的两院制,"成分一致的"和"成分不一致的"两院制的差别,建构了一个测量体系——36 个民主国家立法机关的结构。把各国立法机关的结构大体上分为四类:强两院制、中等强度的两院制、弱两院制和一院制。强两院制同时具备两院对称且成分不一致,这一类国家有澳大利亚、瑞士、德国、美国和 1991 后的哥伦比亚。成分不一致两个条件居其一便是两院对称,这类国家主要有比利时、日本、意大利、荷兰,1991 年前的哥伦比亚,1953 年前的丹麦、1970 年前的瑞典。弱两院制是指两院不对称且成分不一致的两院制,加拿大、西班牙、法国、委内瑞拉、印度属此类国家。博茨瓦纳、英国属于中等强度的两院制和弱两院制的过渡形式。奥地利、爱尔兰、瑞典、巴哈马、牙买加、巴巴多斯、特立尼达和多巴哥,1950 年以前的新西兰属于不对称,成分一致的弱两院制。挪威、冰岛属于 1 个半院制。一院制意味着立法权完全集中,这类国家有哥斯达黎加、马耳他、丹麦、芬兰、毛里求斯、新西兰、希腊、巴布亚新几内亚、以色列、葡萄牙、卢森堡及 1953 年以后的丹麦,1991 年后的冰岛、1950 年后的新西兰、1970 年后瑞典。

(四)立法机关的结构与联邦制和地方分权的程度之间的关系

通过对 36 个国家立法机关的分析,利普哈特发现在"两院制——一院制"和"联邦制——单一制"两个谱系间存在着强烈的关联性,即所有联邦制国家的立法机关均采取两院制,与之相对的是单一制国家的立法机关要么实行两院制,要么采取一院制。两院制指数和联邦制指数高度相关。与不断提高的联邦制和地方分权程度相对应的依次是一院制、弱两院制和强两院制,相关系数为 0.64。

八、宪法修改程序与司法审查

卡斯·R.森斯坦在研究了宪法与民主的关系之后说:"某些宪法可能会促进民主;另一些则可能会颠覆民主。民主与宪政之间有不可避免的张力。未来的任务是提出一种恰当的民主观并构思出只会支持而不会削弱这种民主观的宪法规定。"①利普哈特是一个十分关注宪法与民主的民主理论家,他的基本方法与杰斐逊一样,认为宪法是运转良好的民主制度的必要组成部分。利普哈特寻求的是与共识民主模式相适应的刚性宪法,是由司法审查来保护来限制议会多数派的立法权力。所以在利普哈特看来,有两个重要变量对有效的共识民主模式是十分重要的,一是宪法修改,二是司法审查。宪法的修改程序决定了宪法的性质是刚性的或是柔性的,影响着民主的类型是多数民主或是共识民主。司法审查是当宪法与普通法发生矛盾时由谁来解释,不同模式的民主对此的做法也是不一样的。利普哈特认为,刚性宪法和司法审查是基于同样理念的制度设计,即反对多数决,同时司法审查只有在刚性宪法条件下才具有意义。在纯粹的共识模式下,宪法是刚性的,并且由司法审查予以保护。在纯粹的多数民主国家,宪法是柔性的,缺乏必要的司法审查。在政治实践中,这种两极纯粹的方式是比较少见的,宪法的刚性程度也是多种多样的,司法审查的力度也是不一样的,为此利普哈特设计了一个量表来测量宪法的刚性程度和司法审查的力度。

(一)成文宪法、不成文宪法:共识模式与多数模式的区别

世界上绝大多数国家都使用成文宪法,不成文宪法仅存于少数的几个国家。利普哈特考察的 36 个民主国家中,只有英国、新西兰和以色列使用不成文宪法。从多数民主与共识民主之间的本质差别角度看,有没有成文宪法并不重要,重要的是宪法对议会多数派能否构成有力的约束与制约。成文宪法可能与不成文宪法一样容易被修改,而且同样可能得不到有效司法审查的保护。在利普哈特的概念里,纯粹的多数模式以柔性宪法为特征,纯粹的共识模式则以刚性成文宪法为特征。因为不成文宪法的约束力有限,其法律地位不具有高于其他法律的正式地位,从本质上看不成文宪法必然导致的结果是高度的柔性和司法审查的缺失。另外,成文宪法从理论上看,往往与联邦制及其和相应规则密切相关。"成文宪法的必要条件在理

---

① [美]卡斯·R.森斯坦:《宪法与民主》,[美]埃尔斯特[挪]斯莱格斯塔注编:《宪法与民主》,上海三联书店 1998 年版,第 398 页。

论上是从基本的联邦规则中得来的,分权必须被详细规定,中央政府和地方政府都需要坚决保证它们分得的权力不被剥夺。成文的契约似乎是具体规定和保障它们各自权力的必要方法,虽然不是充分的方法。"①

(二)刚性宪法与柔性宪法:宪法的刚性谱系

刚性宪法简单地说,是指宪法的修改需要议会超多数的同意。柔性宪法是指议会的普通多数批准即可修改的宪法。利普哈特把宪法的刚性划分为四种类型。第一种类型是修改宪法需要议会 2/3 多数以上的超多数同意,它以支持修宪者至少要比反对修宪者多 1 倍的理念为基础,以确保宪法具有高度的刚性。第二类是由不足 2/3 的多数(但超过普通多数如议会中的 3/5 多数)批准,或者在普通多数批准的同时还要得到公民投票的赞成。第三类是由 2/3 以上的多数(如 3/4 多数批准,或者 2/3 多数)批准的同时还要得到各州立法机关的赞成。第四类是由普通多数同意即可修改宪法。② 按照这四种分类,利普哈特把 36 个国家修改宪法的类型归为四个类型。一是 2/3 多数以上的超多数,其刚性指数是 4.0 的国家,有澳大利亚、瑞士、德国(3.5)、加拿大、美国、日本。二是 2/3 多数或者与之相当的多数,其刚性指数为 3.0 的国家,有奥地利、马尔他、巴哈马、毛里求斯、比利时、荷兰、哥斯达黎加、挪威、芬兰、巴布亚新几内亚、印度、葡萄牙、西班牙、牙买加、卢森堡、特立尼达和多巴哥。三是 2/3 多数与普通多数之间的过渡情况,其刚性指数为 2.0 的国家,有巴巴多斯、爱尔兰、法国(1.6)、博茨瓦纳、意大利、丹麦、委内瑞拉、希腊以及 1991 年以后的哥伦比亚,1980 年以后的瑞典、1974 年以后的法国。四是普通多数同意,刚性指数为 1.0 的国家,有冰岛、新西兰、以色列、英国、哥伦比亚(1.1)、瑞典(1.3)以及 1991 年前的哥伦比亚、1974 年前的法国、1980 年前的瑞典。③

---

① Arend Lijphart, Consociation and Federation: Conceptual and Empirical Links, *Canadian Journal of Political Science Revue canadienne de science politique* Vol.12, no.3(sep,1979), p.502.

② 参见[美]阿伦·利普哈特:《民主的模式:36 个国家的政府形式和政府绩效》,陈崎译,北京大学出版社 2006 年版,第 160—161 页。

③ 参见[美]阿伦·利普哈特:《民主的模式:36 个国家的政府形式和政府绩效》,陈崎译,北京大学出版社 2006 年版,第 160 页。

利普哈特同时还指出,不同选举制度下的超多数是情况是不同的,相对多数选举制下的超多数与比例制下相同的超多数相比,其约束力是不可同日而语的。[①]

(三)司法审查:宪法地位与宪法的刚性

宪法具有至高无上的地位,但这种地位的无上性仅靠一部成文的刚性宪法仍然不足以对议会多数形成充分的约束。如果仅由议会本身来对其通过的法律是否合宪作出裁定,那么议会很容易根据民主原则来避免争议。因此,需要一个独立存在的机构对各种法律的合宪性作出裁决。通常做法是赋予法院或特别设立的宪法法院予以司法审查权,由它们来裁定各种法律的合宪性,并对于议会形成有效约束。利普哈特认为多数民主模式的国家中表现出来是与柔性宪法一致的司法审查缺失,而共识模式的国家往往表现出来的与刚性宪法一致的司法审查的保护。

在建立司法审查的国家,由于把司法审查权赋予不同的机构,而使司法审查表现出不同的强度。有的国家把司法审查权赋予法院,有的赋予议会,有的赋予专门的宪法法院,司法审查权赋予不同机关带来的结果是不一样的。利普哈特根据司法审查的效力和频度,按照4分法设置司法审查指数,对36个国家司法审查进行分类。按照指数强弱把36个国家的司法审查强度分为四类:第一类是强司法审查,其强度指数为4.0,主要国家如德国、美国、1982年以后的加拿大和印度。第二类是中等强度的司法审查,其强度指数是3.0,其主要国家有澳大利亚、奥地利、巴布亚新几内来、奥地利、西班牙、毛里求斯、加拿大(3.3)、意大利(2.8)及1984年以后的比利时、1982年前的加拿大,1981年后的哥伦比亚、1974年以后的法国、1956年以后的意大利。第三类是弱司法国家,其强度指数为2.0,巴哈马、牙买加、比利时(1.5)、巴巴多斯、日本、哥伦比亚(2.4)、博茨瓦纳、马耳他、法国(2.2)、哥斯达黎加、挪威、丹麦、瑞典、冰岛、爱尔兰、委内瑞拉,特立尼达和多巴哥以及1997年前的意大利等国均属此类。第四类是司法审查缺失国家其强度

---

① 参见[美]阿伦·利普哈特:《民主的模式:36个国家的政府形式和政府绩效》,陈崎译,北京大学出版社2006年版,第161页。

指数为 1.0,这类国家有:芬兰、新西兰、以色列、瑞士、卢森堡、英国、荷兰以及 1984 年以前的比利时,1974 年以前的法国。

根据利普哈特的研究,总体上看 36 个民主国家的司法审查强度相对较弱,其平均指数为 2.2,中位数为 2.0。但从发展趋势上看,36 个国家的司法审查呈现出了一种更频繁,强度更大的发展趋势。采用地方分权式司法审查制度的国家相对来说司法审查强度较弱,而采用"中央集权式的司法审查制度"的国家进行司法审查的强度更高。这种结果是出人意料的结果,因为"中央集权式的司法审查制度"本来是司法审查缺失与地方分权式的司法审查制度"相互折中的产物"。对这种出人意料结果的合理解释只能是既然设立了宪法法院这样一个目的明确,且专一的特殊机构负责审查各种法律的合宪性,那么它在完成这一使命的过程中很可能需要更加积极些。①

利普哈特把宪法的刚性与司法审查的强度放在一起考察后,认为二者之间存在一定的关联性,其相关系数 0.39,尽管相关系数不是很强。但统计显著性都达到 1%的水平。其原因在于:第一,刚性宪法和司法审查都是反对多数决的制度设计,而高度柔性的宪法和司法审查缺失则允许多数人不受限制地实行统治。第二,司法审查只有在刚性宪法的支持下才能有效地发挥作用,反之亦然,如果强司法审查与柔性宪法结合,议会多数派只需修改宪法即可轻易应付违宪指责。反过来讲,刚性宪法得不到司法审查的保护,议会多数派只需要说明其通过的法律没有违宪即可打消人们对其宪法的怀疑。

利普哈特的研究还认为,司法审查与刚性宪法,不仅与联邦制有关,而且还与两院制和独立的中央银行密切相关。此外,利普哈特还观察到成文宪法规定的修宪程序中有一个显著的特点,频繁地使用公民投票。他认为在修宪过程中,把公民投票与立法机关的批准并用,尤其是在公民投票与公民创制结合起来的时候,公民投票可以被视为寻求共识的强力机制。他以瑞士为例论证了公民投票与公民创制权结合是寻求共识的强力机制,而非赢得多数的工具。

---

① 参见[美]阿伦·利普哈特:《民主的模式:36 个国家的政府形式和政府绩效》,陈崎译,北京大学出版社 2006 年版,第 167 页。

九、中央银行:独立性与依赖性

由于当代政治经济学的衰微,在政治与经济的关系中,长久以来中央银行与民主的关系被政治学家所忽略。政治学家普遍忽视了中央银行作为政府机构的重要地位,用利普哈特的话说:"无论是在政治学家对某一国家的民主制度的论述里,还是在他们对多国民主政治体制的比较研究中,行政机关、立法机关政党和选举都是永恒的话题,利益集团、司法体系、宪法修订程序和中央政府与非中央政府的关系等也经常被提到,但中央银行的运作和权限却很少有人提及。"①实际上利普哈特本人在此之前的《民主政体》一书中也未提及中央银行。之所以在《民主模式》中,利普哈特把中央银行作为共识民主——多数民主的一个重要变量加以研究,是利普哈特的一大创见。

较早注意到中央银行独立性及其政策过程中重要作用的,是克林顿政府的劳工部长罗伯特·B.赖克,在他看来,世界上最有权力的人不是克林顿总统,而是美联储主席艾伦·格林斯潘。② 实际上,经济学家们较早地注意到了中央银行的独立性与经济的关系,并对此进行了深入研究。维托里奥·格里利、多纳托·马夏恩达罗和圭岛·塔贝里尼,在 1991 年就研究了18 个发达国家的中央银行的自主性。③ 亚历克斯·库克曼、史蒂文·B.韦伯和比利恩·内亚普特于 1994 年提出了中央银行的法定独立性指数并考察了 72 个工业国家和发展中国家的中央银行,时间区间从 1950 年一直延续到 1989 年。④ 利普哈特在他们研究的基础上,以库克曼、韦伯和内亚普特提出央行总裁的更迭频率为依据,并把上述各种测量方法结合起来,得

---

① [美]阿伦·利普哈特:《民主的模式:36 个国家的政府形式和政府绩效》,陈崎译,北京大学出版社 2006 年版,第 171 页。

② See Robert B Reich, *lockecl in the Cabinet*, New Yoke: Alfred A Rnopf, 1997. p.80.

③ See Vittorio Grilli, Donato Masciandaro and Guido Tabelin, Political and Monetary Institution and Pubic Financial Policies in the Industrial Countries, *Economic Policy: A European Forum* 6, no.2(October1991). pp.342–92.

④ See Alex Gkierman, Steven B.Webb and Bilin Neyapti, *Measuring Central Bank Independence and Its Effect an Policy Outcomes*, San Francisco: ICS, 1994. p.2.

出了关于 36 个民主国家中央银行独立性的综合性测量结果。利普哈特意识到,当中央银行独立性强时,在政策制定中会产生重要影响;反之,处于弱势地位时,央行只是行政机关的附属部门,相应地央行在国家民主政治的作用也相对薄弱。中央银行的权力也是国家权力的一部分,其独立性与否也是分权与集权的变量。在共识模式下,中央银行的独立运作是国家权力分设的主要方面,符合共识民主模式的分权特征。多数民主模式下的中央银行一般是行政机关的附属,符合多数模式的集权理念。

(一)中央银行的职责与权力

中央银行最主要的职责是制定国家货币政策,调节利率和货币供给。货币政策直接影响物价稳定、通货膨胀,间接影响失业水平、经济增长和商业周期性的波动。其他重要职责有:管理政府的财政事务;通过购买公债、动用中央银行储备金提供贷款;通过印制钞票等渠道为政府的预算赤字筹措资金,为发展计划提供资金;管理并监督商业银行,必要时为破产的银行和公有企业提供紧急财政援助。因为这些职能与控制通货膨胀职能相矛盾,要强化中央银行的货币政策权力,并很好地履行其核心职能,就必须减少或者不要让它们承担这些额外职能。库克曼、韦伯和内亚普特分析道:"尽管大多数国家的政府都认识到保持物价稳定符合长远利益,但在短期内其他目标往往更加紧迫……因此,要保证物价稳定,通常要求确保中央银行不会迫于压力履行上述的[其他]职能,至少当履行这些职能可能引发通货膨胀时不要这么做。"①

欧美强调中央银行独立的重要性源于 1971 年,尼克松总统让美元贬值打破了 1944 年的《布雷顿森林协定》形成的美元与黄金之间,其他货币与美元之间的固定汇率。发展中国家强调中央银行的独立性是受 1992 年通过的《马斯特里赫特条约》,该条约要求把中央银行的独立性作为加入欧盟的条件的影响,20 世纪 90 年代以来,经济全球化使发展中国家不得不向国际投资者"显示他们卓越信誉",这也是发展中国家中央银行独立性强化的原因。

---

① Alex Gkierman,Steven B. Webb and Bilin Neyapti, *Measuring Central Bank Independence and Its Effect an Policy Outcomes*,San Francisco:ICS,1994.p.2.

（二）36 个国家中央银行独立性综合性指数的测算

利普哈特用库克曼—韦伯—内亚普特指数,格里利—马夏恩达罗—塔贝里指数和中央银行总裁更迭指数,三个指数组合对 36 个国家的中央银行独立性进行了测算。库克曼—韦伯—内亚普特指数分析了与中央银行的法定独立性有关的 16 个变量,每个变量的分值在 0—1 之间,他们得出中央银行法定独立性的综合指数——16 个变量的加权平均数,他们把这 16 个变量分为四组:银行总裁(首席执行官)的任命和任期、政策制度、中央银行的目标以及对货款的限制。他们测量的结果是在 1990 年以前,大多数国家的中央银行的法定独立性非常稳定。格里利—马夏恩达罗—塔贝里指数又叫政治和经济独立性指数,他们强调正式的规则,关注的变量与前者不尽相同,他们提出的指数在理论上与前者极为相似,评估结果略有差异。利普哈特根据库克曼等人研究的结果,发达国家中央银行总裁的更迭率既能反映中央银行的独立性,又能更好反映和预示通货膨胀,而不专门把中央银行总裁更迭率作为一个专项指数,然后测量两个数值的相关性(相关系数为 0.54,统计显著性为 1%),以此结果为一个指数。三个指数的算术平均数是中央银行独立性指数。结果是 36 个国家的中央银行独立性指数变化幅度的中点 0.43,平均数 0.38,中位数是 0.36,表明在实践中大多数中央银行的独立性较低。德国、美国、瑞士的中央银行排名最高,因而在制定政策过程中强而有力。

（三）中央银行独立性与民主国家的制度之间的关系

在中央银行独立性与民主国家其他几项制度之间的关系上,学者们有不同的观点。

第一种是彼得·A.霍尔的观点:合作主义的制度安排会增强中央银行独立性。霍尔认为在合作主义的制度安排下,由于各方的工资谈判可以消除失业增加的趋势,所以中央银行既能控制通货膨胀,又不必付出失业率上升的高昂代价。[①] 利普哈特认为两者之间联系很少或者没有联系,中央银

---

① See Peter A Hall, Central Bank Independence and Coordinated Wage Bargaining: Their Interaction in Grermany and Europe. *German Politics and Society*, Issue 3 (spring1994). pp. 1–23.

行独立性和利益多元主义之间相关系数仅为-0.07,相关度极弱,谈不上显著。

第二种是约翰·B.古德曼的观点:多数民主制度下的中央银行的自主性比共识民主制下的中央银行更低,原因是多数民主国家行政机关权力更大,任期更长,利普哈特测量的结果是行政机关优势地位与中央银行独立性之间相关系数为-0.06,并不显著。

第三种观点是利普哈特的研究,他认为在中央银行的独立性与联邦制之间存在一种制度性的关系。联邦制和地方分权指数与中央银行独立性指数之间的相关系数高达0.57,统计显著性水平达到1%的水平。独立性最强的5个中央银行都属于联邦制国家,它们依次是德国、瑞士、美国、奥地利和加拿大。另外,利普哈特还研究了中央银行的独立性与其他三个变量之间的关系。

十、国家权力构成要素与民主的二维概念图

利普哈特把政党制度、选举制度、利益集团制度和行政机关制度归为一类,囊括进政党——行政机关维度里。在此维度中各种变量之间相互影响,共担责任,因而利普哈特又称之为共享权力维度。地方分权、两院制、刚性宪法、司法审查和中央银行的独立性5个变量,利普哈特把它们归到联邦制——地方分权维度里,这几个变量相互独立彼此分权,利普哈特称之为分享权力维度。据此,利普哈特描绘由10个变量相互关系构成的民主二维模式。他描述了他所研究的36个民主国家在二维模式图里所处的位置,并从36个国家中选出26个国家探讨了它们从1970年之前到1971年之后的位置变化。

(一)两个维度10个变量及其相互关系

利普哈特在前面每个因素的分析中,已经对每个因素和变量之间的关系进行了分析和计算,这里他把这10个变量的相关性放在一起,组成了一个相关性矩阵(correlation matrix),表3-1从中可以看到同组各变量之间的强烈相关性,而不同组之间各个变量的微弱相关性,每一组变量内部的相关

系在统计学上都具有显著性:在全部的 20 对相关关系中,有 16 个显著性水
平达到了 1%,其余 4 个变量显著性水平达到了 5%,两个三角形范围的数
据是它们的相关系数,左下部所反映的是不同组的各个变量之间的 25 个相
关关系,它们不具有任何统计显著性。

表 3-1　36 个国家中,区分多数民主与共识民主的
10 个变量的相关性矩阵,1945—1996 年①

变量 1:有效议会政党的数目									
变量 2:最小获胜一党内阁									
变量 3:行政机关优势地位									
变量 4:选举的非比例性程度									
变量 5:利益集团多元主义									
变量 6:联邦制—地方分权									
变量 7:两院制									
变量 8:宪法刚性									
变量 9:司法审查									
变量 10:中央银行的独立性									

	(1)	(2)	(3)	(4)	(5)	(6)	(7)	(8)	(9)	(10)
(1)	1.00									
(2)	-0.87**	1.00								
(3)	-0.71**	0.68**	1.00							
(4)	-0.50**	0.57**	0.33*	1.00						
(5)	-0.55**	0.68**	0.38*	0.56**	1.00					
(6)	0.26	-0.25	-0.23	-0.16	-0.28	1.00				
(7)	0.20	0.00	0.01	0.10	0.05	0.64**	1.00			
(8)	0.02	-0.06	-0.09	-0.02	-0.06	0.54**	0.35*	1.00		
(9)	-0.13	0.06	-0.05	0.26	0.20	0.48**	0.41**	0.39**	1.00	
(10)	-0.01	-0.14	-0.06	-0.06	-0.07	0.57**	0.34*	0.42**	0.39**	1.00

*统计显著性达到 5% 的水平(单侧检验)

**统计显著性达到 5% 的水平(单侧检验)

　　从表中可以看出,第一组变量之间的相关性比第二组变量之间的相关
性稍强,其相关性绝对值的平均数分别为 0.58 和 0.45。在第一组变量中,

----

① 参见[美]阿伦·利普哈特:《民主的模式:36 个国家的政府形式和政府绩效》,陈崎
译,北京大学出版社 2006 年版,第 180 页。

最小获胜一党内阁是一个强有力因素,与其他变量的相关程度最高,其理论意义在于:最小获胜一党内阁是接近共享权力和分享权力之间的本质差别,有效议会政党数目的重要性仅次于最小获胜一党内阁的百分比。在第二组变量中,联邦制和地方分权是最强有力的变量,这个变量是第二组变量的核心要素。

然后,利普哈特用因子分析法对 10 个变量进行因子分析,目的是为了判明变量是否属于一个或多个维度。

表 3-2   36 个民主国家中区分多数民主和共识民主
10 个变量的方差最大正交旋转因子矩阵,1945—1996 年[①]

变　　量	因子 I	因子 II
有效议会政党的数目	-0.90	0.20
最小获胜一党内阁	0.93	-0.07
行政机关优势地位	0.74	-0.10
选举的非比例性程度	0.72	0.09
利益集团多元主义	0.78	-0.01
联邦制—地方分权	-0.28	0.86
两院制	0.06	0.74
宪法刚性	-0.05	0.71
司法审查	0.20	0.73
中央银行的独立性	-0.07	0.71

表中每个变量对应的数值是因子负荷量,即该变量与因子分析中,考察的第一个因子和第二个因子之间的相关系数。因子分析的结果可以明显地看出,民主 10 个变量的两个维度,由于使用了正交旋转(orthogonal rototion),能够确保两个因子之间毫无关联,两组变量之间相互独立。

从图中可以看出,两个维度内因子负荷量极高,维度间因子负荷量则极低。在第一个维度上,最小获胜一党内阁是第一维度中最强的变量,其因子

①　参见[美]阿伦·利普哈特:《民主的模式:36 个国家的政府形式和政府绩效》,陈崎译,北京大学出版社 2006 年版,第 181 页。

负荷量高达 0.93,这意味着它与因子关系完全吻合。有效议会政党数目的因子负荷量为-0.90,是一个几乎同样有力的变量。在第二个维度中,联邦制是强有力的变量,其因子负荷量为 0.86,再次证明联邦制是第二维度的核心变量。

(二)民主的概念图及其解读

利普哈特按照两个维度 10 个变量中,各图在每组 5 个变量的各种特征的平均数简化为两个总体性特征,再以此为根据确定每个国家在民主二维概念图中的位置,给出了一个清晰的 36 个民主国家的民主二维概念图。

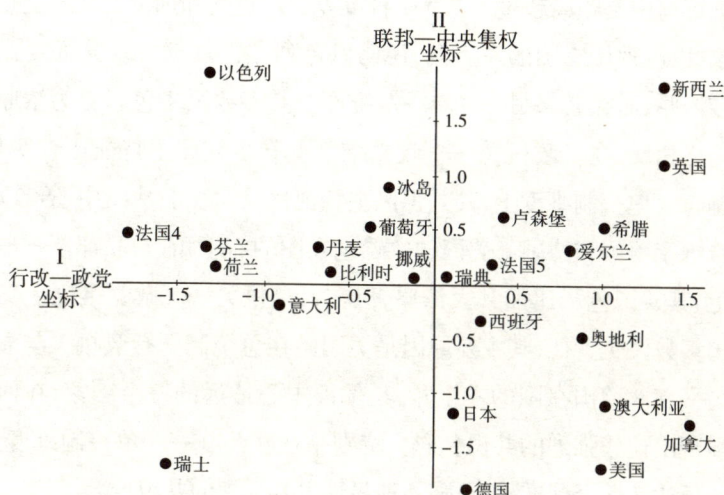

图 3-1 民主二维概念图①

注:1.25 个民主政权在少数服从多数型民主—全体一致型民主两坐标上的位置。
   2."法 4"指法兰西第四共和国;"法 5"指法兰西第五共和国。

资料来源:阿伦·利法特、托马斯·C.布鲁诺、P.尼基福罗斯、迪亚曼杜罗斯、理查德·冈瑟:《地中海民主模式:南欧民主国家比较》,见《西欧政治》(*West European Politics*)1988 年第 11 卷第 1 期。

图中横轴代表行政机关——政党维度,纵轴代表联邦制——单一制维度。横轴上的每个单位代表一个标准差,高数值的标准差代表多数模式,低

---

① 参见[美]阿伦·利普哈特:《民主的模式:36 个国家的政府形式和政府绩效》,陈崎译,北京大学出版社 2006 年版,第 183 页。

数值标准差代表共识模式。

从图中可以清晰地看出各个国家在民主模式中的位置。在图的右上角是多数民主模式的典型国家，左下角属于共识民主模式的典型国家。从图中可以看出，英国和新西兰位于图的右上角，英国在行政机关——政党维度上呈现出的多数民主色彩更为浓厚，而新西兰在联邦制——单一制维度上的多数民主色彩更浓一些。这与1996年的新西兰是威斯敏斯特模式的完美典范完全一致。在共识民主国家的典型中，瑞士位于图的左下角，但不像其他几个国家那样位置偏下，原因是瑞士司法审查因子的缺失，使它有一个非共识模式的特征。不过瑞士仍然是共识模式的典型代表，因为无论在哪个维度上它都离中心距离超过了1.5个标准差。以色列和加拿大在图上是两个特殊国家，以色列位于图的左上角，说明以色列在行政机关政党维度上共识色彩比较浓厚，而在联邦制——单一制维度上其多数民主色彩更为浓厚。而加拿大与之相反，在行政机关——政党维度上其多数民主特征比较明显，而在联邦制——单一制维度上，其共识民主特征比较明显。从图中还可以看到两个特殊国家美国和德国。美国的位置也在图的右下角，在联邦制——单一制维度上，其共识色彩比加拿大浓厚，但在行政机关——政党维度上美国并未展现出多数民主特征，其主要原因是美国是在总统制下行政机关与立法机关的权力平衡。德国在图的左下角，是偏离中心最远的一个国家，在两个维度上都显现出比较强烈的共识色彩。特别是在联邦制——单一制维度上，它偏离中心值达2.5个标准差，更强烈地显现出其强烈的共识色彩。

通过民主二维概念图的解读，我们还可以发现，民主国家的概念位置和地域位置之间存在着某种对应关系。在行政机关——政党维度上，大多数欧洲大陆国家位于概念图的左侧。其中5个北欧国家比较集中，瑞典、挪威、丹麦、芬兰均处于概念图左侧上半部，原因是这些斯堪的纳维亚国家比较一致的政治文化使他们相对集中，用爱尔德等人的话说就是："特殊的斯堪的纳维亚共识文化以及……达成妥协和举行仲裁的结构而被称为共识民主国家。"①在概念图的右侧，3个拉丁美洲国家聚焦在中心偏右的地方，4

---

① Neil Eloler, Alarstair H Thomas and David Arter, *The Consensual Democroies*, The government and Politics of the Scandinavian States, rev.ed.Oxforcl: Basil Blackwell.1988.p.221.

个加勒比海国家则集中分布于中心右侧很远处。其他多数国家间的地理分布和概念图分布没有特别明显的情况。利普哈特的对此解释是:"对于包括4个加勒比海国家在内的许多国家来说,最引人注目的共同特征是它们从前都是英国的殖民地。事实上,英国政治传统存在与否似乎比地理因素更能为各国在行政机关——政党维度上的分布提供合理的解释。"①

在行政机关政党维度左侧还有一个例外情况值得关注。印度、以色列和毛里求斯、巴布亚新几内亚这4个国家,除了原来大多都与英国有密切关系(英属属殖民地)外,还有一个共同特征:它们都是多元社会。社会多元化的程度是解释这些国家在此维度上属于共识民主一侧而不是多数民主一侧的关键所在。

另外,利普哈特还用回归分析法检验了英国传统和多元社会的关系,多元社会和人口规模之间的关系。英国统治过的15个国家回归值为1,其他20个国家的回归值为0,与多数民主的相关系数为0.54(显著性水平达到1%),多元社会的多元文化程度与多数民主之间的相关系数是-0.32(统计显著水平达到5%)。在人口规模联邦制——单一制维度上,印度、美国和日本都处于概念图的底部,而且在人口超过千万的15个国家中,有10个国家都处于概念国的底部。"人口规模与联邦制和地方分权之间存在着联系",国家越大,其政府的地方分权程度就越高,无论该国家是否采用联邦制都是如此。② 这一点得到了达尔和塔夫特的支持。

利普哈特认为,虽然社会多元化程度作为一个解释变量在二维概念图上回归分析和相关系数较弱,但是由于它能够同时对36个民主国家在两个维度上的分布作出解释,所以仍被视为总体解释力最强的变量。③ 利普哈特对此给出的理由是:"尽管在共识民主制度下,共享权力和分享权力的制度安排无论在概念上还是在实证中都属于截然不同的维度,但它们代表着

---

① [美]阿伦·利普哈特:《民主的模式:36个国家的政府形式和政府绩效》,陈崎译,北京大学出版社2006年版,第184页。

② See Robert A Dahl and Edward R Tufte, *Size and Democracy*. Stamford: Stamford University Press.1973.p.37.

③ 参见[美]阿伦·利普哈特:《民主的模式:36个国家的政府形式和政府绩效》,陈崎译,北京大学出版社2006年版,第185页。

互补的制度机制,对高度的社会分裂起着调和作用。"所以这两个维度的划分和解释对多元社会来说都是必须的。

(三)概念图位移现象:20 个经合民主国家的民主变化

利普哈特认为,36 个民主国家二维概念图只是反映了 36 个国家的长期以来的平均位置,而对其中 20 个老牌民主国家来说,近 50 年来平均位置不足以反映这些国家在政党制度、选举制度、利益集团制度以及地方分权程度、立法机关的结构和司法审查等方面的变化,这些变化并没有导致这些国家向多数民主模式和共识民主模式演变的趋势。

为了研究 20 个老牌民主国家的位移,利普哈特把 1945—1996 年这一时期划分成大致相等的两个阶段,1970 年年底以前为一阶段,1971—1996 年为另一阶段。有些历史悠久的国家跨越了两个阶段,它们在两个维度上的分值就以不同阶段为依据分别加以计算,这种方法也适用 20 世纪 40 年代中期以来就一直沿用民主制度的 20 个老牌民主国家,以及哥斯达黎加、法国、哥伦比亚、委内瑞拉、特立尼达和多巴哥、牙买加等其他 6 国。① 这些国家近半个世纪的民主情况变化见 26 个民主国家在二维概念图的位移图。

总体上看,图上所列 26 个国家在这半个世纪的变化都不激烈,说明都是小幅的调整没有激进的变革。没有一个国家从典型的共识民主转变为典型的多数民主。反之亦然,说明并不存在向多数民主或共识民主演变的趋势。从位移数值看,在第一维度的平均位移是 0.03 个标准差,第二个维度上的位移是 0.06 个标准差,位移幅度不大,可以忽略不计。

位置移动幅度较大的几个国家是:比利时、德国、牙买加、瑞士、挪威、法国和委内瑞拉。

---

① 以上 6 个国家被考察的民主年份分别是:哥斯达黎加 1953 年,法国、哥伦比亚、委内瑞拉 1958 年,特立尼达和多巴哥 1961 年,牙买加 1962 年。这一分析不包括博茨瓦纳、巴巴多斯和马自他 3 国,因为它们民主制度在 1965 年和 1966 年才得以确立,到 1970 年的跨度太小剩下的 7 国都是在 1971 年之后才提以独立,完成民主化,或者恢复民主制度。所以不纳入这一分析的范围。

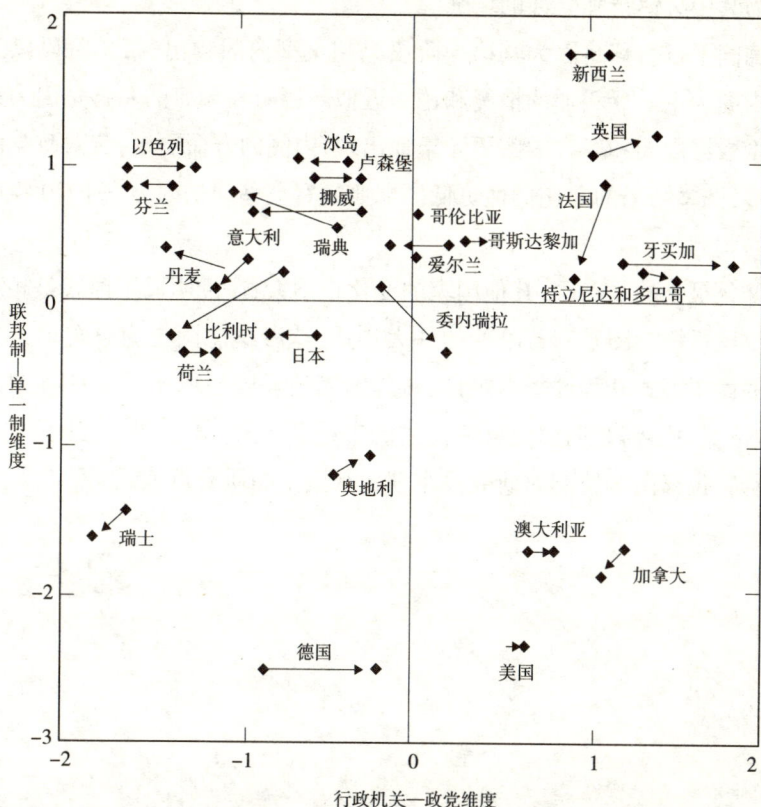

**图3-2　从1971年以前的阶段到1971—1996年的阶段，
26个民主国家在二维概念图的位移①**

　　比利时的位移是因为采用了司法审查制度，向左移动是因为其超大型内阁的增多和多党制的变化，从3党增为5个半政党。法国在联邦制——单一制维度上的位移是朝着共识模式方向的转变：自1974年以来宪法的刚性增强，司法审查更积极，1981年后采用了地方分权而法兰西银行独立性的削弱在一定程度上抵消了这些变化。其向左侧的位移是因为其多党数目的增加以及选举结果的比例性略有增强。委内瑞拉右下移动表明了其向多数模式的变化，主要是其联合内阁和超大内阁减少，政党制度的变化，下移

---

　　①　[美]阿伦·利普哈特：《民主的模式：36个国家的政府形式和政府绩效》，陈崎译，北京大学出版社2006年版，第186页。

是因为其中央银行独立性的增强。

德国平行右移是因为其第一阶段是超大型内阁频出,第二阶段以最小获胜内阁为主。牙买加的情况和德国近似。挪威和瑞典的左移是因为第二阶段少数派内阁和联合内阁更频繁地出现,内阁的寿命更短,有效政党的数目更多,选举结果的非比例性更低。瑞典的右上移动是因为它1970年后采用了一院制。

变化最小的是美国,其他国家的变化也不大,这说明民主模式是相对稳定的。民主概念图是利普哈特的一大创造,这种概念图更为直观地给各个国家的民主模式和程度予以定位,更为清晰地反映了两个维度中各国的定位,理论上也更清楚明白地反映民主的二维关系和10个变量之间的关系。利普哈特位移图的绘制对研究民主绩效和民主品质有重大意义。

第 四 章

共识民主中国家权力的配置机理与特点

要实现国家权力的规范行使,既需要对各种权力进行合理配置,也需要在此基础上形成切实有效的权力运行机制。与其他民主理论相比,当代共识民主理论一个重要的贡献就是对国家权力的配置和运行机制进行了详细的探究,并结合有关国家和地区的实践总结出了一套制度模式。结合前述共识民主模式中有关两个维度和 10 个变量的分析,对该模式中的国家权力配置机理和特点可以从 3 个维度和 10 个基点进行概括。3 个维度分别是权力分配维度、利益联盟维度和宪法形式维度,10 个基点分别是行政权的分配、行政与立法的关系、国家结构形式、立法权分配、违宪审查权分配、中央银行权力的独立性、政党制度、选举制度、利益集团制度和宪法修改制度。前 6 个基点与国家权力的分配密切相关,属于权力分配维度;随后 3 个基点与利益表达和整合相关,属于利益联盟维度;最后的宪法修改制度不但影响到国家权力的配置,也影响到政党、利益集团和选民的行为,是国家权力配置和监控的最高规范和终极依据,因此,把宪法形式——根据修改的难易程度进行区别——也单独作为一个维度进行考察。本章主要内容就是分别从权力分配、利益联盟、宪法形式 3 个维度,以 10 个基点为主要对象,对共识民主模式中的国家权力配置机理与运行特点进行考分析和总结。

一、权力分享与对称性制衡:共识民主
国家行政权的配置

民主政治的对立面是极权和专制,后者以权力的集中和垄断为标志,与此相对,民主社会的权力则以分散和开放为特点。法国大革命期间诞生的

《人权宣言》曾明确宣告："凡权利无保障或分权未设立的社会,就没有宪法。"如果考虑到革命中呈现出的强烈的民主指向,完全可以把这句话改为:"凡权利无保障或分权未设立的社会,就没有民主。"因此,在现代政治中,一个社会的民主程度通常是与其分权和开放程度成正比的。分权是权力的分散性和开放性特征在国家权力层面的具体表现形式,在民主政治实践中,这种表现形式不但体现了民主的内在要求,也是对国家权力进行有效监督和制约的基本途径。

分权就是在国家机构中对权力进行合理分配,它既是权力正常运行与有效监控的前提,也是国家权力配置的主要原则。权力配置从本质上来说就是通过合理分工和规范运作,以实现权力最终所有者的目的。所以,在很大程度上可以认为,民主国家的权力配置目的就是实现人民对权力运作的监督与制约,以保证人民的利益。权力配置在实践中具体表现为有关权力分配的制度、规则和运行机制,在现代民主国家,其最突出的特点是努力在不同的权力行使者之间形成一种良性的相互制约与平衡关系。要达到这种目标,就必须从总体上对权力进行合理分配,因为没有分配或分配不合理的权力,在实践中往往最多只能产生自我约束,而无法形成制衡。不过,即使权力在形式上实现了合理分配,如果没有在实践中形成有效的运行和监督机制的话,也很难保证权力的规范行使。因此,一个国家政治权力的规范运行和有效监控在实际中往往取决于权力的具体分配模式,以及运行过程及结果的合理性、合法性与科学性。所以说,尽管现代民主国家在权力配置过程中都会呈现出分权特点,但在不同的民主模式下,其分权方式、运行特点及实践效果也会存在很大的不同。总体而言,在多数民主理论中,权力配置中呈现明显的非对称性权力制衡特点,而在共识民主理论的权力配置设计中,则呈现出对称性的权力制衡特点。

所谓非对称制衡,是指在整个国家权力的配置体系中,不同权力主体在权力拥有和行使上并非处于均衡和对称状态,而是犬牙交错,呈现非对称的不平衡状态。① 与之相对,所谓对称性制衡则是指在国家权力配置体系中,

---

① 参见虞崇胜:《中国协商政治模式蕴含的现代民主政治机理》,《理论视野》2009年第2期。

不同权力主体在权力拥有的行使上势均力敌,并能够借助相应机制得到有效保障,从而形成相互制衡的权力格局。在多数民主模式下,往往过分强调抽象多数的权力优先性,因此,对国家权力的配置并未完全实现分权,而是倾向于集中于多数一方。而在共识民主模式中,其对权力的分配具有更强的合理性、合法性和科学性特点,这些特征在国家权力分配维度的6个基点上表现非常明显。

第一,行政权的归属与分配。在多数民主模式下,作为现代国家权力中重要一块的行政权通常会集中在由一党控制或主导的内阁。这意味着国家行政权力自身在实际上缺乏足够的分配和制衡,结果很容易在行政领域形成政党集权和专断倾向。而在共识民主模式中,这种倾向比较难以形成。原因在于,在这种模式下,允许不同政党加入内阁并谋得一席之地,使其成员成为政府部门首脑,甚至是争取尽可能多的内阁部长职位。所以,行政权虽然也集中在内阁,但内阁是由具有相当广泛性的多党联合组成的,这样可以让行政权尽可能的被不同政党分享,而不是被一两个政党垄断。如此,行政权就能够得到最大限度的分享,制衡的格局得以形成。当然,需要注意到的是,共识民主中各政党对行政权力的竞争与分享必须建立在良性、合作与正当目的的基础上。否则,即使权力得到了分配,也不能起到真正意义上的权力规范运行与有效监控的作用,只会沦为掩盖政党互相斗争与角逐的外衣。

第二,行政权与立法权的关系。在多数民主模式下,行政权相对于立法权拥有更多的优势地位,不过这种优势只是相对而言的,并不是绝对的,也就是说,行政权也不能全然无视立法权,立法权仍然能够发挥一定的限制作用。而在共识民主模式下,行政权不再拥有这种优势地位,行政权与立法权处于均势地位,在实际运行中,二者之间比较容易达致一种相互制约和平衡的状态。例如,在正常情况下,行政权既不能逾越立法权,立法权也不能无端干涉行政权,二者在各自的轨道内运作;但是,如果其中一方超越权限或滥用权力达到另一方无法忍受的时候,或者在其他必要的时候,另一方总能够有足够的力量和手段确保滥权方受到及时有效的制约,甚至是制裁。

第三,国家结构形式。多数民主模式下,国家结构通常采用倾向于中央集权的单一制形式。我们知道,"在所有民主国家中,中央政府与非中央政府的某种程度的分权都是必不可少的,但多数民主模式下的权力划分呈现出高度一边倒的局面。在纯粹的多数民主模式下,为了维护多数决定原则,中央政府不仅必须控制中央政府的各个机构,而且必须掌握所有具有潜在竞争力的非中央政府机构。"①因此,多数民主模式下,非中央机构(地方)在分享国家权力上受到很大的限制。

在共识民主模式中,国家结构采用的是复合制中的联邦制形式,以避免国家权力过分集中在中央政府。在目前流行的几种国家结构形式中,联邦制政府对国家权力的分配比较彻底,它不但实现了中央政府内部的分权,也要求各级政府之间进行层层分权,以形成权力制衡格局。所以,利普哈特认为,这种分权模式更具有实质性和实效性。因此,在他的共识民主模式中,他指出不但要"保证在中央政府和各级非中央政府之间进行分权",而且要保证,"强大的非中央政府在政治实践中行使着相当大的权力","每一级政府都对某些行为拥有最终决定权","从而保证相当大的一部分权力由地方政府来行使"。② 从上述可以看出,共识民主模式中,通过对中央和地方权力的合理分配,以形成有效的权力制约和监控机制。

第四,立法权的归属与分配。拥有主要立法权的议会机构是否需要在内部进行分权和自我限制? 面对这一问题,多数民主理论和共识民主理论采取的立场也存在不少差异。在多数民主模式中,倾向于支持多数的决定,不太重视立法机构自身的分权和限制。因此,其立法机构容易采用一院制形式,或者即使采用两院制形式,但实际权力往往会明显地偏向其中的一院。但这种方式带来了立法权的集中,会在实践中导致一些问题。比如在一院制中,立法机关在活动中易受一些突发的强烈的感情冲动左右,或受制于政治帮派头目的操纵,从而可能导致一些具有分裂或有害的决议顺利通过。③ 在偏重一方的形式两院制中,虽然分权会在一定程度上存在,就如泽

---

① [美]阿伦·利普哈特:《民主的模式:36 个国家的政府形式和政府绩效》,陈崎译,北京大学出版社 2006 年版,第 135 页。

② [美]阿伦·利普哈特:《民主的模式:36 个国家的政府形式和政府绩效》,陈崎译,北京大学出版社 2006 年版,第 135—136 页。

③ 参见[美]汉密尔顿等:《联邦党人文集》,程逢如、在汉、舒逊译,商务印书馆 1980 年版,第 316 页。

波里斯和莫尼所说的那样,"即使第二院被认为是弱小的或者不重要的,但它们仍然发挥着影响。"①但由于立法权仍比较集中,导致其中的一方特别强大,而另一方的影响比较有限,结果容易使后者成为前者的附庸,最终不利于权力的制衡和监督。

与此不同,在共识民主模式中,比较重视立法权内部的自我分权和限制。这一特点主要表现为:立法权由议会中的两院共同分享,两院不但拥有相互平衡的权力,而且各自的构成方式也不同。也就是说,议会两院的权力态势在实际上处于对称或相当接近对称的程度,"宪法赋予两院的权力以及两院的民主合法性完全平等或者相差不大"。② 并且"第二院可以通过不同于第一院的方式选举产生,或者作出安排让某些少数群体获得超额代表权。这种情况下,两院的构成会有所不同",又称之为"成分不一致的两院"③。这样设置的好处是,可以避免两院因产生方式的相同或代表利益群体的过分一致而导致的思维模式雷同,从而无法在内部形成有效的制约机制。

第五,违宪审查权分配。在多数民主模式下,立法机关一般会垄断自己所通过法律是否合宪的决定权。但这种垄断很容易导致违宪审查在实践中的制约效果大打折扣,正如利普哈特所指出的那样,"如果由议会本身对其通过的各种法律的合宪性作出裁定,那么很容易诱使议会根据一己之私来裁决任何争议"。④

而在共识民主模式下,有关违宪审查权的分配比较注重实际上的制衡效果。利普哈特认为,由立法机关来裁决自己通过的法律是否合宪很难达到必要的制衡效果以确保宪法威严。所以,他主张不应把这种权力划归为立法机关,而是由最高法院或专门的宪法法院行使,即通过最高法院或宪法

① GeorgeTsebelis and Money Jeannette, *Bicameralism*, Cambridge: Cambridge University Press,1997.p.211.
② [美]阿伦·利普哈特:《民主的模式:36个国家的政府形式和政府绩效》,陈崎译,北京大学出版社2006年版,第150页。
③ [美]阿伦·利普哈特:《民主的模式:36个国家的政府形式和政府绩效》,陈崎译,北京大学出版社2006年版,第150—151页。
④ [美]阿伦·利普哈特:《民主的模式:36个国家的政府形式和政府绩效》,陈崎译,北京大学出版社2006年版,第163页。

法院的司法审查制度来对法律是否违宪进行裁决。不过,利普哈特的这种做法似乎走向了另一个极端,因为这样也很难保证司法机关不滥用这种审查权。所以,把违宪审查权由立法机关垄断变为司法机关垄断,虽然可以实现有效的制约,但却无法达致合理的平衡。按照共识民主的权力分享和制衡精神,比较合理的做法应该是,由立法机关与司法机关共享违宪审查权。这样一来,当一方滥用或消极对待这种权力时,另一方就可以通过有效的途径进行介入和干预。

第六,中央银行的独立性。中央银行作为一个国家金融系统的核心,在经济政策中发挥着极为重要的调节作用。因此,在现代经济条件下,中央银行的独立性程度,也是国家权力分配是否合理与能够实现有效制衡的一项重要指标。在多数民主模式下,中央银行的独立性较弱,这主要表现为:中央银行受行政机关的支配,沦为行政机关干预经济发展的重要工具;中央银行的主要职能如制定货币政策、利率调整等,都受行政机关主导;只有在一些非关键性的事务上,如监管普通商业银行、为一些企业或破产银行提供紧急财政援助等,才具有较强的独立性。这种状况不但使中央银行无法运用金融手段来监督和约束行政权力,还会为行政机关借助金融手段来施压立法和司法机关提供了方便,最终不利于各种权力之间的平衡和制约。

比较之下,共识民主模式中赋予了中央银行更大的独立性。具体表现为:在机构定位上,明确中央银行的独立性,即其不从属于或依赖于行政机关,行政机关也无法干涉和影响其职能的自主发挥;中央银行在货币政策、财政管理、筹集资金、提供贷款等诸多重要事项上都拥有很大的自主权。不过,共识民主中强调中央银行的独立性和自主性,不意味着它可以单独作为一种国家权力而与行政权、立法权和司法权并立。在权力最终归属上,它同时附属于立法权和行政权,正是由于这种双重归属特点,才使得中央银行具有了更大的独立性和自主性。并且,立法机关通过行使对中央银行一些关键事务的最终批准权,还可以平衡自身与行政机关之间的力量悬殊,而司法机关则可以通过违宪审查来制衡立法机关,以防止其滥用最终批准权。这样,借助中央银行的独立性,可以进一步促进国家权力在三大机关之间的分享和制衡。

对以上共识民主模式与多数民主模式有关国家权力的配置比较,可以简单总结如下：

多数民主模式中,由于权力倾向于集中于相对多数手中,一方面使少数的权力很容易被弱化或无视,另一方面也使多数的权力难以得到有效的监督和制约。在这一模式中,少数很难掌控处于强势地位的行政权,而其在立法机关的有限席位也无法对行政权进行有效的制约。这样一来,形式上的分权就很难对多数权力进行有效的监督与制约,权力能否规范行使基本上依赖于多数派内部的自律。而过于依赖自律的监督等同于没有监督,在实践中的效果也就不会很理想了。

共识民主模式中,权力的分配不再简单地依据多数与少数进行分配,而是要求尽可能地在不同机关之间进行分享,在具体机制上也力求挤压特定权力的自由裁定空间,从而形成一种相互牵制、注重外力监控的权力运行方式。共识民主不把分权和制衡停留在粗略的宏观层面,在细节和实际运行中对权力的分享和相互制约进行了更加具体的制度设计。因此,与多数民主模式相比,共识民主在国家权力配置方向显得更为合理,实践中的权力制衡效果也更理想。

二、合作与包容：共识民主的利益联盟

(一)政党制度与国家权力配置

代议制度、选举制度和政党制度之所以被看做是现代西方民主制度的三大基石,其主要原因在于,在现代社会,人民行使主权的方式只能是间接性的,即通过选举代表、代议机构来影响公共权力。而在这一过程中,政党可以发挥非常关键的中介作用。因为,只有拥有庞大组织力量的政党才能够比较全面地会聚和表达民意,才能够向人们推荐具有组织信誉担保的候选人,并且,在国家权力的实际运行中,只有政党拥其他社会组织无可比拟的影响力。所以说,在现代民主社会,政党是实际上掌控国家权力的组织。无论是行政、立法和司法机构,其主要掌权者都具有党员身份或政党的推荐,而这一背景可以在实际行使权力中让他们易于超越机构之间的制约,转而听从于政党的意志。这样一来,单纯依靠国家权力的分权配置来保证权力之间的制约和平衡效果就会大打折扣了。因此,要实现国家权力的规范

行使和对其进行有效监控,如果忽略了政党这一环节,就很难达到目标。在国家权力配置上,只有把政党组织纳入视野,在政党之间形成有效的相互制约和监督机制,才能避免这一问题。在现代西方民主国家的政党政治实践中,形成的政党制度形式主要有一党制、两党制和多党制。但在不同的民主模式下,对政党制度的偏好和具体的运行特点存在不少的差异。下面分别对多数民主模式和共识民主模式下的政党制度特点及其对国家权力配置的影响进行分析。

1. 多数民主模式中政党制度对国家权力运行和监控的影响

一党制可以分为两个类型:一个是国家只有一个合法政党存在并且长期连续执政,也称为纯粹一党制;另一个是国家存在多个合法政党,但只有一个政党有能力执政,其他政党则可以通过合法途径参政,也称为非纯粹一党制。在第一种类型下,由于其他政党的缺失,执政党在实际上很容易包揽一切国家权力,即立法、行政和司法机关都由一党掌控。虽然执政党也是表达和会聚民意的主要渠道,有着坚实的民意基础,并受人民监督。但因为缺乏政党竞争对手,人民除了执政党组织之外再无其他与之力量相当的政治组织可以选择,人民的监督在实践中就很难发挥出来。原因在于,人们只有借助组织化的力量才能够形成强大的压力和监督力量,如果缺乏这样的组织,由于单个人的"人的脆弱性"(Human Vulnerability)①,他们对抗执政党的意志和积极性将会遭到极大的削弱,最终无法行使监督权力。这样一来,执政党很容易在垄断权力的道路上越走越远,从而不利于权力的规范运行和有效监督。

在第二种类型下,虽然存在多个政党组织,并形成一种多党共同参与影响公共权力的格局,但由于参政党与执政党之间力量悬殊,形不成实质的竞争和抗衡局面。当然,这一政党制度形式的优势是,在理想的状态下,可以避免政党之间的恶性竞争和争权夺利,形成一种相互协商、共同合作的权力运行机制。其缺陷是,多个参政党因缺乏足够的力量与执政党相抗衡,在具体的参与、协商和监督中难以产生有效的威慑和压力,特别是在涉及执政党

---

① See H.L Hart, *The Concept of Law : Second Edition*, Penelope Bulloch, Joseph Raz trans, Oxford : University Press, 1994, pp.194-199.

自身的重要利益时,参政党更难以发挥实质性的制衡作用,最终很可能会沦为执政党的附庸,陷入和上述第一种类型一样的权力监督困境。在实践中,这种非纯粹一党制的理想效果很难达到,而其缺陷却不易克服,结果常常使国家权力的配置流于形式,权力的监控目标难以实现。虽然非纯粹一党制政体下的权力正常运行与有效监控与纯粹一党制相似,最终依赖于执政党的自律,但这并不意味着二者没有实质的差别。毕竟,与一党制的第一种类型相比,第二种类型至少在制度设计上为民主留下了更大的空间。比如说,即使执政党习惯于独断专行,在实际中经常削弱或虚化参政党的作用,但如果权力异化达到一定的程度,社会再也难以忍受时,参政党就可以发挥其组织优势,与人民的反对力量联合起来来抗衡执政党,迫使国家权力重新进行比较合理的安排。

从上述对一党制的分析中可以看出,虽然一党制可以在一定程度上与民主相容,但由于缺乏足够有效的竞争,容易导致一党垄断权力,不但不利于权力的规范运行和有效监督,还可能会走向民主的反面。所以,在当代民主理论中,即使是多数民主模式也不偏爱一党制形式,实践中这一形式也就不占主流。

在多数民主模式中,更偏爱的是两党制形式。两党制形式主要表现为,在国家政治生活中,只有两个实力相当、互相竞争的政党在实际上拥有竞取执政权的机会,两党通过选举形成轮流制衡的局面。两党制的核心目标是形成政党之间的竞争局面,同时又避免陷入恶性竞争和政局不稳的麻烦。所以,在实践中,不会形成两党联合执政的局面,往往是一方执政,另一方以在野党或反对党的面目活跃在政治生活中,专事批评、监督和制约执政一方。这一特点既是两党制度的优势,也是其弊端,因为竞争和批评可以带来有效的监督和制衡压力,促进公共权力的规范行使,但同时也可能会陷入不顾公共利益的无用争吵或相互诋毁和拆台。

两党制也可分为两种情况,一种是纯粹两党制,即一个国家中只有两个相互竞争的政党存在,"而且只包含两党即可"。① 在这种政党制度下,两党

---

① See Lawrence A.Lowell, *Governments and Parties in Continental Europe*, Boston: Houghton Mifflin, 1896.p.70.

之外再没第三种政党势力存在。这种两党长期掌控国家权力的局面,虽然可以通过有效的竞争机制来避免两党联合起来败坏国家机关和滥用公共权力,但在理论上和实践中一直潜存着如下的风险,即两党很可能会在表面上形成竞争格局,但在根本问题上和具体操作中,由于眼前共同利益的驱使,两党之间也可能会联合起来共同损害或扭曲民众利益。所以,出于上述担忧,在多数民主模式中,纯粹的两党制形式也比较少见。更常见的是另一种形式——非纯粹两党制,即在有能力竞争执政机会的两大政党之外,同时也存在着若干相对弱小、根本没有机会谋取执政机会的其他政党组织,但却可以在议会获得一定的席位和参政机会。在这种形式中,两党之外的政党势力虽然在分享国家权力上没有太多机会,但可以借助政党组织力量对两大政党掌控国家权力的方式和效果进行监督。这些政党虽然各自力量较弱,但如果联合起来致力于某项权力运行情况的监督,还是能够发挥在纯粹两党制下无法具备的积极能量的。所以,两党制的第二种情况在促进民主政体权力的规范运行和有效监督方面是较第一种情况具有明显的优势的。

不过,从对国家权力的合理分配和有效监控角度来看,两党制即使在第二种情况下,也还是存在着一些明显的缺陷。比如说,对执政党的监督和制衡主要依赖的是另一大党,由于其他政党力量太过弱小,根本引不起执政党的重视,它只要和最大的在野党搞好关系或做好沟通就可以了,这仍然存在纯粹两党制中可能会发生的情况。① 一般情况下,其他较小的政党势力要想发挥一定的监督作用的话,必须依赖于以下几个条件:一是获得一定的议会议席,这些议席可以成为两党议会斗争中压制对方的筹码,小党可以通过这种被联合而发挥对大党的制约和监督力量;二是在两大政党势均力敌的选举过程中,小党可以通过选择联合某一大党来与其进行政治谈判并制约另一大党;三是两大政党内部出现合并或分解局面时,小党可以借此获得更多的议会席位或成长为另一大党的机会。从这些条件中可以看出,两党制体制下,小党要在常态下发挥有效的监督和制约作用,机会和途径都非常有限。所以,两党制下国家权力的配置和监控并不能达到实践中的最优化,这

---

① 指在根本问题上或具体操作中,由于眼前共同利益的驱使,两党可能会联合起来共同损害或扭曲民众利益。

也是共识民主模式为何更倾向于多党制的一个重要原因。

2. 共识民主模式中的多党制对国家权力运行和监控的影响

在当代政党制度分类理论中,判定一个国家政党制度类型属于一党制、两党制还是多党制的一个关键因素就是,在实际政治生活中具备竞取执政机会或直接影响政治决策过程的政党数目。所谓多党制,就是指在实际政治生活中,至少有三个政党拥有这样的实力和机会。共识民主模式中所采用的主要政党制度,就是这种形式的多党制度。因为从权力的分享和相互监督来看,多党制更有利于促进这一目标的实现。在多党制条件下,由于不同政党在实力上势均力敌,很难形成一个或两个政党垄断国家权力的局面,这样一来,多个政党之间可以形成有效的掣肘和牵制,当某个政党组织及其代表在掌控某项国家权力时,这种制衡和监督的效力同样得到延伸。所以,在多党制下,对国家权力的运行以及对政党不轨行为的监督,都比两党制下更为有力和持久。

特别是在政党之间因为各种情势或目的发生联合的情况下,在对国家权力的正常运行和有效监控方面,多党制能够比两党制表现出更强的稳定性。政党之间形成联合的情况在多党制下比在两党制下更为常见或更容易发生,但两党制下的联合一旦发生,很容易对国家权力的规范运行和政党之间的有效监控带来冲击。在两党制下,两个大党之间一旦全面合作或在特定事务与领域进行联合,两党之间原有的制衡和监控机制就会失效。这时在存在其他一些小党的非纯粹两党制下,利用第三种力量进行制约和监督的实践效果都极其有限,因为即使这些小党联合起来,也形成不了足够的威慑和压力。所以,一旦在两党制下发生两大政党的联合情况,对于民主政治来说,将会形成致命的危险。也正因为此,共识民主模式中,对于两党制并不放心,而倾向于选择多党制。在多党制条件下,政党之间的联合情况比较容易发生,甚至可能会成为一种常态,但这种联合只能是局部的,联合的双方或多方永远也无法控制整个局面。原因在于,多党制下,政党实力相当,内部利益和立场分化严重,并且谁也没有能力单独掌控局势,在这种政党格局中,有限的、局部的或暂时的联合容易发生,但整体的、长久的联合几乎不可能出现;并且,一方的联合形成之后,与之相对的另一方的联合也很容易形成,这样,在总体政治力量中,仍然处于一种势均力敌的态势。所以,在共

识民主模式中,正是利用多党制中的动态的政党联合来保证一种始终处于
均势的政治状态,从而在实现权力分享的同时,既实现合作,又保证内部的
制衡和监督。

当然,在多党制形式下,常常让人担心的一个情况是:多党制中由于各
个政党势均力敌,彼此之间因都有机会触及执政权而导致竞争异常激烈,不
利于政党之间的合作与国家政治局面的稳定。这也是一党制和两党制能够
在民主政治条件下被接受的一个重要理由,因为比其多党制,这两种政党制
度类型最大的有点似乎就是能够保持一个国家政治格局的长期稳定。但在
共识民主模式中,对于政治生活或政治秩序的理解和认识更为复杂,对政党
之间的关系定位也更为现实。共识民主不再对社会利益进行简单的多数与
少数的二元区分,而是采用多元化的视角,强调各种利益之间的相互交错和
缠绕;在利益的解决上,不再简单追求维护多数人的利益还是保护少数人的
权利,而是以增进协商和沟通、平衡各方利益为目的。在这种政治立场中,
政党就不再是单纯的某个阶级或群体的代表,同时还是公共利益的代表,不
同政党之间既在整体上存在共识的基础和目标,又在具体的过程中充当不
同立场或利益群体的代言人进行发声和参与政治活动。所以,在共识民主
中,政党不再把赢取执政机会视为最终目标,政党之间也不再是一种零和博
弈的竞争关系,而是以影响决策、表达和维护特定利益、实现共赢为主要目
标,政党之间以竞争、合作、协商、妥协等多种方式共处一个政治系统之中。

从对国家权力的规范运行和有效监控角度来看,多数民主模式下的政
党制度,无论是一党制还是两党制,要么很容易陷入过度依赖内部自律的困
境,要么外部的监控易于扭曲,步入恶意攻击、相互抹黑的泥坑,最终都不利
于目标的实现。而共识民主模式中,力图把对国家权力的规范运行和有效
监控建立在适度竞争、相互尊重与合作协商的基础上,以避免因分权和恶性
竞争带来的弊端。在这种模式中,政党实现其利益目标的主要方式不再依
赖于获得执政机会,而是积极参与政治决策的过程,各个政党不论大小,在
这种过程中只要积极参与、提供合理意见和建议,都能够获得尊重,最终决
策的达成不取决于政党力量的强弱,而取决于政党之间通过协商达成的共
识。这样一来,就可以在很大程度上约束各个政党的行为。因为,每个政党
在此种环境下都很清楚:自行其是、独断专行只会自取其辱,各自为政也将

一事无成,随波逐流也会很难得到尊重;只有坚持自身立场、进行适度竞争和合作,积极参与协商,善于妥协和达成共识,才是政党的生存之道。如果在实践中多党制能够做到这一点,共识民主所追求的在权力分享与合作中实现国家权力的规范运行和有效监控目标就能够实现。

从上述有关政党制度基点的比较中,可以对共识民主模式与多数民主模式国家权力规范运行和有效监控机理的区别简要概括如下:

多数民主模式下,实际上更依赖于"自觉型监控",即通过执政党自己内部自律来进行,结果等于把国家层面上的权力配置效果大大弱化。在共识民主模式下,通过形成一个政党之间进行竞争、协商、合作的互动机制,能够实现一种"合作型监控",因此能够借助政党体制来加强和落实国家层面的权力配置效果。不过,还需要注意的是,上述比较只是从应然的角度进行了分析,但在实然层面,有关政党制度与国家权力规范运行与有效监控的关系,还必须把更多的因素考虑进来。比如,除了政党制度本身的结构因素外,国家的政体、经济社会环境、历史文化传统、领土范围、人口规模、公民素养等因素也与国家权力的监控效果有关。在一个经济社会发展状况较好,同时具有深厚的民主法治传统的社会,由于公民素质普遍较高,即使是在一党制形式下,在国家权力正常运行与有效监控方面依然能够达到比较理想的效果;反之,在一个上述环境和条件都比较欠缺的社会,即使实行多党制,也还是很难形成理想的权力运行与有效监控机制的。所以,政党制度在国家权力规范运行与监控方面发挥的作用,并不是根本性的。

(二)选举制度与国家权力配置

在现代西方民主政治中,选举制度与政党制度密切相关,前者往往决定着政党政治的实际表现形式。近代以来,政党之所以能够得以普遍出现以及政党政治逐渐成为政治生活的核心特征,都与普选制的实施有着直接的关系。因为在现代选举政治中,政党是使选举能够在实践中发挥积极作用的主要途径。政党是分散的公民个体聚集在一起进行公共商谈和表达利益倾向的一个重要平台,借助这个平台,既可以实现公民的参政议政权利,也可以实现民主政治的有序参与。特别是在选举过程中,政党作为参选人的组织后台,既能够为参选人进行广泛的社会动员,也为参选人提供强大的信誉担保。所以,在现代选举过程中,没有政党背景的参选人,很难在激烈的竞争中获得最后的胜利。从公共权力规范和监控角度来看,政党成为选举活动中的主角也符合现代选举制度在实际上所追求的目标。因为在选举过程中,要实现对个人的有效约束不但成本高昂,而且非常困难,从选举制度的设计上来看,这在实践中几乎是不可能完成的事情。而政党的出现则可以充当一个十分必要的中介,协助选举制度顺利实现既做到广泛动员和参与,又能够避免混乱和扭曲的民主政治目标。因此,现代选举制度往往通过规范和监控政党在选举中的行为,来间接保证公共权力的规范运行和有效监控。政党作为选举过程中的一个重要对象,必须充分发挥自己的政治动员能力和利益整合功能,同时借助组织力量规范自身行为,以此才能争取选民的选票支持。当然,在不同的选举制度下,政党的具体行为方式和政治生态环境也会有很大不同。由于在多数民主与共识民主模式下,对政党制度的选举存在差异,因此,在这两种模式下,各自的选举制度也不可能完全一样。

在多数民主模式下,为适应一党制或两党制的政党生态环境,选举制度多采用多数代表制。在这一制度下,一般划分为多个选区,每个选区最终只产生一名胜选者,也即所有候选人中,获得相对多数或过半数的候选人将根据"赢者通吃"规则获得胜利,其他候选人则一无所获。这一制度遵循的是多数决定的原则,因此,在多数民主模式中,是一项被理所当然接受的原则。这种选举制度非常有利于一党制或两党制,因为大党凭借自己的力量优势很容易获得相对多数,而小党则很难做到这一点。与此不同,共识民主模式中,更偏向于采用适合多党制的比例代表制。在这一制度中,在选举一般不进行更多的选区划分,所有参选政党将根据他们所获得的选票总数,按照百分比率来分配议会席位。这样,只要在选票上超过最低的门槛限制,政党无论大小都可以获得议会议席的机会。所以,在比例代表制下,更多的小党也可以获得生产和参政的机会和空间,从而能够把国家权力进行更均衡的分享。借此,也可以窥探到选举制度在两种民主模式下对国家权力配置和监控所施加的影响和作用差异。

上述两种不同的选举制度,除了直接影响政党政治的生态环境之外,对选民在选举过程中的政治心理影响也非常大,因而塑造出不同的选举文化,而这种文化又以隐形的方式对国家权力的规范运行和有效监控施加不同的影响。法国政党学家莫里斯·迪韦尔热曾对此进行了分析,他为此提出了选举制度所带来的两种不同影响因素,即机械因素和心理因素。他认为,在多数代表制下,形成的一个明显的机械后果是:小党在各个小的选举均无法获得足够多的选票,并最终导致在整个选举中被淘汰出局。并且,这种机械后果因被选民的心理预期影响而在后来的选举中会不断被强化,最终导致小党即使在未来也很难获得新的发展空间。比如,在这种选举规则下,稍微有经验的选民很快就会意识到,如果他们继续把自己的选票投给弱小的政党,就等于放弃了自己影响选举结果的权利和机会,因为这些选票与废票无异。所以,最终选民也会从实用主义角度考虑,倾向于在两个最有希望的政党之间进行选择。从候选人的角度来看,这种心理影响也是非常明显的,对于大部分希望跻身政界并崭露头角的政治家来说,他们最容易成功的方式不是组建新党或加入小党,而是直接傍依某个有实力的大党。① 很明显,这种选举文化不利于权力的广泛分享和均衡分布,而是有利于权力的垄断,并最终削弱选举对权力监控的积极影响。原因在于,小党无法在国家议事机构里获得相应的席位从而掌握国家权力,权力角逐在实际上会过度集中于两大强势政党之间;久而久之,选民与政客也会对小党派失去信心。结果,小党在这种政党生态环境下,要么逐渐淡出政治舞台,要么自愿接受边缘化,沦为强势政党的附庸。

　　至于比例代表制会产生怎样的机械后果和心理影响,迪韦尔热并未加以分析。不过,沿着上述关于多数代表制的分析思路,我们可能会接受如下结论:比例代表制所产生的直接机械后果就是绝大多数参选政党最终都可以获得或多或少的议会议席,使国家权力在政党之间得以尽可能广泛的分配;而受此结果影响,在选举过程中,选民会尽可能地按照其本来的愿望进行选择和投票,因为即使自己所支持的政党力量不够强大,也能够有很大的机会进入议会,从而可以直接表达和维护自己的利益诉求。并且,在这种选举文化下,选民和政客都有更大的选择自由,政党要想获得更多的支持,将

---

① See Duverger Maurice, *Duverger's Law: Forty Years Later*, In Bernard Grofman and Arend Lijphart eds, *Electoral Laws and Their Political Consequences*, New York: Agathon, 1986. pp. 69-84.

会面临着更大的压力,需要在自己的组织自律、政党纲领、执行力与代表性上表现更加出色。所以,在比例代表制下,选举制度在对国家权力配置和有效监控方面能够发挥更加积极主动的作用。

(三)利益集团制度与国家权力配置

在现代西方民主政治中,各种利益集团是政党之外最重要的组织化的社会力量,是现代社会进行广泛而又能够有序化参与的重要途径和表现形式。利益集团是使用各种途径和方法向政府施加影响,进行非选举性的鼓动和宣传,用以促进或阻止某方面公共政策的改变,以便在公共政策的决策中,体现自己的利益主张的松散或严密的组织。切身利益是利益集团形成的主要原因。早在 18 世纪末,美国就出现了全国啤酒制造商协会、全国棉花生产商协会等利益集团。以后,英国、法国等其他西方国家也相继出现类似的团体。早期的利益集团为数不多,对社会的影响程度很有限。19 世纪中叶,工业化的浪潮席卷西方各国,产业、行业、职业在工业化过程中迅速分化,各种社会矛盾进一步发展,政府职能也随之扩大,政府对各种法律和政策的制定几乎都涉及社会上不同人的利益,由此引起人们对政府行为的普遍关注,各种利益集团迅速发展起来。进入 20 世纪,尤其是第二次世界大战以后,西方国家随着社会经济政治文化的发展,政府对经济与社会管理职能的扩展,科学技术的进步,各种社会矛盾的进一步尖锐化、复杂化,使利益集团在西方大量涌现。

利益集团对国家权力的运作产生重要影响的理论依据,可以根据马克思主义中关于经济基础与上层建筑的关系进行分析。根据马克思主义的经济基础决定上层建筑理论,国家权力角逐和运作离不开经济的支持,并且其最终主要也是为经济利益服务的。特别是在西方典型的政党政治模式下,谁拥有经济优势,也就意味着具有了权力优势。例如,在现代政党政治中,如果一个政党得不到拥有雄厚经济实力的社会财团或群体的支持,就很难在选举中获胜,或者即使得到执政机会,也很难有大作为,最终还是会丧失选民的青睐。所以,作为社会各种经济力量或社会资源的组织化代表,形形色色的利益集团在政党政治中发挥着重要的作用。从国家权力配置和有效监控角度来看,代表不同利益群体的利益集团虽然不具备直接拥有国家权力的资格和机会,但可以通过影响选举和政党行为来发挥社会监督效能。因此,利益集团制度同样可以在国家权力规范运行和有效监控中发挥自己特有的作用。

在多数民主模式和共识民主模式中,对利益集团及其在政治过程中发挥作用的方式存在不同的立场和态度。多数民主模式对利益集团的态度可以简要概括为多元主义立场。在这一立场中,把不同的利益集团看做是彼此独立、利益对立、充满竞争和对抗的社会利益组织,他们之间通过自由竞争和影响政党与选民来最大化自己的利益。从这种立场中可以看出,多元主义强调利益集团之间的竞争与对抗,相互协调的因素较少,因而加剧了不同利益集团所支持的不同政治联盟之间的竞争与对抗,最终投射到国家权力运行与监控上的模式是靠实力抗衡来保证权力的平衡与制约,但在实际中,由于实力的悬殊,结果往往会陷入胜者垄断的困境,这一点与一党制和两党制的弊端是互为表里的。

而在共识民主模式中,对利益集团持一种合作主义立场,即不过分强调不同利益集团之间进行以实力为基础的竞争和抗衡,而是注重彼此之间的协调、妥协,最终以寻求合作与共识来实现政治权力的共享和均衡。这种立场也通常被人们称为"民主合作主义"、"社会合作主义"或者"新合作主义",以便将其与利益集团完全由国家控制的各种"威权合作主义"区分开来。① 根据这种合作主义立场,利益集团在影响国家权力规范行使和有效监控方面将会呈现另一番局面。即不同利益集团虽然存在竞争和对抗,但这只是一种现实呈现的格局,就各自的行为方式和追求目标来说,不是通过对抗来实现对对方的压制,而是在这种客观前提下进行协商与合作,寻求一种实现共赢的局面。与多元主义立场相比,合作主义对利益集团制度的影响主要是在软环境方面,即注重引导不同利益集团进行合作而不是对抗,实现共赢而不是零和结果。在这种引导下,利益集团在面对利益冲突时,首先会选择自我克制和相互沟通与协商,若果存在妥协和共赢的机会,谁也不会愿意轻易地破坏这种机会。因此,合作主义下的权力正常运行与有效监控

---

① 参见[美]阿伦·利普哈特:《民主的模式:36个国家的政府形式和政府绩效》,陈崎译,北京大学出版社2006年版,第125页。

的机理是,"协调合作—利益共赢—权力平衡"。

上述两种不同的利益集团立场,在实践中对国家权力的规范运行和有效监控也会带来不同的后果。多元主义立场在短期效果上比较明显,比如,不同利益集团可以充分借助这种竞争和激烈对抗来争取自身的权利和利益,对对方形成强大的压力和牵制力,因而也在一定程度上实现了对国家权力的有效监控。但这种立场面临的一个重要问题是,与政党之间的竞争类似,这种对抗和竞争只是对少数有足够实力的利益集团来说是有效的和可取的,并且能够攫取尽可能多的利益,对占据数量更多但实力有限的利益集团来说,他们的合理利益和诉求就很难得到保证。特别是一旦实力相当的利益集团之间通过竞争和对抗达致一种彼此利益比较均衡的状态时,竞争和对抗的积极作用也就会日渐式微,形成一种少数利益集团主导或垄断社会监督力量的局面。或者,出现另一种局面,即有实力的利益集团不断涌现和进行新老更替,导致利益集团之间的对抗和竞争不断加剧,甚至于陷入恶性竞争循环,结果最终可能因多数民主体制无法承受持续频繁的动荡而失效甚至趋于崩溃。

而合作主义立场由于比较注重把竞争和对抗保持在适当的程度和范围内,主要依赖于协商、合作和妥协来实现权力和利益的平衡,所以在利益集团发挥政治影响力的方式上呈现出更多的温和色彩。这种立场如果得到相应政治文化的支持,在促进权力平衡体系的形成和保持上,不但可以做到有效,而且还可以更持久和稳定。

三、刚性宪法:共识民主的宪法形式与修宪限制

宪政与民主,是现代西方民主政治对外宣传的两大招牌,而宪政的实施,首先要有一部民主宪法存在。因此,在民主政治中,宪法的制定、修改与监督关乎民主的实践效果。在不同的民主模式下,宪法的表现形式也有很大差别。利普哈特就根据宪法形式及司法审查制度来分析不同民主模式在此存在的差异。在利普哈特的相关结论中,主要包括以下几点:其一,宪法修改的难易程度与司法审查制度的有无密切相关;其二,宪法修改的难易程度与议会多数派所享有的立法权是否受明确限制有关;其三,刚性宪法与司

法审查反对多数决定制度,柔性宪法和司法审查缺失支持多数决定制度;其四,司法审查只有在刚性宪法的支持下才能有效发挥作用。根据这些结论,利普哈特指出,多数民主模式与共识民主模式在宪法形式上的根本差异在于:前者以柔性宪法和司法审查缺失为典型特征,后者以刚性宪法和严格的司法审查保护为典型特征。利普哈特之所以这样来总结两种民主模式下的宪法形式,是因为这两种不同的宪法修订和监督形式背后折射出的是对国家权力规范运行和有效监控的不同思路,柔性宪法符合的是多数民主的逻辑,刚性宪法和司法审查符合的则是共识民主的逻辑。所以,从宪法形式及其修改限制上考察共识民主模式中的权力配置机理与特点,也是一个重要的角度。

(一)刚性宪法中的修宪权

宪法作为民主国家根本架构和基本秩序的保证,保持其稳定的重要性是毋庸置疑的。但宪法毕竟是一套生硬的规则体系,随着社会的发展和人们观念的变迁,宪法在规范和适应社会实践方面肯定会面临滞后和僵化的问题。如何解决这一矛盾,是任何形式的宪政统治都会面临的一个根本问题。从宪法的性质上来看,宪法不能随意变动,因为它要保持稳定的权力形态,否则将对整个宪政秩序的稳定性产生负面影响。但从实践目的来看,为了保证与社会生活的协调与适应,宪法又必须保持一定程度的弹性和可调整度,以便于根据形势的变化,对宪法内容进行必要的调整和修改。所以,对宪法进行适时的修改也就成为宪政中不可缺少的一个环节。也正因为此,修宪权被视为一项极为重要的国家权力,而如何分配和行使这一权力,又关乎对民主政治及其形式的不同理解和认识。

从权力来源上来看,修宪权是依据制宪权而产生的一种权力,由于制宪权来源于国家主权,因此,最终属于全体人民所拥有。但从权力的具体表现形式上来看,制宪权是一种被制度化了的权力,将按照法定的程序和规定,由特定代表来行使。修宪权的这些特点使其在国家政治生活中既起着决定性的作用,又易于被觊觎和滥用。因此,在实践中必须对修宪权进行合理的定位和严格的限定,不然的话很容易在政治权力的争夺中被操纵,丧失其作为规范和监控政治权力行为的最后屏障作用。修宪权作为宪法的核心内容之一,在权力位阶上高于明显高于一般的立法权、行政权、司法权等具体权力。也即是说,由制宪权派生的修宪权低于制宪权而高于其他国家权力。所以,在该项权力的分配和行使上,不能够与一般的立法权等同,而应该置于一个特殊的地位。只有这样定位,才能够让修宪权既具有比制宪权更多的灵活性和适应性,也能够避免随意草率的启动和沦为政治权力斗争的工具。在这一点上,无论是多数民主模式还是共识民主模式,对此都从宏观层面进行了严格的程序约束和规则限定。但由于民主的目标和权力分配逻辑不同,在利用修宪权来促进国家权力规范运行和有效监控的具体机制及效果上,也存在不少的差异。

共识民主模式中,为了保证给所有合法政党组织提供一个稳定的制度框架和平等竞争机会,避免少数大党利用修宪权修改规则以攫取更大的政治权力,对宪法修改进行了严格的限定,因此在宪法形式上采取刚性宪法形式。在这种宪法形式中,在允许宪法可以修改的前提下,对修宪权的归属和行使进行了严格的限定和约束,其主要表现为:在宪法规范本身中设定严格的修宪程序和方法,规范有权修宪机关的修宪行为,并通过设置程序和制度障碍对其修宪冲动进行抑制。从权力监控角度来说,这种对修宪权的处置方法也被称为是"修宪权的强程序性监控"。对比来看,多数民主模式中对修宪权并没有那么严格,其宪法形式被称为是柔性宪法。在这种形式下,修宪权的限定和行使基本上遵循着多数决定的逻辑,因而在行使过程中与一般的立法权并无显著的差异。由于柔性宪法中一般缺失违宪审查制度,只要议会多数派内部达成一致,就可以启动修宪程序,并且当修正案达到法定的多数票额规定时,就可以确保修正案通过。因此,多数民主模式中对修宪权的监控无法像共识民主模式那样,可以通过宪法本身规定严格的修宪程序和方法来实现,一切都因为柔性宪法的修宪门槛设定只受多数决定的影响,而其他诸多制度和程序设定也都是建立在这一决定之上的,一旦多数派达成一致,修宪所设置的诸多程序和规则也就没有了实际的约束效果。最终,多数民主模式中对修宪权的监控和制约,只能通过外部力量来进行,这些力量包括政党、社会团体、新闻舆论等,但这种监督和制约是非常被动和易被引导的。由此可见,多数民主模式中对修宪权监控的机理是一种"修宪权的弱程序性监控"。

(二)刚性宪法中的修宪程序

共识民主模式中的宪法形式之所以被称为是刚性宪法,不但表现在其把修宪权置于不同一般立法权的特殊地位和执行严格的司法审查制度,更表现在其在具体修宪程序中进行了诸多仅仅依靠多数决定很难启动的设定,在这种设定中,对宪法的修改必须建立在各种政治力量的充分协商和形成共识的基础之上,否则,无论多数派多么强大,没有少数派的积极支持也很难修宪成功。

目前,世界各国通常采用的修宪方法主要有四种:一是成立专门的修宪审议机关;二是通过全体国民投票决定;三是由立法机关行使修宪权;四是由联邦各部分平等参与决定是否修宪。① 在上述四种方法中,第二种方法把多数国民的意志作为是否启动修宪的基础,"体现了国民主权思想,其制度设计的出发点也是合理的,在于尽可能扩大修宪的民意基础,获得修宪过程的社会基础和正当性"。② 这一点与多数民主模式的立场非常类似,但其实践的缺点比后者表现得更为明显,比如,即使是绝大多数国民的意志也很难保证是理性的和正确的,对于这一点,作为现代民主的重要奠基者卢梭早就提出过警告。所以,多数国民表决制度如果现实可行的话,必须施加更多的条件限制和程序控制。③ 但这样一来同样会面临一个悬而未决的问题,即这些条件和程序又是如何产生和发挥作用的。因此,从修宪的审慎性和合理性来看,这种修宪方式在聆听少数派的声音和诉愿,保护少数派的权利和机会方面是严重缺失的。而其他三种方法,反对派和少数派相对都可以有一定的机会在合适的政治平台上发表自己的观点和诉愿。

其实这些分析都是基于一种理想的政治情景得出的,也即我们把社会利益和意见简单地分为多数和少数,同时又设定在各自的内部利益是一元

---

① 参见韩大元、林来梵、郑贤君:《宪法学专题研究》,中国人民大学出版社 2004 年版,第 196—198 页。

② 韩大元、林来梵、郑贤君:《宪法学专题研究》,中国人民大学出版社 2004 年版,第 197 页。

③ 参见韩大元、林来梵、郑贤君:《宪法学专题研究》,中国人民大学出版社 2004 年版,第 197 页。

化的或很容易就可以达成共识的。但是现实的政治生活中,特别是共识民主模式下所形成的政治文化中,这种政治情景根本不会出现,因为国民的法治观念、文化素质、社会背景、利益诉求以及从众心理的程度等因素都决定了国民投票复杂的多元倾向性。也就是说,如果不是强迫国民在修宪问题上进行简单的二元选择的话,多数的决定很难出现。当然,也可能出现下述情况:由于国民的态度并非稳定不变的,而是随时处于摇摆不定的状态,加上国民在投票过程中实际上极易受到某些政治力量或者利益联盟的影响和诱导,从而使得原本复杂的多元倾向性趋于某种一致倾向性,导致修宪决议相对容易地被通过或被否决。上述分析表明,修宪问题通过国民投票决定在实践中要么难以成功,要么极易被一些政治力量所误导和操纵。因此,这种修宪方式在共识民主模式中不会被单独采用。

在共识民主模式中,对修宪的程序控制更倾向于采用综合制衡的方式。利普哈特在对 36 个主要国家修宪程序进行比较分析后,从具体表决方式角度总结了四种修宪程序:一是修宪只需经过参与表决者的普通多数批准即可;二是普通多数与 2/3 多数之间的多数通过;三是需 2/3 多数或者与之相当的多数通过;四是需 2/3 多数以上的超多数通过。显然,在这些表决方式中,修宪决议通过所需的赞成比例越高,修宪的难度相应的就越大。所以,第一种表决方式,及普通多数通过的修宪方式必然导致宪法具有高度的柔性,也就不会被共识民主模式所采用。其他三种修宪程序中,宪法的刚性程度依次递增。共识民主模式中,这三种表决方式都可以采用。

但人们也会指出,多数民主模式中,在修宪的表决方式上也通常会采用这样的超多数规定。不过,即使多数民主模式采用了同样的表决制度,其对修宪难度的加权与共识民主模式中的超多数也是无法比拟的,也就是说,仅仅做到这一点,依然无法使宪法的刚性得到增强。原因在于,多数民主如果采用相对多数或过半数表决制度,"赢者通吃"选举规则同样使得同一选区内获得过半数或相对多数选票的候选人得到该选区内全部的代表权,这样,获胜者所代表的政党或利益集团就在该选区内占据了主导地位。在这种情况下,拥有修宪权的机关中的大部分成员都可能来源于某一强势政党或利益集团,所以,2/3 以上超多数同意的障碍就可以轻易突破,从而达不到制衡和监督的目的。

而在共识民主中,受制于选举制度中比例代表制的规则限制,同一选区内的议会席位必须根据不同党派候选人所得选票之比例分配,因此,同一选区进入议会的代表既有来自强势的多数派政党或利益集团,也有来自相对弱小的少数派政党或利益集团,这样就不会出现强势政党或利益集团之代表通吃或主导的单一局面。所以,在共识民主模式下,通过超多数表决方式为修宪提高难度,在实践中的效果需要与选举制度和政党制度相结合。只有在议会中形成多元共存的格局,避免简单地分成少数和多数两派,依靠超多数表决方式来增强宪法的刚性才可能实现。因为在这种议会格局中,代表们各自所属的政党或利益集团的数目越多,获得宪法修改所需的超多数支持率就越困难。

根据共识民主的刚性宪法取向,在修宪程序设定上,该模式下理想的方案有两种。其一是把全体国民投票制与2/3多数制或2/3以上超多数表决制相结合。这一修改程序虽然在一定程度上与多数民主模式中的多数决定逻辑相接近,但在共识民主模式下,由于政治文化的多元性特征明显,要得到2/3多数或者2/3以上超多数国民的支持是非常困难的。因此,任何政党或利益联盟想企图通过操纵或诱导如此多数的民众都是几乎不可能的事情,毕竟,在一个多元文化占据主流的社会,如此庞大数量的民众出现集体理性缺失的概率是很低的。在这种政治环境中,超多数决定就可以极大地发挥出其在增强宪法的刚性方面所具有的威力。如果即使这样,修宪程序仍可以启动和得以通过,这也可以充分保证修宪的合理性和强大的民意基础。其二是把专门修宪机关审议制、立法机关修宪制、联邦国家修宪制分别与2/3多数制或者2/3以上超多数制相结合。在这种程序设定下,对修宪权的行使进行了更为细致复杂的分解和限定,从而保证了宪法的刚性特征。

从上面的比较分析中,我们可以得出,共识民主在国家权力配置和有效监控上,是把权力分享和相互制衡的逻辑彻底贯穿到三大机关、政党制度、选举制度、利益集团制度之中的,并且在国家宪法的修订上,也是采用同样的逻辑进行程序限定。通过这种综合方式,来保证国家权力在配置上的共享和运行中的适度竞争、协商、妥协和合作。

第 五 章

共识民主的绩效与品质

一、共识民主的绩效评估

一般来说,评估某种现实政治模式或政治制度的优劣,可以用两个方面的标准来衡量。一种是用工具性的标准来衡量,这类标准评价它是否具有优良的社会效益。就民主制度或模式来说,那就是要看它是否有利经济的增长,是否有利于促进社会公平,是否有利增进人们的幸福感等。一种是制度本身或模式本身的标准,即现实制度本身在多大程度上是按其制度设计本义、本身原则来运作的。就现实民主而言,那就是要考察现实民主在多大程度上是按照真正民主原则来运作的,是否真正实现了民主的本义,如果现实还不够民主,看用什么方式可以补充、改进、完善甚至替代现实民主等。

利普哈特目的是为了证明共识民主在民主的品质和效能优于多数民主,因此,他没有完全按照一般的方法来全面评价共识民主模式的优劣,而是在工具性评价中,从宏观经济管理和控制暴力两个方面来比较了共识民主和多数民主的绩效。

(一)对传统观点的批驳

传统看法认为,在民主政府的品质和绩效之间存在着一种此消彼长的关系,即代表性的获得是以政府效能的衰减为代价的。利普哈特则持不同意见,并把传统看法单纯比较比例代表制与相对多数和过半数的优劣,扩展到行政机关——政党维度上多数民主与共识民主的广泛比较上。传统的看法可以集中地体现在两个人的看法上。一是塞缪尔·比尔的观点:"代议

288

制政府不仅必须代表,而且必须治理。"①其言下之意是一方面承认比例代表制和共识民主可以带来更精确的代表性,尤其是为少数派提供了更充分的代表权,更好地保护了他们的利益,并使他们广泛地参与到决策过程中来;另一方面相对多数选举制度的典型产物即一党多数政府比其他类型的政府更果断,决策更有效率。二是洛厄尔公理提出:政治权力集中在微弱多数手中容易形成团结、果断的领导团体,因而会增强政策的连贯性和加快决策的速度。②

利普哈特对此提出了反驳,他认为在政治实践中不难发现实行多数民主的政府制定决策的速度,也许比共识民主制下的政府更快,然而快速作出的决策未必就是明智的决策。多数民主模式可能产生的政策连贯性也会随着政府的更迭而丧失。针对第一个观点,利普哈特引了《联邦党人文集》的观点,批驳了洛厄尔的看法,并以美国政府的20世纪80年代开始征收所谓的"人头税"为例,说明迅速作出的决策是灾难性的政策。就第二个观点而言,利普哈特认为,一个国家的好的经济政策应该是更趋于稳定的政策。比例代表制和共识民主政府的代表因为满足社会绝大多数的利益,因而也更容易制定出"好"的政策,并且富有凝聚力的共识政府也更有利于推行"好"政策。在多元社会中,为社会有序发展而进行稳妥、协调的方针制定政策远比快速制定政策重要得多。

S.E.芬纳认为,对于多元社会来说,成功的宏观经济管理所需要的,与其说是一只强有力的手,倒不如说是一只稳定的手。比例代表制和联合政府更有利于作出稳定、中立的政策,而且同那些由"果断的"政府违反重要社会集团的意愿而强行制定的政策相比,得到广泛多数支持的政府有可能按照预定计划顺利地执行。在分裂社会中,竭力将各种相互对立的社会集团都纳入到政策决策过程中来,对于稳定社会秩序,可能要比迅速作出决策重要得多。③

① Samuel Beer,The Roots of New Labors:Liberalism Rediscovered,*Economist*(February 7. 1998).p.25.

② See Lawrence A Lowell,*Governments and Parties in Continental European*,Boston:Houghton Mifflin.1986.

③ See S.E.Finer,ed.*Adversary Poltics and Electoral Reform*,London:Anthony Wigram.1975. p.35.

彼得·卡曾斯坦和罗纳德·罗戈夫斯基也认为,小国采用比例代表制与合作主义,目的是对本国人口较少这一国际贸易中心不利因素进行了弥补,这些共识民主因素非但不会削弱国家的力量,反而成为力量的源泉。[1] 利普哈特还援引了马库斯·M.L.克雷帕兹的观点证明,共识民主的经济政策有利于抑制通货膨胀、控制失业以及减少因工人罢工而造成的工作日损失。利普哈特认为,共识民主与低水平的暴力活动连在一起,共识民主国家在控制暴力方面的绩效比多数民主国家要好些。利普哈特援引 G.宾自姆·鲍威尔的观点,认为"代议制"民主国家(类似于利普哈特所说的共识民主国家)在控制暴力方面要比多数民主国家做得更好。利普哈特还提出在考察控制暴力的效果时,应该检验社会分裂的程度,因为深刻的社会分裂使维护公共秩序和社会治安变得更加困难。考察控制暴力效果还应该与国家的人口变量联系起来,大国在维护公共秩序时所面临的问题比小国要严重得多。

(二)共识民主成功的宏观经济管理与控制暴力

为了证明共识民主模式的优越性,利普哈特选取了宏观经济管理和控制暴力两个检验政府绩效的关键指标,以经济发展与合作组织 21 个成员国为主要考察对象,在 6 组宏观经济变量,4 组反映暴力程度的变量,进行了双变量回归分析。这 6 组变量包括经济增长(平均年增长率)通货膨胀(传统消费价格指数和 GDP 平均指数),失业(标准的年平均数和非标准的百分比),罢工活动(每千名工人每年丧失的工作日),预算赤字(年平均赤字为国内生产总值的百分比)和经济自由指数。4 组控制暴力指数是两组暴力指数和两组政治性死亡指数。利普哈特把行政机关—政党维度上共识民主的程度作为自变量,自变量的时效是指 1971—1996 年的共识民主程度。估计回归系数是指自变量的单位增长,即共识民主的程度每增长一个标准差所造成的因变量增减幅度。

对 19 个宏观经济绩效变量和 4 个测量暴力程度的指标所受(行政机关—政党维度上)共识民主的影响的双变量回归分析。

---

[1] See Peter J.Katzenstein,*Small State in World Markets*:*Industrial Policy in Europe*.Ithaca:Cornell University Press.1985.p.1.

从第一组的 3 个因变量在 3 个不同阶段内年平均经济增长率来看,采用多数民主模式的国家在促进经济增长方面的绩效比共识民主国家似乎要好一些,其年均经济增长率高于共识民主国家 0.14 个百分点,这种差异完全不具有显著性。发展水平和经济增长程度相关达到 1% 的水平。欠发达国家可能出现更高的经济增长率。人口规模作为附加变量导入回归分析不影响分析结果。在第一组 31 个国家中,博茨瓦纳是个特殊案例,它在1980—1993 年的 14 年间保持了高达 9.5% 的年均经济增长率,正是因为该国的数据使得多数民主国家的经济增长率总体上高于共识民主国家,如果去掉这个国家的数据,那么共识民主国家的经济增长率实际上比多数民主国家高出近 0.5%(估计回归系数 0.24%),这种结果在统计上不显著。

从第二组中的因变量——年均通货膨胀水平来看,共识民主国家的绩效比多数民主国家更为突出,而且双变量分析的两种相关关系,都是显著的较高的发展水平和人口规模与低通货膨胀之间也都存在着联系,在对这些变量加以控制后,共识民主与通货膨胀之间的负相关关系仍然显著,说明共识民主国家在控制通货膨胀方面比多数民主国家要好得多。

从第三组对失业率情况的统计分析来看,共识民主国家在这方面的绩效要比多数民主国家好得多,两种双变量相关关系的统计显著性水平在1980—1995 年间均为 10%。但在这一时期,西班牙的失业率异常高影响了这种显著性水平,如果把西班牙的数据去掉,相关关系就不再显著。总体上可以表明,共识民主模式在控制失业方面比多数民主模式要好一些。

在第四组用变量——罢工活动程度上,共识民主要比多数民主国家的绩效好得多,其主要原因是共识民主国家的罢工比多数民主国家的罢工少的总趋势使之然。

第五组用变量控制预算赤字方面,共识民主国家在控制预算方面的绩效略好一些,与多数民主国家的差异不大,不具有统计显著性。加上发展水平和人口规模令增加相关系数,但仍不是以使这些关系呈现显著水平。

第六组变量是经济自由指数,统计显示共识民主与此三个指数的关系比较复杂,与第一个指数呈负相关关系,与其他两个指数呈正相关关系,其中负相关关系的强度最大,但在统计上远远没有达到显著的程度。

综合上述各种分析结果,共识民主制度与经济增长和经济自由程度的关系非常复杂,但共识民主国家在其他反映经济绩效的指标上都比多数民主好些,尤其是在控制通货膨胀方面的绩效远胜于多数民主国家。①

最后4个民主绩效变量是测量暴力水平的4个变量,它反映了暴乱的次数以及每百万人中因政治暴力而死亡的人数。利普哈特双变量相关关系分析表明,共识民主与低水平的暴力活动是联系在一起的,4种相关关系中有3种在统计上是显著的。当把控制变量导入双变量分析,并排除极端案例之后,以上结论的证据被削弱了。暴力活动在多元的、人口众多的和发展程度较低的社会中发生得更为频繁。在1963—1982年期间,共识民主与暴乱之间的负相关关系最短,显著性水平达到1%。在对共识民主与死于政治暴力的人数之间的关系分析中,加入控制性变量并排除极端案例之后,统计相关性完全消失,但两种相关关系仍然是负相关。表明共识民主国家的控制暴力绩效至少比多数民主国家略胜一筹。

(三)共识民主在联邦制——单一制维度上的表现

传统观点认为,联邦制、议会第二院、刚性宪法、强有力的司法审查以及独立的中央银行会干扰中央银行的果断性,减缓决策速度,妨碍决策的连续性,而单一制、一党制议会、柔性宪法、弱司法审查和软弱的中央银行则不会产生这些影响。利普哈特以联邦制——单一制维度作为自变量,重复了上表中的回归分析,结果表明,所有的相关关系都非常弱,只有一个例外是通货膨胀水平,否定了上述传统观点。相反,共识民主的绩效仍比多数民主略好。通货膨胀的控制是唯一一个重要的例外,共识民主通货膨胀控制相关关系很强,显著性也很强,达到1%和5%的水平。回归分析表明,与共识民主相对应的通常是较低的通货膨胀。而加入发展水平,人口规模控制变量后,相关关系仍然很强,显著性水平依然很高。把极端例子去除后,4种相关关系的显著性水平保持不变。利普哈特给出的解释是加强中央银行并赋予其独立性,使它们拥有控制通货膨胀的能力。应当注意的是,赋予中央银

---

① 参见[美]阿伦·利普哈特:《民主的模式:36个国家的政府形式和政府绩效》,陈崎译,北京大学出版社2006年版,第198页。

行独立性所隐含的逻辑与传统观点是截然不同的,假定强有力的而且有连贯性的决策出自分权体制而不是集权体制。①

综上所述,通过利普哈特的分析和测量,总体上看共识民主的绩效优于多数民主的绩效,特别是在控制通货膨胀的绩效十分突出。在其他变量上尽管统计显著性水平比较弱,而且模糊不清,但可以由此得出一个否定性的结论,传统观点认为多数民主在治理国家方面明显更优于比例代表制的共识民主是错误的,与共识民主相比,多数民主在治理国家上并不占优势。②

二、"更宽容、更温和":共识民主的民主品质

从民主的原始含义来理解,民主意味着民治。衡量民主品质应该以民主自身的原则来衡量,也就是衡量一种民主模式或民主体制的品质优劣,归根结底是要看它达到了什么程度。在现代代议制条件下,只有当所有人的政治参与大致平等时,他们才能平等地被代表,只有他们被平等地代表时,他们才有平等的机会影响政策的形成。换句话说,平等的参与是平等代表的前提,平等代表是平等影响的前提,平等影响是政府对所有社会政体作出平等回应的前提。基于民主这些基本原则,利普哈特从妇女代表权、政治平等、参与选举、民主满意度、政府与选民的亲近度及责任与腐败等几个方面考察了 36 个国家的民主品质,认为共识民主不仅能代表少数群体和少数利益,更能准确地代表每个人的意愿,而且更具包容性,能够代表更多的人,更广泛的利益。换言之,与多数民主模式相比,共识民主更民主。

利普哈特首先检验了测量民主品质的方法,并依据这些方法检验了共识民主的优良品质,然后通过对密尔假设的讨论,验证了共识民主更宽容、更温和的民主品质。

---

① 参见[美]阿伦·利普哈特:《民主的模式:36 个国家的政府形式和政府绩效》,陈崎译,北京大学出版社 2006 年版,第 200 页。

② See Anend lijphart, Australian Democracy:Modifying Majontarianism? *Australian Journal of Political Seience*, Dol.34, No3.p.33.

(一)达尔指数与万哈宁指数

利普哈特研究了罗伯特·A.达尔与塔图·万哈宁对民主国家的分级,认为达尔关于民主品质等级的划分与共识民主的民主程度存在相关性。但是利普哈特认为达尔把第三世界国家划入最低等论的民主是有偏颇的。万哈宁的分类依据两个要素是竞争程度和参与程度,其中竞争程度指数严重偏向多党制,因而使该指数的信度低于达尔指数。

罗伯特·A.达尔在《多元政体参与和反对》的第一章提出了衡量民主的八项保证和两个尺度。这八项保证是归结起来是"使选择在政府行为中受到平等考虑"。也就是说"政府在考虑这些选择时不因其选择的内容或选择由谁提出而加以歧视"。① 满足这个要求需要八项保证是:(1)建立和加入组织的自由;(2)表达的自由;(3)投票权;(4)取得公共职务的资格;(5)政治领导人为争取支持而竞争的权力及为争取选票而竞争的权力;(6)可选择的信息来源;(7)自由公正的选举;(8)根据选票和其他的民意表达制定政策的制度。②

根据这八项保证,达尔制定了两组关于民主化的尺度:一是上述八项条件在各种政体下的实现程度;二是各种政体下的平等参与。③ 达尔以这两个尺度为标准对 114 个国家和地区进行了分类,他的研究年限是截止到 1986 年底,把 114 个国家和地区共分为 31 个不同的等级。利普哈特所研究的 36 个国家,其中有 26 个国家被纳入这个体系,并被归入 9 个不同的等级之中,其中最高等级的共有 8 个国家:瑞士、比利时、丹麦、芬兰、卢森堡、荷兰、挪威、瑞典,奥地利和德国被列入中间等级第 5 级,哥伦比亚和委内瑞拉被列入第 9 级,其余等级绝大多数是第三世界国家。第一世界和第二世界国家大多数都在 1—6 级之中。

---

① [美]罗伯特·A.达尔:《多元政体参与和反对》,谭君久、刘惠荣译,商务印书馆 2003 年版,第 12—13 页。
② 参见[美]罗伯特·A.达尔:《多元政体参与和反对》,谭君久、刘惠荣译,商务印书馆 2003 年版,第 13—14 页。
③ 参见[美]罗伯特·A.达尔:《多元政体参与和反对》,谭君久、刘惠荣译,商务印书馆 2003 年版,第 14—15 页。

利普哈特把达尔的分级作为一个检验的变量进行了检验。检验的结果是:共识民主的程度与达尔划分的民主品质等级之间存在着强烈的相关关系,而且统计显著性水平也十分高,达到了1%的水平。[①] 在达尔的9分制量表中,共识民主与多数民主的分差超过了3分,是利普哈特估计回归系数的两倍。利普哈特认为,达尔的分级方法中,因为他把采用多党制的国家比采用两党制的国家等级更高作为分类原则,是存在偏见的。在达尔的分类标准中,这种偏见产生了大约1/3的偏差,把这种偏差消除之后,共识民主与民主等级之间的相关关系仍然十分显著。另外,达尔把第三世界国家纳入3个最低等级之中也存在严重偏见。利普哈特把发展水平作为一个控制变量,估计回归系数只有稍微下降,但相关关系仍然是显著的,统计显著水平达到了1%。

万哈宁分类的依据是两个要素,一是竞争程度,即除了最大的政党之外的其他所有政党获得选票的份额;第二个是参与程度,即最近的一次选举中投票人口总人口的百分比。将两个数值的乘积作为指数值来考察民主国家的民主品质。万哈宁考察的对象的范围几乎包括了1980—1988年期间世界上所有的国家,利普哈特考察的36个国家全部在其中。万哈宁指数的最高值是比利时,得分是43.2分,最低值是0分。[②] 万哈宁的第一个要素能够有效地把一党制与民主竞选区别开来,但也必然会使政党数目成为影响分值的重要因素,从而降低了其指数的信度。所以利普哈特认为,万哈宁指数的偏见程度比达尔指数要严重得多。[③] 利普哈特用万哈宁指数对36个国家的民主品质指数进行了检验,共识民主与民主品质等级之间的相关度非常高,估计回归指数高达4.89,统计显著性水平1%,即使把博茨瓦纳这个略显极端的国家排除在外,(博茨瓦纳有效政党数目在36个国家中最低,为1.57个,万哈宁指数也因此最低为5.7)其显著性水平仍然没有变化。

[①] 利普哈特的自变量是1945—1970年间共识民主程度。达尔的量表中,1分是最高值,9分是最低值,利普哈特把它颠倒了过来,比较高的分值代表程度较高的民主质量。

[②] See Tatu Vanhanen, *The Process of Democratization: A Comparative Study of 147 States*, New Yoke: Crane Russak.1990.pp.17—31.

[③] 参见[美]阿伦·利普哈特:《民主的模式:36个国家的政府形式和政府绩效》,陈崎译,北京大学出版社2006年版,第205页。

(二)36 个国家的共识民主程度和民主品质的分析与检验

利普哈特选用了包括达尔指数、万哈宁指数在内的 8 组反映民主品质的指标,对 36 个国家作了双变量回归分析。其变量是行政机关—政党维度上共识民主的程度,考察时间一般是 1971—1996 年之间。其他六组指标分别是妇女代表权、政治平等(贫民比率)、参与程度(投票率)、民主满意(政府与选民的亲近程度)、政府的腐败程度。另外,他检验了公众的内阁支持度和密尔标准。

1. 妇女代表权

妇女代表权从一个侧面间接反映了少数派代表权的总体情况,是考察民主代表品质的重要方法。在妇女权益保障和代表权方面,利普哈特从妇女在议会和内阁中的代表权及家庭政策三个方面,对 36 个国家的民主品质进行了测量。利普哈特把妇女代表权作为代表广泛性指标来考察,是因为各国的种族少数派和宗教少数派种类过于庞杂,难以加以比较,选用"妇女"这个政治上的"少数派"而非数量上的"少数派",作为代表广泛性的指标加以考察是便于跨国比较。其他学者也支持了利普哈特的这种方法。正如莱因·塔格佩拉所说:"我们了解到的有关妇女代表权的情况也应该运用于种族少数派。"[①]在 1971—1995 年期间,36 个国家的议会下院或者一院制议会中,女性议员的平均比例相差很大,瑞典的比例最高,达到了30.4%,巴布亚新几内亚的比例最低,0.9%。通过统计计算和检验,利普哈特的结论是妇女代表权与共识民主的程度之间存在着强烈显著的相关关系。共识民主国家的女性议员比例比多数民主国家高出 6.7 个百分点,是估计回归系数的两倍,发达国家妇女享有的代表权比发展中的妇女更大。进行发展水平变量控制后,这种关系也没有明显削弱,显著性水平仍然达到了 1%。

另外利普哈特还检验了哈罗德·L.维伦斯基的家庭政策指数。维伦斯基以各种家庭政策的创新度和拓展度为依据,对 18 个工业化民主国家进行

---

① Rein Taagepera, Beating the Law of Minority Attrition. In Wilma Rule and Joseph Fzimmer-
man eds, *Electoral Systems in Comparative Their Impact on Women and Minorities* Westport
Conan Greewood. 1994. p.244.

了等级划分,最大分值是 12,最小分值是 0,妇女的权利和地位,家庭政策指数是非常重要的,它能较好反映妇女的权益和地位。维伦斯基测量的结果是法国和瑞典得分最高 21 分,澳大利亚和爱尔兰家庭政策得分最低是 1 分。[①] 利普哈特的检验结果是:共识民主国家的得分比多数民主国家高出 2 分以上,相关关系在 10% 的水平上是显著的,并且不受发展水平的影响。法国是一个多数民主国家,它是得分最高的国家之一,把它排除后,相关关系进一步加强,其显著水平提高到 5%。

2. 政治平等

政治平等是民主制度的一个基本目标,是衡量民主品质的重要指标之一。但是政治平等的程度很难衡量,利普哈特把经济平等作为政治平等的替代品加以测量,其理由是如果存在严重的经济不平等,那么政治平等就更难实现。正如达尔所说:"人的经济地位会使他直接或间接地获得许多资源,这些资源可以转化为政治资源。"[②]

利普哈特通过贫富比率、十分位数比率和权力资源指数三项指标来测量 36 个国家的经济不平等和政治不平等指数,其中贫富比率是指收入最高的 20% 家庭与收入最低的 20% 家庭的收入份额的比率。这个指标的数据来源是联合国开发计划署 1996 年收集统计数据,只涉及利普哈特 36 个国家中的 24 个,其中包括博茨瓦纳、哥伦比亚、哥斯达黎加、印度、牙买加和委内瑞拉等 6 个发展中国家。博茨瓦纳的不平等指数最高,贫富比率为 16.4。日本的不平等程度最低,贫富比率为 4.3。从贫富比率与共识民主国家的双变量回归分析看,共识民主国家和不平等程度之间存在强烈的负相关关系,统计显著水平接近 1%,共识民主国家与多数民主国家的平均贫富比率大约相差 2.8,共识民主国家明显优于多数民主国家。发达国家的不平等程度比发展中国家低,当把发展水平变量控制后,共识民主与不平等程度之间的相关关系稍有减弱,但显著水平仍达到 5%,把博茨瓦纳极端例子除掉,相关关系和显著水平仍保持不变。

---

① See Horld L W:lensky, Common problems, Divergent politicos:An eighteen-Nation Study of family policy.*Public affairs report* 31,no,3(may.1990).pp.1-3.

② Robert A Dahl,Equality versus Inequality Ps:*Political Science and politics*,29,no,4(December.1996).p.645.

十分位数比率是指 1/10 的最高收入与 1/10 的最低收入比率。利普哈特只收集到经济合计发展组织 17 个成员国 1986—1995 年间的数据,利普哈特称赞这些数据是迄今为止对收入差距所作的最翔实的比较研究成果。① 经利普哈特检验,共识民主国家的公平程度依然很高,相关关系显著水平为 5%,并且发展水平这一变量受到控制时不受影响。芬兰的十分位数比率最低仅为 2.59,美国的最高达到了 5.94,如果把美国这个极端例排除,共识民主与收入平等间的相关关系就变得更为强烈,但对显著性水平影响不大。

权力资源指数是万哈宁提出的一个衡量平等程度的指标,他的方法包括识字率(识字人口所占的百分比越高,基础性的智力资源就分配得越广泛)和城市人口的比例(城市人口比例越高,经济活动和经济利益集团的多样化程度就越高,其结果是分配给各个集团的经济权力资源就越多)。利普哈特认为,万哈宁的指数虽然有些粗糙,但适用性很强,它可以囊括 36 个国家。根据万哈宁的测量 36 个国家中指数最高的是荷兰,得分是 53.5,最低值是巴布亚新几内亚的 3.3。利普哈特检验的结果是,共识民主国家与权力资源指数之间存在相关关系,但显著性水平仅为 10%,但万哈宁指数受发展水平影响比较大,如果对这一变量加以控制,这种相关关系就显得更强,显著性水平也有所提高,达到了 5%。

3. 参与选举

选举投票率之所以受到广泛关注,成为考察民主品质的绝对指标,利普哈特认为主要有两个原因:"第一,它显示了公民对获得代表权的实际关切程度。第二,投票率与社会经济地位的相关性很强。因此,可以把投票率作为反映政治平等的间接指标,高投票率意味着更加平等的参与,所以也就意味着更高程度的政治平等,低投票率反映了参与的不平等,进而导致了更多的不平等。"② 利普哈特考察了 1971—1996 年间 36 个国家的投票率和 1960—1978 年间 24 个国家的投票率,这些投票活动包括议会制国家的议

① 参见[美]阿伦·利普哈特:《民主的模式:36 个国家的政府形式和政府绩效》,陈崎译,北京大学出版社 2006 年版,第 208 页。
② Arend lijphart, Unequal Participation:Democracy's Unresolved Dilemma American, *Political Science Review* 91,no.1(match 1997).pp.1-14.

会大选,总统制国家的总统大选,对于那些总统由过半数两轮决选举制产生的国家,一般采用第二轮决选的数据,基本的测量方法是计算参加投票的选民,在全部达到法定选举年龄的人口中所占的比率,这种计算方法要比计算实际投票的选民在登记选民中所占的百分比的方法更为精确,原因是国别之间选民登记手续千差万别,登记的可靠性也大相径庭。计算参加投票的选民与占达到法定选举年龄选民的百分比的方法的缺陷是,对于拥有大量不享有公民权人的国家来说,就大大降低了其投票率,如卢森堡的公民人数就少,不享有公民权的人相对较多,这个缺陷就十分突出。所以利普哈特就把卢森堡作为一特例,同实际选民占登记选民的百分比来测算其投票率。

1971—1996 年间 36 个国家的平均投票率,意大利最高达到 92.4%,瑞士最低只有 40.9%。共识民主与选民投票率之间存在着正相关关系,但显著性水平较低为 10%,这里面有几个变量会影响投票率的计算:一是共识民主国家大多数来用强制性投票,这会增加投票率;二是瑞士、美国由于选举频繁,它会导致投票率急剧下降;三是发达国家的投票率高于发展中国家,在对于这个变量控制后,共识民主对选民的投票率的影响大幅度增强,显著性水平也提高到了 1% 的水平,共识民主国家的投票率比多数民主国家的投票率高出约 7.5 个百分点。

1960—1978 年的投票率数据来自 G.宾厄姆·鲍威尔。[1] 利普哈特的分析表明,检验结果与上一段时间的结果极为相似,双变量相关关系显著水平也是 10%。三个变量控制后,共识民主与投票率之间的相关关系也明显增强,显著性水平正升到 1%,共识民主国家与多数民主国家相差约 7.3 个百分点,同 1971—1996 年间的 7.5 个百分点差别十分接近。

(三)民主满意度

对民主的满意度是衡量民主制度优劣的重要指标。对于民主的不同类型是否会影响到公民对民主的满意程度这个问题,利普哈特的研究较好地予以了回答。利普哈特采用汉斯—迪特尔·克林格曼 1995 年和 1996 年对

---

[1] See G.bingham Powell D.Vorting Turnout in Thirty Damocracijs Partison Liegal and Socio-Economic Influences, in Richard Rase ed, *Electoral Participation Comparative Analysis* 5-34.Beierly Hius:sage.1980.

18 个国家的调查结果。克林格曼的问题是:"总的来说,对于你们国家民主制度的运作情况,你感到非常满意,比较满意,不是非常满意,还是一点都不满意。"选择"非常满意"和"比较满意"的统计为满意。对本国民主满意度最高的是丹麦(83%)和挪威(82%),满意度最低的是意大利(19%)和哥伦比亚(16%),①利普哈特对克林格曼数据检验的结果是:共识民主国家的公众对本国民主的满意度远远高于多数民主国家的公众,二者相差近 17 个百分点。

利普哈特为了更准确地考察共识民主和民主满意度之间的关系,他还采用了另外一个指标,不同投票取向的满意度指标来衡量民主的满意度。克里斯托弗·J.安德森和克里斯蒂娜·A.吉约里在对 11 个欧洲国家所作的一项研究发现,在所有国家的受访者中,投票支持获胜的政党或政党联盟的人相对比投票给失败的政党或政党联盟的人,对本国民主制度的运作状况表示满意的可能性更大。因为人们站在胜利一方的时候更容易满足,所以与单纯地统计自称非常满意人数的方法相比,考察胜利者和失败者对民主满意度的问题作出相似反应的程度被视为测量满意度的更精确的方法。② 安德森和吉约里测量的结果是,希腊这种悬殊最大,支持胜利者的满意度指标为 70.3%,而投票给失败者的满意度仅为 32.8%,两者相差 37.5 个百分点。这种差别最小的国家是比利时,差别只有 4.7 个百分点。安德森和吉约里的结论是在共识民主国家中,胜负双方在民主满意度上的差别远比共识模式国家要小得多。③ 利普哈特对他们调查的结果的检验结论是:典型的共识民主国家中民主满意度的差别比典型的多数民主国家低了16 个百分点以上,相关关系高度显著,显著性水平达到 1%。

① See Hans-Dieter Klingemann, Mapping Political Support in the 1990s: A Global Analysis. In Pippa Norris ed, *Gritical citizens: Global Support for Democratic Government*, Oxford: Oxford university press 1999.

② See Christopher J. Ersen and Christine A. Guillory, Political Institutions and Satisfaction with Democracy: A Cross-national Analysis of Consensus and Majoritarion Systems, *American Political Science Review* 91, no.1 (match 1997). pp.66–81.

③ See Christopher J. Ersen and Christine A. Guillory, Political Institutions and Satisfaction with Democracy: A Cross-national Analysis of Consensus and Majoritarion Systems, *American Political Science Review* 91, no.1 (match 1997). pp.66–81.

（四）政府与选民的亲近度

有一种传统观点认为,由于典型的两党制下两大政党为了竞争都会变得很温和,因此政府的政策立场更接近于大多数选民的立场。利普哈特对此现象予以有力的反驳,利普哈特使用两种疏离指数,即"政府疏离"和"选民疏离",来测量政府与选民的亲近度。这种方法一是设一个区别左翼和右翼的区分测量表,对 1978—1985 年期间 12 个西方民主国家中政府的立场与选民的立场进行比较,测量政府立场与中派选民立场之间的距离,这种手段测量的结果被称为政府疏离。二是统计居于政府与中派选民之间的那部分选民所占的百分比,利普哈特称之为选民疏离。这两种疏离的值越小,说明政府对公民偏好的代表度就越高。

测量的结果是:政府疏离最高值是英国的 2.39,最低值是爱尔兰的 0.47,选民疏离的最大值是澳大利亚的 37%,最小值是爱尔兰的 11%。与传统观点恰恰相反,两种疏离值共识民主国家的数值都比多数民主国家的数值小。在 10 分制量表中,两类民主国家的政府疏离值大约相差 2/3,选民疏离值之差超过了 10%,两种关系的显著性均 5%。①

（五）责任与腐败

利普哈特首先批驳了多数民主倡导者关于多数民主模式下无论是政府政策抑或是对国民都很明确责任的观点。多数民主模式倡导者的观点是:典型的多数政府使决策的职责更加明确,因而承担的责任也更加明晰,公民可以用手中的选票来选择更为负责的政府。换言之,选民可以通过政府的更迭来选择更负责的政府。利普哈特认为,即使是多数选民通过投票给其他政党的方式表达了对现任政府的不满,现任政府几年后仍有可能卷土重来,如果说政府更迭能增强政府的责任感的话,共识民主国家的内阁寿命比较短就是明证。当然利普哈特也承认,共识民主国家的政府更迭往往只是部分内阁成员的变化,彻底的政府更迭更多地发生在多数民主国家。

---

① 参见［美］阿伦·利普哈特:《民主的模式:36 个国家的政府形式和政府绩效》,陈崎译,北京大学出版社 2006 年版,第 211 页。

测量政府的腐败发生率是利普哈特测量政府责任的方法之一。利普哈特假设多数民主国家中因更加明晰的权责会抑制腐败现象的滋生,而共识民主国家所固有的妥协和交易的倾向则会助长腐败的蔓延。利普哈特用透明国际1997年的数据对27个国家的数据检验上面的假设,检验的结果是:印度和哥伦比亚的腐败现象最严重,腐败指数为7和8;另一方面丹麦、芬兰、瑞典、新西兰、加拿大和荷兰的腐败指数介于0到1之间,近乎"完全廉洁"。与前面假设相反,共识民主国家与腐败之间不存在显著的相关关系,二者显现出微弱的负相关关系,共识民主国家发生腐败的可能性略低于多数民主国家,腐败指数比多数民主国家低约2/3,发展水平与腐败程度之间存在着强烈的负相关关系。在对这一变量控制后,共识民主与腐败之间的相关关系稍微增加一些,但仍不具统计显著性。

(六)密尔假设与民主品质

密尔认为:多数统治是民主最本质的要求,而把相对多数选举制或者过半数选举制与议会制政府结合在一起会导致少数人的统治。密尔说:"然而受害的并不仅仅是少数,这样构成的民主制甚至达不到它的表面目的,即将统治权交给多数人这一目的。它所做的是完全不同的事情,它将这种权力交给这种多数中的多数,而这种多数往往不过是全体中的少数。"①在论证自己的观点时,密尔设想了最极端的情况:"因此假定在一个由平等和普遍的选举权统治的国家,每一选区都存在竞选,而每一选举当选的都是小小的多数,这样召集起来的议会所代表的不过是勉勉强强过半数的人民。这个议会不依靠它本身的勉勉强强的过半数进行立法和采取重要措施。"密尔继续分析道:"有什么保证说这些措施符合多数人民的愿望呢?差不多一半的选民就在选举当中被击败了。"在议会中,少数再服从多数,密尔的结论是:"因此,完全可能占优势的意见仅仅为国民的少数所同意。""……不是把力量给予多数,而是给予整个平衡的某个其他部分中的少数。"密尔的推理在实践中得到确证,实际上,多数民主国家与其说是多数民主国家,倒不如说是相对多数国家,实际上是少数的。密尔认为最好的解决办法是

① [美]J.S.密尔:《代议制政府》,汪瑄译,商务印书馆1982年版,第103页。

在立法机关的选举中采用比例代表制。在一个真正民主制国家里,每个部分或任何部分的人都会有其代表,当然不是不按比例的,而是按比例的。要不是这样,就不是平等的政府,而是不平等和特权的政府。① 利普哈特认为,密尔的观点还有深一层的涵义,因为共识民主国家大都采用比例代表制,并且组成包容性较强的联合内阁,所以共识民主国家比多数民主国家更有可能实现真正的多数统治。② 为了检验这种假设,利普哈特使用两种方法来检验。第一种方法是公众的内阁支持度,即按照每届内阁或每任总统的在位时间,在对投票支持组成内阁的政党或政党集团的选民比例或者总统制国家中投票支持获胜的总统候选人的选民比例,进行加权之后得出平均百分比。第二种方法可以称之为密尔标准,即统计满足多数统治的必要条件(内阁或总统得到半数以上公众支持)的时间在整个考察时限中所占的百分比。这两种方法适用于1945—1996年间的所有民主国家,经过利普哈特的统计和检验其结果是:公众对内阁的平均支持度最高的是瑞士(76.8%),博茨瓦纳(71.2%)和奥地利(70.7%),最低的是丹麦(40.3%)和西班牙(40.7%)。巴哈马、博茨瓦纳、牙买加、卢森堡和瑞士的密尔标准令人满意,它们的内阁或总统在100%的内阁得到半数以上的支持。挪威、西班牙和英国则从来未达到过这种标准,它们内阁得到半数以上选民支持的时间所占比例为0,共识民主国家中公众的内阁支持度只比多数民主国家高出大约3.8个百分点。

综上所述,利普哈特的研究表明,在所有7个反映民主品质的指标中共识民主国家的全部指标都优于多数民主国家,绝大多数相关关系都具有统计显著性,显著性水平都达到了1%或5%,由此可以得出结论,共识民主品质方面明显优于多数民主是一种优良的民主模式。

(七)共识民主的宽容性和温和性

利普哈特通过社会福利、环境保护、刑事司法和对外援助四个领域的考察,认为共识民主是具有很强的宽容性和温和性的民主。

---

① 参见[美]J.S.密尔:《代议制政府》,汪瑄译,商务印书馆1982年版,第102页。
② 参见[美]阿伦·利普哈特:《民主的模式:36个国家的政府形式和政府绩效》,陈崎译,北京大学出版社2006年版,第213页。

利普哈特的假设是：共识民主是与更宽容、更温和、更慷慨大度的政策联系在一起的，其方法是通过社会福利、环境保护、刑事司法和对外援助四个领域的 10 项指标进行双变量回归分析，自变量是 1971—1996 年期间的行政机关—政党维度的共识民主程度。

1. 福利指数

利普哈特考察社会福利水平用了三个方面的指数，一是 1980 年埃斯平—安德森对经济合作与发展组织的 18 个成员测量的福利国家指数；二是利普哈特修正后的福利指数；三是施密特的社会开支指数。

约斯塔·埃斯平—安德森提出的"去商品化"综合测量法，用这种方法考察福利政策在多大程度上能够保证失业者、残疾人、患病者和老年人维持体面的生活标准，使免受纯粹的市场力量的影响。他调查的对象是 1980 年的经合组织成员国 18 国。在他的调查中，瑞典得了最高分 39.1 分，澳大利亚和美国得了最低分是 13.0 分和 13.8 分。[1] 利普哈特的双变量回归分析的结果是：共识民主与各国的福利得分之间存在着强烈的正相关关系。共识民主国家的平均得分比多数民主国家高出近 10 分。富裕国家的福利政策的投入比不富裕国家高，对发展水平变量控制后，共识民主国福利之间的相关关系不但没有削弱，反而更强。由于安德森的测量方法低估了澳大利亚、新西兰和英国的福利制度，招致了严厉的批评，[2]批评意见使人们对共识民主国家福利制度产生了怀疑，利普哈特把 3 个有争议的国家排除在外，再次进行回归分析，共识民主国福利国家之间的关系只是略有削弱，而统计显著性仍然达到了 5%。

曼弗雷德·G·施密特就 1992 年福利开支占国民生产总值的百分比，对 18 个经合组织国家的分析，再次证明了共识民主与福利国家之间的正相关关系。瑞典比例最高，社会开支占国内生产总值的比例高达 37.1%，日

① See Gosta Esping-Andersen, *The Three Worlds of Welfare Capitalism*, Princeton: Princeton University Press, 1990.

② See Francis G.Castles and Debarch Mithell, Worlds of Welfare and Families of Nations. in Francis G. Castles, ed., *Families of Nations*: *Paherns of Public Policy in Westen Democracies*, Aldenshot: Dartmouth, 1993.pp.93-128.

本最低只有 12.4%，美国倒数第二，15.6%。^① 利普哈特检验的结果证明：共识民主与福利国家之间的相关关系仍然非常显著。即使对发展水平变量控制也不影响统计结果。共识民主国家的福利开支在国内生产总值中所占的比例比多数民主国家高了 5.3 个百分点。^②

2. 环保指数

利普哈特考察不同类型民主国家在环境保护方面的绩效时使用了帕尔默指数和能源利用率两个指标。帕尔默提出的环境综合指数主要依据是二氧化碳排放量、化肥消费量和森林采伐量。其指数理论最高值是 100 分，表示环保方面成绩卓著；理论最低值是 0 分，表明对环境的保护权为不力，在 31 个国家中荷兰最高得分 77 分，博茨瓦纳最低，得了 0 分。^③ 共识民主国家平均得分比多数民主平均得分高了近 10 分。统计相关关系显著性水平为 10%，对发展水平控制后，结果不受影响。

利普哈特用世界银行 1990—1994 提供的数字对 36 个国家能源利用率进行了测量，瑞士的利用率最高，年均水平达到 8.70 美元，特立民达和多巴哥最低，仅为 0.80 美元，共识民主与能源利用率之间的相关关系十分显著，显著性水平达 1%，发展水平变量控制后，又对相关关系产生影响。

3. 刑事司法指数

利普哈特用 10 万人被监禁的人数的比率作为监禁率指数，是否保留死刑作为死刑指数，对共识民主国家和多数民主国家进行测量。

监禁率数据是 1992 年和 1995 年的平均数据，考察对象是 22 个国家，测量结果是美国为监禁率最高的国家，每 10 万人中有 560 人被关入监狱。印度最低，每 10 万人中有 24 人入狱。共识民主与监禁率间呈负相关关系，显著性水平为 10%。去掉美国这个极端例子，并进行发展水平变量控制，共识民主国家与监禁率的负相关关系的显著性水平上升到 5%，共识民主

---

① See Manfred G Schmidt, Germany: the Grand Coalition State, in Josep Mcolomer, ed., *Political Institutions in Europe*. London: Routledge. 1996. pp.62—98.
② 参见[美]阿伦·利普哈特：《民主的模式：36 个国家的政府形式和政府绩效》，陈崎译，北京大学出版社 2006 年版，第 216 页。
③ See Monte Palmer, *Political Developement: Dilemmas and Challenges*, Itasca IU: Peacock. 1997.

国家每 10 万人中被监禁人数比多数民主国家大约少 26 人。到 1996 年,36
个国家中有 8 个国家保留死刑,并适用于普通犯罪,22 个国家法律规定对
任何犯罪都不运用死刑,有 6 个国家介于两类国家之间,利普哈特设计了分
量表进行测量共识民主与死刑间的负相关关系很强,而且高度显著,显著性
水平 1%。

4. 外交政策指数

利普哈特用年均对外援助占其国民生产总值的比率和对外援助额占军
费开支的比率作为指标考察。冷战结束前(1982—1995 年)期间的 21 个经
济合作与发展组织成员国的援助指数,冷战后(1992—1995 年)期间的援助
指数,及 1992—1995 年期间各国的对外援助额占军费开支中的百分比。
1982—1985 年期间,对外援助额在国民生产总值中所占百分比最高的是挪
威,达到 1.04%,最低的是葡萄牙,只 0.04%。1992—1995 年期间,百分比
最高的国家是挪威、丹麦,都达到 1.01%,百分比最低的国家是美国,只有
0.14%,对外援助在国防开支中所占百分比最高的国家是丹麦,达到了
51%,百分比最低的是美国,只有 4%。双变量回归分析表明,共识民主国家
与对外援助之间呈现显著的相关关系。导入两个控制变量:富裕国家提供
对外援助比不富裕国家强,因此对发展水平变量予以控制,大国承担的军事
义务比较多,因而国防开支比较大,这就限制了它们提供对外援助的能力和
意愿。因此,把人口规模作为一个控制变量。导入控制变量后,共识民主国
家与对外援助的 3 个指标之间的相关关系依然是显著的,显著性水平均为
5%。变量控制后,典型的共识民主国家提供对外援助在国民生产总值中的
比例比典型的多数民主国家高出大约 0.20%,在国防开支中的比例比典型
的多数民主国家高出约 9.5 个百分点。[①]

利普哈特的结论是:毫无疑问,共识民主(在行政机关—政党维度)正
确发挥了重要的作用,对几乎所有反映民主品质的指标以及民主的宽容性、
温和性都产生了重大影响。[②]

---

① 参见[美]阿伦·利普哈特:《民主的模式:36 个国家的政府形式和政府绩效》,陈崎
译,北京大学出版社 2006 年版,第 218—219 页。
② 参见[美]阿伦·利普哈特:《民主的模式:36 个国家的政府形式和政府绩效》,陈崎
译,北京大学出版社 2006 年版,第 219 页。

第 六 章

制度整合与设计:共识民主与政治发展

　　萨托利曾说过一段非常有意思的话:"提到经济发展,经济学家是规划者;提到政治发展,政治学家是旁观者。经济学家介入经济过程,因为他们的知识是应用的知识;政治学家等待与傍观,因为他们准备去解释已发生的事物,却不设法促使它发生。"①利普哈特对政治规划和设计的态度是十分积极的,他把自己比喻为民主工程师或宪政设计师,鼓励政治领袖们投身于政治工程。在《多元社会的民主》中,他主张:"一方面,如果我们不仅在于思索政治发展中发生了任何改变,而且在于思索如何导致政治发展朝我们所意图的目标(例如稳定的民主政治)行进,而详细列举达到此目标所需的各种手段,其必要性是自明的。另一方面,当我们的知识并不完整时,我们能否证明我们投身于政治工程,或提供意见给政治工程师是合理的? 尤其是,我们的知识是否足以证明我们为多元社会所提出的,有关以协合民主作为手段以达到有效能的、持久的民主政体的建议,是合理的?"②

　　毫无疑问,现代政治生活是高度制度化的,民主政治尤其如此。自20世纪60年代末以来,利普哈特就把他的研究锁定在他认为具备民主条件的民主国家上。从制度供给的角度看,他以行为主义的方法,从经验层面总结划分出民主政治的国家权力制度,较之于孟德斯鸠体系的三种国家权力制度,但他的民主政治制度理论显得具有更为广泛的适用性,主导了比较政治

---

①　Giovanni Sartori,Political Development and Pocitical Engineering,in *Pubic Politicy*, vol. 17.ed.John D.Montgomery and Albert O.Hirschman,Cambridge.Mass:Harvard University Press.1968.p.261.

②　Arend Lijphart,*Democracy in Plural Societied A compartive Explorative*, New Haven CT: Yale University Press.1977.pp.223−224.

学领域和民主理论领域的研究。

从制度主义角度看,利普哈特制度体系的基本理念是民主政体可以用各种非常不同的方式建构,并且会造成政策输出结果的不同。"从理论上讲,民主国家可以通过多种方式来组织和运作;在实践中,现代民主国家也向我们展示了政府机构和制度的多样性,立法机关、法院以及政党制度和利益集团都是如此。"①

这里利普哈特提出了这样几个问题。第一,在利普哈特这里,民主是可以通过制度设计来实现的,我们知道,民主政治过程和社会的发展过程一样是一个自然的历史过程,民主制度在多大程度上是可以被设计的?第二,利普哈特从 20 世纪 60 年代到 20 世纪末长达近半个世纪的民主理论和制度研究中,先后提出了协合民主、共识民主两种民主模式,涉及十余项民主政治的基本制度,这些制度和模式在多大程度上会影响到民主政府的建设,其制度的聚合性和影响力如何?第三,利普哈特热衷于民主政治和新兴民主国家的宪政设计,其协合民主与共识民主的制度模式的适用条件有哪些?如何看待这些问题?

一、民主设计与宪政工程:制度设计的可欲性探讨

政治理论作用于政治实践有其自身的运动规律。自古以来,几乎所有的政治理论,都源自于现实社会,而且最终归于社会,它的实现和最后检验也最终是在社会实践中实现。政治理论影响人类的政治设计,并广泛存在于人类的政治实践之中。人类政治文明发展的每一步,无不闪耀着政治思想家的智慧之光。就民主政治而言,从古希腊"自然长成的民主"②到今天的民主政治;从人类最早期的契约理念、正义观念,到文明时代的宪政理念;从洛克、孟德斯鸠的分权思想到现代文明社会的三权分立;从马克思、恩格斯的"自由人的联合体"③,到 20 世纪丰富的社会主义实践,到今天的中国

---

① [美]阿伦·利普哈特:《民主模式:36 个国家的政府形式与政府绩效》,陈崎译,北京大学出版社 2006 年版,第 1 页。
② 《马克思恩格斯选集》第 4 卷,人民出版社 1995 年版,第 100—101 页。
③ 《马克思恩格斯选集》第 1 卷,人民出版社 1995 年版,第 273 页。

特色社会主义，人类的政治思想和政治设计，在不同的历史时空，在丰富多样的人类社会生活中，无不展现着风光万象的历史画面。

（一）民主政治是一个自然的历史的过程

民主作为人类政治文明的发展成果，是人类政治文明中的核心部分。人类政治文明的发展史，同整个人类文明史一样，是一个自然的、历史的过程。首先，人类政治文明史是一个自然的过程。马克思在《资本论》第一版序言中指出："我的观点是把经济的社会形态的发展理解为一种自然史的过程。不管个人在主观上怎样超脱各种关系，他在社会意义上总是这些关系的产物。同其他任何观点比起来，我的观点是更不能要个人对这些关系负责的。"[1]我们应该意识到，人们对社会形态的有意识超越并不能从根本上改变人类社会演化的自然历史过程。所以，民主作为人类政治文明的进步首先应该是一个"自然"的过程，它不是某个神派、某个集团、某位领袖意志或某个政治家智慧设计的产物。人类社会在发展的过程中长期积累而成的习俗、习惯、惯例等，对人类社会生活秩序的形成的影响是巨大的，更多体现为进化的产物而非意志的产物。理性主义把人类社会进化取得的成就归结为人类理性自觉设计和控制的结果，认为人类社会只要受到理性的控制，这一过程就能为人类的目的服务，而完全抛弃和不相信人类社会自发的交往产生的有益功能，这在理论上是站不住脚的。换句话说，人类的理性不可能超越特定历史环境而具有超越历史、超越社会的意义。理性是有局限性的。哈耶克在研究人类的秩序形成过程后也发现，"我们在人类事务中所发展的绝大多数秩序都是个人活动不可预见的结果"[2]。因此，人类政治社会发展由于存在着一个理性无法全面把握和控制的区域，把政治发展视为一种理性和调控的事业的观念，在理论基础上是缺乏支撑的。从历史唯物主义的观点看，人类政治发展应当是一种以参与发展的所有人之间的互动交往及其产生的自发秩序为基础的，有人类自觉理性作用的不断演化的动态过程。因此，在人类政治发展进程的总体意义上，民主作为人类自然历史

---

① 《马克思恩格斯选集》第2卷，人民出版社1995年版，第101—102页。
② ［英］哈耶克：《个人主义与经济秩序》，北京经济学院出版社1989年版，第8页。

进程的一部分是不能被设计的,至少是不能完全被设计的。

其次,人类政治文明史,又是一个人类政治实践意识作用于政治存在的历史。黑格尔的伟大之处在于认识到社会存在经历着一个历史过程,为社会的历史发展提供存在论的证明。不幸的是,在黑格尔的哲学中,历史性成了理性的逻辑过程的影子,而不是历史自身。马克思历史观的伟大之处,就在于发现了人的历史主义的本性作用和实践在历史发展的作用。在《黑格尔法哲学批判》中,马克思从国家学说,从社会系统结构着手批判了黑格尔的唯心主义。在黑格尔那里,"理念变成了独立的主体,而家庭和市民社会对国家的现实关系变成了理念所具有的想象的内部活动。实际上家庭和市民社会是国家的前提,它们才是真正的活动者;而思辨的思维却把这一切头脚倒置。"①在《黑格尔法哲学批判》中,我们可以看到历史唯物主义的萌芽。在以探讨社会历史发展过程中为主的《1844 年经济哲学手稿》中,由于深受费尔巴哈人本主义的影响,历史发展的主体却又被确定为一种抽象的人本质(理想化的劳动)之上。而只有到了 1845 年春天之后,马克思恩格斯才彻底批判了费尔巴哈的人本主义,完全转到历史唯物主义的立场上来。这一转变,是通过实践的观点的揭示来完成的,也只有实践观点介入了历史,历史才真正地成为主体和客体的辩证统一。人的确是能动的,但人的能动性只能通过物质的活动——社会实践才能体现出来,社会实践的观点是历史唯物主义创立的关键点。这样一来,历史不再是单纯的外界力量的运动,也不再是人类知识或人类理性作用的结果,而是人作为历史主体的物质活动和社会物质条件的统一的运动过程。在《德意志意识形态》中,马克思恩格斯说:"生活的生产——无论是自己生活的生产(通过劳动)或他人生活的生产(通过生育)——立即表现为两种关系:一方面是自然关系,另一方面是社会关系。""一定的生产方式或一定工业阶段始终与一定的共同活动方式或一定的社会阶段有关系的,而这种共同活动方式本身就是生产力;由此可见,人类所达到的生产力的总和决定着社会状况。"②

马克思恩格斯认为,在历史发展这个过程中,人既是历史的剧中人又是

---

① 《马克思恩格斯全集》第 1 卷,人民出版社 1956 年版,第 250—251 页。
② 《马克思恩格斯全集》第 3 卷,人民出版社 1960 年版,第 33—34 页。

历史的剧作者,也就是说人在创造历史的同时又被所创造的历史所制约,换句话说,人创造历史是受一定客观环境和条件制约的。恩格斯指出:"历史什么事情也没有做,……创造这一切,拥有这一切并为这一切而斗争的、不是'历史',而正是人,现实的、活生生的人。'历史'并不是把人当做达到自己的工具来利用的某种特殊的人格。历史不过是追求自己目的的人的活动而已。"①恩格斯还指出:"历史的每一个阶段都遇到一定的物质结果,一定数量的生产力总和,人和自然以及人与人之间在历史上形成的关系,都遇到有前一代传给后一代的大量的生产力、资金和环境,尽管一方面这些生产力,资金和环境为新的一代所改变,但另一方面,它们也预先规定新的一代的生活条件,使它得到一定的发展和具有特殊的性质。"②恩格斯也多次强调人创造历史的条件,或者说人在历史发展中的主观能动性发生作用的前提。"我们自己创造着我们的历史,但是第一,我们是在十分确定的前提和条件下创造的。"③"人们自己创造自己的历史,但是到现在为止,他们并不是按照共同的意志,根据一个共同的计划,甚至不是在一个有明确界限的既定社会内来创造自己的历史。"④

最后,人类政治文明又是一个自觉的过程,是人类把自己意志能动地作用于历史并不断促使其按照人类意志发生变化的过程。当人类文明积淀到一定时候。人类社会对自身的理性自觉的需求反而增强了。人类的主观能动性或者人类意志在人类发展的某些领域的作用越来越强,影响和改变着人类的历史进程。正如恩格斯 1890 年 9 月给布洛赫的信中所说的那样:

经济状况是基础,但是对历史斗争的进程发生影响并且在许多情况下主要是决定着这一斗争形式的还有上层建筑的各种因素:阶级斗争的各种政治形式和这个斗争的结果,由胜利了的阶级在获胜以后建立的宪法,等等,各种法权形式以及所有的这些实际斗争在参加者头脑中的反映,政治的、法律的和哲学的理论,宗教的观点以及它向教义体

① 《马克思恩格斯全集》第 2 卷,人民出版社 1957 年版,第 118—119 页。
② 《马克思恩格斯全集》第 3 卷,人民出版社 1960 年版,第 43 页。
③ 《马克思恩格斯全集》第 20 卷,人民出版社 1971 年版,第 96 页。
④ 《马克思恩格斯全集》第 20 卷,人民出版社 1971 年版,第 732—733 页。

系的进一步发展。这里表现出这一切因素间的交叉作用①

恩格斯也谈到了历史发展过程中政治和传统的作用。恩格斯说：

> 我们自己会创造着我们的历史。但是第一，我们是在十分确定前提和条件下进行创造的。……但是政治等等的前提和条件，甚至那些存在于人们头脑中的传统，也起着一定的作用，虽然不是决定性的作用。②

恩格斯还把个人意志，作为历史发展合力的一部分，来说明历史发展的合力。

> ……但是第二，历史是这样创造的：最终的结果总是在许多单个的意志的互相冲突产生的，而其中每一个意志，不是由许多特殊的生活条件，方知它所成为的那样。这样就有无数相互交错的力量，有无数个力的平等四边形，而由此产生出一个总的结果，即历史事变。……每个意志都对合力有所贡献，因而是包括在这个合力里面的。③

今天，我们已经进入到了一个新的文明时代，一个文明"自觉"时代。尽管在任何时候、任何领域，片面地夸大人的意志都十分有害，但作为"历史合力"组成部分的人类的"自觉"意识和"自决"能力，对一个民族、一个国家乃至全球的进步，都具有相当重要的作用。在某些时候，某些领域，甚至决定着我们文明今后的样式和质量。在人类发展的历史进程中，人类政治文明的进步，往往与一些政治家和政治学家紧密联系。亚里士多德是一个积极的创制倡导者，他把城邦制度看做是"全体城邦居民由以分配政治权力的体系，是'创新'的结果，而且会永远地'创新'下去"。④ 约翰密尔则认为，政府的形式很多情况下是这样的结果，政治机器不会自行运转，它是由人制成的，同样还必须由人，甚至普通人去操作。它需要的不仅仅是人们单纯默认，而是人们的积极参与。政治制度是人意志力作用的结果。密尔说，"我们首先要记住，政治制度（不管这个命题是怎样有时被忽视）是人的劳

---

① 《马克思恩格斯选集》第2卷，人民出版社1995年版，第696页。
② 《马克思恩格斯选集》第2卷，人民出版社1995年版，第696页。
③ 《马克思恩格斯全集》第2卷，人民出版社1995年版，第696—697页。
④ 秦得君：《关于制度设计的思想论辩》，《复旦学报》2004年第1期。

作;它们的根源和全部存在均有赖于人的意志。"①因此,它像一切由人做成的那样,或者做得好,或者做得不好。在它们的制作过程中,可能运用了判断和技能,也可能情况相反。虽然片面强调人的意志或个人意志在政治文明进程中的作用是十分有害的,且我们必须承认政治规则结果是个十分复杂的东西。多数规则是在社会中通过一种渐进式反馈和调整演化过程中发展而来的,多数规则的特有内容都将渐进地循着一条稳定的路径演变。但也不能因此否认,人类社会本身存在着这样需要,需要某些政治学家或某些权威机构,去根据社会发展,制定一些规则;更不能否认,有些时候这些外在的被判定的规则,还起着一些历史推动作用。在人类生活中,凡是发生了重大影响和作用的制度,有很大一部分是人类自觉设计的结果。美国宪法和联邦制度就是制度设计的典型案例,美国的宪法之父们在政治设计方面的出色表现,使人们看到,制度设计不仅是必要的,而且是可行的,是可以做得比较好的。当然,制度设计,并不是随心所欲,并不能脱离人类已有的经验和传统基础,更不可不考察制度运用的具体实际和文化传统。

(二)政治设计是人类政治自觉活动

人类政治设计是人类特定的政治行为,是人的政治主观的能动性、人类政治理性的外化。人类知识创新在政治领域的最大表现,就是把已有的政治知识和经验,经过理性的加工,使之在政治运作上更加自觉和理性,对社会发展或政治发展作出合乎逻辑,体现人类合理性存在性和利益的理性选择。就此意义而言,政治设计是政治实践的产物,是人类的一种历史选择活动或社会选择活动。是历史主体按照内在尺度与外在尺度的统一,主体和客体的统一,历史和具体的而展开的创造性活动和过程。它既是选择性的设计又是理性设计的选择。在合规律一面或者在外在尺度上,它是设计性的选择,在合主体一面或者内在尺度上,它是选择性的设计。这种创造性活动,在历史发展维度上,它是一种社会政治现象,是一种人类意志作用于人类政治初衷的社会政治现象;在主体活动维度上,它是一种主体"理性化"、"经验化"的创制行为;在社会政治机制的形成和运作维度上,它是一种"社

---

① [美]J.S.密尔:《代议制政府》,汪瑄译,商务印书馆1982年版,第7页。

会技术"。

一般而言,政治设计涉及社会结构中的"价值"、"制度"、"组织"三个层次,分别表现为政治理念的设计、政治制度的设计和政府的设计等。① 也就是说,政治设计,一般涉及社会的理念系统,社会的制度系统和社会的组织系统。

利普哈特被许多人称之为制度主义者,他也自称是一个坚定的"民主宪政工程师"。他一生的学术研究致力于西方多元社会的民主理论研究,在民主政治的理念上,试图通过对一些国家的民主政治经验的总结,寻求更温和、更宽容、更接近民主本义的民主;在制度设计上,试图通过多数民主与共识民主两种模式的比较与总结,通过协合民主模式和共识民主模式的建构,设计一套新的适用性更强的宪政体系。他不遗余力地来推行其宪政理念,来整合日益多元的民主政治。

(三)民主与制度建构

利普哈特的民主模式的建构无疑是令人钦佩的。在长达近半个世纪的时间里,面对宏观的民主制度这样一个宏大的理论主题,从早期四个小国的协合民主模式的探索开始,反思近代以来被西方奉为圭身的多数民主传统民主理论。到后期 21 个国家多数民主与共识民主模式的比较研究,27 个国家选举制度与政党的研究,直至把研究对象扩展到包括发展中国家在内的 36 个国家共识民主模式与多数民主模式的比较研究和共识民主模式的建构。这种宏大的理论探讨与制度研究无疑是件艰苦卓绝的工作,没有一定的雄心壮志和辛勤的付出,完成这样一种研究是难以想象的。作为一个民主主义者,一个制度主义者,一个宪政主义者,一个比较政治学大师,利普哈特的研究旨趣并不在去解释民主发展中已经发生的事实,仅仅局限于去总结几个国家民主经验,反思和比较已经成为事实的民主制度,而是把他的理论直接指向民主制度的应用。从这个意义上说,利普哈特不仅是一个民主设计师,而且是一个宪政工程师,对此他自己也直言不讳予以承认。在

① 参见[美]塔尔科特·帕森斯:《现代社会的结构与过程》,光明日报出版社 1988 年版,第 160 页。

《多元社会的民主》中,他明确提出了建设协合民主的宪政工程,鼓励政治
领袖和政党学家成为政治工程师和协合民主的建设者。他还讨论了实行协
合民主的有利条件和不利条件。① 在 1984 年的《当代民主类型与政治:21
个的多数模式与共识模式政府》中,虽未明确提出共识民主的宪政工程,却
总结了共识民主的理性、规范与经验模型。② 1996 年,在 20 世纪 80 年代末
和 90 年代初苏东巨变和华盛顿共识大行其道的时代背景下,利普哈特与威
斯曼一起,迫不及待地编辑了一部《新兴民主国家的宪政选择》,为东欧国
家和拉美国家的民主转型开出了他的"济世良方"。虽然书中并没有明显
的意识形态偏好的表述,但其意识形态背景还是值得甄别的。③ 姑且不论
其理论的意识形态倾向和时代背景,但就其积极的对现实回应而言,其宪政
工程师的角色定位可见一斑。在 1999 年的《民主模式:36 个国家政府形式
和民主绩效中》中,他的这种宪政设计的取向明显温和,但还是很乐观地给
出了包括多数民主模式国家在内的多元社会国家的民主改造建议。④ 此
外,他还有专门的关于印度、南非等国及欧盟民主设计的文章和专著。⑤ 因
此,我们有充分的理由说利普哈特是一个典型的宪政主义者,一个制度工程
师,一个民主宪政设计师。利普哈特研究民主的方法是宪政性很强的行为
主义、制度主义和理性选择主义的方法。虽然这种融行为主义、制度主义和
理性主义于一体的研究方法,表现出了一个重量级学者在方法论训练和运
用上过人之处,但也由于其理论的过于实证而招致了许多批评,同时使他理
论缺乏许多理论和逻辑的论证。本节试图通过梳理民主设计与宪政工程之
间的关系,以期更深入地认识和理解其理论旨趣,同时也为进一步探讨和评
价其民主制度体系,以及共识民主与协合民主的应用,进行理论讨论。

---

① See Arend Lijphart, *Democracy in Plural Societies:A Comparative Explorative*. New Haven
CT:Yale University Press.1977.pp.223-238.

② See Arend Lijphart, *Democracies: Patterns of Majoritarian and Consensus Government in
Twent-One Courtries*.New Haven:Yale University Press.1984.pp.207-222.

③ See Arend Lijphart and Carles H. Waisman, *Institational Design in New Democracies:
Easten Europe and Latin America*. Boulder CO:Westview Press.1996.

④ 参见[美]利普哈特:《民主模式:36 个国家政府形式和政府绩效》,陈崎译,北京大学
出版社 2003 年版,第 222—227 页。

⑤ 参见本书附录"利普哈特著作年表"。

社会发展是一个自然历史过程,是历史主体参与和作用下自然历史过程。在这个过程中,主体表现出强烈的自主倾向,向社会历史施加自己的逻辑,影响甚至改变着历史的发展。这个历史过程中的政治领域,或者说当国家成为独立于社会之上的独立力量时,政治家的作用也就相对独立,因为他不仅依存于社会经济条件,而且在很大程度上也依存于相对独立的政治活动和法律规则体系中。政治理论家和其他平常人一样,是历史过程的主体。他们的思想意识和平常人的思想意识,一样是历史合力的一部分。恩格斯曾经说:

> 在社会历史领域内进行活动的,是具有意识的,经过思虑或凭激情行动的,追求目的的人;任何事情的发生都不是没有自觉的意图,没有预期目的的。……无论历史的结局如何,人们总是通过每一个人追求自己的,自觉期望的目的来创造他们的历史,而许多按不同方向活动的愿望及其对外部世界的各种各样作用的合力,就是历史。①

按照历史唯物主义的观点,社会法律关系是由经济关系决定,它作为一种行为准则以法律的形式表现了社会的经济生活条件和社会的经济政治关系,但是一旦国家成为社会的独立力量时,制度和规则体系也会表现为相对独立领域,而成为远离经济基础的法律体系被法学家,政治学家所创造。对此,恩格斯也深刻地指出:

> 国家一旦成了对社会的独立力量,马上就产生了新的意识形态。这就是说,在职业政治家那里,在公法理论和私法法学家那里,同经济的联系就完全消失了。因为经济事实要取得法律上的承认,必须在每一个场合下采取法律动机的形式,而且,因为在这里,不言而喻地要考虑到现行的整个法律体系,所以,现在的法律形式就是一切,而经济内容则什么也不是,公法和私法被看做两个独立的领域,两者各有自己的独立的历史发展,本身都可以系统地加以描述,并且要求彻底根除一切内部矛盾,以便作出这种描述。②

这也同样适用于民主政治的历史,国家一旦成为独立于社会的力量时,

---

① 《马克思恩格斯选集》第4卷,人民出版社1995年版,第247—278页。
② 《马克思恩格斯选集》第4卷,人民出版社1995年版,第253页。

政治制度作为一种独立于社会的意识形态就会相对独立,并对社会生活发生作用。政治学领域的新制度主义就非常重视民主制度在社会生活中的重要性,主张制度是人类行为最主要的决定因素。马奇和奥尔森两位学者也表达过类似的观点,认为"政治民主不只依存于经济社会条件,也依存于政治制度设计之中"。①

简单地说,制度就是社会规则或规范,为了满足人们组织化和社群的需求或者达成文明社会的共同目标,人们在政治或社会生活中,所建立或积淀起来的调节人与人之间关系的设定或者规范。道格拉斯·C.诺斯认为,制度对于现代社会和人类政治生活来说是如此重要。"构造了人们在政治、社会或经济方面发生交换的激励结构,制度变迁则决定了社会演进的方式。因此,它是理解历史变迁的关键。"②对民主来说制度也是同样的重要,几乎对每一个民主主义者来说,民主在很大程度上就意味着制度或者意味着一系列的宪政规范。如果民主的理念没有被成功地制度化,则民主的规划面和实际面之间就会产生极大的落差。因此,几乎所有的关于民主的讨论在很大程度上都是关于民主制度的讨论。但就民主制度而言,和其他制度一样,就其发生学角度而言,面临着两种选择。正如约翰·密尔在其《代议制政府》第一章中所面临的问题那样:"一切有关政府形式的理论,都带有有关政治制度的两种相互冲突学说或多或少相互排斥的特征,或者,更确切地说,带有关于什么是政治制度的互相冲突概念的特征。"③我们可以把它称为"密尔问题"。密尔问题的内容就是:一种观点认为,政府的形式"严格地说是一种实际的艺术"。"它被完全看做是一种发明创造的事情。"另一种观点和这些人相反,政治制度、或者密尔论的政府形式,把它看成是一种"自然产物",把政治科学看做是自然史的一个分支。"照他们看来,政府的形式不是一个选择问题。大体上我们必须按照它们的现实情况加以接受。

① March,J.G.and Olsen,J.P.,*Rediscovering Institutions:the Organizational Basis of Politics*, New York:Free Ress.1989.p.17.
② [美]道格拉斯·C.诺斯:《制度:制度变迁与经济绩效》,刘守英译,上海三联书店1994年版,第3页。
③ [英]J.S.密尔:《代议制政府》,汪瑄译,商务印书馆1982年版,第5页。

政府不能靠预先的设计来建立。它们不是做成的,而是长成的。"①当然,密尔也是一个支持创制者,他认为政治制度是人的劳作,"它们的根源和全部存在都有赖于人的意志。""政治机器并不自行运转,正如它最初是由人制定的,同样必须由人,甚至由普通人去操作。"②但保守主义的创始人,18世纪英国著名的政治理论学家埃德蒙·柏克和当代新自由主义(neoliberalism)的代表人物哈耶克的观点则与此相反。柏克作为一个保守主义者,他对革命感到厌恶,强调尊重传统是一种自然的方法,认为创新的精神一般都是一种自私的气质和局限的眼光。柏克对于民主基本上是一种拒斥的态度,认为一种绝对的民主制就像绝对的君主制一样,都不能算作是政府的合法形式,与其说是一种健康的共和政体,还不如说是它的腐化和堕落。③关于制度问题,他坚持认为政治体制是自然生成的而不是人为的产物。他认为建立在长期积累的传统之上的政府体制是历史积累的结果,经历了历史的检验,集中了各个时代集体理智和人类众多的关注,要远远优越于建立在推理原则基础之上的体制。对此,萨拜因把柏克这种思想描述为:

> 制度不是发明或制造出来的;它们是活生生的并且不断发展的。因此,必须以尊崇的态度对待它们,以审慎的态度提到它们,对于进行计划和设计的政治家来说,想以冒险而空想的计划搞什么新制度,可能会轻易毁掉他一时心血来潮想要再建的东西,没有哪个新创造的制度能够通行,无论它多么符合逻辑,除非它积累了类似程度的习惯和感情。④

哈耶克曾经详尽探讨了两种不同的社会规则各自的具体性质,这两种规则对应的是两种不同的社会秩序。第一类是自发长出的秩序;第二类是组织。前者是由规则统治,后者是由命令统治。与自发秩序相适应的规则系统是进化而来的而不是人为设计的产物,它是集无数代人经验的长期的一种大规模文化进化的结果,具有理性无法企及的性质。他对规则都是建

---

① [英]J.S.密尔:《代议制政府》,汪瑄译,商务印书馆1982年版,第5—6页。
② [英]J.S.密尔:《代议制政府》,汪瑄译,商务印书馆1982年版,第6页。
③ 俞可平编:《西方政治名著提要》,江西人民出版社2001年版,第169—171页。
④ [美]乔治·霍兰·萨拜因:《政治学说》,邓正来译,商务印书馆1986年版,第687页。

立在一种独特的社会建构观念,持激烈的批判态度,他之称为"建构的唯理主义"(constructivist rationalism),"这种观念假定所有的社会制度都是而且应当是刻意设计的产物。"这一"建构论的唯理主义"智识传统,无论是在其事实的结论方面还是在其规范的结论方面,都可以被证明是一种谬误,因为现行的制度并不完全是设计的产物,而如果要使社会秩序完全取决于设计,那就不可能不在同时极大地限制人们对可资运用的知识的利用。"①哈耶克把人类的理性视为自然秩序和社会秩序的同一过程,他耻笑"建构的唯理主义"是人类对理性局限性无知和理性的"狂妄自负"。"这种荒谬的观念居然认为,人之心智是一种独立于自然秩序和社会秩序之外的实体,而不是社会制度赖以存续的同一个进化过程的产物。"②

波普认为,社会科学的真正方法不是对社会发展进行预言性的历史主义的方法,而是自然科学中行之有效的试错法;渐进社会工程的任务是设计各种社会结构及改造和运用已有的社会结构逐步地、温和地治疗社会弊病。"社会科学的任务不是控制社会整体,全盘改造社会的乌托邦工程,而是逐步地、逐个地、温和地治疗社会弊病,渐进社会工程的任务是设计各种社会建构及改造和运用已有的社会建构。"③他提倡渐进的自然长成的社会建构,坚决反对整体主义的或乌托邦的社会工程。"渐进的技术师或工程师认识到,只有少数的社会建构是人们有意识地设计出来的,而绝大多数的社会建构只是'生长'出来的,是人类活动未经设计的结果。"④波普认为人类对社会制度的整体建构是不可能的,整体性建构可能会带来灾难性的后果。"整体主义无法实际上是不可能的;整体主义的变革越大,他们的未意料到的和极不希望出现的反响也越多。"⑤波普不像柏克和哈耶克那样坚决拒斥

---

① [英]弗里德利希·冯·哈耶克:《法律、立法与自由》,邓正来等译,中国大百科全书出版社 2000 年版,第 8 页。
② [英]弗里德利希·冯·哈耶克:《法律、立法与自由》,邓正来等译,中国大百科全书出版社 2000 年版,第 8 页。
③ [奥]卡尔·波普尔:《历史决定论的贫困》,杜汝楫、邱仁宗译,华夏出版社 1987 年版,第 50 页。
④ [奥]卡尔·波普尔:《历史决定论的贫困》,杜汝楫、邱仁宗译,华夏出版社 1987 年版,第 51 页。
⑤ [奥]卡尔·波普尔:《历史决定论的贫困》,杜汝楫、邱仁宗译,华夏出版社 1987 年版,第 54 页。

制度设计、而是温和地提倡渐进工程,同时他还力主通过人类渐进的自觉地制度设计以防止权力的滥用。在《猜想与反驳》中他不仅强调了好制度的重要性,认为,"人们需要的与其说是好的人,还不如说是好的制度"[1];而且认为好制度对于统治者约束的必要性,"正因为这样,设计使甚至坏的统治者也不会造成太大损害的制度是必要的"[2]。

与审慎的制度设计观点相对应,相当一部分政治理论家积极倡导制度设计。新制度学派的经济学家们更是视为"理所当然"。詹姆斯·M.布坎南,区分了"文化进化"与"制度创新",认为人类虽然无法施加意志于文化进化形成的规则,但对于具体制度的设计是可以有所作为的。"应该把文化进化与规则、制度严格区别开来。前者是指我们不能理解和不能(在结构上)明确加以构造的,始终作为对我们的行动能力约束的各种规则;后者是指我们可以选择的,对我在文化进化形成的规则内的行为实行约束的各种制度。"[3]新制度主义的代表人物诺斯,不仅认为制度是可以自然形成的,而且也是可以人为制定的;制度的生长性与制度的创制性是可以统一的,并不是对立的。他对日益复杂的社会发展条件下的政治设计特有更加坚定的信念,"制度是人类的一种创造。它们是演进的,并为人类所创造。"[4]人们创造制度进行政治设计,目的是调控政治生活,减少专制和遏制政治腐败。孟德斯鸠的"分权理论",美国联邦党的联邦宪法的分权实践说明,制度设计不仅是必要的,而且是可能的,并能做得非常出色。

(四)民主与宪政设计

就整个近代政治理论的基本特征来看,近代以来,西方的政治理论阐述和证论,在自由、平等、法治、正义的原则和精神,在个人与国家、个人与社

---

① [英]卡尔·波普尔:《猜想与反驳》,傅季重等译,上海译文出版社 1986 年版,第 499 页。

② [英]卡尔·波普尔:《猜想与反驳》,傅季重等译,上海译文出版社 1986 年版,第 256—257 页。

③ [美]詹姆斯·M.布坎南:《自由·市场与国家》:吴良健、桑伍译,北京经济学院出版社 1988 年版,第 32 页。

④ [美]道格拉斯·C.诺斯:《制度、制度变迁与经济绩效》,刘守英译,上海三联书店 1994 年版,第 6 页。

会、个人与他人、政府与市场等关系上进行了种种理性思考,从而建构了政治关系的基本框架,在政府与政治制度建构上提出并实践了种种设计与选择,从而构成了西方政治制度的基本框架,这些对当代西方乃至世界各国社会与政治的发展产生了深刻的影响。①

就宪政民主制的形成来看,民主与实践的结合不但是一个民族的政治、经济、文化以及历史机缘等诸多因素错综复杂,相互任用的结果,而且是制度选择的产物。近代以来,西方政治理论围绕如何分配和制约国家权力,如何行使和保障个人权利展开了更加深入的讨论。"强调民主彻底性的激进民主理论更强调人民的力量,民主的要求,国家的权力以及公民权的行使;而强调法治稳定性的宪政民主理论则更强调法制的力量,分权与制衡以及对人权的保障。"②民主与宪政之间的互动与平衡关系此消彼长。"就现代西方政治文明的基本内容来看,民主与法治之间的互动不但昭示了国家主权与法律为两种至上性要求的交叠,在议会主权与宪法至上,人民主权与限权宪法之间保持着持久的强力;而且,还强化了国家与社会的领域分离,在人民主权与人权、公民权与人权,积极自由与消极自由之间要求应有的界限。"③

在西方民主和法制的紧张关系,表现为民主和法治分别对应于两种不同的自由观,即认为自由赖于权威的消极自由观和认为自由依赖于行使权力的积极自由观。问题的核心在于有限政府与积极自由之间的关系。同时这种紧张关系,还可以被看做是克服国家与社会之间的矛盾的两种不同方法。国家的建立对社会来说是必要的,但是它也代表着一种威胁。法治是要约束国家的权力,而民主则是在行使国家权力的过程中动员社会。在立宪主义的传统中,控制行为的消极权力与采取行动的积极权力之间的区别是重要的。立宪主义更多地考虑如何建立控制行为的消极权力,而民主主义则更多地考虑如何获得更多的积极权力。从在历史上看待这一问题,19世纪以来,借助民主制度来约束和控制国家权力,以及这一消极权力地位向

① 参见高建:《重视对西方近代政治思想的研究》,《浙江学刊》2002 年第 1 期。
② 徐大同、高建:《西方政治思史》第 3 卷,天津人民出版社 2005 年版,第 308 页。
③ 佟德志:《民主与法治的冲突与均衡——现代西方政治文明的演进模式初探》,《中国特色社会主义研究》2004 年第 5 期。

积极权力地位的转变成为历史趋势。这一转变就涉及了"创制"与"修改"法律的问题。

民主与宪政之间的紧张关系,归根结底是近代西方资产阶级哲学的二律背反在国家权力领域的必然表现,是资产阶级自身无法彻底解决的问题。但理论家们探求二者统一的步伐一刻也没有停止过,他们试图通过宪法的设计来实现民主与宪政的统一。罗伯特·达尔在对美国宪法进行全面研究后,认为宪法之于民主,其作用十分有限,宪法更不能保障在不具备民主条件的国家实现民主,也不会形成维持和改善民主的条件。他说,"未来的宪政改革家将会明智地认识到,无论宪法在表面上如何规定,它只能达到有限的目标。正如我所指出的,宪法不能保障在不具备民主条件的国家实现民主,维护并改善这些有利于民主的条件,将比任何宪法改革都更有助于实现比较民主的秩序。"①

政治设计特别是宪政设计对人类生活具有重大意义,许多政治家对于政治设计都给予极大关注。美国法学家 P.C.奥德舒克认为人类制度设计对于人类社会的政治、经济社会发展有着十分重要的作用,只有恰当的设计才会给人类带来福祉,而不是灾难。他说:"政治与经济体制是人类的创造物,如果设计不当,就会直接导致政治经济上的失败。因此,这些国家要转变为稳定繁荣的社会,就必须对民主制度的设计与实施给予充分关注,这是不言而喻的。"②

对于制度设计和宪政设计的不同观点,反映了不同理论家的哲学立场和价值认同的不同。在西方哲学史上,古代西方哲学的唯理论与经验论的争论和近代以来的理性主义与经验主义的分扬,就反映了哲学立场和价值思维的旨趣不同。在制度设计领域,不同的理论观点有不同的思想渊源,虽然说这种思想渊源比较复杂,但一定意义上"长成论"更多地与经验主义和保守主义相联系,"创制论"虽然较多地与理性主义与激进主义有联系,但也不能简单地把它们视为理性主义的对等物。

密尔在《代议政府》中告诫人们:"我们必须努力认真考虑两者的根本

① [美]罗伯特·达尔:《美国宪法的民主批判》,佟德志译,东方出版社 2007 年版,第114 页。
② 刘军宁:《市场秩序与公共秩序》,三联书店 1996 年版,第 94 页。

立足点,并利用两者中含有的全部真理。"①哈耶克的"演进理性主义"与
"建构理性主义"区分,也给予人们同样的启发。"成长论"注重把制度看成
是社会有机体的组成部分,注重把政治和制度融入自然和社会习俗中考察,
坚信政治制度是经过社会历史审慎选择的结果,是社会有机体新陈代谢的
自然生长物。保守主义基于人理性是有局限的经验主义哲学立场,认为人
为的对社会进程作有意识的控制的各种诉求,可能会导致自由的丧失,进而
摧毁文明。保守主义的以渐进和改良为宗旨,竭力遏制人类"理性"自负的
社会发展观,这种观点具有其内在的理论逻辑与理论说服力,在一定条件下
和一定社会领域是符合社会发展实际的,有其特定的理论价值。例如,在社
会文化领域,文化的发展是最具历史惯性与保守性的。任何飓风暴雨式的
革命,可能都是徒劳的。然而保守主义过分拒斥人类社会历史发展中的自
觉因素,这又使它走向了极端,也不符合社会历史发展的逻辑,它忽视了人
的主观能动性和社会历史发展的主体作用。与之相反,"创制论"基于人类
理性发扬的哲学立场,注重社会主体对社会发展的理性因素,认为社会发展
是人为的结果,而不是自然长成的,"社会秩序是建造物,而不是长成物",②
强调政治生活中人的主观能动作用。"政治生活的安排有优劣之分,我们
不必听天由命。"③而这些观点的事实支撑也比较充分,从古至今,各种制度
的形成都有设计、创制的因素在里边,特别是在社会革命和重大变革的历史
时期,这些因素尤其明显。从理论上讲,人类制度不可能先验地存在,作为
人类社会的"规则",只能来自社会活动的主体自身。

　　从某种意义上说,保守主义的"成长论"比较偏重于价值判断,多属于
"应然"的范畴,注重揭示制度变迁的内在动因和自然历史过程。强调人主
观能动作用的比较激进"创制论"则偏重于事实判断,更多时候在"实然"的
范围内居于优势,强调制度变迁的横截面及其功利价值。前者在历史发展
过程中,在实现社会领域更富有"自发秩序"的哲学价值,后者在历史微观
领域,在具体的历史时期,更具有肯定主体创造精神的实用价值。如果把二

① [英]J.S.密尔:《代议制政府》,汪瑄译,商务印书馆1982年版,第7页。
② [美]爱德华·罗斯:《社会控制》,秦志勇等译,华夏出版社1989年版,第10页。
③ [美]斯蒂芬·L.埃尔·金等编:《新宪政论》,周叶谦译,三联书店1997年版,第
1页。

者放在同一历史进程之中,二者则具有相互补充、互济所缺的价值。

历史唯物主义认为,政治制度属于历史的范畴,它是社会经济关系的产物,生产方式的变迁与发展是一切社会变迁的最终决定因素。广义的制度是人们习以为常的习惯或规范的行为方式和规则的产物。按照恩格斯观点,"这个规则首先表现为习惯,后来便成了法律。"①"习惯"是特定社会过程和文化模式的规则,法律则不然,它主要表现为一定历史时期具体的法律、法规和一定时期的政策。习惯则更多地表现为文化进化形成的规则,它是在社会互动影响中,渐进演变而发展的。法律则是在一定社会条件和社会情境中,根据需求和实际而自觉设计,设置的是可以选择、制定或更改的。在制度主义看来,在制度的形成的终极层次上,制度是一定社会经济社会关系的产物。在制度的供给和满足社会政治需要层面上,制度取决于社会供求关系的可设计、可创制的产物。任何社会的创制与设计,都必须充分考虑到制度的变迁与一定的具体社会条件、历史文化传统、信仰体系等这些带有根本性制约因素的关系,都是一定社会现实条件下的有限创造行为。

二、协合民主的制度考量

利普哈特的民主理论是一种典型的宏观理论,在西方学术界也被称之为巨型理论(grand theory)。② 在这种宏观理论架构中,一次把许多种制度及其可能的影响面向一起提供出来。无论是利普哈特 20 世纪 60 年代的《协调的政治》(1968),70 年代的《多元社会的民主》(1977),还是 80 年代的《当代民主类型与政治》(1984)、90 年代的《民主模式》(1999),可以说都是这种宏观理论的典型,或者说是宏观制度研究的典型。用制度主义政治学的话来说,检视这种宏观理论是件非常困难的事情。在本节中,首先回顾利普哈特制度模型的根源,并讨论其涉及的各种制度是如何朝向理想民主类型(ideal-types)聚合(converge)在一起的。

---

① 《马克思恩格斯全集》第 18 卷,人民出版社 1979 年版,第 309 页。
② See Merton,R.K. *Social Theory and Social Structure*,New York:Free Press.1957.pp.3–17. 在这本书中,Merton 把理论类型划分为巨型理论(grand theory)与中型理论(middle-range theory)。

（一）荷兰经验：协合式民主的行为主义而非制度主义的分析

按照利普哈特的看法，全世界大体上有两种类型的民主。那就是威斯敏斯特民主（或多数民主）和共识民主。而这两种民主类型的结构，包含了民主所有类型的制度在内。事实上，绝大多数国家的民主都是不一样的，都有自己特定的历史传统、民主文化和制度体系，或者温和一点说，都只是或多或少较接近于这两种理想类型的一种，纯粹的理想形式的民主，并不存在于现实民主实践中。

利普哈特的民主理论，是从单一个案研究推广至多国比较，归纳成巨型理论的典型例子。利普哈特成功地将他 1968 年研究荷兰民主时的发现，延伸为对世界上所有民主政体的分析研究，最后归纳为 1999 年"民主模式"。

利普哈特最早的研究对象是荷兰，最早的关注点是尽管存在着深刻的宗教分歧，荷兰还是能保持长期的政治稳定记录。他把这种政治稳定归因于该国精英行为——这种非正式制度上面。这种机制或制度包含着大型联合内阁，精英卡特尔（elite cartels）社会协定等。并从阿尔图休斯（J. Althusius）1610 年的《系统化的政治》中，借用拉丁文"Consociatio"（原意为"协定"或"契约"）并从中引申出"协合主义"（consociationalism）用来指称荷兰的这种民主制度。

20 世纪 50 年代到 60 年代，也就是第二次世界大战结束的二三十年间，整个世界格局受三大运动力量的支配，即社会主义、资本主义和第三世界的民族主义（即民族解放和民族独立运动）。其中，社会主义和资本主义两大力量和两阵营的对抗起着主导作用，这三种运动力量的相互交织，使西方思想界发生了深刻的变化，在西方社会形成强大向"左"转的潮流的同时，也激起了反社会主义的右翼力量的聚集。在这样的背景下，政治稳定和民主存续的条件成为西方学术界广为关注的一个话题。阿尔蒙德、利普哈特、达尔等一批重量级的西方政治学家在这一时期、这一领域均有所建树。[1] 这些研究引发了三个相关议题的讨论。

[1] See Almond, G. A. Compartive Political Systems, *Journal of Politics* 18. 1956. Lipset, S. M. *Political man*, Garden City, Ny: Doubeday. 1959. Dahl, R. A. *Political*. New Haven, CT: Yale University Press. pp. 391-409.

一是他们试图解释为什么某些西方发达的工业国家,尽管信守着各种民主制度,却还是无法避免明显的政治不稳定现象,如威玛共和时期的法国,第三与第四共和之下的法国以及第二次世界大战之后的意大利。二是某些西方国家为什么没有选择民主体制,而朝向威权体制,如意大利、德国、西班牙和葡萄牙。三是在某些国家不但会产生政治不稳定,而且还会导致内战和无政府状态。例如北爱尔兰、西班牙等国家。政治稳定在这些议题中变得相当复杂,已成为民主与稳定相互交织的问题。

利普哈特的《协调政治》便是关于民主与稳定政治的方面的研究,他在反思英美式民主制度和对荷兰协合式民主经验的总结基础上,提出世界上存在着另一种与威斯敏斯特民主制度不同的制度安排,这种民主体制就是协合民主。协合式民主同英美式民主一样可以保持政治上的稳定。利普哈特认为,荷兰民主的特殊性是精英的协调与合作,这种精英合作使荷兰的多元社会民主一样能保持政治稳定。

结构功能主义是指把社会看做一个有机系统,通过探讨社会结构和功能从而达到揭示社会运行规律的研究方法。政治学领域结构功能主义是阿尔蒙德在其《比较政治体系》(1956)、《发展中地区的政治》(1960)及《比较政治学:发展的路径》逐步建立并使用的一种比较政治学的基本方法。结构与功能具有不可分割性和互相影响转化性,任何结构都会产生特定的功能,任何功能也必定来自于某种结构。深受阿尔蒙德影响的利普哈特,他把荷兰的精英合作与政治稳定视为荷兰多元社会结构的产物。高度的社会分裂状态是"指政治分歧沿着区块间隙(segmental cleavages)而产生,而且分歧的界限特别显著"①的社会多元状态,这种多元社会提升了政治的不稳定性,甚至会出现周期性的政府危机和政治暴力。然而,利普哈特根据阿尔蒙德的分类架构理论——间隙横切和成员身份交叠理论,分析了荷兰的多元社会中区块间隙及其彼此横切的方式——区块的大小及其间的权力平衡,分析了间隙大小和组成方式对感情强度的影响。他通过分析荷兰多元区块间横跨性忠诚②(overarching loyalties)调节和反映区块间隙的强度,认为20

① Alan Zuckerman,Political Cleavage:A Conceptual and The recital Analysis,*British Journal of Political Science* 5,no.2(April 1975).pp.231-248.
② 横跨性忠诚是指能够为整个社会,或特定区块创造出来的凝聚力量。

世纪的荷兰同时经历了激烈的宗教分歧和高度的社会政治稳定,其根本原因是区块精英的合作与协调。①

行为主义方法是受心理学影响,关注社会化和人的学习过程,行为动机、人们的某种政治观念和态度,观察它们的一致性,并据此解释政治行为政治机构运作和政治结果的一种研究方法。利普哈特所谓的精英和解与协调是泛指各种不同类型的精英合作机制,其中也包含了政治制度的因素在内。荷兰的政治乃是协调的政治,也就是该国之所以成功的秘诀。协调在此意味着:当一个社会只存在最小幅度的一致性时,针对各种分歧性议题与冲突所采取的解决手法。②

由此可见,利普哈特在其早期的著作中,更加注重行为面的分析而非制度性的比较,早期的协合民主更多意义上是个案研究基础上的行为主义的民主政治型态。在《协调政治》中,只需要多元区块的政治精英之间进行讨价还价,达成协议形成共识,这些协议和共识并不需要制度化的正式批准,也不需要明确地上升为正式的国家制度,这种民主形态成功的关键在于精英们实际民主运作过程中的协商行为、合作行为。这种协商、合作行为也包括精英们在大型联合政府的参与与合作,以及在政府运作之外签订正式的或非正式的协定等所有行为。这种行为一方面可以促进精英们对政治行动和政策制定行为的相互了解,相互合作,另一方面在了解与合作过程中调节了精英们所代表的区块的差异,促进了他们之间的相互包容。

(二)《多元社会的民主》:协合民主的制度主义分析

如果说在 1968 年的《协调政治》中,利普哈特的民主研究是行为主义的,用一个小国的民主经验反思竞争性民主的话,那么经过十年的研究,到了 1977 年的多元社会的民主,利普哈特才对他的协合民主理论作出了清晰的制度层面的探讨。在《多元社会的民主》中,利普哈特的理论主题依然是多元社会的社会分歧与稳定民主之间的关系上,他的研究由个案研究扩展

① See Arend Lijphart, *Dermocracy in Plural Societies A Comparative Exploration*, New Haven: Yale University Press.1977.pp.75–83.pp.99–103.

② See Arend Lijphart, *The Politics of Accomdation*: *Pluralism and Democracy in the Netherland*, Berkdley.CA: University of California Press.1968、1975(2nd editor) .p.103.

到比较分析,研究对象由荷兰一国扩展到奥地利、比利时和瑞士,研究焦点由行为分析扩展到偏重于制度比较和分析。

首先,利普哈特赋予协合民主以机制性的制度体系,尽管这种制度机制,有的是规范层面的,有的是宪法层面的制度。他的协合民主概念可以用四个方面的制度特征来予以界定,即联合政府(grand coalition)、相互否决(mutual veto)、比例性(proportionality)标准和高度自治。其中最重要的是联合政府。利普哈特说:

> 联合民主可以用四个特征来界定,其中首要的部分也是最重要的特征是由多元社会中所有区块的政治领袖组成一个大联盟政府。这个大联盟可以有数种不同的形式,例如议会制政府中的联合内阁,或者组成具有重要咨议功能的联合咨询委员会,或者在总统制中由总统与其他重要职位合组的大联盟。①

除了大型联合政府之外,还有三种协合机制:相互否决或"协同多数"(concurrent majority),这是用来作为对关键少数的利益进行额外保障的机制;比例性原则包括政治代表、公职任命及其他公共财源的配置,都按比例进行分配;高度自治是授予每个区块以高度自治权来管理内部事务。② 这四项特征表现在制度层面可以是不同的制度安排。联合政府可以表现为联合内阁制度,联合政府制度、委员会制度及宪法规定某些事项需经过特别多数的表决制等;少数否决可以体现为少数否决制等;比例性原则可以表现为比例代表制、比例分配制等或是以其他能体现比例性原则的选举制度,公共资源的分配制度的建构等,高度自治可以体现为联邦制或其他区域自治制度等。

其次,在此四个主要原则中,利普哈特认为,联合政府机制最有利于促进民主的稳定,它是协合民主的核心机制。在分裂的社会中,大型联合内阁可以促进民主的稳定。在民主政体中,可以发现三种类型的联合内阁:即大型联合内阁,最小获胜内阁和少数联合内阁。联合内阁的组成就意味着讨

---

① Arend Lijphart, *Dermocracy in Plural Societies A Comparative Exploration*, New Haven: Yale University Press.1977.p.25.

② See Arend Lijphart, *Democracy in Plural Societies A Comparative Exploration*, New Haven: Yale University Press.1977.p.25.

价还价,意味着靠协商来解决彼此的争议、靠妥协来实现彼此的包容,意味着需要制定有约束力的协议来维持彼此尊重的政治文化的支撑,这本身就是民主政治的特征之一。利普哈特要求的政府形式必须是超过一个政党以上的真正的联合内阁,以获得不仅仅是简单的过半以上的国会成员的支持。这样要求的结果不会是内阁的稳定,可能是内阁的更迭。但利普哈特认为,大型联合内阁的更迭,并不意味着政治的不稳定,因为这种情况大多是内阁成员职位的调整,而非内阁成员的彻底更换。① 按照罗肯(Riker)观点,依照赛局理论,最小获胜内阁,最能让政府审慎每项政策,而且也唯有这种政府最持久和最稳定的政府。② 大型联合内阁是不稳定的,因为各政党都会想到,一旦缩减大型联合内阁的规模(也就是把某些政党踢出去),自己政党所得到的政治权力会更大。利普哈特认为,少数政府也并非是稳定的,因为他们的政策,不会得到来自立法机关的充分支持。

利普哈特认为,联合政府的存在还可以提高民主的水平。从规模角度而言,"所有公民间广泛的意见一致,似乎比简单的多数决更民主。"③因为在同质社会中,"越是讨论重大或重要的议题,其意见便应该越接近于普遍的全体一致。"④在实践上,同质社会的意见分布于形态上一致,范围上相对狭窄(亦即存在着相当广泛的共识),所谓的多数与少数事实上意见差异不大时,多数原则是非常适合的。但是"在一个人口区块明显分隔,且具有潜在敌意的政治系统中,实际上所有的决策都被看做是伴随着庞大的赌注;在这种情况下,严格的多数决策很可能对系统的团结与和平造成很大压力"。⑤ 因此,多元社会采用大型联合政府有利于提高民主的水平。同时,利普哈特认为,即使在同质社会中,大联盟也可以被当做处理国内、外重大

① 参见[美]阿伦·利普哈特:《民主模式:36个国家的政府形式和政府绩效》,陈崎译,北京大学出版社2006年版,第97—101页。

② See William H.Riker, *Federalism: Origin, operation, significance.* Boston: Little, Brown and Company.1964.

③ Arend Lijphart, *Dermocracy in Plural Societies A Comparative Exploration*, New Haven: Yale University Press.1977.p.28.

④ Arend Lijphart, *Dermocracy in Plural Societies A Comparative Exploration*, New Haven: Yale University Press.1977.p.28.

⑤ Arend Lijphart, *Dermocracy in Plural Societies A Comparative Exploration*, New Haven: Yale University Press.1977.p.28.

危机的暂时性措施。例如,在英国第二次世界大战期间的联合内阁。在美国水门事件达到高潮时期,达尔也建议,在尼克松去职期间,先行成立一个两党政府,这名过渡阶段的总统应该是"不从属于狭隘的政党依附",且内阁职位应"多少公平地分配于民主党与共和党之间",白宫成员的高级官员,"同样地应该多少平均地从两党中选拔而出"。这"尽管对于美国人而言显得新鲜而陌生,但此一提议中的每一部分,完全与美国人所熟悉的以及与美国的宪法精神相一致。在若干其他国家里,都是在关键时期,藉由大联盟来缓和党派激情并强化共识,以达成国家的团结与稳定"。① 而在多元社会中,"危机"内含于这种社会的本质之中,它不只是一种暂时性的紧急状况,因此政治的稳定与共识的形成必须诉诸长期的大联盟。

在利普哈特1977年的著作中,他明显地偏重于个案研究,比较研究在很大程度上是其个案研究的补充。他把个案定位于某些特殊国家上,这些国家的共同特点是多元社会,即该国因族群与宗教的分歧而导致高度的社会区块分裂。由于社会的区块分裂而导致政治上的不稳定或政治上的潜在不稳定,而协合民主机制是成功抵消这些国家朝向不稳定的有效机制,由于这些机制的存在,多元社会并未导致这些国家的政治不稳定。

利普哈特认为其他三个机制相互否决、比例性及区块自治是联合政府的必要补充,这四种机制的相互作用,是对纯粹多数决的一种偏离。

利普哈特的相互否决来自于卡尔宏(John C.calhoun)的"协同多数"(concurrent majority),它以保护少数的权益为主要目标。卡尔宏认为:协同多数赋予每一区块"以保护其身的力量,并且将每一个区块的权利与安全放置在可以被安全放置的地方,即放置于他自己的守护之下。若不这么做,将无法系统地、平和地、或有效地抗拒使每一区块陷于相互冲突的本然取向"。② 利普哈特认为,少数否决的最大危险性在于其可能导致少数专制,但这种危险几乎很少存在,原因是如果频繁地使用否决权,其他少数也会同样频繁地使用;它只是提供了一种潜在的安全感,致使它不会被轻易地使用;无节制地使用可以导致僵局和瘫痪,使整体利益和共识永

---

① Robert A.Dahl, A Bipartisan Adminitration, *New York Times*, November 14, 1973.

② John C.Calhoun, *A Disquistion on Government*. ed. C. Gordon Post. New York: Liberal Arts Press, 1953. p.28.

远无法达成。[①]

相互否决即使是在这四个案例中,也不完全一致,荷兰与瑞士是非正式的相互否决权的案例、奥地利是由社会政党与天主教党的领袖在每一次的联合政府组成之前,正式地加以确认的。比利时的相互否决是在天主教、社会主义与自由主义等精神性派阀之间的一个非正式原则,宪法确认的只是用来处理涉及不同语言群体问题可以使用。所以在很大程度上,相互否决不具有制度性意义。当然,在利普哈特后期的共识民主理论中,淡化了相互否决,并不把它作为一项制度进行讨论。

比例性原则是与大联盟原则紧密相结合的一项原则。它是在不同的区块间分配公职以及以政府辅助形式分配稀有公共资源的一种方式。它有助于消除决策过程中为数庞大的潜在性分歧,减轻了联合政府的负担。在决策过程中,"所有群体依其数量实力的比例影响决策","在政策问题上,一个大致按比例的影响力的分配,通常仅有当该决策是在所有群体的参与者间协商交涉的情况下,才得以确保。"[②]就此意义而言,比例性原则是大联盟原则的必要补充。用利普哈特的话说,"不仅所有的重要区块在决策机构中都应有其代表,而且它们的代表权应该按比例分配。"[③]比例性原则的另一项重要内容是"超额代表权",即让少数或若干少数拥有超额代表,使其达到与多数或最大群体拥有等量的代表权。比例性原则往往体现在选举中的比例代表制和超额代表权,具有一定的制度性意义。

区块自治是指在少数专属事务领域,由少数自我决定的一种治理方式,它是大联盟原则在治理逻辑上的必然结果。与共同利益相关的所有事务应该由所有区块依据大致的影响力比例来做决定,除此之外的所有其他事务的决策与执行,则保留给个别区块。这就是区块自治。区块自治的一种特殊型态是联邦制。利普哈特认为,"联邦制与协合民主有若干共同之处。"

---

① See Arend Lijphart, *Dermocracy in Plural Societies A Comparative Exploration*, New Haven: Yale University Press.1977.p.37.

② Jury Steiner, The Principle of Majority and Proportionality, *British Journal of Political Science* I, no.1(Janurary 1971).p.63.

③ Arend Lijphart, *Dermocracy in Plural Societies A Comparative Exploration*, New Haven: Yale University Press.1977.p.39.

两者不仅都对组成国家的各个区域授予自治权(这就是联邦制最重要的特征),同时也都让较小的次级单元在"联邦"议会中拥有超额代表,因此,联邦理论可被视为协合民主理论一种有效的、特殊的形态。同样地,当多元社会是一个"联邦社会"——亦即每一个区块在地理上集中,且与其他区块各自分立;或者换一种方式来说:区块间隙与地域间隙相一致时,联邦制可以被当做一种协合民主的方式来运用。① 可见,利普哈特把区域自治视为联邦制理念的普遍化。事实上,西方联邦制理论中,也就有领土性联邦与非领土性联邦的观点,领土性联邦概念比较普遍,非领土性联邦概念与民族问题,宗教问题和文化问题等相联系。② 利普哈特认为领土型联邦制和非领土型联邦制在协合民主国家中却扮演了重要角色。领土型联邦制在瑞士尤其重要,荷兰、奥地利、比利时的自治体系与非领土型密切相关。

联邦制作为一项基础性的国家制度是西方民主国家的一项重要制度,把民主制与联邦制结合起来,并认为在民主表现上联邦制国家比单一制更好,在西方是一个饱受争议的话题。但在利普哈特这里,联邦制成了一个重要的协合民主原则,虽然在其后期共识模式民主中,其作为分享权力的重要性略有下降,但也是共识民主第二个维度的核心因素。就制度影响力而言,没有充分的论据能够证明联邦制与民主之间有制度意义的因果关系。

三、共识民主:制度的聚合性与优越性

罗伯特·达尔在《论民主》中说:"一个以民主的方式治理的国家需要哪些条件? 它至少必须具备某些政治的安排、惯例或制度,尽管这些东西也

---

① See Arend Lijphart, *Dermocracy in Plural Societies A Comparative Exploration*, New Haven: Yale University Press.1977.p.42.

② See Otto Bauer, *Die Nationalitatenfrage und Sozialdemokatie*. Vienna: Wiener Volksbuchhandlung.1907.p.8.pp.353–363.另参见: Karl Renner. *Das Selbstbestimmungsrecht der Nationen in besonderer Anwendung auf Osterreich*. Leipzig: Deuticke.1918; Carl J. Friedrich, Corporate Federalism and Uinguistic Ploitics, Paper presented at the Ninth World Congress of the International Political Science Association, Montreal, 1973.以及 Karl Am, "Culture Autonomy of Ethic Minorities in Estonia:A Model for Multicultural Society?" paper presented at the Third confence of Battic Studies in Scandinavia, Stockholm, 1975.

许还不足以使国家达到理想的民主标准,但会使它大大接近这一标准。"①
从某种意义上说,民主政治可以是一种惯例、成文法或宪法,也可以自己就
构成一部宪法或一套宪政惯例。就此意义而言,现代民主政治是一种制度
现象。现代民主政治制度设计的初衷就是使人民主权成为可能。人民主权
的字面意思就是"人民集体"来行使国家的最高统治权威;对于解决国家社
会中人与人之间的冲突及各个政治势力之间的冲突,人民集体的意志具有
最高的统治权威。而这种权威的保障往往需要一套宪政体系来支撑。现代
宪政是一种以民主为基础,以法治为形式,司法为保障,分权制衡为手段,以
保障人民权力为终极目标的政治体制。孟德斯鸠是现代宪政理论最具代表
性的一位理论家,他认为每个国家都有自己的法律(或规范)精神,一个国
家的制度,可能经历长达几个世界的制度革命和制度积累才得以形成,而制
度遗产则反映了这个国家过去的历史。每个国家的制度也只有放在国家整
体的大环境之下来检验,这些制度才会有意义。② 这种观点是制度主义中
整体论的观点。韦伯与孟德斯鸠不同,韦伯认为,某一政治体系下的许多政
治制度都会朝向同一种精神或目标,或者是同一种制度,在不同的政体中会
有不同的表现形态,但它会分别朝向该政体背后的某种精神或逻辑进行转
变。这就是制度的连贯性和聚合性的观点。③

　　利普哈特的共识民主和协合民主制度体系的建构,更多意义上是行为
主义的个案研究,他的基本方式是以某些国家的民主经验或民主制度个案
特征的总结,然后以这些国家民主制度特征为基础,上升为一般性的民主模
式,成为民主模式制度体系的。因此,他的制度体系饱受争议。某种意义上
说,利普哈特的共识民主制度的聚合性或连贯性是相对的,是此国与其他国
家比较的结果。在利普哈特共识民主理论中,存在着两种不同类型的民主,
即共识民主和多数民主。多数民主制度朝向权力集中聚合,而共识民主的

---

① [美]罗伯特·达尔:《论民主》,李柏光、林猛译,商务印书馆 1999 年版,第 91—
92 页。
② 参见[法]孟德斯鸠:《论法的精神》(上),张雁深译,商务印书馆 2004 年版,第 6—7、
364 页。
③ See Max Weber, *On Law in Economy and Society*, Cambridge: Harard University Press.
1954.p.277.

制度则朝向权力分享方向聚合。利普哈特的这种聚合之所以存在争议,是因为,不管是他说的多数民主国家,还是共识民主国家,都是宪政国家。宪政就意味着分权,意味着行政权、立法权与司法权的三权分立与制衡,宪政的分权或者权力分享是现代民主政治的典型特征。利普哈特的共识民主的权力分享,都是在宪政框架内国家权力分设基础之上的体制内的各种政治团体或政治势力对国家权力的分享。所说的权力集中,也是宪政体制内的某个强势政治党派、政治势力对国家权力的主导与集中,在此意义上其权力集中和分享是成立的。我们所说的制度连贯性和一致性是相对的,也是在宪政体制下,不同类型政体或同一类政体的民主制度的特征的连贯性和聚合性。

在《民主的模式:36 个国家的政府形式和政府绩效》中,利普哈特归纳出了多数民主和共识民主两种民主模式的制度和规则方面 10 个差别,并把这 10 个方面的制度因素放到纵横两个维度上的加以论述。一个是横向的行政机关——政党维度,利普哈特又称之为责任共担维度,一个是纵向的联邦制——单一制维度(又叫共享权力维度)。第一个维度包括行政权力、政党制度、选举制度、利益集团制度、行政机关与立法机关的关系 5 个方面的制度和特征。第二个维度包括单一制与联邦制、立法机关制度、宪法制度、司法审查制度与中央银行制度等五个方面的制度和特征。利普哈特认为,理论上两种民主模式中这 10 项制度分别沿着权力集中和权力分享的制度精神,都有自己的逻辑一致性和连贯性;实践中,两种民主模式各自的制度是共生的。"因为多数民主模式的各项特征源自同样的原则,所以从逻辑上讲它们是联在一起的,在现实世界中也可以把它们视为是共生的;共识民主模式的各项特征也是如此。"①

(一)多数民主与共识民主的制度聚合性

利普哈特认为,多数民主的 10 项制度都朝向权力集中聚合。在行政机关——政党维度上,行政权力集中于一党多数内阁;行政机关与立法机关的

---

① [美]阿伦·利普哈特:《民主模式:36 个国家的政府形式和政府绩效》,陈崎译,北京大学出版社 2006 年版,第 2 页。

关系上,行政机关属于优势地位;政党制度是典型的两党制;选举制度是非比例的选举制度;利益集团制度是自由竞争的,多元主义的利益集团制度。在联邦制——单一制维度上,多数民主是中央集权的单一制政府;在立法权上,立法权集中于一院制立法机关;宪法表现为只需要多数赞同即可修改的柔性宪法;司法审查方面,立法机关对其所通过的法律的合宪性有决定权;中央银行依赖于行政机关。① 当然,利普哈特自己也承认在现实民主国家中,纯粹的多数民主模式实际上是非常罕见的。"仅限于英国,1996 年以前的新西兰以及加勒比海的前英国殖民地(就行政机关——政党制度而言)。大多数民主国家中,共识民主的特征都很显著,甚至处于支配性地位。"②

批评者的意见是这 10 个方面的制度特征不能够构成权力集中或行政部门优势地位的充分必要条件。一是这 10 项制度相加,不是构成权力集中或行政部门优势地位的必要条件;二是 10 项制度单独存在不能构成权力集中或行政部门优势地位的充分条件。③ 他们认为,对权力集中而言,不成文宪法这项条件几乎是完全不必要的。英国的内阁制是符合"政府是国会最首要的行政部门,而所有权力皆源自国会至高无上的立法权"之制度精神的制度;而采用成文宪法的国家也可以秉持和英国这项宪政惯例非常相似的制度,例如挪威等北欧国家。因此,"权力集中并不意味着一部不成文的宪法;中欧许多国家都采用成文宪法,但是却分别享有不同程度的行政部门优势。"④

就总统制而言,采用总统制的国家,总是需要以多数决的方式来产生。就此意义上说,可以把这种政体诠释为一种多数决制度,但这并不一定意味着行政权力的集中和行政部门的优势地位。因为现实中的总统权力,总是"被各种各样的额外条件加以限制"。⑤ 另外,典型的总统制,意味着行政、

---

① 参见[美]阿伦·利普哈特:《民主模式:36 个国家的政府形式和政府绩效》,陈崎译,北京大学出版社 2006 年版,第 2 页。

② [美]阿伦·利普哈特:《民主模式:36 个国家的政府形式和政府绩效》,陈崎译,北京大学出版社 2006 年版,第 5 页。

③ 参见[瑞士]J.E.赖恩、S.爱尔森:《新制度主义政治学》,何景荣译,台湾韦伯文化国际出版有限公司 2003 年版,第 311 页。

④ [瑞士]J.E.赖恩、S.爱尔森:《新制度主义政治学》,何景荣译,台湾韦伯文化国际出版有限公司 2003 年版,第 311 页。

⑤ [瑞士]J.E.赖恩、S.爱尔森:《新制度主义政治学》,何景荣译,台湾韦伯文化国际出版有限公司 2003 年版,第 312 页。

立法与司法权的权力分享,那么,"主张总统制属于共识模型,看起来是蛮自然的一件事。"①

就单一制国家而言,单一制并不一定就是以权力集中的精神为宗旨的。单一制国家的地方政府也有可能行使比较大的财政自主权,也可能分担了许多中央政府的职权,并且享有自行处理事务的权力。另外单一制国家也可能让相当大的地区享有几乎完全的地方自治,因此,"单一制国家可能让相当多的地区享有几乎完全的地方自治;单一制国家可能像中欧各国,英国和法国如此的中央集权化,也可能像北欧各国、西班牙与意大利那样的地方分权化。"②并不能由此得出结论说,单一制国家一定是中央集权国家。

关于司法审查制度。司法审查是法官或宪法法庭检查成文法的合宪性权力和制度,它意味着司法机关对行政部门支配地位的限制。反对意见认为,没有司法审查制度,并不一定能得出行政部门居优势地位的结论。"在任何谨守法治精神的民主国家里,都会有着限制政府行政部门权力的司法制度。"③以欧洲国家为例,所有没有司法审查制度的国家,都有各种的司法或准司法制度,让人民纠举公共部门的缺失,有些国家的国会有自己的监察使,来检视自己的行政部门。例如,丹麦的监察使制度,法国的宪法委员会制度对行政部门地位的限制作用也是非常明显的。

关于选举制度,批评者的观点认为,相对多数决和绝对多数决的选举方式能导致"人为的"多数出现,并据此组成多数政府,但不能就此推出比例代表制意味着行政部门不具有优势地位的结论。意大利的基民党政府、挪威的工党政府、瑞典的社民党政府都是比例代表制的产物,但并未对行政部门的地位造成多大变化。④

---

① ［瑞士］J.E.赖恩、S.爱尔森:《新制度主义政治学》,何景荣译,台湾韦伯文化国际出版有限公司2003年版,第312页。
② ［瑞士］J.E.赖恩、S.爱尔森:《新制度主义政治学》,何景荣译,台湾韦伯文化国际出版有限公司2003年版,第312页。
③ ［瑞士］J.E.赖恩、S.爱尔森:《新制度主义政治学》,何景荣译,台湾韦伯文化国际出版有限公司2003年版,第312页。
④ ［瑞士］J.E.赖恩、S.爱尔森:《新制度主义政治学》,何景荣译,台湾韦伯文化国际出版有限公司2003年版,第313页。

立法机关制度更是比较具体和复杂。只是单纯的一院制国会或下议院权力大过上议院权力的两院制国家议会制度,也不能代表行政部门就一定享有优势地位。这还需要各国国会和具体权力分配,如果两院分别由不同的政治势力主导,对称型的两院制确实能限制政府部门的主宰地位。就不同的一院制和不对称的两院制而言,也并不具备支持权力集中的条件,是否支持权力集中还要具体分析该国的议会制度贯彻了哪些制度。"原则上,尽管一院制国会体系之下行政部门优势地位容易出现,但是其实一院制体系对行政部门的地位,并没有太大影响。"①就实际来说,关于国会两院的对称问题,几乎所有的欧洲民主国家,都采用不对称的两院制或一院制国会,不能由此说它们都是和威斯敏斯特民主一样的权力集中国家。就联邦制国家而言,瑞士是真正的双元联邦制(dualistic fedtrlism),它的情况比较符合利普哈特的观点,但德国和奥地利的行政机关地位的优势与否"实际上也和其他国家大同小异"。②

批评的意见还认为,行政部门的优势地位,似乎和最小获胜规模政府的采用有关,但这也并不意味着,超量联合政府行政部门优势地位就无法出现。典型的反例就是奥地利的大型联合政府,由两大党垄断了政治权力数十年,而未中断维也纳中央政府对各地的统治。

相应地,利普哈特认为共识民主的10项制度都朝向权力分享聚合。在行政机关——政党维度上,内阁制度是广泛的多党联合内阁,行政权在广泛的多党内阁中分享;行政机关与立法机关的关系上,行政机关与立法机关权力平衡;政党制度是多党制;选举制度是比例代表制;利益集团制度是相互协调的,旨在达成妥协与合作的"合作主义利益集团制度,在联邦制——单一制维度上,共识民主国家都采用地方分权的联邦制;立法机关制度是由同样强大但构成不同的两院制,立法权在立法机关两院分享;宪法是只有经过特别多数通过才能修改的刚性宪法;严格的司法审查制度,法律的合宪性要由最高法院或宪法法院通过司法审查予以裁定;独立的中央银

---

① ［瑞士］J.E.赖恩、S.爱尔森:《新制度主义政治学》,何景荣译,台湾韦伯文化国际出版有限公司 2003 年版,第 313—314 页。

② ［瑞士］J.E.赖恩、S.爱尔森:《新制度主义政治学》,何景荣译,台湾韦伯文化国际出版有限公司 2003 年版,第 314 页。

行制度"。① 这十项制度的聚合性,利普哈特自己认为是高度聚合的,他说"大多数民主国家中,共识民主的特征都很显著,甚至处于支配性地位。"② 但罗伯特·达尔在高度评价共识民主(协合民主)在解决多元社会政治融合上的实践作用之后,也无不感叹:"合作式民主成功的例子极为罕见,原因是它们的需要的条件太过稀罕了。"③

批评者认为,利普哈特的共识民主是一种理想型的架构,所谓理想架构是运用两个极端的例子对比所产生的虚拟架构。共识民主模式是一种"对关键特征夸大的表示,是概念上的纯粹性。事实上,这种纯粹性并不存在"。理想型架构不仅反映了学者的想象,同时学者们也会凭借这些想象来检视实际存在的类型。"李帕特建构共识型模型的方式,与建构威斯敏斯特民主如出一辙,只是从其对立面出发而已,所有共识民主之下的制度,都是有助于权力分享的。"④这同样面临着一个问题,共识民主模式下的各项制度,是否是权力分享的充分必要条件。赖恩和爱尔森认为,共识民主模式下的各项制度同样构不成权力分享的充分必要条件。例如,超量联合内阁,大型联合政府体现了权力分享的精神,这是所谓共识民主的做法。权力分享也可能经由一党少数政府,通过与国会部分势力的合作、协商,而建立起暂时性的合作关系来达成。更何况,实际政治中的超量内阁也是很少见的。

对称型的两院制度意味着权力分享,如果同样的一群多数同时能掌握上下两院,那么权力分享就必须依靠其他条件才能达成。意大利的两院制倾向于对称的两院制,但却无助于权力分享,至少无法撼动基民党对意大利政治的主宰地位。

比例代表制也不是权力分享的充分条件,如果该国存在着权力分享的精神,就会存在着比例代表制;反过来,如果存在比例代表制,不能得出一定

① [美]阿伦·利普哈特:《民主模式:36个国家的政府形式和政府绩效》,陈崎译,北京大学出版社2006年版,第2—3页。
② [美]阿伦·利普哈特:《民主模式:36个国家的政府形式和政府绩效》,陈崎译,北京大学出版社2006年版,第25页。
③ [美]罗伯特·达尔:《论民主》,李柏光、林猛译,商务印书馆1999年版,第203页。
④ [瑞士]J.E.赖恩、S.爱尔森:《新制度主义政治学》,何景荣译,台湾韦伯文化国际出版有限公司2003年版,第315页。

存在权力分享的结论。某些比例代表制条件下,单一政党也可以获得多数
选票,选举结果不具备高度的比例性的那些比例代表制,意味着该政党可以
在行政部门具备高度的优势的情况下统治这个国家。如西班牙与葡萄牙
1980—1990 年间的选举例子可以有效证明这些结论。①

　　理论上讲,理想型的制度建构应该具备制度内在的连贯性和制度的聚
合性,而实际上并非完全如此。提出理想型理论的学者们都会强调,这些模
型在实际操作中,并不完全和实际的任何东西相符合,现实世界的政治现
象,总是或多或少地和这些理想和理论之间有某些相似之处,但绝非百分之
百相同。利普哈特说:"由这些制度构成的统一体中,特定的'纯粹'的某些
典型国家可能位于这个统一体谱系的注意一端,也可能位于两端之间的任
何位置。"②这里实际上存在着一个理论与实际的密切性问题,或者说是理
论的解释力问题。来自于经验和个案的理论或制度可能缺乏某种理论的严
密性和制度间的连贯性和聚合性,但不能就此来得出结论说,经验面的制度
或理论就不重要。建构理论模式的目的是为了分析和解释事实,对于某种
或极端纯粹的模式而言,它可能只是存在于经验层面的极少数几个国家;大
多数国家都是彻底的制度性混合物,其某项制度或制度集合都可能处于两
种极端构成的制度谱系中间的某一位置,其全部制度都明显地聚合于理论
模式的极端的例子是非常罕见的。以斯堪的纳维亚国家为例,它们的政府
形式是竞争性的,但却是采取的比例代表制的选举方式;它们是单一制国
家,并采用一院制的国会制度,但却都有一部成文宪法。

　　对于民主模式中制度的复杂性和理想中制度的聚合性问题,利普哈特
采用两种方式来化解这一问题。

　　对于单一某种制度而言,不同国家的同一种制度也是表现的复杂和多
样的,但利普哈特的理想模式是所有多数民主和共识民主的制度项目都是
法律制度,并且被明确地定义于宪法或宪政惯例中。共识模式下,这些制度
体现权力分享精神,意味着将所有的政治成员都纳入到决策体系中;多数民

---

① 参见[瑞士]J.E.赖恩、S·爱尔森:《新制度主义政治学》,何景荣译,台湾韦伯文化国
　　际出版有限公司 2003 年版,第 316—317 页。
② [美]阿伦·利普哈特:《民主模式:36 个国家的政府形式和政府绩效》,陈崎译,北京
　　大学出版社 2006 年版,第 2 页。

主体现权力集中精神,权力集中于某一或某些政党或政治势力手中,将其他政治势力排除于政治权力之外。以具体某一项制度而言,以理想型经验为极端,建立多数民主——共识民主模式的制度谱系,把具体国家的该制度放置于这一谱系的某一位置,用统计的方法来检验某一制度的在两种模式中的聚合性。

以内阁制度为例,理想共识民主采用大型联合政府或超量内阁;多数民主采用最小获胜一党政府制度。现实中的许多国家都不符合这两项民主模式的要求的标准,很多国家都采用少数联合政府,这种政府形式比两种纯粹模式的采用率都要高。少数联合政府也同样有助于权力分享,因为这种政府必须和不同的政党建立起暂时性的结盟关系,几乎和大型联合政府没什么两样。因此,利普哈特把超大型内阁和联合内阁作为共识模式来处理,而把少数派内阁划分为"名副其实"的少数派内阁和"经过伪装"的少数派内阁。他把最少获胜内阁作为谱系的一端,把超大型内阁和少数联合内阁作为另一方进行比较研究,①并把总统制内阁、"不同寻常的内阁"②一并打分纳入到谱系中来进行统计分析,以此测量各国在组阁过程中表现出来的多数特征或共识特征。

对于两种理想型的民主模式的整体十项制度的聚合性中的矛盾和问题,利普哈特建构了一个民主概念的二维模式,把 10 个制度性变量纳入两个明显不同的维度,即行政机关——政党维度和联邦制——单一制维度。首先把 10 项制度的综合性表现分为两组进行,25 个相关关系的统计分析。25 个关系的统计分析虽然不具有任何统计意义的显著性,但其理论意义也并非没有,它检验出了两个维度上的核心变量,一是最小获胜一党内阁可以视为共享权力和分享权力之间本质差别的核心变量;联邦制是联邦制——单一制维度中最强有力的变量。③ 这种结论虽然会在实践中受到质疑,但

---

① 参见[美]阿伦·利普哈特:《民主模式:36 个国家的政府形式和政府绩效》,陈崎译,北京大学出版社 2006 年版,第 74 页。

② [美]阿伦·利普哈特:《民主模式:36 个国家的政府形式和政府绩效》,陈崎译,北京大学出版社 2006 年版,第 75—76 页。不同寻常的内阁指的是 36 个国家中的奥地利、美国和日本的内阁。

③ 参见[美]阿伦·利普哈特:《民主模式:36 个国家的政府形式和政府绩效》,陈崎译,北京大学出版社 2006 年版,第 75—76 页。

利普哈特还是用统计方法检验了两个维度变量的因子负荷量,也同样能证明上述结论。

然后,利普哈特把他选择的 36 个国家按照 10 个变量分析,勾画出了一个民主国家在多数民主和共识民主模式之间所处的位置的二维概念图,用各国 10 个民主制度各项特征的平均数简化为两个总体特征,确定每个国家在概念图上的具体位置,用位移图的方式来反映民主国家的制度变化。利普哈特这种二维概念周的方法在一定程度上,有效地弥补了国家整体制度的聚合性与理想民主模式的紧张关系,虽然存在许多争议的地方,但还是有比较强的理论说服力和现实解释力的。

(二)制度的优越性

在《民主模式》中,利普哈特从社会经济表现和民主品质两个方面检视了共识民主与多数民主,并得出结论,共识民主在宏观经济管理、控制失业率、控制财政预算与社会稳定方面,比多数民主国家略胜一筹,从统计检验角度说有些数值虽然这种优越性不是十分显著,但至少比多数民主都略高一些。在民主的品质方面,妇女代表权、政治平等、选举参与率、政府亲近度、民主满意度、政府清廉指数等方面,共识民主明显强于多数民主,统计显著性水平也都比较明显。[①]

但也有人对此持不同看法。就经济增长与民主之间的关系来说,因为经济发展受制因素比较多,而且经济增长起起落落,因此两种模式间与经济发展间的相关性就会不稳定,而政治制度则是相对稳定的。而且"一般而言,社经结果(特别是经济成长的好坏),依赖于其他因素的程度,应该远多于该国的宪政特征"。[②] 另外,如果制度的影响力确实存在,那么政治产出结果将会和制度之间有着比较紧密的联系,两种民主模式之下的各种制度选项,对产出结果所发挥的影响力,并非以同样的方式运作。所以,要清楚地界定出制度的影响力,清楚地显示出制度影响力的存在,需要每项制度选

[①] 参见[美]阿伦·利普哈特:《民主模式:36 个国家的政府形式和政府绩效》,陈崎译,北京大学出版社 2006 年版,第 190—221 页。

[②] [瑞士]J.E.赖恩、S.爱尔森:《新制度主义政治学》,何景荣译,台湾韦伯文化国际出版有限公司 2003 年版,第 323 页。

项的精确研究才能达成,否则比较研究就可能失去必要的基础。再者,不同模式国家的其他因素诸如历史传统、文化、社会环境等因素,对政治制度的影响也是不可忽视的,这都是比较方法无法把握的因素。

因此,仅凭一些制度形式而论政治体制的异同,忽略制度所依赖的其他社会因素的影响,忽略政治制度运作的动态过程和它所适用的社会结构、文化环境,都不是科学的态度,而且这种做法所得出结论也是不可靠的。这样的制度主义就成了硬邦邦的制度主义或机械的制度主义了。

毫无疑问,利普哈特关于两种模式的民主理论,是一种极为宏观的理论,这种宏观的理论在纯粹类型的逻辑连贯性和聚合性上的缺乏与他研究的经验性和民主制度的复杂性、变异性大是密切相关的。这与缺乏必要的规范论证也是密切相关的,仅仅依靠实证的、缺乏内在逻辑连接的数据的支撑的理论,在社会科学,尤其政治学理论中想要严密自恰地说明问题是十分困难的。

四、民主与宪政工程:协合民主与共识民主条件及基本制度

如前所述,利普哈特是一个积极的宪政工程师,无论是在协合民主理论阶段和共识民主理论阶段,还是在 20 世纪 80 年代末 90 年代初所谓的"民主化浪潮"中,利普哈特都探讨了民主模式适用的有利条件和不利条件,并在其专门的《新兴民主国家的宪政选择》中,进行了专门的民主设计工作。从某种意义上说,他是一个地道的制度主义者,在没有较为系统地研究民主政治社会条件下的情况下,只管兜售他的民主制度,因此这不能不是他作为一个民主大师的理论缺陷。

民主政治的发展是一个自然的历史的过程,超越历史和民主政治发展的基础社会条件和文化背景,讨论民主制度,或强行移植民主制度,带来的更多的是试图实行民主制度的国家的政治社会动荡和民主的失败。西方许多民主普世主义者都认为:"20 世纪是民主取得异乎寻常成功的时代。在它邻近结束之际,已经进入了一个民主的凯旋时代。各种民主观念,制度和实践,它们的范围和影响已经遍及全世界,这使得本世纪成为人类民主史上

最光辉的时代。"①但同时,达尔也客观地承认"20 世纪是民主经常失败的
时代,它被专制政府取代的例子发生了不下 70 起"。② 达尔在研究了一些
国家转型、巩固和崩溃的例子后,揭示了一个国家能否实现民主关系重大的
五个条件(达尔说:当然可能还有其他的条件):达尔的五个条件中三个关
键条件是:"军队和警察控制在由选举产生的官员手里;民主的信念和政治
文化;不存在强大的敌视民主的外部势力;"两个有利条件是:"现代的市场
经济和社会;弱小的亚文化多元主义(weak subcultural pluralism),"③无独
有偶,王绍光在《民主四讲》中,也提出了现代民主兴起的条件。王绍光把
"现代民主"作为因变量,用来解释自变量(民主兴起)的条件主要集中在以
下五个方面:"一是经济发展;二是阶级结构;三是文化影响;四是市民社
会;五是社会资本。"他认为还有一个影响民主化、民主巩固及民主质量的
自变量是:"国家能力。"④他们讨论的是民主的有利条件和民主兴起的条
件。由于利普哈特的著作没有过多地涉及这些条件,我们在本节也不再予
以讨论,只讨论利普哈特涉及的民主条件和相关制度。与他们两个不同的
是,利普哈特提出的是适用协合民主和共识民主的条件。结合达尔和王绍
光的民主条件,本节主要检视利普哈特的共识民主和协合民主的适用条件
和利普哈特宪政工程中的几个基本制度。

(一)协合民主的适用条件

协合民主是利普哈特根据荷兰、瑞士、比利时和奥地利四国的民主经验
总结的,不同于多数民主的另外一种民主模式,适用于西方多元社会的四个
制度性原则,即大联盟、相互否决、比例性和区块自治(或联邦制)。当然,
协合民主作为来于欧洲国家的经验,也有特定的历史性限定和适用性限定。
例如奥地利的大联盟,它就存在于第二次世界大战后的奥地利一段时期
(1945—1966 年)。同时,四个协合民主国家接近于纯粹的协合民主模式的
程度、差异也很大。就多元化程度而言,瑞士较之于其他三个国家,是较不

---

① [美]罗伯特·达尔:《论民主》,李柏光、林猛译,商务印书馆 1999 年版,第 153 页。
② [美]罗伯特·达尔:《论民主》,李柏光、林猛译,商务印书馆 1999 年版,第 153 页。
③ [美]罗伯特·达尔:《论民主》,李柏光、林猛译,商务印书馆 1999 年版,第 155 页。
④ 王绍光:《民主四讲》,北京三联书店 2008 年版,第 77 页。

明显的多元社会。罗尔汶(Val R.Lorwin),把这四个国家的十四个活动场域(例如教育、媒体、政治、经济组织等),根据其区块化或多元化程度进行排序。结果,比利时有十一项获得"高度多元化"的评等,荷兰有八项、奥地利七项,瑞士只有三项。①

但利普哈特还是把它作为一个分析框架和应用框架把它指向于应用,分析了1943—1975年的黎巴嫩,1955—1969年的马来西亚,认为这两个国家实行协合民主是成功的,虽然两个国家差异并非是完全符合协合民主条件的。"黎巴嫩1973—1975年的例子,以及马来西亚1955—1969年例子,强化我们以协合民主政体作为一个规范模型的理由。这不仅是因为它们提供了协合民主政体在第三世界多元社会中的适用性和可行性之证据,而且还因为这些国家实行协合民主的条件,并非是完全一致和有利的。"②利普哈特认为黎巴嫩成功的原因是它是一个由众多严密而自足的宗教区块组成的多元社会,主要的教派包括了玛洛尼特派(Maronite)、基督徒(20世纪50年代约在30%的人口)、逊尼派(Sunni)、回教徒(约20%)、什叶派(shiite)、回教徒(约18%)和希腊人(11%),除此之外,大约还有十个较小的教派,其中大部分是基督教徒和回教徒。四个主要派别的宗教区块约占80%的人口,其区块高度分化,它这种情况有利于权力的多元平衡,第二个有利条件是其人口规模相对较小,约有200万。第三个有利条件是在40年代的争取独立过程中,政治精英们有团结起来对付法国托管的历史。第四个有利条件是它有区块自治的传统。马来西亚的情况与黎巴嫩不同的是多元区块数目较少,马来人约53%、华人约占35%、印度人和巴基斯坦人约占11%,区块也高度分化;人口规模小,共约有1100万人口,精英合作的传统来自于殖民时期的社区联络委员会。二者协合民主的不利条件是:均有较强的民族主义、区块间隙与经济间隙重合;各区块隔离,虽然有较强的政治性忠诚,但不利于形成横跨性忠诚。它们最终放弃协合民主的原因,黎巴嫩是因为内战爆发,马来西亚是因为马来人的强烈民族主义,确保了马来人在宪法中的

---

① See Val R.Lorwin,Segenent Pluralism:Ideological Cleavage and Political Cobesion,in the Smaller European Democtacies, *Comparative Politics* 3,no.2(January 1971).p.155.

② Arend Lijphart, *Dermocracy in Plural Societies A Comparative Exploration*, New Haven:Yale University Press.1977.p.153.

特权地位。①

同时,利普哈特指出了塞浦路斯和尼日利亚协合民主的失败原因。塞浦路斯从制度设计上有一部完全符合协合民主四原则的近乎完美的宪法,但这部宪法只存在了三年便因内战的暴发而结束了它短暂的生命。其民主失败的主要原因:"协合民主制不能够在违反多元社会中一个或一个以上区块的意愿的情况下,强加于其上,尤其是不能够违背多数区块的抗拒。"②

尼日利亚在4500万人口中,有上百个民族团体,其中8个较大的民族占总人口的3/4,而最大的三个则超过了半数人口,符合典型的多元社会之特征。但利普哈特认为,"尼日利亚在1957—1966年这段时期内的真实经验必须被视为民主的失败,而非协合民主的失败",原因是它的民主形式不符合协合民主的形态。③

第三世界的政治发展是20世纪40年代末50年代初,随着第二次世界大战后民族解放浪潮兴起的新的政治学研究领域。其含义通常包括民主化和国家(民族)整合两个维度。而这一时期新独立的发展中国家,大多的民族群体之间的高度分裂所导致的政治问题和缺乏统一的政治共识是其民主化的最大障碍。如何在多元分裂的社会中,实现政治的一体和民主化是其政治发展面临的重大问题。同时,新兴的发展中国家太多的民主失败及其短暂的民主经历后的独裁统治,也构成了发展中国家政治发展的最大困惑。

在第三世界政治发展理论上,利普哈特认为西方的政治发展理论犯了至少三个致命错误。一是片面夸大了西方社会的同质性,而忽略了其多元性,这是一种典型的英国式假定。④ 正如柯尔曼指出的那样:"这种观点透

---

① See Arend Lijphart, *Dermocracy in Plural Societies A Comparative Exploration*, New Haven: Yale University Press.1977.pp.142-153.

② Arend Lijphart, *Dermocracy in Plural Societies A Comparative Exploration*, New Haven: Yale University Press.1977.p.160.

③ See Arend Lijphart, *Dermocracy in Plural Societies A Comparative Exploration*, New Haven: Yale University Press.1977.p.165.

④ See Arend Lijphart, *Dermocracy in Plural Societies A Comparative Exploration*, New Haven: Yale University Press.1977.p.22.

显出一种典型的民族自我中心的,褊狭的西方式规范偏见。"①岱蒙特也批评了这种做法,要扬弃以英语的共识型政治为基础的西方思维,增强西方政治系统的包容性,他说:"我们或许可以更成功地以阿尔蒙德所包含的许多亚文化的欧陆型政治中,推衍出一种理想类型政治。一旦我们采用这种多种族,且欠缺政治共识为基础的欧陆典型政治、则非西方的政治系统将显得更具有包容性。"②二是忽视了协合民主的方式造就的稳定民主。三是在处理多元社会问题上,以简单的共同的国家忠诚来取代区块忠诚,忽略了区块忠诚的顽强性,其结果是激发了区块内的凝聚力而引发区块间的冲突,而非增强了全国性的凝聚力。

利普哈特分析了多元社会的特征,并给出了多元社会的标准,以便推动非西方中心主义的多元社会的研究。其多元社会的四个标准是:一是必须能识别出社会到底分裂为多少区块;二是可以确切说明区块的大小及涵盖的人口多少;三是区块间边界明确、高度分化,政治经济和社会之间有良好的沟通;四是政党和局部达成一致。③

关于在第三世界多元社会实施协合民主的条件,利普哈特批判了西方政治发展和国家建构理论中的西方中心主义倾向和把第一世界主观臆断的同质社会政治模式强加于第三世界的观点,批判了西方理论中忽视多元社会能支撑稳定民主的事实,忽视协合或类似方案来解决第三世界多元社会政治问题的研究。他谨慎地提出,在第三世界多元社会实施协合民主作为英式民主模式的替代,应该"严肃认真地考虑",失败的例子,"即便是个别负面的例证,亦足以证明:协合民主不总是一项行得通的解决方案。""因为第三世界国家明显地在许多方面的差异,因此,我的通则不必然适用于任何特定国家。""这些条件,既非必要条件,也非充分条件。"④

① James S. Coleman, The Developenent Syndrone Differentiation-Equality-Eapacity, *World Politics* 21, no.1(October 1968).pp.70~75.

② Alfred Diamant.Is There a Non-Western Political Process? Comments on Lucian Pye's The New-western Political Process, *Journal of Politics* 21, no.1(February 1959).pp.125~126.

③ See Arend Lijphart, Consociational Democracy:Problems and Prospects, A Reply, *Comparative Politics*, Vol.13, No.3, (Apr., 1981).p.356.

④ Arend Lijphart, *Democraly in Plural Societies:A Compartive Exploration*, New Haven:Yale Universtiy Press 1977.pp.164~165.

利普哈特认为第三世界中有利于协合民主的条件或因素有:政治精英的理性和高度的自由选择;许多新兴国家都有前殖民的传统,这些传统可作为协合民主政体的坚固基础;高度的区块隔离。但贯穿这三个有利条件的一个核心的条件,就是政治精英的行为。

首先,利普哈特认为,协合民主的重要特征是强调政治精英的高度理性和高度的自由选择,其前提假定是多元社会政治精英在对社会离心倾向进行理性分析后,会诉诸于决策的结盟方式。"政治精英享有高度的选择自由,因此,他们在理性地认知到多元社会固有的离心倾向,以及深思熟虑地致力于应对这些危险的情况下,自然地会诉诸于协合民主的决策方式。"[1]他的这种政治精英的理性观点,类似于马基亚维利的领导者的智慧与深谋远虑具有决定性的观点,也与另外一位对第三世界整合的研究的学者克劳德·阿克(Claude Ake)的观点不谋而合,阿克建议,政府要掌握在"精英联盟"手中,即"社会的、宗教的、行业的和民族群体的所有领导人联盟手中"。[2]

其次,第三世界国家前殖民传统成为有利条件,一方面是殖民时期的自治联盟历史。利普哈特借助于史密斯对非洲前殖民社会的分析,史密斯把非洲的多元社会称之为"联合社会"(Consociation),即"在一个共同的社会中,由各个不同的区块组成的共同体,作为平等的内部自治的结盟者,所组成的一种联合体"。[3] 在那些为独立而奋斗过的国家里,殖民统治强化了其多元精英之间的合作;另外殖民历史使英语成为这些精英们的共同语言,这是独立于各个民族区块之上的官方语言,因此它产生了"一种横跨社会金字塔顶端民族界限的重要联系,有利于精英们的沟通和合作"。

最后,高度分化的区块隔离,导致了大众对精英们的依赖和政治惰性及对精英们的恭顺态度。白鲁恂对此有专门的论述:"政治活动中的部落架

---

[1] Arend Lijphart, *Democraly in Plural Societies:A Compartive Exploration.* Ne Haven:Yale Universtiy 1977.p.165.

[2] Claude Ake, *A Theory of Political Integration*, Homewood:the Dorsey Press. 1967. pp. 20–31.

[3] M.G.Smith,Pluralism in Precolonial African Societies,and Some Developments in the Analytic Framework of Pluralism, in *Pluralism in Africa*, ed. Leo Kuper and M. G. Smith. Berkey:University of California Press.1969.p.94.p.439.

构……意味着政治忠诚受到对具体团体的认同所主导,甚于受到对该团体明确的政策目标的认同所得。……只要政治领袖似乎是为团体的整体利益而努力,他们通常无须去关切其成员的忠诚会受到目前某个决定的干扰。"①这种社会架构下的政治忠诚给予政治领袖以极大的优势,使他们拥有高度的自由来决定他们与其他团体的领袖之间的关系。所以在这种社会架构下,民主的政治的选择很大程度上是政治精英引导的结果,如果越过其领袖而诉诸于大众,不仅徒劳无益,甚至还有可能取得适得其反的效果。

综上所述,在某种意义上,利普哈特是个地道的精英主义者,在第三世界多元社会中的民主问题,他认为社会精英的行为在很大程度就决定了它们民主的成功与否。

利普哈特也分析了第三世界实施协合民主模式的不利因素。这些不利因素主要有:一是发展中国经济社会的现代化需求,使这些国家政治发展停滞不前,甚至有可能转弯成政治衰退;二是现代化使民众对精英的期望快速攀升,加重了精英们的决策负担,由于为独立而共同奋斗的历史性正在衰退,随之对精英的顺从态度,或者说是原始忠诚正日益衰退,因而使精英之间的协商变得日益困难;三是低度的经济发展,加大了区块间内在的不平等;四是殖民遗留问题。当这些国家考虑选择政治制度,受到的最大影响的当然是前殖民者的政体——亦即英国模式近似于英国的模式。

对协合民主工程而言,除了这些有利条件和不利条件,还有许多不确定因素:诸如权力平衡与社会分裂程度的平衡、国家规模、经济差异和平等性等,这些因素对于协合民主而言,往往是矛盾的,既有利的方面,又有不利的方面,具有很大的不确定性。

(二)共识民主的建设条件

在《民主模式》中,利普哈特的两个维度 10 个制度变量,用大量的数据对比分析了共识模式与多数模式,对二者社会经济方面效果和民主方面的表现也进行了对比,结出了如下结论:

---

① Lucian W. Pye, The Non-westem Potitical Process, *Joural of Politics* 20, no. 3 (August 1958).pp.472-473.

因为共识民主国家的总体绩效显然胜过了多数民主国家,所以对那些正在着手设计本国第一个民主体制的国家或者正在打算推动民主改革的国家来说,选择共识民主模式的吸引力更大些。这个建议不仅对于文化和种族高度分裂的国家来说十分中肯,极为紧迫,而且也适用于同质性比较强的国家。① 从这个结论中可以看出,共识民主模式是一种适用性很强的民主模式,它不仅适用于多元社会,而且对同质性比较强的国家也有无穷的魅力。

关于共识的适用问题,利普哈特非常自信地认为有两条特别有利的条件:一是由于共识民主在治理效率和高品质民主间根本不存在此消彼长的艰难抉择,因此,可以不用有丝毫的犹豫。第二是通过制定宪法和其他基本法律来确立共识民主的难度不大。"各种分权式的安排,如牢固的联邦制,强两院制、刚性的修宪规定,司法审查及独立的中央银行等,都可以由宪法条款和中央银行章程的条文加以规定。"②

在这里,他对共识民主和宪政工程充满偏心。认为制度规则有不可低估的独立影响,选择特定的制度形式可能会增强这些制度的力量。"例如,如果要增强司法审查的积极性和决断力,最好的办法是设定一个宪法法院;如果某国的中央银行的独立性不仅由中央银行章程来赋予,而且在宪法中也有明文规定,那么这个中央银行将变得非常强大。"③

在对制度的影响力充满信心的同时,利普哈特表现出对制度设计异乎寻常的激情。针对人们可能会产生比例代表制与议会制政治结合将导致软弱的、不稳定的内阁的担心,利普哈特说:"对议会制和比例代表制都可以稍作调整,使其适应特定国家的具体条件,并减轻人们对比例代表制与议会制政府结合在一起将导致软弱的、不稳定的内阁的担心。"④他建议把德国

---

① 参见[美]阿伦·利普哈特:《民主模式:36 个国家政府形式与政府绩效》,陈崎译,北京大学出版社 2006 年版,第 222 页。

② [美]阿伦·利普哈特:《民主模式:36 个国家政府形式与政府绩效》,陈崎译,北京大学出版社 2006 年版,第 223 页。

③ [美]阿伦·利普哈特:《民主模式:36 个国家政府形式与政府绩效》,陈崎译,北京大学出版社 2006 年版,第 223 页。

④ [美]阿伦·利普哈特:《民主模式:36 个国家政府形式与政府绩效》,陈崎译,北京大学出版社 2006 年版,第 223—224 页。

式的建设性不信任投票制和法国的内阁授权规定与议会信任内阁条件的相关规定结合起来,就能达到"既防止内阁不稳定,不避免行政机关和立法机关出现僵局的双重目的,同时也没有剥夺议会组织它所信任政府的这项根本权力"。① 对比例代表制也可以作进一步设计,以便控制多党制的程度。"事实证明,那种比例性过强的比例代表制将不可避免地导致政党数目极度膨胀的担心是缺乏根据的。……只需要在选举法中加上一个选举门槛条款,再规定在任何情况下都不得违反这个条款即可。"②

同时,利普哈特也指出了似是而非的实施共识民主的不利条件,那就是制度传统和文化传统对共识民主的强烈抵制。有人把选举制度的不同模式的选择与地理因素结合发现,选举制度与不同的地理区域有明显的物合。"东半球北部"的国家即中北欧,主要采用比例代表制;东半球南部特别是英国前非洲、亚洲和大洋洲的殖民地大都采用相对多数—议会制政府形式;"西半球南部"即拉丁美洲分国家采用比例代表制—总统制;"西半球北部"即美国则是采用相对多数制—总统制的典范。③ 而大多数新兴民主国家和大多数正处在民主化进程中的国家都位于"东南部"和"西南部",在两个地区,相对多数选举制和总统制盛行,这两种制度中的多数主义倾向和保护主义顾问成为推广共识民主的难以克服的障碍。另外,制度与文化的关系角度说明文化是制度的基础,这也是共识民主制度推广的一个重要障碍。除非共识民主所寻求一种政治文化的支持,否则共识民主就不可能扎下根来并茁壮成长。④

---

① [美]阿伦·利普哈特:《民主模式:36 个国家政府形式与政府绩效》,陈崎译,北京大学出版社 2006 年版,第 224 页。德国的建设性不信任投票制是指议会制在解散原有内阁时必须同时选出新的内阁;法国规定:授权内阁将其提案能否通过与议会是否信任挂起钩来,只有议会以绝对多数票通过了对内阁不信任案时,才能否决政府提案。

② [美]阿伦·利普哈特:《民主模式:36 个国家政府形式与政府绩效》,陈崎译,北京大学出版社 2006 年版,第 224 页。

③ See G.Powell, *Contemporary Democracies:Particpation, Stability and Viclence*, Cambridge, Mass:Harvard University Press.1982,pp.66-68.

④ 参见[美]阿伦·利普哈特:《民主模式:36 个国家政府形式与政府绩效》,陈崎译,北京大学出版社 2006 年版,第 225 页。

(三)民主的宪政工程

从 20 世纪 70 年代的《多元社会民主》到 90 年代以来的《民主模式》,我们有充分的理由说明,利普哈特不仅是一个制度主义者,而且是一个宪政主义者。作为一个制度论者,如前文所述,利普哈特是一个韦伯式的制度聚合性论者,而不是孟德斯鸠式的整体论者,作为宪政主义者,利普哈特是一个深厚的宪政主义者而非浅薄的宪政主义者。[①]

我们认为利普哈特是民主工程师或宪政工程师,是因为他在建构每种民主制度模式后,都要花一些篇幅有时是很大篇幅(在《多元社会民主》中,几乎花了 2/3 的高幅)来讨论民主模式的条件。但利普哈特讨论的条件中,仅仅局限于他的两种民主模式的制度实现的有利条件和不利条件。虽然也涉及民主实现了其他基础条件,但都未展开说明,如民主的经济条件、民主的文化条件等都所涉及,但没有充分展开其观点或者其观点还是围绕两种民主模型来说的。在 1996 年他与威斯曼(Carlos H. Waisman)合编的《新兴民主国家的宪政选择》中和他研究宪政或民主制度的其他论著中,大多时候他都是直接进行制度说明或制度设计,较少去探讨这些制度的适用条件或制度设计的背景条件,这也是笔者认为他是硬邦邦的制度主义的原因之一。在 1996 年的著作中,他设计的对象是东欧国家和拉丁美洲国家,其背后的时代背景和意识形态背景,本课题不过多地讨论。本课题要讨论的是他设计的内容,主要有三项制度,即选举制度、行政与立法关系和市场经济的设计。由于行政与立法的关系已在前文有较为充分的讨论,这里主要就经济与民主的关系、选举制度与政党制度进行讨论。这里边涉及两个问题:一是民主的宪政工程或者简单地说民主的前提条件是什么需要讨论;二是结合他的两种民主模式,与民主密切相关的基础性制度有哪些? 它是民主必须的吗? 虽然利普哈特自己也说,他关心的是制度问题而不是其他

---

① 浅薄的宪政主义有赖于"程序的深度性、代表性及权力上的分工,深厚的宪政主义者另外还要求,刚性宪法、权力法案,对少数者的保护以及司法审查制度的存在"。浅薄的宪政主义,可在英国式的西敏寺国家蓝本下获得实现;法国的宪法实践可视为深厚宪政主义的典范。参见[瑞士]J.E.赖恩、S.爱尔森:《新制度主义政治学》,何景荣译,台湾韦伯文化国际出版有限公司 2002 年版,第 457 页。

问题。如果不讨论这些问题,利普哈特的民主理论给人的印象是,在什么条件下都可以设计和实施民主制度,就会产生他的民主模式的普世主义倾向和理想性倾向。

我们认为:利普哈特的两种民主模式,虽然内部具有一定的连贯性和一致性,也有其特定的现实性,但它们作为现代民主的一种样式,在进行制度适用研究和宪政设计时,和其现代民主模型一样,必须符合现代民主建立的一般条件。因此,我们必须在一般条件的语境中探讨其适用条件,再去进入其特定模式适用条件语境中去探讨才有意义。

1.经济与民主

经济与民主关系之间的关系,在利普哈特的著作中,没有得到充分的论证,却得了比较充分的运用。在协合民主理论中,利普哈特讨论了第三世界实行协合民主的不利条件之一便是第三世界经济发展可能会导致政治的衰退。利普哈特说:"当我们检视了第三世界社会发展的动力后,发现了一组不利于协合民主的因素,此即经济与社会的现代化对多元社会所造成的政治后果。这些社会的政治发展经常停滞不前,且可能转变成政治衰退。"[1]利普哈特意识到经济的现代化程度比较低,会导致第三世界政治发展的停滞。而且他也意识到,经济发展层次的不平等,会导致多元社会区块间隙的深度和强度的不一致,对协合民主工程来说是一个不利因素。但就第三世界经济发展与民主政治的关系来说,利普哈特对艾默森的主张是持质疑态度的。艾默森认为,在多元且低度发展的社会里,一党体系或其他非民主政体有着"不言自明的美德,因为在这种社会里,团结一致是第一要务,它们必须致力于建立一个新社会,而发展的艰辛与纪律,必须优先于私人的偏好"。[2]这里涉及一个价值问题是经济发展与国族建构在价值上应该高于民主政治吗?一个经验问题是非民主政体比民主政体以更佳的速度达成经济发展与国族建构目标吗?利普哈特是持否定态度的,他抵制了那种认为权威和独裁可以带来经济社会发展和政治现代化的观念,他认为非民主政

---

[1] Arend Lijphart, *Democracy in Plural Societies:A Compartive Exploration*, New Haven:Yale University Press.1977.p.174.

[2] Rnpert Emerson, *Political Modevnization:The Single-Party System, Monograph Series in World Affairs.* No.1(Denver:University of Denver,1963-1964).p.30.

体在多元社会中的表现一点也不杰出。"一个民主政府可能不会助长经济
的迅猛发展,因为民众的要求可能迫使资源更多地转移到私人的消费与福
利服务上,但是非民主的政体却可能以其他方式浪费国家的资源。有时,一
个独裁政体能够刺激生产率;有时,则是决定性的阻碍生产力。"①

利普哈特也坚决反对非民主的政府在多元社会里建立一个整合国家是
必须的观点。利普哈特认为,原始忠诚的根源是极其深刻而且是坚固的,单
一领袖或寡头政体几乎无可避免地是特定区块的代表,因此无法被其区块
接受。用瑞夫金的话说:"非民主政府尚未能够证明它在融合不同的人口
群方面是有效的,因为强加的团结一致的可能性是很有限的。"②

同时,非民主政体不仅无法作为国族建构的良好体制,也没有在多元社
会中建立并维持区块间秩序与和平的良好纪录。否则是民主——尤其是协
合民主形式是比非民主政体要好得多的国族建构机制。因为"就短期而
言,协合民主政体倾向于多元社会的多元特征,但是一个长期成功的协合民
主政府,或许能够解决区块间的某些主要分歧;此外,它或许也能够同时在
精英与大众层面上创造充分的相互信任,以至于使其自身变得多余"。③

关于"经济发展与国族整合应优先于民主化"的观点,利普哈特认为这
是过分倚重西方国家民主经验的结果。因为西方现代化理论一般认为,经
济发展与民主化之间存在着某种关系,即经济越发达的地方,民主程度越
高,似乎是经济和社会的现代化构成了实现民主的先决条件。随着经济和
社会的现代化,政治上一定会现代化、民主化。利普塞特认为,民主出现与
否跟经济发展水平之间是紧密相关的,经济发展水平越高的国家,就越有可
能实现民主,并越有可能使民主得以巩固。④ 利普哈特则认为,"低度的经
济发展至多可被视为协合民主工程的不利因素,但它不至于阻挠协合民主

---

① Arend Lijphart, *Democracy in Plural Societies：A Comparative Explooation*, New Haven：Yele
University Press.1977.p.226.

② Arnold Rivkin, *Nation-Building in Africa：Problems and Praopects*, New Brunswick：Rutgers
University Press, 1969.p.56.

③ Arend Lijphart, *Democracy in Plural Societies：A Comparative Exploration*, New Haven：
Yale University Press, 1977.p.228.

④ See Semour Marting Lipset, *Some Social Requisites for Democracy：Economic Development
and Potitical Legitimacy*, 1959.

工程的进行。与其将协合民主工程在低度经济发展中国家的可能性完全抹杀,倒不如采取更具建设性的做法:为一个低度发展的国家设计协合民主政体时,把经济现代化所必要的条件列入一并考虑。"①

实际上,包括利普塞特在内的现代化理论或民主理论中,暗含了两个假设,一是经济发展可能促使民主出现,二是经济的发展可能帮助民主巩固。他们理由主要有:第一,经济增长会促进政治民主化。经济增长可能使更多的人受到教育,教育水平的提高使这些人主观上更独立、更有个性、更有理性、更能容忍不同的意见,经济增长可以导致政治文化的变化,社会就更容易实施民主。第二,经济增长可以改变阶级结构。经济增长可以提高人们的生活水平,在社会中形成较大的"中产阶级",他们倾向于求稳怕乱;下层阶级也会随着经济增长放弃激烈的革命手段而采用民主的方法改变自己的地位;上层阶级也会随着经济增长而放弃抵制民主的立场,这样就更容易实现民主。第三,增长会改变国家和社会之间的关系。经济增长会在社会中创造出更多的机会。人们没有必要非得去通过政治途径解决问题,大家更容易达成妥协,有利实现民主。第四,经济增长会导致大量中间组织或中介机构出现,使人们有机会在日常生活中学会如何使用民主方式处理问题,这也有利于民主政治的实现。

但这些观点从它一出现便受到批评。查默斯·约翰逊认为,经济增长和社会发展以后可能会导致社会失序,甚至会导致革命和骚乱。亨廷顿在《变革社会中的政治秩序》中也认为经济增长和社会发展不必然导致民主,反而有可能导致社会不稳定;当一个国家经历急剧的社会变迁时,它需要稳定的政治秩序。② 罗斯托更为深刻一些,他认为把经济发展作为民主化的前提,可能是误把相关关系当做因果关系。经济现代化与政治民主化之间可能只有相关关系,未必有因果关系。他提出政治民主化的四个阶段性的过程:第一阶段是国家统一。国家统一是民主化的前提条件,民主本身并无力解决国家统一问题。第二阶段是发展过程中的冲突,政治上僵局阶段。

---

① Arend Lijphart, *Democracy in Plural Societies:A Comparative Exploration*, New Haven: Yale University Press,1977.p.231.

② 参见[美]塞缪尔·亨廷顿:《变革社会中的政治秩序》,李盛平、杨玉生等译,华夏出版社 1998 年版,第 89 页。

这种情况下,社会别无选择,才会转向民主,以求共同生存。第三阶段是政治精英有意识作出民主转型的选择阶段。第四阶段是人们习惯民主生活,使民主得以巩固阶段。①

在罗伯特·达尔的《多头政体》中,他提出经济增长和政治民主之间可能存在这样一种非线性关系,即只有在特定发展条件下,经济增长才会促进政治民主,民主转型的理想区间的下限是人均 GNP 约 100—200 美元,其上限是人均 GNP 约 700—800 美元,这个区间是民主的转型区间。当经济发展水平低于下限时,实现民主的可能性极低。当经济发展水平高于上限时,实现民主的可能性非常高,经济进一步的发展也不太可能对政治体制带来实质性的影响。② 同时,达尔也认为经济和民主发展并不存在着直接的因果关系,"我并不认为现在有可能提出可以接受的将说明所有案例的因果理论。这里,我希望做的全部事情,就是提供一些解释,来帮助我们理解一般趋势与例外事例。"③

达尔的这种方法,直接影响了亨廷顿,亨廷顿在《第三波:20 世纪后期民主化浪潮》中,也讲到民主转型的经济区间问题。他说,"财富与民主间的相关意味着向民主过渡必定要发生在那些中等经济发展水平的国家。在穷国,民主化是不可能的;在富国,民主化已经发生过了。在两者之间有一个政治过渡带:那些特定经济发展水平的国家,最可能向民主过渡,而且多数向民主过渡的国家也将在这一经济发展水平上。"④他认为每次民主浪潮的经济水平是不同的。就第三波而言,这个区间大体是人均 GDP1000 美元到 5000 美元之间。在这个转型区间内,传统社会的政治方式难以维持,社会经济发展对新的利益整合机制的要求也最强烈。经济发展和民主转型间的关系也不是线性的,而是"N"型曲线型的,当经济发展在中低水平时,经

---

① See Dankwart A. Rustow, Transition to Democracy: Toward a Dynamic Model, *Comparative Politics*, no.(April.1970).p.167.

② 参见[美]罗伯特·达尔:《多头政体:参与和反对》,谭君久、刘惠荣译,商务印书馆 2003 年版,第 79 页。

③ [美]罗伯特·达尔:《多头政体:参与和反对》,谭君久、刘惠荣译,商务印书馆 2003 年版,第 83 页。

④ [美]塞缪尔·亨廷顿:《第三波:20 世纪后期民主化浪潮》,刘军宁译,上海三联书店 1998 年版,第 70 页。

济增长会提高向民主转型之可能性,之后的发展区间中实现民主的可能性会有所降低(人均 GNP 在 2346—5000 美元之间),但是在较高的经济发展水平上,民主巩固的概率会提高。[①]

王绍光在其《民主四讲》中,研究了经济发展和民主的关系后认为:"现在几乎已经没有学者还愚蠢地坚持认为经济增长与政治民主之间存在线性关系。更多地倾向于相信,经济发展与政体转型的关系……随着经济逐步发展,走向专制的可能性越来越小。"[②]

经济与民主之间的关系是复杂的,有许多的研究向度,前面主要讨论了经济增长,或者说经济发展水平同民主之间的关系,仅仅是其众多研究向度中的一个方面。在利普哈特的著作中,经济与民主之间的关系,还涉及另外一个维度,那就是民主政治发展与经济形式的关系问题。在《新兴民主国家的宪政选择》中,利普哈特正如他在《多元社会民主》中所说的那样,为低度发展的国家设计民主政体时,把经济发展同政治发展一并"考虑",并把"市场经济"和"私有化"作为他对转型国家(东欧国家)和发展中国家(拉美国家)进行宪政设计的"最优选择"。

利普哈特和威斯曼认为,经济与政治转型的逻辑主要有三个方面的内容:一是经济与政治的自由化,空间孰先孰后的问题。这里有三种情况,第一种情况是先进行经济的自由化、民营化、放松管制与开放经济,而后进行民主化,例如智利的做法。第二种是经济的自由化方案是蕴含于政治民主化的体制之中,而这一民主体制已经存在了数十年之久。如委内瑞拉。第三种情况是经济自由化与政治民主的巩固同时进行。如东欧与拉美的巴西和阿根廷。并且他们认为:"第三种情形是最不讨好的,因为主导经济自由化与民主巩固的社会逻辑是南辕北辙的。"[③]二是经济私有化或民营化的逻辑是由于"差异"逻辑所驱使。也就是非均衡的发展理论,这种逻辑造成的结果是社会差异的扩大,通过扩大社会差异来推动市场化,这种逻辑作用的

---

① 参见[美]塞缪尔·亨廷顿:《第三波:20世纪后期民主化浪潮》,刘军宁译,上海三联书店1998年版,第70页。还可参见第68—83、326—327、375—379页。
② 王绍光:《民主四讲》,三联书店2008年版,第89页。
③ [美]阿伦·利普哈特、克劳茨·H.威斯曼:《新兴民主国家的宪政选择》,蔡熊山等译,台湾韦伯文化事业出版社1999年版,第290页。

结果是社会贫富的两极分化的出现。其逻辑是:一旦开放式的市场经济被成功建构了,这种差异的情形就会慢慢减少,市场本身的运作会朝向这种情况发展,再者是社会繁荣后,国家再分配也会起到作用。但事实并非他们设计的那样,而是他们担心的那种情况会如期而至:"但要等到转型成功,可能需要一段漫长的时间,而且也难保以后都会成功下去。"①

而政治民主化的逻辑则是"动员"逻辑或者说是"拉动"逻辑所驱使。所谓的民主政治是受经济自由化影响的结果。因为在经济自由化中实现政治民主化,"其代价要比在尚未实施民主的时期进行运作还要低。新民主创造了一种诱因,使政治成为一种事业。在新的政治条件下,劳工与政治活跃分子必须巩固并组织属于他们的社会与政治基础;面对经济自由化所带来的各种不满,他们很容易将这种不满转化成政治议题并诉之于大众。"②

同时,他们还认为这两种逻辑可能会存在互相钳制的潜在危险,"可能会造成经济自由化的无法开展或政治民主化或巩固的无法完成,或者两者都深受其害。"这种潜在危险之所以没有在现实中发生,主要是因为有三层"缓冲垫"(Cushian),即"结构的"(Structural),"认知与意识形态的"(Cognitive ideological)以及"体制的"(institutional)因素缓和的结果。他们认为结构因素是指因私有化、贸易自由化受益的人是社会精英层,他们转化为社会的资本家,资本家作为社会的既得利益者,他们为维护既得利益,而宁愿作出妥协也不愿使社会出现动荡,从而努力去维护社会的稳定。而广大劳工的动员能力,在工业化政策、失业增加以及贫穷滋长的情形下,不但已经弱化,而且会被一时所实施的某种劳工制度(例如拉美部分国家的劳工储备金制度)所抑制,这些结构性的东西,都被归因于旧体制。这些制度的存在是吓阻工人的最有效的政治行动。它虽然能够说明为什么劳工反对经济自由化,但并不意味着劳工的反抗。认知性因素和意识形态因素是指外部受苏东巨变的影响和里根——撒切尔新经济政策的胜利的影响,使社会对中央统治推动经济发展丧失了信心。受旧体制造成经济停滞的影响,也使

---

① [美]阿伦·利普哈特、克劳茨·H.威斯曼:《新兴民主国家的宪政选择》,蔡熊山等译,台湾韦伯文化事业出版社1999年版,第290页。

② [美]阿伦·利普哈特、克劳茨·H.威斯曼:《新兴民主国家的宪政选择》,蔡熊山等译,台湾韦伯文化事业出版社1999年版,第290页。

人们放弃对新体制的抵制,而转而支持新体制。他们所说的体制性因素也是指新体制的作用,也就是经济自由化与政治民主化的体制的作用。新体制带来的经济发展和政治的民主化,因此,学界产生了一股政治反思潮。这两种认知效果叠加,使政治经济精英们接受了两个观点:第一,国家社会主义与封闭资本主义长期来说是行不通的;第二,唯有建立一个开放的资本主义经济与自由的国家,可能维持经济的成长与政治的正当性。①

利普哈特和威斯曼还认为开放的市场经济体制有三个过程,即国营公司的民营化,放松管制以及向全球开放市场。其中民营化是关键,因为它可以使国家介入经济的范围减少,并可以创造新生的资产阶级。而民间组织和网络的存在,正是公民社会得以建立的核心。②

从利普哈特和威斯曼的提出这些观点的时代背景看,正是苏东巨变后,华盛顿共识大行其道之时,自由主义的意识形态达到了战后的顶峰,世界上似乎只有自由主义和资本主义是这个世界的唯一选择了。因此可以说是意识形态的潮水淹没了重量级学者的学术理性,自由主义一时胜利的"伪黎明"③迷雾蒙蔽了理论家睿智的眼睛。书斋和现实虽只有一墙之隔,却是两重天地。

让我们回到 20 世纪世界经济大背景中去,回顾一下两种体制后再下结论吧。20 世纪上半叶,自由放任体制下工业社会财富聚集的巨大能量和不均衡给这个世界带来了两次世界性的战争,给人类心灵史上留下了永远无法抹去的阴影。与此同时,开创人类新文明的伟大实验,在这个自由主义体制主导的世界中展开。虽然关于两者优越性的论争被一种远远超出经济分析或逻辑说明的狂热情绪驱动着,但狂热之外的现实,也应让人注目。由于

---

① 事实和大量的材料表明,他们的这种观点只是当量情形的逻辑和结论,事实和历史的发展再次证明,特别是 2008 年以来的世界金融危机和"拉美问题"的出现,再次证明,保守自由主义(经济学的新自由主义)的经济与政治政策(集中表现为华盛顿共识),虽然一时很嚣张,但最终还是给这些国家(包括前苏东国家和拉美国家)造成了深深的政治伤害,经济的损失。——笔者注

② 参见[美]阿伦·利普哈特、克劳茨·H.威斯曼:《新兴民主国家的宪政选择》,蔡熊山等译,台湾韦伯文化事业出版社 1999 年版,第 296—297 页。

③ "伪黎明"一词,参见[英]约翰·格雷:《伪黎明:全球资本主义的幻象》,张敦敏译,中国社会科学出版社 2002 年版。

实验采取了完全不同于自由市场方式,在国家与经济之间采用了计划的形式,计划的范围是协调彼此互相作用的经济活动,它在相对封闭的条件下,在发展落后的本国经济、稳定物价、提高就业、增进社会福利方面,一度取得举世瞩目的成就,使一个远远落后西方发达国家的国家,在短短的几十年时间里,硬国力达到了足以和世界上最大的资本主义国家,甚至是整个资本主义世界的抗衡。仅仅从发展社会生产力的角度上说,完全否认这个事实,是不符合历史事实的。由于过度单一的经济形式和其他许多方面的综合原因,某种意义上说,这种整合在某些国家是失败了。失败的结果是这些国家的再次转型,(这种转型也正是利普哈特制定设计实验场之一)。准确地说,这场实验并未失败或者说实验的结果已经转化,转化到了占世界 1/5 人口另外一个国家,它创新了这个实验,把计划和市场两种手段有机地结合起来,形成了新的混合经济形式,这种混合经济形式在短短的三十年时间里,使一个落后大国解决了世界近五分之一人口的现代化问题,再次创造了人类经济和社会发展的奇迹,并经历了来自最发达国家次贷危机而导致的全球性金融危机的冲击,始终保持了高速的经济增长。仅从经济发展角度而言,说市场经济(特别是自由放任市场经济)一定胜过计划经济(或国家干预经济),是缺乏事实依据的。

从经济角度来说,自由放任市场经济,第二次世界大战以后为大多数的市场经济国家所抛弃。在国家和经济之间,采取了第三种方式处理这个问题。国家通过提供社会服务来关心公民富裕以完成其应有的责任。他们试图为阶级关系注入一种社会主义的尺度,并且试图调和自由放任政策长久以来引发的社会不平等状况,虽然它的目标是伦理性的,它运作的结果是公共领域在某种程度上改正了私人领域的不平等状态。而从经济上,它带来了战后近三十年的西方经济发展。完全否认这种经济体制也是有失公允的。20 世纪 70 年代末以来,这种经济方式,再次被放任的自由经济所取代,一度带来了西方经济的恢复和发展,并且以"华盛顿共识"的形成标志着它再次达到其顶峰,并急不可耐的向转型国家去推销这些理论,推销的结果是给第三世界国家带来了更为深重的经济危机和困境,在发达国家实行的结果是全球金融危机。因此,简单地得出自由放任的市场经济是转型国家和第三世界国家的宪政选择,是很有问题的,其问题就在于背后的意识形态。

从价值上检视,自由放任的市场经济是资本主义自工业革命以来经济的基础形式。"当所有个人都被最大限度地追求个人利益的动机所刺激时,社会在很大程度上可以说是获利的。由于能力欠佳的企业主会被逐出商业领域,人们之间的竞争被认为是培育效率的舞台。记录成败的地方就是市场,在这里所有人都拿出了他的份额,在这里没有任何命令与控制,无数个人之间的交易形成了一个非人为的结局。"①从这个意义上看,自由放任的市场经济可能给这个世界贡献出来的是效率。"伴随着对个人主义的强调,这个学说表现出了一些具体方面的自由。当政府的职能被减少到仅能维护秩序的最小程度时,个人大概也可以自由地为自己的好处去冒险,利用每一个机会去达到自己最佳的利益。"②从这个意义上说,自由放任的市场经济实现了个人主义的价值和某些具体自由的价值。

资本主义把个人作为社会的基本单位,而社会主义则把个人形成的联合体作为社会的单位,真实的单位是整个社会,个人是社会有机体的组成部分。"在资本主义者助长自由的地方,社会主义者却首先强调平等,因为如果自由能被有效实施的话,那必然是平等地分配。"③从这个意义上说,社会主义追求的价值是平等基础上的自由。在社会准则方面,"在资本主义者论证获取利益是任何经济活动成败的检测标准时,社会主义者却强调社会的服务才是首先要考虑的,尽管其中的许多服务在经济方面上看无利可图。"④从此意义上说,资本主义追求效率,社会主义追求服务。"在如何把经济力量保持在安全的范围内这个问题上,资本主义者坚持最大可能数量的个人之间分散所有权和经营权来达此目的;而社会主义者倾向把这个任务委托给公共机构,使整个社会系统从属于民主的控制。"所以,从民主本

① [美]L.李普森:《政治学的重大问题:政治学导论》,刘晓等译,华夏出版社 2001 年版,第 166 页。
② [美]L.李普森:《政治学的重大问题:政治学导论》,刘晓等译,华夏出版社 2001 年版,第 166 页。
③ [美]L.李普森:《政治学的重大问题:政治学导论》,刘晓等译,华夏出版社 2001 年版,第 166 页。
④ [美]L.李普森:《政治学的重大问题:政治学导论》,刘晓等译,华夏出版社 2001 年版,第 166 页。

意来说,资本主义更强调的是个人的价值,社会主义更强调的是公共价值和民主。更何况"社会主义者的政策不是去开创一个勇敢的新世界,而是创造更加人道的生活条件,使经济对于大多数来说不那么无情。特别是社会服务程度的影响,扩大了穷反和下层社会的可能的机会"。①

综上所述,回顾 20 世纪世界经济的发展,世界发达国家的经济发展进程可能不是亚当·斯密所愿意看的,也不是卡尔·马克思所愿意看到的。真实状况是民主政治和技术经济的相互作用之外形成的一种混合物,这种由公共权力和私人权力两种相反因素整合而成的混杂结果,虽然缺乏哲学上的连贯性和一致性,但它毕竟以无系统的方式结合了 20 世纪政治冲突和各个社会对其特定问题及其资源背景反应,形成了这种混合的形式,并在现实中表现出多种表现形式和生命力。就此意义而言,利普哈特和威斯曼的 20 世纪 90 年代的"灵丹妙药",似乎是有失偏颇的。

那么,还让我们回到民主的语境中去讨论民主与市场经济的关系。在民主与市场经济的关系中,罗伯特·达尔 20 世纪 90 年代末的看法还是值得回味的。达尔把民主和市场资本主义看成是矛盾的统一体,市场资本主义既有利于民主(他强调的多元民主)的方面,也有不利于民主的方面。

首先,达尔把民主和市场资本主义看成是一个矛盾的统一体,二者是充满矛盾的,又是共生的。"民主和市场资本主义就像两个被不和谐的婚姻所束缚的夫妻。尽管婚姻充满了矛盾,但它却牢不可破,因为没有任何一方希望离开对方。用植物世界来做比喻就是,二者是敌对的共生。"②达尔清醒地看到了资本主义和民主之间深刻矛盾,甚至是敌对的矛盾,但并未从哲学和民主的逻辑去进一步的分析这种矛盾,没有揭示资本主义市场和民主之间的"二律背反",而是直接在经验领域分析了市场资本主义对民主有利方面和不利方面。

其次,达尔分析了市场资本主义有利民主的方面。一是有利于多元民主的持久生存;二是非市场化的经济有些方面对民主是有害的。达尔认为,"多元民主只存在那些市场资本主义经济占统治地位的国家才能持久生

---

① [美]L.李普森:《政治学的重大问题:政治学导论》,刘晓等译,华夏出版社 2001 年版,第 167 页。
② [美]罗伯特·达尔:《论民主》,李柏光、林猛译,商务印书馆 1999 年版,第 174 页。

存;它在非市场经济的统治地位的国家中不能持久。"①达尔从经验层面看到,多元民主仅仅存在于那些市场资本主义经济占主导地位的国家。而从来没有在非市场资本主义经济占主导地位的国家中存在过。达尔认为其原因是,市场资本主义导致了经济的增长,而经济的增长又有利于民主。经济增长消除了制度的贫困,改善了生活水准,有助于减少社会和政治的冲突,提供更多的剩余资源可以培育市民社会,它创造了一个庞大的追求教育、自治权、个人自由、财产权、法治和参与政府事务的中产阶级。当然,这里达尔没有去分析,多元社会存在的市场资本主义根源,其实也正是市场特别是自由放任的市场资本主义,催生了社会的分化和不平等,使多元主义成为所谓发达工业社会的基础特征。

达尔并没有把对民主危害直接归咎于中央计划经济的低效率,而是归咎于这种经济的社会和政治后果。他认为,中央计划经济将整个经济中的资源受控于政治领导人,结果会导致腐败和权力的滥用。"我们只需要回忆下面的这句格言:'权力导致腐败,绝对的权力导致绝对的腐败。'一个中央计划经济意味着用醒目的字眼对政府领导人发出了热烈的邀请:你可以自由地运用这个经济中的一切资源来巩固、维持你的权力。"②

从民主的视角来审视市场资本主义,正如达尔所说,是一张"敌意"的面孔。"民主和市场资本主义被锁入持续的冲突中,每一方都在改变和限制另一方。"③历史发展清晰地表明,自由放任的市场经济已经造成或者预期将造成的损害已经诱使了政府的管制和干预;政府的管制和干预也诱发了包括政治领袖、政党及大众积极参与决策,使决策朝着更有利他们的方向行进。如果一个国家中民主政治制度的存在严重地影响了市场资本主义的运作,那么这个国家中的市场资本主义也会严重地影响民主政治制度的运作。"由于市场资本主义不可避免地会产生不平等,它将通过对政治资源的不平等分配而限制多元民主的潜力。"④由于政治资源的不平等分配,使一些掌握更多资源的公民比另外一些公民对政府的决策、政策和行为有更

---

① [美]罗伯特·达尔:《论民主》,李柏光、林猛译,商务印书馆1999年版,第174页。
② [美]罗伯特·达尔:《论民主》,李柏光、林猛译,商务印书馆1999年版,第177页。
③ [美]罗伯特·达尔:《论民主》,李柏光、林猛译,商务印书馆1999年版,第181页。
④ [美]罗伯特·达尔:《论民主》,李柏光、林猛译,商务印书馆1999年版,第185页。

多地影响，它会深刻地影响人们对民主态度和多元民主的运作。在民主发展之初，市场资本主义是专制体制的有力"溶解剂"。当民主体制确立后，社会分化充分后，市场资本主义引发的资源不平等会造成公民中严重的政治不平等，并会固化这种不平等，"它对于民主超越多元水平的发展是不利的。"①最后达尔还是很无奈地得出了结论："是否和如何能够使多元民主和市场资本主义的联姻对多元民主的进一步民主化有利是一个十分困难的问题，对此没有简单的答案，当然也没有简洁的答案。"②

由此看来，达尔只是看到了市场资本主义与民主之间关系的问题。当然就此来说，他就比利普哈特更进了一步。但达尔也是不彻底的，只是提出了问题，对问题背后的原因也未作深入的分析，对解决问题的办法也未作进一步的探讨。在民主与市场经济关系问题上，麦克弗森要比他们两位彻底得多，深刻得多。我准备以麦克弗森的观点作为经济与民主关系的结论。麦克弗森虽未对民主的理想经济组织做详细的说明，但他提出了民主社会的经济原则。

一个充分的民主社会必须对于聚积的资本以及社会的其他的自然资源的使用方式，能够有民主的政治控制。至于这是对所有的资本采取社会所有权的形式，或是一种几乎与所有权一样的社会控制，或许是不太重要的。但只靠对国民所得做更多的福利国家式的再分配是不够的，不论它多么能减少阶级所得的不平等，它都无法触及阶级权力的不平等。③

从麦克弗森的充分民主条件来看，与充分民主相适应的经济条件或经济秩序，应包含：一是分配的问题并不是最重要的，生产方式与背景条件的改善才是问题的根本和最迫切的，只有人人都所共同参与生产的总体决策，人类的经济活动才不会成为造成阶级对立的根源和民主的障碍。二是民主的原则必须应用到经济领域，使每个人都能取得经济上自主与平等，才能避免多数人因为缺乏经济资源而导致不能有效行使民主权利的窘境。换言之，民主共享应成为经济生活的主导原则，而个别偏好的差异也应在这一原

---

① ［美］罗伯特·达尔：《论民主》，李柏光、林猛译，商务印书馆 1999 年版，第 186 页。

② ［美］罗伯特·达尔：《论民主》，李柏光、林猛译，商务印书馆 1999 年版，第 187 页。

③ See Craford Brough Macpherson. *The Life and Times of Liberal Democracy.* Oxford：Clarendon Press.1973.p.111.

则的保护下进行。三是一个真正的民主社会必须以有效的社会经济平等作为其前提,有效的社会经济平等才能展现出更丰富的自由,才能使自由成为属于每一个人的自由。四是生产资本的社会化是达成经济平等的重要方法,但社会化资本的运作和使用必须受到彻底的人民民主的政治监督,而不是被少数人或国家所操控,彻底的政治民主使资本的社会化不致走上东欧官僚社会主义的不可或缺的条件。①

2. 选举制度与政党制度:利普哈特与迪尔韦热的比较

新制度主义者相信,在就总体面的制度而言,制度对于各种政治结果都有深刻的影响力,并且能够左右人类的发展或者是左右人类的民主程度。例如,联邦制比单一制会较好的民主结果,总统制会损害民主的稳固程度,私有财产制度对良好的经济表现而言是不可或缺的,等等。就个体而言,我们也可以发现关于特定制度影响力的各种主张,每一种制度对政治生活都有各自的一定程度的影响力。这种观点可见于对某种特定制度对某些国家产生重大影响的个案研究。迪尔韦热的对两种选举制度多数决制与比例代表制对不同国家民主制度所造成的影响研究就属于此类研究。迪尔韦热的研究结论被称之为"迪尔韦热法则"(Duverger's Law)。② 迪尔韦热法则最早的应用是用来解释英国政治和法兰西第四共和国时期的政治比较中,后来被扩展为解释所有民主政治制度中选举制度类型与特定政治结果(例如政党体系的割裂程度,或是政府的稳定程度等)之间的关联性模型。③ 那么,到底选举制度与政治现象(例如政党体系)之间有多大的关联性呢?

迪尔韦热的基本观点体现在他 1951 年以法文首先出版的《政党:现代国家的政党组织与活动》一书中,在这本书中,他为各国政府提供了一个简单易懂的宪政工程选项,凭借操控某个工具性的变项——选举方式(the e-

① See Craford Brough Macpherson. *The Life and Times of Liberal Democracy*. Oxford: Clarendon Press.1973.pp.115-126.
② See Duverger, M. "Duverger's Law: forty years later's", in: Grofman, B. and Lijphart, A. (eds) *Eelectoral Laws and Their Political Consequences*, New York: Agaathon Press.1986. pp.69-84.
③ See Maurice Duverger, *Political Parties: Their Organization and Activity in the Moden State*.3d ed.London: Methuer, 1964.

lection formalos),就能达到某些想要的(如政治稳定)甚至是渴望已久的结果。藉由在多数决制与比例代表制这两种方式的选择,政治精英就能影响到政党体系的形态,以及提高某种类型内阁(如联合内阁)的出现几率。其简要结论被他自己称之为"三阶段社会学法则(threefold sociological law)"即三种选举制度与政党体系之间三个关系:

> (1)比例代表制倾向于造就出多党林立的政党形态……(2)两轮授票绝对多数决制倾向于造成许多政党互相结盟的形态……(3)相对多数决制倾向于造就两党制……?①

这三句话或者说是三个模型表达的意义是采用比例代表制的国家,比较容易出现割裂化的政党体系,并不意味着随着时间的推移、政党的数目会一直不断地增加下去;采用相对多数决制的国家,将有助于两党制体系的产生;采用两轮投票法的结果,会促使选举中政党结盟行为的产生。

在《政党》一书中,他还提出了政党与政体之间的关联性。他把政体区分为总统制,内阁制和议会制三种政体,并把它们同政党体制进行了比照,②对照的结果是:

总统制在两党制存在的情况下能运作得很好。"在两党制下,政党将有足够的实力来遇到一个想要成为国会的领导者,而不甘于只是孤军奋战的总统。"③在一个多党的总统政体中,多党体系将会增强总统的权力。"如果在议会中,多数党和总统所属的少数党处于敌对地位,那么与两党制下情况相比较,总统职权扩展的现象将会非常明显;为了避免与同质性高且团结的国会多数对抗,总统只好和那些与其自身政党不同性质的政党组成联盟,这也是让总统更有余地地向敌对联盟行使分化性与摧毁性的策略。"④在内阁政体下,就政府的持久度或稳定性而言,两党制是有助于政局稳定的。

---

① Duverger, M."Duverger's Law:forty years later's", in:Grofman, B.and Lijphart, A.(eds) *Eelectoral Laws and Their Political Consequences*,New York:Agaathon Press.1986.p.70.

② See Maurice Duverger, *Political Parties:Their Organization and Activity in the Moden State.* 3d ed.London:Methuer,1964.p.206.

③ Maurice Duverger, *Political Parties:Their Organization and Activity in the Moden State.* 3d ed.London:Methuer,1964.p.412.

④ Maurice Duverger, *Political Parties:Their Organization and Activity in the Moden State.* 3d ed.London:Methuer,1964.p.411.

"两党制和多党制会分别造就出相当不同的两种结构,而其中两党制体制,比较分化'反对党'真正地成为一种制度。"①多党制非常容易导致不稳定的产生。"由于内部结构的松散,多党联合政府在面对国会时,也显得过分脆弱。"②"异质性联盟的内部,会不断地因为成员彼此矛盾的天性而互相扯皮,在这种情况下,正常的凝聚力不但不会增强,反而会伤害政府内部团结……政府的行动方案只能维持一段时间,而且只能以非常温和的手段,达成极为有限的目标。"③

迪尔韦热的结论可以这样归纳:比例代表制造成政党体系的割裂而政党的体系的割裂又造成内阁的不稳定。两党制体系的表现,要比多党制表现得好。迪尔韦热的问题在于:一是简单比较英国与法国第四共和之间的差异,是否能用来作为一个更为普遍化结论的基础,足以建立起选举方式与政治结果的关联性,并且放之四海而皆准。二是评论两党制与多党制的关系,仅仅将讨论范围局限在政治稳定方面,来说明选举制度的是否合适,到底有多大的代表性。且不论迪尔韦热的局限性有多大,但他这种方法的影响是巨大的,此后几乎所有的针对选举制度的政治结果研究都受到他的理论架构的影响。虽然利普哈特几乎推翻了他的后半部分的结论,但他对利普哈特的影响是不容置疑的。

利普哈特在针对民主国家的比较研究中发现,选举制度影响着一个国家政党政治的发展、行政内阁的形式以及立法部门之间的互动关系。一国如果采用相对多数选举制,则倾向产生两党制和单一政党内阁,而且行政部门较立法机构的优势;这就是利普哈特所谓的"威斯敏斯特模型"的主要特征,这种模式权力大多集中于多数党手中。相对地,比例代表制可能与多党制、联合内阁政府的形成有关,而且行政与立法部门间的权力较平衡,这些特征就构成了利普哈特的共识模式,此种模型不依赖于纯粹而且集中的多

① Maurice Duverger, *Political Parties: Their Organization and Activity in the Moden State*. 3d ed. London: Methuer, 1964. p.414.

② Maurice Duverger, *Political Parties: Their Organization and Activity in the Moden State*. 3d ed. London: Methuer, 1964. p.408.

③ Maurice Duverger, *Political Parties: Their Organization and Activity in the Moden State*. 3d ed. London: Methuer, 1964. p.407.

数决原则,而是以各种不同的方法去限制和分享权力。①

　　利普哈特在《选举制度与政党体系中》一书中,对既有的诸多选举制度做了比较全面的研究,他主张选举制度与政党体系之间的关键性中介变项乃是不比例性的程度。"衡量席位比和得票比之间的偏差,意味着比例性或不比例性的估计;这其实是一体的两面。"②利普哈特使用多种指标来帮助衡量比例性上的偏差。不比例性不仅会受到选举方式本身的影响,其他选举制度的特征和变量也会对选举性影响,如选区的特性、法定门槛、区域性的补偿席位③、政党本身的战略战术等,都会对选举产生影响。

　　利普哈特把焦点放在政党体系中的有效门槛,也就是实质性门槛上。所谓有效门槛,就是任何政党要能取得多少席位及所必须获得的选票比例。④ 利普哈特把选举方式、选区规模、选区数量、国会规模大小,以及法定门槛,都纳入到选举制度的特性加以考量。通过他对 27 个国家的比较研究发现:最强烈的相关性出现在两大种类的选举方式——多数决和比例代表制以及有效门槛之间。⑤ 采用多数决选举制度的国家,其有效门槛高达35%,也就是说一个政党要获得 35%的选票比例,才能得到席位。采用比例代表制的国家,其有效门槛只有 7%。⑥ 这意味着采用比例代表制的国家,其政党数目比采用多数决制的国家要多。但这不能完全说明,采用比例代表制的国家中,其政党体系的割裂程度要比采用多数决制的国家来得高。

　　利普哈特把选举制度与政党体系之间联结在一起的关键机制是不比例

① See Arend Lijphart, Constitutional Choicos for New Democracips, *Journal of Democracy* (2) 1991.pp.72-84.
② Arerd Lijphart,*Electoral Systems and Party Systems:A study of Twenty-Seven Democracies 1945-1990*,Oxford:Oxford University Press.1994.p.58.
③ 在实行比例代表制的选举中,由于划分的选区数量过多,导致在所有选票和席位之间出现不比例性时,则在全国层级上面另外补偿席位,给席位不足的政党,直到符合应有的比例性时为止。
④ 有效门槛又等于法定门槛。法定门槛指的是比例代表制中,依法规定政党可配得席位所需获得最低比例的选票。有效门槛则适用于任何选举制度,就单一选区相对多数决制而言,各政党要获得一定比例的选票,才有可能在国会中得到席位。
⑤ See Arerd Lijphart,*Electoral Systems and Party Systems:A study of Twenty-Seven Democracies 1945-1990*,Oxford:Oxford University Press.1994.p.50.
⑥ See Arerd Lijphart,*Electoral Systems and Party Systems:A study of Twenty-Seven Democracies 1945-1990*,Oxford:Oxford University Press.1994.p.50.

性程度。他发现不比例性程度和实质门槛之间呈现正相关,但却不是很强烈,要作出关于选举方式之影响效果的结论,恐怕不够充分。与此同时,多数决的选举方式与高有效门槛所显现出的不比例性之间存在显著的相关关系,但也应注意到还有其他因素在中间也扮演一定角色。这些因素诸如选区规模、法定门槛、席位分配公式等。首先,选区的规模并非总是一样大,选区规模大小不同意味着每一位民意代表的选民人数不尽相同。在单一选区选举制度中,选区规模与"胜者统吃"的结合,使其代表性大打折扣。在比例代表制中,选区规模不同也使比例代表制的比例性受到影响。第二,有些国家法定门槛制度非常严苛,有效限制了政党体系的分化。第三,比例代表制在正常所获选票与实际所得席位之间,也会因席位分配公式不同,而出现比例性的偏差。另外,在一些国家存在着某些特殊类型的选区,如农业选区、还有选区人口规模等因素,也会影响比例性。

关于选举制度与政党体系之间的关系讨论,随着近年来选举制度的深入研究,许多学者提出了选举方式在现实世界真实运作的分析结果,当然其中也包括迪尔韦热和利普哈特都忽视的其他因素,但总体上的研究方法都是沿着这一模式走的。

考克斯(G.W.Cox)在他《让选票生效》一书中,将不同于制度主义的研究途径运用此方面,他把关切点放在"正常体系是否受选举方式左右"或"某些新的选举方式的采用对政党体系的影响"之上。[1] 他使用社会学研究方法来探讨选举制度。他认为政党体系比较容易受长期而且普遍的社会分歧的影响,而不是选举制度的结构的影响。考克斯提出的三个问题,对迪尔韦热和利普哈特来说都应该说是很有意义的:一是社会分歧如何转化为选举抉择上的偏好;二是选举抉择上的偏好如何转化选票;三是选票如何转化席位。[2] 考克斯也观察到既有的选举制度一般都有较长的寿命。[3] 即便如

---

[1] See G.W.Cox, *Making Votes Count : Strategic Coatination in the World's Eelectoral Systems*, Cambridge : Combridge University Press.1997.pp.13–33.

[2] See G.W.Cox, *Making Votes Count : Strategic Coatination in the World's Eelectoral Systems*, Cambridge : Combridge University Press.1997.p.26.

[3] See G.W.Cox, *Making Votes Count : Strategic Coatination in the World's Eelectoral Systems*, Cambridge : Combridge University Press.1997.p.18.

此,考克斯还是对选举制度左右政党体系或是政府组成的持久度提出了疑问。考克斯认为,所谓多数决选举方式之下产生的"迪尔韦热效应",出现的场所只是在最基层,也就是投票行为发生的各个选区。是基层的这种效应投射而使之成为全国层面的两党制。"迪尔韦热很清楚地知道,不论是选票浪费的说法,或是弃权考量的说法,都只会出现在选区层面级。他也认识到了相对多数决选举制的真正效果乃是促进地方上的两党制,但他也认为当政党由地方性政党蜕变为全国性政党时,这种地方上的两党制会投射成为全国层面上的两党制。"①且不论这种投射理论的在多大程度上能说明问题,但它暗示了一种迪尔韦热模型值得怀疑或应该换个角度来看的可能性。迪尔韦热效应,可以简化为相对多数决(或绝对多数决)即选举制=两党制=稳定的一党政府,或比例代表制=多党制=不稳定的少数政府(或多党政府)。其实这种可能性,已在利普哈特关于共识民主和协合民主中发生,利普哈特通过 36 个国家的比较研究,用大量的数据证明了比例代表制=多党制≠不稳定的少数政府(或多党政府)。利普哈特认为,多党联合内阁虽然有频繁更迭的情况,但不能就此说明其政策是不稳定的。因为大多数阁员并没变,依然所保证其政策的稳定性与连续性。

迪尔韦热所做的关于两党体系与多党制体系的划分,人们批评说太过于简单化了。第一,迪尔韦热的分类方式,过于简易地用政党数目来划分出政党类型体系,而无法由此分辨出各种政党体系之间的差异性;政党体系应该不只有两党制和多党制。对一个国家的实际政治而言,同样是多党制,究竟是一个大约有五、六个政党的多党制,还是一个有超多政党组成的多党制,这种区别或许才是重要的。第二,许多学者认为,政党体系的其他特性也必须被纳入考量的范围。例如萨托利强调政党之间意识形态上的差距,而意识形态的巨大差距配上多党制时,将会造成政治稳定的威胁,特别是所谓反体制政党获得广泛支持时,这种威胁更大。②

迪尔韦热的另外一个观点认为两党制下的政局比多党制来得稳定。他

---

① G.W. Cox, *Making Votes Count: Strategic Coatination in the World's Eelectoral Systems*, Cambridge: Cambridge University Press.1997.p.200.

② 参见[意]G.萨托利:《政党与政党体制》,王明进译,北京:商务印书馆 2006 年版,第 113—114 页。

还提出用选举方式上的不同,来解释这种现实状况。我们姑且不论在规范层面上政治稳定是正面的还是负面价值的问题,还把讨论局限在"政府稳定"上,单是把总统制和内阁制放在一起比较,就有一定的问题。在总统制下,总统是由某种多数决的选举方式产生,除非有特别重大的事件发生,一般总统会持续到任期届满为止。由于总统在政治上不对国会负责,因此,内阁制政体之下有关内阁稳定度的争论,在总统制下就显得毫无意义了。

就选举制度与政体之间的关系而言,情况也是不同的。例如,有时政府的更替只是政府内部的改组,而阁员并未换人;只有阁员的大面积更替,才算是真正有效的行政部门的更替。按照利普哈特的考察,采取比例代表制的国家,其数值比采用混合制或绝对多数决制的国家还要低一些,而且也只比采用相对多数决选举制的国家高一点。这意味着,尽管采取相对多数决制的国家,比起采取比例代表制的国家,呈现了较少的行政部门更替,不过两种体系间的差异实在太小,难以作为"相对多数决制选举制度之下的行政部门稳定度,相较于比例代表制选举制度要来得高"的支持证据。

通过对以上问题的讨论,我们不难发现,如果选举方式只能部分地影响到政党体系,而且政党体系也只是部分地影响到行政部门的稳定程度,那么选举公式和行政部门稳定度之间的关联性,或许就不够紧密。难以得出"多数决选举制度在所造就结果方面,胜过比例代表制的结论。"

回过头来,让我们再来看看利普哈特的研究。利普哈特在 1994 年的《选举制度与政党制度:1945—1990 年 27 个国家的实证研究》一书中,通过对 1945—1990 年 27 个民主国家选举的实证研究,得出的主要结论是:"选举结果的比例性偏差度或比例代表性对于选举规则的反应非常敏感"。"有效门槛是影响比例代表性最强烈的手段,选举公式和议会规模也同样是强烈而有效的方法。如前所述,明确或隐含的政党联合竞选的条款与总统制政体形态,也提供了进一步改进选举结果比例代表性的工具。然而,如果仅仅为了稍微改进一下选举结果的比例代表性就是一定实行总统制政体,这显然是十分荒谬的。"[①]

---

① Arend Lijphart, *Electoral Systems and Party Systems A Study of Twenty-Seven Democracies 1945-1990.* Oxford: Oxford University Press.1994.p.32.

在选举制度的选择上,利普哈特认为,把选举结果的比例性看做是选举制度的一个主要目标与判断选举制度的一个主要标准,"比例代表性——实际也是选举正义的同义词——就是比例代表制本身的一个目标;此外,它也被视为少数代表权的一个重要媒介"。① 与多数决制相比较,比例代表制具有允许少数派获得代表权的优点,"避免了任何因任何偏袒特定的少数群体(因此而不利于其他少数群体)而导致的有失公允的选择"②。

关于选举制度与政党制度之间的关系。利普哈特通过比较研究认为,选举制度和政制度之间的关联性比较微弱。选举制度与有效政党数之间丝毫没有系统的相关性,统计分析的结果也只显示出微弱的相关性,只能解释选举多党分化程度的 8% 和 9% 的变化。因此,利普哈特的结论是:"对选举设计师而言,选举制度并不是塑造政党制度的一个强有力工具。"③但由此重视选举制度对政党制度的影响的重要性,轻视选举设计师的实际效用,也是不恰当的,因为:第一,尽管在大多数的比例代表制中,有效选举政党数并没有重大差别,但是策略性投票行为的影响确实减少了相对多数决制中选举多党分化的程度。第二,对于政治系统的运作而言,有效议会政党数远比选举政党数更为重要,而且它与选举制度的关联性也更加强烈。第三,对议会过半数与营造过半数的发生频率而言,两党制是选举制度解释得最好的因变量。④

---

① Arend Lijphart, *Electoral Systems and Party Systems A Study of Twenty-Seven Democracies 1945—1990*. Oxford:Oxford University Press.1994.p.77.

② Arend Lijphart, *Electoral Systems and Party Systems A Study of Twenty-Seven Democracies 1945—1990*. Oxford:Oxford University Press.1994.p.78.

③ Arend Lijphart, *Electoral Systems and Party Systems A Study of Twenty-Seven Democracies 1945—1990*. Oxford:Oxford University Press.1994.p.135.

④ See Arend Lijphart, *Electoral Systems and Party Systems A Study of Twenty-Seven Democracies 1945—1990*. Oxford:Oxford University Press.1994.p.138.

第 七 章

贡献与局限:利普哈特民主理论的评价

一、利普哈特民主理论的主要贡献

一定的理论是一定社会政治和经济在观念形态上的反映。当代西方民主理论是与当代西方社会历史文化、民主发展紧密联系在一起的。当代西方经济、社会政治领域的深刻变化构成了当代西方民主理论发展的现实基础。西方传统的民主制度发展到当代,暴露出了许多固有的弊端,出现了所谓的民主危机。为了拯救这种民主制度,就需要寻找更适合当代统治需要的民主形式。利普哈特20世纪60年代以来的民主理论研究和协合民主模式、共识民主模式的建构,便是这种努力的理论反映。

19世纪末到20世纪初,西方资本主义发展进入垄断阶段。垄断资本主义带来的社会经济结构的变化,促使代议制民主开始向现代政制形式转变。第一次世界大战后,西方民主制度获得了短暂的发展,极端统治方式法西斯主义的出现,再次证明了西方民主制度的脆弱性和西方民主制度的不适应性。第二次世界大战后,自由放任资本主义时期的议会制民主,已远远不能适应第二次世界大战后垄断资本主义时期的资产阶级统治需要。法西斯主义的沉痛教训促使西方国家进行政治改革,于是战后各国纷纷制定了新宪法,议会制民主得以恢复和重建。但伴随着自由放任的垄断资本主义迅猛发展和科学技术在生产领域的广泛应用及经济全球化的新形势,议会制民主陷入了新的困境。这种困境主要表现在:由于激烈的国际竞争带来的行政权力扩张,使议会权力相对衰落,权力结构出现了制衡中的失衡。在自由放任条件下的政府权力是有限的,政府的服务和管制呈现出明显的间接性和有限性。第二次世界大战后迅速发展的科学技术在生产领域的广泛的运用,极大促进了生产力的飞速发展,私人资本的自发性活动与社会化大生产之间的矛盾日益突出,迫切要求政府的干预和调节。对于国家干预和调节职能,成分复杂、程序繁琐、效率低下的议会难以胜任这种职能。相反,行政机关拥有信息和背景材料的优势,便于提出议案和作出决策。行政机关权力扩大的同时意味着议会权力萎缩,行政权力的扩张带来政府机构的急剧膨胀,膨胀的结果是官僚主义盛行和机构臃肿,政府部门的膨胀和臃肿使行政决策效率低下,满足不了公众的愿望。于是,人们要求进行改革,限制行政权力,革新政府机构又再次成为时代的需要。

从社会结构的变化来说,与自由竞争资本主义相适应的多元价值观念,在垄断资本主义进一步发展,在坚持对私人美德的强调下走向了其逻辑的极端。国家经济和科学技术的迅速发展要求国家广泛介入社会经济生活,国家干预的发展在客观上刺激了利益集团政治的兴起,利益集团和压力集团的迅速发展,又对传统的代议制民主提出了挑战,传统议会制和政党政治已不能适应日益发展的利益集团政治。利益集团进入政治过程,直接参与和影响决策又把多数民众被排斥在议会活动之外。面对新的形势,议会已不能自称代表全体公民的要求和权利,广大民众随着主体意识的觉醒也不满足于一定范围内的选举、表决、游行、集会、出版和言论自由等传统权力。这样代议制民主的局限性与公民要求普遍参与政治生活的矛盾便成为新形势下民主发展主要矛盾。再者,第二次世界大战后随着民族意识的觉醒、民族主义的兴起、宗教因素的介入也对传统民主体制提出了挑战。社会多元化、利益集团、民族宗教因素的交互作用,已使传统代议制捉襟见肘。于是,重建民主制度成了时代课题。利普哈特的民主理论的建构就是在这种时代背景中展开的。

利普哈特20世纪60年代的协合民主理论追求的是多元异质社会的民主和稳定民主,这是对60年代至70年代西方多元社会和民主国家社会动荡的有力回应。80年代的共识民主是在修正60年代协合民主理论基础上提出的一种新的民主模式,它强调了对行政权力的拒斥、利益集团的作用和权力的分享,是对西方民主体制行政权力集中对民主的不利影响和利益集团兴起及社会多元分化的有力回应。80年代末90年代的协合民主与共识民主的应用研究,则回应了这一时期苏东巨变和第三世界国家的民主转型。

90 年代末的《民主模式:36 个国家的政府形式与政府绩效》,既是他一生的
学术总结,又是他对这一时期西方民主国家(包括第三世界国家)民主的现
状的检视与回应。

(一)协合民主理论的理论意义

协合民主理论通过对传统以英美为中心多数民主模式的反思,开辟了
英美多数民主之外新的民主理论研究视角。这种研究视角打破了民主理论
研究中英美模式一统天下的局面,其重要的理论意义在于代议民主可以用
不同的模式来运作和建构,且能取得良好的民主运作效果。同时,利普哈特
依据低地国家民主经验对阿尔蒙德民主类型学说的建设性改造和积极建
构,一方面,丰富了阿尔蒙德的民主类型学说,发展和丰富了西方民主理论
和比较政治学;另一方面,作为一种整合理论的协合民主理论,说明了在多
元社会条件下,通过政治制度或民主制度的不同安排和调适,多元区块间政
治精英的合作和政治共识是可以通过国家制度整合来实现的。具体来说,
其理论贡献和意义在于:

第一,协合民主理论的提出,颠覆了西方传统政治学中的多元社会不能
实现稳定民主的认识,对传统西方议会制民主理论是一个必要的补充和完
善。传统政治理论认为,社会的同质性和政治共识,是稳定民主政体的先决
条件,在深刻分歧的多元社会,达成政治共识,实现稳定民主是近乎不可能
的事情。长久以来,西方自由放任的市场经济发展的必然结果,是社会的极
化分化和多元分化,对个体价值的过分张扬的极致也是必然导致价值的多
元。第二次世界大战以后,西方资本主义国家以议会为中心的国家权力组
织和分配模式,随着利益集团政治和民族主义、宗教主义的兴起,导致了这
种以议会为中心的传统单一政治结构的瓦解。如何使用国家权力和日益多
元化的社会组织、利益集团、民族区块的融合,就成了民主理论研究的时代
课题。利普哈特以荷兰、瑞士、奥地利、比利时的多元社会的民主经验来证
明,在这种由单一性的政治结构到多元性的政治结构的转变中,稳定的民主
是可以成功运作的。协合民主理论可以作为建设多元民主的新模式,它可
以有力回应 20 世纪 60 年代到 70 年代西方的民主悲观论。"协合民主可以
作为一种规范性模式的观点,挑战了我们这个时代里普遍弥漫着的一种悲

观情绪,而且是突破陈规的一项精心擘划。"①

第二,协合民主理论丰富和深化了多元社会的政治文化理论。在阿尔蒙德的政治分类架构中,政治文化模式、角色结构与其所探讨的国家政治稳定相互关联。英美型政治文化的特征在于它是"同质的、世俗的政治文化",因而英美型政治系统基于其同质的政治文化及其自主的政党、利益集团、传播媒体,它与政治稳定相关。而欧陆型的政治文化的典型特征是"分裂的政治文化",即"政治亚文化"是彼此分立的,其角色结构则是"根植于亚文化中,并倾向于组成各自分立的角色次系统"②。其政治系统基于其分裂的政治文化,相互依赖的政党与团体,它与政治不稳定相关。③ 利普哈特反驳了这种文化分裂必然导致冲突的观点,认为高度分化的政治文化会形成文化区块间的和平共处,这种和平共处有利于多元社会。"亚文化高度分化的明显界限,并不会造成分裂与冲突,实际上可能会帮助而不是阻碍他们和平共处,因为良好的社会藩篱会造就政治上的好邻居,一种自发的种族隔离可能是对分裂社会最恰当的解决方案。"④

第三,协合民主理论对西方精英民主理论的补充和完善。利普哈特在协合民主理论中,分析和强调了政治精英的态度和行为。他认为,英美型与欧陆型政治系统的区别标准之一就是精英的角色结构,即精英角色的分立和自主的程度。阿尔蒙德认为在英美的政治亚文化中,政治亚文化结构和精英的清晰边界与不同的政治功能间有着适当的边界维持,这有利于民主系统的稳定。正如分权原则必须搭配以制衡理念一样,边界维持的理念也必须辅之以多功能性(multifunctionality)与控管角色(regulatory role),所有的政治结构无论多么专门化,都是多功能的……这些政治结构一方面有其

---

① Arend Lijphart, *Democracy in Plural Societies:A Comparative Explorative.* New Haven:Yale University Press.1977.p.3.

② Gabriel A. Almond, *Political Development: Essays in Heuristic Theory.* Boston: Little, Brown,1970.p.407.

③ See Gabriel A.Almond, "Introduction:A Functional Approach to Comparative Politics,"in *the Politics of the Developing Areas.*ed.Gabriel A.Almond and James S.Coleman,Princeton: Princeton University Press.1960.pp.3-64.

④ Arend Lijphart,Culture Diversity and Theories of Political Integrations,*Canadian Journal of Political Science.* Vol.4,No.1(Mar,1977).pp.11-12.

功能上的特殊性,另一方面通常扮演着政治系统范畴内和功能相关的控管
角色。① 在阿尔蒙德那里,角色结构与分权原则不谋而合,政治文化与政治
精英的"交叠成员身份"密切相关。利普哈特因此认为,当个体同时隶属于
若干不同且带有分歧的利益与观点的组织和团体时,由于心理上的交叉压
力,致使他们倾向于采取温和的态度。再者,倘使一个组织中含有异质成
员,则其领袖也会屈从于这种情况下的政治交叉压力,而倾向于采取温和
的、中道的立场。这种温和的态度便是政治稳定的关键要素。相反,假如一
个社会充斥着鲜明的间隙,而且成员身份与忠诚是非交叠的,是排他而集中
地分布于每一个分立的社会区块之内,在此情况下,便不存在着导致温和政
治态度和与政治稳定相关的交叉压力。② 精英们迫于外部威胁的压力,仍
然会致力于结盟而非对抗,原因是如果采取对抗,就意味着多元社会会造成
分裂的结果的实现。如果分裂同时意味着他们所在的"元"会面临的外部
威胁会更多、更大,他们依然会采取和解的方法,这是政治精英的理性决定
的。因此,利普哈特把这种和解与妥协寄托于精英和解的先在传统。利普
哈特认为,欧陆国家存在着精英和解的先在传统和精英的合作做法。"多
元社会的政治精英们,有能力采取一种有创意的、有建设性的、并且于自由
意志下的行动。"③

第四,相互否决制是西方分权制衡理论的进一步发展。洛克和孟德斯
鸠的分权与制衡理念转化为现代西方宪政的政府组织和运作的基本原则,
限制约束权力的根本在于分割和分散权力,并使掌握权力的各机关间相互
制衡。相互否决制体现了分权与制衡的基本理念,并把它发展成为一种对
少数保护的工具性制度安排。利普哈特把相互否决作为协合民主的四个基
本原则之一,并把它作为多元社会背景下实现稳定民主的要素之一加以强
调,似乎是反映了多元社会与相互否决的天然的契合性,多元社会的多元区

---

① See Gabriel A. Almond, Introduction: A Functional Approach to Comparative Politics, in *The Politics of the Developing Areas.* ed. Gabriel A. Almond and James S. Coleman, Princeton: Princeton University Press.1960.pp.11-18.

② See Arend Lijphart, Culture Diversity and Theories of Political Integrations, *Canadian Journal of Political Science.*Vol.4, No.1(Mar, 1977).pp.10-11.

③ Arend Lijphart, Culture Diversity and Theories of Political Integrations, *Canadian Journal of Political Science.*Vol.4, No.1(Mar, 1977).pp.99-103.

块或多元的本身就代表着不同的亚文化和局部利益,这些亚文化和局部利益的实现天然地要求某种分权和自治,但这种区块和"元"并不天然是大小相同的,并不天然在几乎所有的公共利益方面是一致的。为了保护少数者的利益,相互否决就提供了这样一种制度安排,避免了在多数决情况下一个强势集团或一群强势集团对少数集团或其他团体的支配。这也在一定意义上补充和完善了分权与制衡的理念。但是这种少数否决或相互否决作为一种制度性安排,其问题和缺陷也是十分明显的。在一些情况下,它会大大降低集体决策的效率。例如欧盟目前仍采用这种制度,在某项统一政策的形成过程中,极有可能会因为某个极小的国家的不同意而影响政策的形成,从而影响整个欧洲的发展。这在欧盟发展过程中不乏其例,有时甚至因为某个少数个体并不是因为正在进行的决策,而是因为尚未进行的决策和已经形成过决策实施中的政策实践对自己不利,而在本次决策中行使少数否决,其结果是除了影响决策效率之外,还会造成其他方面的政治影响。因此,从某种意义上说,这项制度也只能适用于国际联盟和很小的政治单位的少数者保护。如果适用于具有国际竞争压力的全球化中的民族国家的建构,不见得就是一项好选择。或者说,它可能对多元的国际联盟的形成和较小的多元政治体系来说,为多元共识的形成是项好选择,而对于同质性的政治体和具有某种竞争性存在的政治体来说,并不见得是项好的选择。这也可能是为什么在后期的利普哈特理论中,不再强调这项原则的原因。

第五,大联盟、超大型内阁是利普哈特协合民主理论和共识民主理论强调的一项基本原则和一项基本制度。协合和共识模式下的大联盟和超量内阁是指多元社会条件下,多区块政治精英通过合作共同统治一个国家的政府形式。它是和竞争性民主或多数民主模式下的"执政—反对"模式的对立物。协合主义的大联盟是基于政治精英之间的包容和合作为基础的联盟。在协合模式下,联盟是合作和包容的系统,它需要精英间的合作意愿和理性选择;在共识模式下,大联盟又突出了其权力分享的一方面,它是多元社会各区块分享行政权力的场所。利普哈特是欧陆式内阁制的偏好者,他虽然没有专门从理论角度探讨内阁制的好处,但他讨论了大联盟的优势,它既是协合式的而非对抗式的政府组成,又是一种优于对抗式或竞争式的政府组成。利普哈特运用莱克(William H.Riker)的赛局理论中的零和条件①说明,在真实的政治生活中,零和条件限制了规模原则在两种社会条件下的适用性。在高度同质的社会里,共识很容易形成,因为共同利益被视为理所当然;而在高度分裂的多元异质社会里,政治被视为一种赛局或全局性战争的条件下,规模的原则才有适用性,而这两种极端的中间,也存在着某种压力促使联盟的规模扩大的趋势;因为即使是在非协合式民主国家中的议会制政体中,内阁联盟也常以偏离最小获胜原则的形式出现。因此,"由于政治文化倾向于同质与实用主义,而且政治过程又具有某种赛局气氛,因此,当赛局的结果存在的不确定性小,而又赌注不大时,便是一场好赛局。"而在多元异质社会,"当赌注过高时,则整个赛局的气氛会从刺激变成焦虑。"②较为可取的做法是:"勿把政治当成一场赛局来运作;相反,大联盟会比'执政—反对'模式来得适当。"③大联盟的优势还体现在大联盟比竞争性的体制更民主,它能充分地体现公民间广泛的意见一致。另外,大联盟也常常被当成处理国内、外重大危机的暂时性措施,大联盟也具有避免永远将少数政党排除在政治体系之外的可能性等方面的作用。所有这些功能和作用,说明大联盟是优于"执政—反对"模式的制度选择。④ 从对大联盟的实践和理论总结上看,利普哈特协合民主理论中大联盟制度和共识民主模式的超量内阁制度,是对权力分立与平衡的补充和进一步完善。

(二)共识民主的贡献

20世纪80年代以来,是利普哈特民主理论的逐渐成熟期。这一时期利普哈特为了进一步验证自己的结论,广泛地搜集资料,在多个分支学科内对许多国家的实证资料进行比较研究,先后出版了《当代民主类型与政治:

---

① See William H.Riker, *The Political Coalitions.* New Haven: Yale University Press.1962.pp. 32-33.

② Gabriel A.Almond, "Comparative Political Systems." *Journal of Politics* 18, No.3 (August 1956).pp.398-399.

③ Arend Lijphart.Culture Diversity and Theories of Political Integrations, *Canadian Journal of Political Science.* Vol.4, No.1 (Mar, 1977).p.27.

④ See Arend Lijphart. Culture Diversity and Theories of Political Integrations, *Canadian Journal of Political Science.* Vol.4, No.1 (Mar, 1977).pp.27-31.

21 个国家多数模型与共识模型政府》(1984)、《选举法及其政治后果》
(1986)、《议会制政府与总统制政府》(1992)、《选举制度与政党制度:对 27
个民主国家的研究 1945—1990》(1994)、《民主百科全书》(1995)、《新兴民
主国家的制度设计与宪政选择》(1996)等一系列的著作。这些著作涉及的
领域几乎涵盖了民主制度的方方面面,1999 年,在理论研究渐臻成熟,实证
材料的积累日益丰富的基础上,利普哈特最新、最完善的民主理论成果《民
主的模式:36 个国家的政府形式和政府绩效》水到渠成,在民主研究领域、
比较政治学领域、与制度政治学领域,产生了巨大的影响,获得了很高的学
术评价。《政治科学新手册》的编者罗伯特·古丁等评价,据统计,无论是
在整个政治学学科中还是比较政治学学科中,利普哈特都是最常被引用的
作者之一,足以跻身西方国家屈指可数的几位政治学科带头人之列。① 瑞
士的《新制度主义政治学》的作者瑞士日内瓦大学专任教授厄森说:"自从
20 世纪 60 年代晚期,他的成果就在政治制度的比较研究中扮演着指导性
的主要角色。"②华东政治大学的袁峰教授对《民主模式》一书评价道:"近
年来,利普哈特教授专注于选举和投票、民主机制、种族政治等领域的研究,
《民主模式:36 个国家的政府形式和政府绩效》一书就是这方面的代表作,
该书成为多所高等院校政治学专业的必读书目,成为比较政治学领域内的
一部当之无愧的杰作。"③可以这样说,共识民主理论以新颖的学术视角,宽
广的研究领域,科学的研究方法,丰富庞大的实证材料,严密的论证过程,集
中地反映了利普哈特的民主思想,使它不愧为当代比较政治学领域和民主
理论的集大成之作,也是当代制度政治学的扛鼎之作。就其在民主理论方
面的贡献而言,我认为可以简要概括为五个方面:一是进一步深化了对当代
西方民主和民主概念认识;二是对多数民主模式的反思比较和超越;三是提
出了民主的二维概念图;四是科学而丰富的民主模式考察方法;五是民主模
式与民主绩效的比较考察。

---

① 参见[美]罗伯特·古丁等:《政治科学新手册》,北京三联书店 2006 年版,第 31、
36 页。

② [瑞士]J.E.赖恩、S.爱尔森:《新制度主义政治学》,何景荣译,台湾韦伯文化国际出版
有限公司 2002 年版,第 258 页。

③ 袁峰:《西方政治学名著提要》,北京大学出版社 2010 年版,第 274 页。

1.共识民主理论的提出和建构进一步深化了人们对西方民主的认识

从理论上讲,民主国家可以通过多种方式来组织和运作,民主样式可以千差万别,异彩纷呈。在实践中,各国由于不同的历史文化,地理环境等各种因素的影响,在选择和形成民主制度时,也呈现了政府机构和制度组成的多样性,立法机关、法院、政党制度、利益集团制度等都是如此。但由于长期以来,由于英美国家的影响力和他们在意识形态方面注重推销自己的价值观念等多种因素的综合影响,英美模式的民主样式深深地影响着人们的民主观念,使人们忽视了对其他民主模式的认识,把英美模式奉为民主样式的圭臬。利普哈特基于欧陆小国民主经验研究,其重要的理论意义在于:民主制度类型学告诉我们在英美"多数民主"之外,在存在着多种"非多数民主"模式、协合民主模式、共识民主模式就是多数民主模式之外的,在民主品质和民主绩效方面都比多数民主好的民主模式。另外,从协合民主理论和共识民主理论中虽然不能得出在民主制度的选择和运作中要走符合自己国情的道路和结论,但能得出民主制度的选择和运作可以通过多方式来组织和运作的结论。这对于民主转型和新兴民主国家的民主制度建构来说,无疑也是具有同样效价的启发意义。

在关于民主概念的认识上,林肯的解释无疑具有经典意义,但如何实现民有、民享、民治则可以有不同的方式,他的解释只是一种原则的解释,这种原则的解释既可以进一步深化,又可以进一步的具体化。利普哈特的共识民主与协合民主理论,虽然没有去全面展开这种深化和具体化,但在如何实现"民治和民享的政府"方面,他把这种原则向前推进了一步,那就是"尽可能多的人"①。因为多数民主的"执政—反对"模式,实际上把相当一部分的人民排除在了政府之外,没有真正实现政府要与人民偏好一致的理想。而共识民主仅仅把多数原则视为最低限度的要求:"它努力使多数的规模最大化,而不是满足于作出决策所需的狭隘多数。"②它追求的是,"各种规则的制定,各类机构的设置旨在使人们广泛地参与政府,并就政府推行的政

---

① [美]阿伦·利普哈特:《民主模式:36 个国家的政府形式和政府绩效》,陈崎译,北京大学出版社 2006 年版,第 1 页。

② [美]阿伦·利普哈特:《民主模式:36 个国家的政府形式和政府绩效》,陈崎译,北京大学出版社 2006 年版,第 1 页。

策达成普遍的一致。"①在国家权力的实现方式上,与多数民主把国家权力集中在相对多数而不是绝对多数人手中不同。共识民主模式追求的是,"通过多种手段试图分享、分割和限制权力。"②在权力的形成和运作的特征上,"多数民主模式是排他性的,竞争性的和对抗性的,而共识民主则以包容、交易和妥协为特征。"③在与多数民主,在民主概念的对比中,进一步深化了人们对民主本身的认识,在这个意义上可以说,协合民主和共识民主比多数民主更民主,或者说是更接近理想的民主。

2. 共识民主的各项制度安排实现了多数民主的超越

民主定义上的超越最终体现在各项民主制度的安排上。共识民主理论以权力分享为核心理念,在两个维度十个方面的制度安排实现了对多数民主的超越。在政党——行政机关维度的五个制度方面选择中,多数民主体现了权力集中的理念,而共识民主则体现了责任共担与权力分享理念。在行政机关制度选择上,多数民主的总统制和内阁制大多都采用一党多数内阁制,而共识民主的行政权则是在广泛的多党联合内阁中分享。在行政机关和立法机关的关系上,多数民主大多表现为行政机关的优势地位,而共识民主则追求行政机关与立法机关的权力平衡,使行政机关得到真正的限制和制约。在政党制度上,多数民主大多采用两党制,实行竞争式的政党制度;而共识民主倾向于多党制,追求多党之间的妥协合作和权力分享。在选举制度上,多数民主采用多数选举制,非比例代表制;而共识民主采用比例代表制,追求代表面的更大程度上的广泛。在利益集团制度上,多数民主采用的是自由竞争的多元主义的利益集团制度;而共识民主则采用相互协调的,旨在达成妥协与合作的合作主义利益集团制度。在联邦制——单一制维度的五个制度变量上,共识民主也采用了五种有别于多数模式的制度。在中央与地方权力的分配制度上,多数民主大多采用中央集权的单一制政

---

① [美]阿伦·利普哈特:《民主模式:36 个国家的政府形式和政府绩效》,陈崎译,北京大学出版社 2006 年版,第 1 页。

② [美]阿伦·利普哈特:《民主模式:36 个国家的政府形式和政府绩效》,陈崎译,北京大学出版社 2006 年版,第 1—2 页。

③ [美]阿伦·利普哈特:《民主模式:36 个国家的政府形式和政府绩效》,陈崎译,北京大学出版社 2006 年版,第 2 页。

府,而共识民主则追求地方分权的联邦制政府。在立法机关制度上,多数民主大多采用立法权集中于一院的一院制立法机关制度;而共识民主则追求和倾向于立法权由同样强大但构成不同的立法机关两院制,使立法权在两院之间分享。在宪法形式上,多数民主实行的是只需简单多数赞同即可修改的柔性宪法制度,而共识民主则实行只有经过特别多数同意才能修改的刚性宪法制度。在司法审查制度上,多数民主大多采用立法机关对其所通过的法律的合宪性有决定权的制度;而共识民主则倾向于采用专门的司法审查制度,法律的合宪性要由最高法院或宪法法院通过司法审查予以裁定的制度。在中央银行的独立性上,多数民主大多实行依赖于行政机关的中央银行制度,而共识民主追求和倾向于独立的中央银行制度,以使中央银行在抑制通货膨胀,增加就业方面发挥更大的作用。

虽然,在实践中多数民主国家和共识民主国家,没有这样的阵线分明的制度选择界限。有些所谓的共识民主模式的制度也可能会体现在多数民主国家的民主制度安排中,有些所谓的多数民主模式的制度也可能典型地体现在共识民主国家中,但作为具有内在制度一致性和联系性的理想模式设计和观念追求,利普哈特的共识民主模式的制度设计和安排还是实现了对多数民主的超越。虽然这种把共识模式与多数模式当做对立关系的做法,在一定程度上有些机械和生硬,也可能由此招致许多批评和反对,但作为一种观念载体的制度安排的大胆探索和创新精神,还是有可取之处的。

3.民主的二维概念图和10个制度变量的特征的民主模式研究,在比较政治的研究上是一项重要的创见

在民主理论的研究中,利普哈特是一个典型的制度主义者,他的十个方面的制度比较研究"虽然设计精巧,涵盖的范围全面,但并未超越传统的比较政治学研究的窠臼。"利普哈特的真正创建在于"把众多民主国家中各式各样的正式,非正式的规则和制度归结为一个清晰的二维模式。"①利普哈特以政党——行政机关维度为横轴,以联邦制——单一制维度为纵轴,按照36个国家10个民主变量关系及其位置,把36个国家的民主表现纳入到一

---

① [美]阿伦·利普哈特:《民主模式:36个国家的政府形式和政府绩效》,陈崎译,北京大学出版社2006年版,"译者序言"第Ⅶ页。

个清晰的图表之中,被称之民主的二维概念图。民主的二维概念图的理论意义在于:一是它清晰地反映了 36 个国家在共享权力和分享权力维度上的准确位置,既能让人们看到典型的共识民主和典型的多数民主国家的位置,也能展示集共识民主特征与多数民主特征于一体的典型国家。二是它能准确而清晰地反映利普哈特民主的 10 个制度性变量之间的关系。三是位移图的补充,能够准确地反映民主国家的制度变化及这些变化反映的制度选择倾向,可以较好用来测量这些国家共识民主或多数民主的程度,和倾向采取更多的共识因素的变化趋势。这个概念图的设计为人们提供了直观的观察与思考民主的方式,便于对民主国家分析定位,是利普哈特对民主研究的一项独特的创造。

4. 共识民主理论各种比较研究法,综合运用提供了开展比较研究的绝佳范例

利普哈特是用比较的方法作为建立一般经验命题①的比较政治学家。利普哈特熟练地运用各种比较方法来建构其共识民主的经验性命题。在《民主的模式》中,利普哈特提供了用综合科学方法,开展比较研究的绝佳范例。

首先,他广泛地采用了比较法,并运用比较方法建构和阐明了"整个系统结构要素的相互关系"及其构成"宏观模型假学"的范本。贯穿全书的基本方法是比较法,对两种模式的根本原则、制度特征制、民主品质和绩效的比较分析贯穿全书始终。在《比较政治与比较方法》一文中,利普哈特提出"案例不足会导致比较法无法具备自然科学中的实验方法那种精确性。"②但在《民主模式》中,他又创造性地使用了弥补比较法固有缺陷的方法,那就是"把比较分析作为研究的第一阶段,通过比较分析仔细地阐明假说;把统计分析作为研究的第二阶段,在此阶段用尽可能大的样本来检验这些假说。"③

---

① See Arend Lijphart. *Thinking about Demucracy : Power sharing and Majority Rule in theory and Practice.* New York : Routledge Press.2008.p.245.

② Arend Lijphart, *Thinking about Democracy : Power sharing and Majority Rule in theory and Practice.* New York : Rutledge Press.2008.p.249.

③ [美]阿伦·利普哈特:《民主模式:36 个国家的政府形式和政府绩效》,陈崎译,北京大学出版社 2006 年版,"译者序言"第Ⅶ页。

在《民主模式》的第1—3章,利普哈特通过比较的方法,阐明了十个民主结构要素及其相互关系,建构了共议民主和多数民主两种理想的民主模式;在此阶段他试图最大可能地选择案例的数量,就威斯敏斯特模式而言,他选择英国、新西兰、巴巴多斯作为案例;共识模式他选择瑞士、比利时和欧盟作为典型案例。在此后第4—16章,他运用大量的样本(36个国家)的统计数据来分析检验了第1—3章的假设,在第4—13章,他检验了两种模式的十个制度变量的差异,在第14—16章,他建构了民主概念图,比较检验了两种模式的绩效和品质。

其次,大量地运用统计方法,通过对经验性材料提出种种变量的关系,用统计分析的方法来检验这种变量关系。在《民主模式》的第5—13章,他广泛地采用指标、量表、公式、分类法、线性回归分析,显著性检验等多种统计手段,对十个结构性变量进行了深层的研究,检验分析了各种变量之间的关系。第14章使用因子分析法,建构了民主的二维概念图,总结了第5—13章的变量分析结果。第15—16章,使用双变量回归分析对两种民主模式的绩效和品质进行了比较研究。"在一本著作中集中地使用各种统计方法,即便是在西方的学术研究中也并不多见。"①这些统计方法的综合运用,收到了良好的比较效果,基本上达到了通过"微观复制"的方式,"在其他国家和文化背景中来检验在某个背景中已经印证了的命题"之目的,使利普哈特共识民主理论的建构得到了来自经验和统计方面的有力支撑。

最后,采用案例来加强比较研究和统计分析的效果。在案例的选择和使用上,利普哈特是把案例经验上升为一般假说的高手。在其早期的协合民主理论建构中,较多地使用了案例法。在其共识民主模式的建构中,利普哈特把案例法、比较法、统计分析综合运用达到了炉火纯青的地步。在比较样本选择上,利普哈特对纳入分析的案例精心选择。就共识民主而言,从1984年的《当代民主类型与政治》中的21个国家的比较分析扩大到1999年《民主模式》的36个国家。在案例的时效考察上,从第二次世界大战后到20世纪80年代,延伸到90年代中期。由于案例和样本选择的广泛性,

① 〔美〕阿伦·利普哈特:《民主模式:36个国家的政府形式和政府绩效》,陈崎译,北京大学出版社2006年版,"译者序言"第Ⅳ页。

增强了其理论的说服力，强化了其比较研究的效果。值得强调的是，利普哈特在归纳各个案例在呈现与总体模式相似度的同时，也并未回避和忽视对偏离总体模式异常案例和案例中异常制度变量的分析和说明，这既肯定了异常案例的理论价值，又能有力地支持其比较研究的理论假设。这些异常案例"弱化了最初的命题，但是意味着也许更有力的改进的命题。"①

总之，各种比较政治学研究方法和综合运用，不仅使《民主模式》为我们建构了两种理想的民主模式假说，同时也使它提供了一种综合运用比较法研究民主模式的绝佳案例。"在那里，从前看来是风马牛不相及的时间、语言和民族，现在都发现了自己的位置，以及与其他民族的相互关系。"②

5. 民主的绩效与品质的比较分析，进一步深化了我们对两种民主模式的认识，在理论上提供了一种对民主模式的绩效和品质进行比较分析的方法模式

传统观念认为，共识民主在民主的代表性和民主的品质方面具有优越性，而同时又把多数民主模式的政府比共识模式下的政府效率高作为一条不证自明的公理。在《民主模式》中，利普哈特完成了对多数民主和共识民主制度要素的比较分析。在民主政府的绩效评估方面，利普哈特采用了 19 个反映宏观经济绩效变量和 4 个测量暴力程度的指标。在政党——行政机关维度上，做了双变量回归分析。他认为共识民主制度与经济增长和经济自由程度的关系非常复杂，但共识民主国家在其他反映经济绩效的指标上要比多数民主国家稍好些，尤其是在控制通货膨胀方面的绩效运行胜于多数民主国家。③ 共识民主国家在控制暴力方面也比多数民主国家略胜一筹。④ 否定了多数民主模式下的政府比共识模式下的政府效率高的传统观念。利普哈特选用的 6 组 19 个宏观经济绩效变量作为衡量两种民主模式

① Arend Lijphart, *Thinking about Demucracy*: *Power sharing and Majority Rule in theory and Practice.* New York: Routledge Press.2008.p.256.
② Arend Lijphart. *Thinking about Demucracy*: *Power sharing and Majority Rule in theory and Practice.* New York: Routledge Press.2008.p.262.
③ 参见[美]阿伦·利普哈特:《民主模式:36 个国家的政府形式和政府绩效》,陈崎译,北京大学出版社 2006 年版,"译者序言"第 198 页。
④ 参见[美]阿伦·利普哈特:《民主模式:36 个国家的政府形式和政府绩效》,陈崎译,北京大学出版社 2006 年版,"译者序言"第 199 页。

经济绩效的指标。第一组是经济增长的 3 个变量;第二组是国民生产总值的平减指数的 3 个变量;第三组消费者价格指数的 2 个变量;第四组指标是标准化失业率的 7 个变量,罢工活跃程度 2 个变量;第五组是预算赤字 2 个变量,经济自由指数 3 个变量;第六组指标是暴力指标,两个方面四个变量,一个是暴乱指标的 2 个变量,一个是政治性死亡的 2 个变量。利普哈特又在联邦制——单一制维度上重复了上述指标的检验,然而各种相关关系都过于脆弱,从中无法得出任何结论来证明某种类型的民主更为优越。

暂且不论利普哈特这种指标和变量选择上科学性与否,全面与否,单就这种检验方法而言,用统计的方法来检验某种假设的方法可以说是为民主模式的绩效评估提供了一种方法模式。利普哈特用同样的方法对 17 个反映民主品质的指标受行政机关——政党维度上的共识民主的影响的双变量回归分析,证明了共识民主是一种更宽容,更温和的民主模式。他检验的主要变量指标为第一组指标为达尔变量、万哈宁变量,这两个变量主要检验的是民主国家的综合民主品质。第二组指标为:妇女在议会中的代表权,妇女在内阁中的代表权和家庭政策三个指标,用来检验各国保护和提高妇女权益的程度。第三组指标为贫富比率、十分位数比率和权力资源指数用来检验政治平等程度。第四组指标是两组时间区间不同的选民投票比率,用来检验民主的参与程度。第五组指标是民主的满意度、不同投票取向的选民的满意度两个指标用来检验不同类型民主下的公民对民主的满意度。第六组指标是政府疏离度和选民疏离度两个指标用来检验政府与选民的亲近度。第七组指标是政府的腐败指数,用来检验政府的责任与腐败的程度。最后一组指标是公众对内阁的支持度与密尔标准两个指标用来检验,公众对政府的支持程度。通过统计分析,利普哈特得出了共识民主国家的全部指标都优于多数民主的国家的结论。同时,利普哈特又选用了社会福利、环境保护、刑事司法和对外援助 4 组 10 个指标进行双变量回归分析,得出了共识民主更宽容、更温和的民主的结论。

利普哈特选用大量统计数据和统计分析的方法,来证明政府的绩效和民主的品质,无疑增强了结论的科学性和说服力。就其指标覆盖的全面性和数据来源的多样性、比较性、综合性而言,在民主理论研究中,这是非常少见的,表现出一个重量级学者在资料来源和方法论训练与运用上的过人之处,为民主理论的比较研究提供了可资借鉴的方法。

二、缺陷与局限:利普哈特民主模式建构中的不足

利普哈特在长达近半个世纪的民主理论研究中,贡献给世人的是两种既相互联系又相互区别的民主模式——协合民主与共识民主模式。作为"民主模式"的建构是一项主题宏大的工作,因为模式的建构意味着既需要是理性的、规范的,又需要是经验的。而利普哈特的基本方法是比较法、行为主义的方法和制度主义的方法,虽然他是一个方法论大师,但是面对这样一个主题宏大、工程庞大的工程,方法和主题之间的紧张关系依然十分突出,不可避免地暴露出其理论的缺陷和薄弱环节。另外,基于资本主义生产方式之上的自由主义体制也远非是完美的民主实践,据此而建构理想的民主模式,也自然会使出其理论具有自身无法超越的局限。

就协合民主理论而言,由于其基于行为主义的分析缺乏必要的理性层面的论证,致使理论存在着概念模糊不清、经验案例不可靠、理论核心性不强等固有的理论缺陷,由此也会导致其理论应用方面的困境,如过分的精英主义取向、低效率等。就共识民主模式建构而言,由于他过分地倚重制度主义和建构,以及方法上的统计方法的广泛运用,也同样导致了其立论的不足,制度间的逻辑结构不够严密,缺乏内在的一致性及方法论上的削足适履,理论研究的主观色彩等问题和缺陷。

(一)理性与规范的紧张

哈贝马斯在《在事实和规范之间》中说:"这种理论的出发点,是那种提供合理动力,因而非暴力性质的达成理解过程所具有的社会整合力量,这个过程在一个稳定的信念共同体基础上使保持距离和求同存异成为可能。"[1]利普哈特的民主研究工作,也正是这样一种工作,但是它缺乏了一个由理性到规范之间的连接和论证,而是直接从经验到规范的提升。由

---

① [德]哈贝马斯:《在事实与规范之间:关于法律和民主法治国的商谈理论》,童世骏译,三联书店 2003 年版,第 7 页。

于民主理论的建构是一项宏大的社会系统工程,更何况民主理论本身就存在着许多争执不清的问题。利普哈特的民主理论又是基于行为主义和制度主义的比较理论,由于过分地强调经验事实和制度建构,而疏于理论论证和制度与事实之间的衔接,从而导致了其民主理论的理性和规范间的紧张。

就协合民主而言,利普哈特把复杂的理论浓缩成"协合"一词中,而又疏于对"协合民主"的理论证明,在协合民主所适用的多元社会方面,对多元社会也未进行充分的论证,致使立论方面的概念存在着模糊性和歧义。布莱恩·巴瑞认为协合民主的概念存在着太大的模糊性。他在《政治包容和协合民主》一文中,他对"协合"(Consociation)和"包容"(Accommodation)进行了词源学考察,并对利普哈特协合民主概念的模糊性进行分析。他认为"Acommodation"这个词在 16 世纪就已经逐渐进入英国的日常生活,作为一个词,最早收录于 1604 年的牛津大词典。相互妥协的精神,可以追溯到 17 世纪,而"Consociation"是一个不太常用的词汇,意思几乎与"association"相同,这就产生了具有"理论负担"(thoryladen)的词汇。巴瑞认为使用这类词汇是十分有害的,把复杂的理论浓缩进了一个生僻的词汇里,并且把它的四个条件也暗含在文中描述的协合民主概念中,而没有得到有效的证明,由此使他的理论的概念显得十分模糊。① 实际上,利普哈特最早的研究对象是荷兰,他试图解释荷兰尽管存在着深刻的宗教分歧,但还是保持了长期的政治稳定的民主现象,他的理论内容主要有精英合作的非正式制度、大联合内阁、社会协定等。"consociation"一词是利普哈特从阿尔图休斯的 1610 年《系统化的政治》中借用的,在这本书中,阿尔图休斯借用拉丁文"consociatio"(原意为"协定"、或"契约",并从这个词中引申出"协合主义"(consociationalism)这个词。② 并以技巧性地指称上述荷兰的特有制度。到了《多元社会民主》,利普哈特就直接使用"consociational Democracy"来指称,荷兰、比利时、奥地利、瑞士的民主制度。

---

① See Brian Barry, Political Accommodation and Consociational Democracy, *British Journal of Political Science*, Vol.5, No.4, (Oct., 1975). p.479.

② See J.Althusius, *The Politics of Tohan Althusius*. London: Eyre and Spettiswoode. [1610] 1964.

在关于多元社会概念的解释和使用方面也存在着歧义。协合民主理论的基础是阿尔蒙德的政体分类学,在政体分类中,用的是阿尔蒙德政治文化的标准。在实际的论证过程中,利普哈特却又按照哈瑞·艾克斯坦(Horry Eckstem)说法,明确地把多元社会说成是宗教的、意识形态的、地区的、文化的、民族的或种族边界造成的"局部间分裂"产生的多元。而且,利普哈特还更多地使用"区块间隙"这种地理概念来描述其多元社会,给人以概念前后不一致的感觉。

在共识民主理论中,也存在着概念问题。一方面,利普哈特对于共识民主中的"共识"(consensus)未给予明确的界定,仅体现为一些制度性特征。另一方面,利普哈特人为地把共识民主模式与多数民主模式看做是两极对立,也是遭人质疑的。耶路撒冷希伯来大学彼得·Y.麦丁(Peter Y. Medding)教授认为,被利普哈特认为是相对立的民主模式并不是完全的两级对立,而是相互强化的。也就是说,从概念上看,每一个概念的因素,都包含和依赖于另一个概念的因素。哪些特征属于多数模式,哪些特征属于共识模式,远远没有弄清楚。① 在政党制度方面,利普哈特把两党制看做是多数民主的特征,而多党制则是共识民主的特征。麦丁对此也提出质疑,麦丁认为多党联盟政府不一定就会产生共识民主,也有可能创造出足够的内部凝聚力机制,使它们能够按照多数规则运作,联盟政党能够紧紧一致地行使行政权力,使得行使权力集中,而不是按照共识规则运作。共识规则下的行政权力被分割成分配给联盟同伴,联盟同伴在缺乏凝聚力和对政府政策不能达成一致的时候,就与党派意见或个人观点一致了,于是便需要进行协商以求得共识。因此,民主政府的类型的不仅依赖于行政权力的结构和政党的数量,而且也依赖于行政权力的动力,也即那些政党主角是否紧密一致地行使行政权力。② 麦丁还指出,利普哈特在行政机关——政党维度上,行政权力集中和行政权力居优势地位这两个要素的概念和定义没有充分区分开。他认为集中的行政权力和行政权力居优势地位以及行政权力分享和行

---

① See Peter Y. Medding, from Government by Patty to Government Despite Party, *Isral Affairs*, Vol.6.Issue 2.Winter 99.p.176.

② See Peter Y. Medding, from Government by Patty to Government Despite Party, *Isral Affairs*, Vol.6.Issue 2.Winter 99.p.177.

政机关与立法机关平衡实际上同义的,总是同时存在。①

(二)规范与事实的紧张

哈贝马斯说:"规范性的理论,很容易受到怀疑,说它们未能充分注意一些难以否认的事实,这些事实同理性法传统影响下形成的现代立宪国家自我理解相相抵触,已经为时不短了。"②在利普哈特的理论中,这种规范和事实的紧张关系,也同样存在。在协合民主理论的建构中,利普哈特把瑞士当做协合民主的典型案例,他把瑞士社会看做是彼此隔绝和竞争的亚文化或集团组成的多元社会,其制度构成是典型的协合民主模式。大卫·波恩(David Bohn)研究了瑞士工业革命前后的历史和社会结构的变化,对利普哈特把瑞士作为协合民主的案例提出了质疑。他认为工业革命前,瑞士的社会结构的确是由彼此隔绝的和竞争的亚文化集团构成,而工业革命促进了族际的交往和族际交融,社会结构也由此产生了很大变化,瑞士的民族群体已融为一个民族。他说,"在工业革命之前,那时瑞士在政治上是更为碎片的,个人的地理流动性比较低,精英的作用更为独立,社会结构和精英行为比较符合利普哈特的协合模式。"③然而在工业革命后,人口迁徙大量发生,出现了重大的民族间的联系以及语言和婚姻上的融合,协合模式所描绘的民族区块隔绝和对立在瑞士除北部汝拉(Jura)州以外是不存在的。他进一步分析道:"经历了120年,大量的族际婚姻已经建立了文化和血缘联系。通过婚姻,外来人口仍然在融合中。而在此过程中,他们也改变了主流文化,因为文化也不仅仅是语言的,各族移民把他们继承的许多非语言的元素也传递给了他们的子孙,这样就打破了主文化的隔绝特征,并建立了共同背景。在瑞士,可能有各民族在地理上确定的分布,但在表面边界之下则是一张大网,广泛地联系着跨民族家庭,情感的交融和文化的交叠使得这些民

---

① See Peter Y. Medding, from Government by Patty to Government Despite Party, *Isral Affairs*, Vol.6.Issue 2.Winter 99.p.176.
② [德]哈贝马斯:《在事实和规范之间:关于法律和民主法治国的商谈理论》,童世俊译,三联书店 2003 年版,第 8 页。
③ David Earle Bohn, Consociational Democracy and the case of Switzerland, *The Journal of Politics*. Vol 42.No.1(Feb., 1980).p.179.

族融为一个民族。"①和波恩一样,巴瑞也认为瑞士不是协合民主的学说的范本,而且也不认可荷兰是包容政体,因为这两个国家的政治现实不能得证利普哈特那些理论预设可以实现。如"独立的利益集团"、"最低限度的共识"、"由利益集团的领导作出决定"等。同时,巴瑞还分析了奥地利的稳定民主的经济因素和社会结构,排除了利普哈特用精英行为解释奥地利民主的因素,他认为影响奥地利民主稳定的更多的是国际因素和经济因素,并不是只是精英合作和政治包容的产物,协合民主制度只是在一定程度上起了促进作用。②

在共识民主理论中,这种规范和事实之间的紧张关系依然存在。为了建构共识民主的规范模式,利普哈特把多数民主和共识民主看做是二元对立的关系,虽然他也说过其共识民主是把多数原则视为最低限度的要求,共识民主是追求多数规模的最大化,而不是满足于获得作出决策所需的狭隘多数。③ 但是按照利普哈特在 1999 年《民主模式》的理论建构,他把英国、新西兰、巴巴多斯看做多数民主模式典型个案,而把瑞士、比利时和欧盟看做是共识民主模型典型个案,并藉此归纳出共识模型和多数模式的制度方面的典型特征。但这种典型特征在事实面前解释力往往是捉襟见肘。作者也意识到了这种规范和事实之间的紧张关系,因此他在 1999 年的著作中的制度比较和国别比较中,尽量使用谱系法来描述各国的实际制度在多数——共识谱系中的实际位置。但这又使其理论的解释力大打折扣,因为相当多的国家是兼有两种模式的特征于一体。更为使他自己也感到理论尴尬的是,他所说的制度特征并非是民主模式的必要条件。

这种规范和事实的紧张关系,表现在利普哈特共识民主的案例分析上也是十分显著的,其共识民主模式的案例分析,招致了许多学者的诸多批评。彼得·Y.麦丁运用其利普哈特的逻辑来分析以色列 1948 年以来的演

---

① David Earle Bohn, Consociational Democracy and the case of Switzerland, *The Journal of Politics.* Vol 42.No.1(Feb.,1980).p.179.

② See Brian Barry, Political Accommodation and Consociational Democracy, *British Journal of Political Science.* Vol.5,No.4,(Otc.,1975).p.494.

③ 参见[美]阿伦·利普哈特:《民主模式:36 个国家政府形式与政府绩效》,陈崎译,北京大学出版社 2006 年版,第 1 页。

变,得出了与利普哈特相反的结论。① 荷兰莱顿大学政治学系的欧德·
范·克雷恩波(Oda Van Cranenburgh)副教授在《纳米比亚:共识制度和多
数政治》一文中,按照利普哈特 10 个标准考察纳米比亚的民主,结果是并
非如利普哈特所说纳米比亚是共识民主。因为纳米比亚在行政机关——政
党维度上有强烈的多数民主模式的特征,在联邦制——单一制维度上的共
识民主特征也很一般。② 荷兰莱顿大学比较政治学教授彼得·梅尔(Peter
Mair)运用利普哈特的共识民主理论来分析荷兰的政治制度后,认为无论是
在共识民主实现的理论条件还是实践条件,荷兰不再具有明显的共识模式
的特征了。③ 学者们的批评至少向我们提出了两个问题:首先是一个国家
的政治制度是与其独特的历史发展,经济社会结构相适应的复杂的政治表
现,脱离特定国家的复杂实际去讨论抽象的制度是否合适? 其次是用静态
的硬性制度指标去衡量动态的现实政治是否合适?

(三)方法论上存在的问题

行为主义是 20 世纪初到 20 世纪中叶在西方政治学研究中兴起的一种重
要的政治学研究方法,它试图将现代社会科学和自然科学结合起来,力图借
助新的工具使研究科学化。在政治学研究中,学者们把注意力放在制度背后
的人们的行为分析上,从而在了解人们政治行为规律的基础上形成经验理
论,其哲学基础是孔德的实证主义和当代的逻辑实证主义,学者们的基本立
场是价值中立或价值祛除。实际上,纯粹的行为主义方法,很难全面地把握、
解释和说明复杂的政治现象,纯客观的研究和价值祛除也是不可能的。因为
外部世界给人的感觉和印象,与人们头脑的逻辑知识之间,存在着一首不可
逾越的思想屏障,即人们的倾向性,观念意识、理想和价值观,这些制约了研
究者选择研究课题,搜集资料和作出论证的过程。正如达尔所说,由于行为

---

① See Peter Y.Medding,from Government by Party to Government Despite Party,*Israel Affairs*,Vol.6.Issuez,Winter 1999.pp.172-208.

② See Otavan Cranenburgh,Namibia:Consensus Democracy and Majoritarian Politics.*Democratization*.Vol.13,Issue 4,Aug.,2006.pp.584-604.

③ See Peter Mair,The Correlate of Consensus Democracy and the Puzzle of Dutch Politics,*West the EuropeanPolitics*,Vol.17,Issue 4(Otc.,1994).pp.97-123.

主义研究受到现代自然科学成就的影响,模仿它们的一切方法,使得方法论和验证事实成了中心技能,这样做的缺陷是运用想象力进行预测尚存在不足之处。① 而利普哈特的共识民主理论和协合民主理论都是基于行为主义和制度主义的研究,这种行为主义和制度主义的研究的存在两个方面的问题:

一是"有削足适履之嫌。也就是说,目标和结论已在心中,为了自己的目标和结论而选择性地运用相关数据。"②例如为了证明共识民主比多数民主有更好的治理绩效,利普哈特在论证共识民主绩效过程中,在选择的数据上有明显偏好,要么共识民主的治理绩效略好于多数民主,虽然统计上并不显著,但数据显示其绩效要略好于多数民主;要么就是统计上也十分显著,共识民主比多数民主要好。"共识民主国家的绩效比多数民主国家更为突出,无论在哪个阶段,对哪些国家,采用哪种测量手段得到的结果都是如此。"③实际上,就经济增长而言,英国作为多数民主的典型代表,其经济一直是欧洲的领头羊,是欧洲国家中最好的经济体之一,要远远胜过其他国家,20 世纪 80 年代后,撒切尔改革后的英国,工会的作用被抑制,企业获得了更大的自主权,生产成本得到有效降低,在很大程度上根治了所谓的"英国病"。"这是国际经济学界的基本结论。"④而利普哈特的比较数据是同类国家的综合比较,多数民主国家间的差异比较大,而共识民主国家极端国家较少,都是比较集中的欧洲发达国家,这可能是利普哈特数据统计结果的原因。实际上,在经济和民主的关系上,"经济学界有一个基本的认识,太多的民主和太多的自由都不利于经济增长;没有民主和没有自由也不利于经济发展,一定程度的民主和一定程度的自由才有利于经济增长。"⑤

二是其制度主义的视野也存在着把复杂问题简单化的嫌疑。一种民主

① 参见[美]古尔德·瑟斯比:《现代政治思想》,商务印书馆 1985 年版,第 166 页。
② 杨光斌:《评利普哈特的"共识民主模式"》,《江苏行政学院学报》2007 年第 5 期。
③ 杨光斌:《评利普哈特的"共识民主模式"》,《江苏行政学院学报》2007 年第 5 期。另见[美]阿伦·利普哈特:《民主模式:36 个国家的政府形式和政府绩效》,陈崎译,北京大学出版社 2006 年版,第 195 页。
④ [美]萨缪尔森:《国家竞争力的市场基础》,《21 世纪世界经济报道》2002 年第 4 期。
⑤ 杨光斌:《评利普哈特的"共识民主模式"》,《江苏行政学院学报》2007 年第 5 期。另见[美]巴罗:《经济增长的决定因素:跨国经验研究》,李剑译,中国人民大学出版社 2004 年版,第 5 页。

模式或一套政治制度安排,固然需要相应的硬件与之配套,需要一系列具有凝聚力的制度作为其制度内容,但仅仅凭借一些制度安排,而不去研究这些制度的适用条件和运作过程,就会使制度静态化和僵化,同时也会使本身是复杂的问题简单化。利普哈特的民主模式的二维概念图就存在着这样的问题。民主的二维概念无疑是民主理论研究的一大创新,其对民主理论研究的贡献固然是主要的,在横向的行政——政党制度和纵向的单一制——联邦制维度上,根据某个国家某一时期的大致情况,在概念图上对这个国家进行定位。在民主二维概念图中,36 个国家在其享权力维度(即行政——政党维度上)分布比较均衡,偏差大致都在-2 和+2 之间;相应地,36 个在共担维度上(联邦制——单一制维度),36 个国家分布得很不均衡,36 个国家有 22 个实行适度的单一制,都集中在圆的上方,分布很不均匀,少数几个高度联邦制地方分权的国家扭曲了图的分布,因此,瑞恩·塔格佩拉认为,由于分布扭曲,标准差的概念本身便失去了意义。① 标准偏差是一个统计学名词,它反映的是一种度量数据分布的分散程度的标准,用以衡量数据偏离算术平均值的程度。标准差越小,说明这个数据偏离平均值就越少;标准偏差的大小可以通过标准偏差与平均值的倍率关系来衡量,而 36 个国家在共担责任维度的分布,标准偏差的运用确实显得不合规范。② 问题的根本并不完全在于统计计算的问题,而在于在联邦制——单一制维度上,它反映的并不仅仅是联邦制——单一制这一个变量而是还包括立法机关制度、宪法的性质、司法审查和中央银行制度等四个方面的制度。把两个维度、10 个变量的复杂关系用一个图来表示,表达出来的概念,确实会使人感到有把复杂问题简单化之嫌,也确实使人感到这种基于行为主义的制度主义有制度主义的僵硬感。

综上所述,在对利普哈特民主理论的价值充分进行肯定的同时,我们也必须看到,无论是在立论还是理论创新上,还是在创造性运用和使用新的方法上,利普哈特的理论研究都存在着一些值得商榷的地方,也容易引起一些争议,但这些并不足以从根本上否定利普哈特和他的理论。

----

① See Rein Taagepera, Arend Lijphart's Dimensions of Democracy: Logical conections and Institutional Design, *Political Studies*: 2003, Vol51. p.13.

② See Rein Taagepera, Arend Lijphart's Dimensions of Democracy: Logical conections and Institutional Design, *Political Studies*: 2003, Vol51. p.14.

结　语

社会发展总是主客体力量相互作用的结果。主体力量——自主的人类活动都是目的导向的，而客体力量——自然和经济发展则只是一种机械化的运动过程。主客体力量的联合构成了社会发展进步的动力。每个社会的社会结构影响和改变着社会的政治。随着特定社会结构的改变，相应社会的政治也会改变。正如社会进程是历史存在的固有特性一样，民主也必须随着社会结构的改变而改变，随着统治形式的改变而改变。在人类追求民主理想的历史进程中，如果把民主的建设看做一项政治工程的话，这项政治工程便是一项永无止境的政治工程，永远没有完工的一天，它必须在时刻变化的环境中不断地被建构、解构和重建。

社会结构转型是指社会从传统社会向现代社会、从现代社会向后现代社会演进的历史过程。社会结构的转型是生产力发展和社会分工的必然结果。传统社会以自然经济为基础，由于生产力发展的水平较低、社会分工不够充分，所以社会分化并不充分，相对来说属于同质化的社会。在这种同质化的社会结构中，政治共识某种意义上说就是对权威资源占有的认可与同意。政治共同体依靠对权威资源的占有和认可便可以调节人们之间的关系、规范人们的行为、维护社会秩序。政治整合也以这种对权威资源占有的认可与同意作为心理基础，可以靠共同信仰和共同情感或权威的强制力机械地整合整个社会。这种外在强制性和权威性因素压制和吞噬了各种差异，整个社会的主导价值、主导规范是单一的、一元的。

传统社会向现代社会的转变是市场经济发展的结果，市场经济的发展极大地促进了社会生产力的发展，使社会分工在更为广泛的领域展开，利益伴随社会分工和市场的发展日趋分化，利益的分化既包括利益的差异化、多样化，也包括利益差距的拉大、不平等因素的增加。利益差距的拉大和分化形成了新的不公正的利益格局。这种利益格局的变化造成了社会结构及其功能的进一步分化,形成了现代社会的异质现象。分化后的社会各领域由于追求的价值、目标不同,运行的程序、规则不同,评价标准和规则自然也不相同。伴随着现代市场经济和资本全球化的进一步发展,现代科学技术在生产领域的广泛应用,社会生产、生活领域的分工日趋细密化、专门化、智能化,人类社会交往也日益紧密和复杂化;再加上由此带来的政治、文化、民族等各种因素与这些因素的相互作用,人类社会关系、生活、生存方式日益复杂化和多样化,利益主体更加多元化、自主化、个性化。差异、断裂、冲突、多元日趋成为社会重要表征,社会多元成为了时代特征。社会主体的多样与多元直接影响着人们生存、发展及社会的统一、稳定与和谐。在多元社会中,传统社会的权威、共识、统一被瓦解,共同的情感、信仰、神圣的价值观念被祛魅。社会秩序的统一和稳定面临着多元事实和多元价值的威胁,统一的社会秩序很难维系。要使多元主体最终统一到一个民主秩序中来,就必须有多元社会的政治共识来支撑,就必须有新的政治整合机制来协调和规范人们的行为。

多元社会的共识是多元社会政治整合的心理基础和合法性基础,现代社会的共识是现代社会交往实践中,形成的主体与客体、主体与其他主体之间的多重社会关系,它表达了交往过程中的参与者形成的共同的或一致的认可、理解和同意。社会越是差异、分化,就越需要整合和统一。无论传统的同质社会还是现代的异质社会,都会有歧见和差异,传统社会的多元差异被意识形态的统一性所遮蔽和整合,只有当这种整合和压制达到人们不能容忍的时候,人们才会用暴力革命的方式反抗占统治地位的强制性意识形态共识体系,再建立新的共识体系。现代异质社会,歧见和多元差异的文化及价值观念在市民社会的充分发育中得到淋漓尽致的表现,公共领域在一定意义上就是差异性表演的舞台。但过多的差异和歧见又会危及公共决策和社会秩序,因此多元共识的建构及相应的政治整合的建构就显得十分必要。萨托利把民主政治的共识分为终极价值的共识、程序共识和政府及政府的政策共识。① 终极价值共识决定既定社会是否从整体上分享同样的价

---

① 参见[美]乔·萨托利:《民主新论》,冯克利、阎克文译,东方出版社1998年版,第101页。

值信仰和价值目标,是民主存在的一个重要条件。程序共识是按照多数原则在解决冲突中起着重要作用,是民主政治不可或缺的条件。政策共识与政策异见相对应,是一切民主制度的基础和本质,它意味着人们可以反对统治者和政府政策,但不反对政体或国家,它是国家统治的基础。

有分化和差异,就有一致和统一。要保持一定社会的分化、差异和一致、统一之间的合理张力就需要整合。整合本意是指整顿、协调、重新组合,从而形成新的秩序和新的整体。政治整合是指政治的一体化过程,现代社会是价值多元和文化多元的社会,为了保持社会的有序运转和政治稳定,就要在多元的基础上寻求基础的价值整合。政治共识就是基础的价值整合,保持分化与整合的张力是现代社会面临的一大困境。现代社会的整合是辩证的、包容差异的整合,不是绝对的、无差别的、抽象的同一。整合不等于相同和同质化,整合是包含着差异的同一。整合的对象是发展的、变化的、复杂的,不是静止不变的;整合方式与传统社会强制整合不同,更多的是非强制性的包容、协商、妥协与合作。

回顾 20 世纪西方民主理论发展,对待民主一直存在两种截然不同两种态度:一种是注重人民的参与权利,力图追求更广泛的人民参与;另一种担心多数人暴政和管理能力缺乏,注重政治制度的秩序和运行效率优先。当代民主理论试图从理念和制度上把这种对立协调起来,力图达到在强调个人基本自由和权利,特别是保护个人免受政治权力迫害的权利同时,用有层次的代议制和政党体制来解决大规模民众参与带来的问题,建构严密的官僚体制来解决管理和效率问题。实际上,基于自由主义民主理论的创新无法从根本上解决西方民主固有矛盾,在固有矛盾没有解决的同时又产生了新的矛盾:政治民主与日益突出的行政管理之间的矛盾,即公民参与和社会生活理性化之间的矛盾;社会团体多元化与协调各团体之间关系的矛盾随着西方社会矛盾的演变而日益突出,20 世纪民主理论的流变就是围绕着这两种矛盾展开的。通过对 20 世纪产生过重要影响的民主理论进行较为系统的梳理,会发现这些理论主要有:精英主义民主论、多元民主论、合作主义民主论、参与式民主论、共识民主论、民主制的民主化等。共识民主模式融合了当代各种民主理论的一种理论探讨和制度设计。在探讨文化或民族分裂国家的政治融合问题上,力图通过制度设计来实现国家权力的分享与责任共担,从而实现国家权力层面的、包容、妥协、协商与合作。因为传统的西方代议制民主出现了许多问题,已不能完全适应日益多元的西方世界的现实。利普哈特的共识民主把多数原则当做最低限度的要求,并努力使多数的规模最大化。共识民主模式的各种规则的制定、各类机构的设置旨在使人们广泛地参与政府,就政府推行的公共政策达成普遍的一致。试图通过多种手段分享、分割、限制权力,实现更多的包容、交易和妥协,从而实现把权力集中于多数人的手中,这个多数往往是相对多数而不是绝对多数;从而减少排他性、竞争性和对抗性。①

　　不可否认,利普哈特面对民主这一宏大的理论主题,其理论也存在明显缺陷,使得它自身的立论和理论的说服力受到影响,甚至影响到人们对协合民主与共识民主的信心。尽管利普哈特的理论在学术界引起了不少争议,其部分结论的正确性也有待于实践的检验。但是他新颖的学术视角、宽广的研究领域、科学的研究方法、丰富的实证材料、严密的论证过程还是使他成为比较政治学领域的一位当之无愧的大家。

---

① See Arend Lijphart, *Patterns of democracy: government forms and performance in thirty-six countries*, New Haven: Yale University Press, 1999. p. 1.

参 考 文 献

一、利普哈特的著作与论文

中文:

1. 利普哈特:《民主的模式:36 个国家的政府形式和绩效》,陈崎译,北京大学出版社,2006 年。

2. 利普哈特:《选举制度与政党制度——1945—1990 年 27 个国家的实证研究》,谢岳译,世纪出版集团,2008 年。

3. 利普哈特:《当代民主类型与政治——二十一个国家多数模型与共识模型政府》,陈坤森译,台湾桂冠图书股份有限公司,1993 年。

4. 利普哈特主编:《新兴民主国家的宪政选择》,蔡熊山、陈骏德、陈景尧译,台湾韦伯文化事业出版社,1999 年。

5. 利普哈特:《选举制度与政党体系》,张慧芝译,台湾桂冠图书股份有限公司,2003 年。

6. 利普哈特:《多元社会的民主》,张慧芝译,台湾桂冠图书股份有限公司,2003 年。

英文著作:

1. Arend Lijphart, *The Trauma of Decolonization*, The Dutch and West New Guinea. New Haven: Yale Univ., Pr., 1966.

2. Arend Lijphart, *The Politics of Accommodation: Pluralism and Democracy in the Netherlands*, Berkeley and Los Angeles: University of California Press, 1968.

3. Arend Lijphart, *Democracy in Plural Societies: A Comparative Exploration*, New Haven, Yale University Press, 1977.

4. Arend Lijphart(ed), *Conflict and Coexistence in Belgium: the dynamics of a culturally divided society*, Berkeley: Institute of International Studies, University of California, c1981.

5. Arend Lijphart, *Democracies: Patterns of Majoritarian and Consensus Government in Twenty-one Countries*, New Haven, CT: Yale University Press. 1984.

6. Arend Lijphart, *Power-Sharing in South Africa*, Berkeley, CA: Institute of International Studies, University of California. 1985.

7. Arend Lijphart, *Parliamentary Versus Presidential Government*, Oxford: Oxford

University Press.1992.

8. Arend Lijphart, *Electoral Systems and Party Systems : A Study of Twenty-seven Democracies 1945-1990*, Oxford : Oxford University Press.1994.

9. Arend Lijphart (ed) , *Liberalization and Leninist legacies : comparative perspectives on democratic transitions*. Berkeley, Calif.: International and Area Studies, University of California, c1997.

10. Arend Lijphart, *Patterns of democracy : government forms and performance in thirty-six countries*. New Haven : Yale University Press, 1999.

11. Arend Lijphart (ed) , *Thinking about democracy : power sharing and majority rule in theory and practice*. London : Routledge, 2008.

论文：

1. Arend Lijphart, A Democratic Blueprint for South Africa Stanton, Diane R.. *Business & Society Review* (00453609) , Spring86, Issue 57, pp.28-32.

2. Arend Lijphart, Australian Democracy : Modifying Majoritarianism? *Australian Journal of Political Science*, vol.34, no.3, pp.313-326.

3. Arend Lijphart, Consociational Democracy, *World Politics*, vol.21, no.2. (Jan.1969) , pp.207-225.

4. Arend Lijphart, Consociation and Federation : Conceptual and Empirical Links, *Canadian Journal of Political Science*/Revue canadienne de science politique, vol.12, no.3. (Sep.1979) , pp.499-515.

5. Arend Lijphart; Markus M.L.Crepaz, Corporatism and Consensus Democracy in Eight-. een Countriesl Conceptual and Empirical Linkages, *British Journal Of Political Science*, vol.21, no.2. (Apr.1991) , pp.235-246.

6. Arend Lijphart, Consociational Democracy : Problems and Prospects. A Reply, *Comparative Politics*, vol.13, no.3. (Apr.1981) , pp.355-360.

7. Arend Lijphart, Culture Diversity and Theories of Political Integration, *Canadian Journal of Political Science*/Revue canadienne de science politique, vol.4, no.l. (Mar.1971) , pp.1-14.

8. Arend Lijphart, Comparative Politics and the Comparative Method, *The American Political Science Review*, vol.65, No.3. (Sep., 1971) , pp.682-693.

9. Arend Lijphart, Debate : Measurement Validity and Institutional Engineering-Reflections on, Rein Taagepera's Meta-Study, *Political Studies*, vol 51, 2003, pp.20-25.

10. Arend Lijphart, Non-Majoritarian Democracy : A Comparison of Federal and Consociational Theories, Publius, vol. 15, no2, Federalism and Consociationalism : A Symposium. (Spring, 1985) , pp.3-15.

11. Arend Lijphart, Negotiation Democracy versus Consensus Democracy : Parallel Conclusions and Recommendations, *European Journal of Political Research*, vol.41 Issue 1, (Jan. 2002) , pp.107-113.

12. Arend Lijphart, Religious vs. Linguistic vs. Class Voting: The "Crucial Experiment" of Comparing Belgium, Canada, South Africa, and Switzerland, *The American Political Science Review*, vol.73, no.2. (Jun.1979), pp.442–458.

13. Arend Lijphart, Unequal Participation: Democracy's Unresolved Dilemma, *The America Political Science Review*, vol.91, no.l. (Mar.1997), pp.1–14.

14. Arend Lijphart, Review [Untitled], *Canadian Journal of Political Science/Revue canadienne de science politique*, vol.ll, no.4. (Dec.1978), pp.887–889.

15. Arend Lijphart, The Future of Democracy: Reasons for Pessimism, but Also Some Optimism, *Scandinavian Political Studies*, vol.23 Issue 3, (Sep.2000), pp.265–273.

16. Arend Lijphart, A Mediterranean model of democracy?: the southern European democracies in comparative perspective, *West European Poetics* (1988) 11(1), pp.7–25.

17. Arend Lijphart and Crepaz, M.M.L. Corporatism and consensus democracy in 18 countries, *British Journal of Political Science*, (1991) 21, pp.235–56.

二、中文其他关于民主的参考文献

（一）中文译著

1.《马克思恩格斯选集》第1—4卷,人民出版社,1995年。
2.《马克思恩格斯选集》第2卷,人民出版社,1995年。
3.《马克思恩格斯选集》第3卷,人民出版社,1995年。
4.《马克思恩格斯选集》第4卷,人民出版社,1995年。
5.《马克思恩格斯全集》第2卷,人民出版社,1957年。
6.《马克思恩格斯全集》,第3卷,人民出版社,1960年。
7.《马克思恩格斯全集》第4卷,人民出版社,1979年。
8.《马克思恩格斯全集》第18卷,人民出版社,1979年。
9.《马克思恩格斯全集》,第20卷,人民出版社,1971年。
10.《马克思恩格斯全集》第23卷,人民出版社,1972年。
11.《马克思恩格斯全集》第25卷,人民出版社,1974年。
12.《马克思恩格斯全集》第39卷,人民出版社,1975年。
13.《马克思恩格斯全集》第42卷,人民出版社,1979年。
14.《列宁选集》第1—4卷,人民出版社,1995年。
15.[英]戴维·米勒等:《布莱克维尔政治学百科全书》,中国政法大学出版社,2002年。
16.[美]阿米·古特曼,丹尼斯·汤普森:《民主与分歧》,杨立峰、葛水林、应奇译,东方出版社,2007年。
17.[美] Amy Gutmann, Dennis Thompson:《商谈民主》,谢宗学、郑惠文译,智胜文化事业有限公司,2006年。
18.[英]安东尼·阿巴拉斯特:《西方自由主义的兴衰》,吉林人民出版社,2004年。

19. [美]阿尔文·托夫勒:《第三次浪潮》,朱志焱、潘琪译,三联书店,1983 年。

20. [英]阿克顿:《自由史论》,胡传胜等译,译林出版社,2001 年。

21. [美]帕特南:《使民主运转起来》,王列、赖海榕译,江西人民出版社,2001 年。

22. [英]埃德蒙·柏克:《法国革命论》,何兆武、许振洲、彭刚译,商务印书馆,1998 年。

23. [英]埃德蒙·柏克:《自由与传统——柏克政治论文选》,蒋庆、王瑞昌、王天成译,商务印书馆,2001 年。

24. [英]安东尼·阿伯拉斯特:《民主》,孙荣飞等译,吉林人民出版社,2005 年。

25. [英]安东尼·吉登斯:《超越左与右——激进政治的未来》,李惠斌、杨雪冬译,社会科学文献出版社,2003 年。

26. [美]安东尼·唐斯:《民主的经济理论》,姚洋等译,上海人民出版社,2005 年。

27. [法]邦雅曼·贡斯当:《古代人的自由与现代人的自由》,阎克文、刘满贵译,商务印书馆,1999 年。

28. [美]本杰明·巴伯:《强势民主》,彭斌等译,吉林人民出版社,2006 年。

29. [古希腊]柏拉图:《理想国》,郭斌和、张竹明等译,商务印书馆,1986。

30. [英]戴维·赫尔德:《民主的模式》,燕继荣等译,中央编译出版社,2004 年。

31. [英]道格拉斯·柯尔:《社会学说》,李平沤译,商务印书馆,1959 年。

32. [美]道格拉斯·拉米斯:《激进民主》,刘元琪译,中国人民大学出版社,2002 年。

33. [澳]菲利普·佩迪特:《共和主义》,刘训练译,江苏人民出版社,2006 年。

34. [英]弗里德利希·冯·哈耶克:《法律、立法与自由》(第一、二、三卷),邓正来等译,中国大百科全书出版社,2000 年。

35. [英]弗里德利希·冯·哈耶克:《自由秩序原理》(上、下),邓正来译,生活·读书·新知三联书店,1997 年。

36. [英]弗里德利希·冯·哈耶克:《通往奴役之路》,王明毅译,中国社会科学出版社,1997 年。

37. [美]格林斯坦、波尔斯底比编:《政治学手册精选》,王沪宁等译,商务印书馆,1996 年。

38. [美]汉密尔顿等:《联邦党人文集》,程逢如等译,商务印书馆,1980 年。

39. [美]汉娜·阿伦特:《人的条件》,竺乾威译,上海人民出版社,1999 年。

40. [美]汉娜·阿伦特:《论革命》,陈周旺译,译林出版社,2007 年。

41. [英]霍布豪斯:《自由主义》,朱曾汶译,商务印书馆,1996 年。

42. [美]加布里埃尔·A.阿尔蒙德、G.宾厄姆·鲍威尔:《比较政治学:体系、过程和政策》,曹沛霖等译,上海译文出版社,1987 年。

43. [美]加·阿尔蒙德、西·维巴:《公民文化》,马殿君等译,浙江人民出版社,1989 年。

44. [意]加塔诺·莫斯卡:《统治阶级》,贾鹤鹏译,译林出版社,2002 年。

45. [法]古斯塔夫·勒庞:《乌合之众——大众心理研究》,冯克利译,中央编译出版社,2000 年。

46. [意]圭多·德·拉吉罗:《欧洲自由主义史》,杨军译,吉林人民出版社,

2001 年。

47. [美]卡罗尔·佩特曼:《参与和民主理论》,陈尧译,上海人民出版社,2006 年。

48. [美]科恩:《论民主》,聂崇信等译,商务印书馆,1988 年。

49. [英]昆廷·斯金纳:《近代政治思想的基础》(上、下),奚瑞森、亚方译,商务印书馆,2002 年。

50. [英]昆廷·斯金纳:《自由主义之前的自由》,李宏图译,上海三联书店,2003 年。

51. [美]李普塞特:《政治人——政治的社会基础》,张绍宗译,上海人民出版社,1997 年。

52. [美]列奥·施特劳斯,约瑟夫·克罗波西:《政治哲学史》,李天然等译,河北人民出版社,1993 年。

53. [美]罗伯特·达尔:《多头政体——参与和反对》,谭君久、刘惠荣译,商务印书馆,2003 年。

54. [美]罗伯特·达尔:《论民主》,李柏光、林猛译,商务印书馆,1999 年。

55. [美]罗伯特·达尔:《民主理论的前言》,顾昕、朱丹译,三联书店,1999 年。

56. [美]罗伯特·达尔:《民主及其批评者》,曹海军、佟德志译,吉林人民出版社,2006 年。

57. [德]罗伯特·米歇尔斯:《寡头统治铁律——现代民主制度中的政党社会学》,任军锋等译,天津人民出版社,2003 年。

58. [法]卢梭:《社会契约论》,何兆武译,商务印书馆,1980 年版。

59. [法]皮埃尔·卡蓝默:《破碎的民主》,高凌瀚译,三联书店,2005 年。

60. [美]乔治·霍兰·萨拜因:《政治学说史》,盛葵阳等译,商务印书馆,1986 年。

61. [美]乔万尼·萨托利:《民主新论》,冯克利、阎克文译,东方出版社,1998 年。

62. [美]塞缪尔·亨廷顿:《变化社会中的政治秩序》,王冠华等译,三联书店,1989 年。

63. [美]塞缪尔·亨廷顿:《第三波——20 世纪后期民主化浪潮》,刘军宁译,上海三联书店,1998 年。

64. [美]塞缪尔·亨廷顿、琼·纳尔森:《难以抉择——发展中国家的政治参与》,汪晓寿、吴志华、项继权译,华夏出版社,1989 年。

65. [意]萨尔沃·马斯泰罗内:《欧洲民主史》,黄华光译,社会科学文献出版社,1998 年。

66. [法]托克维尔:《论美国民主》(上、下),董果良译,商务印书馆,1997 年。

67. [美]托马斯·戴伊:《民主的嘲讽》,孙占平等译,世界知识出版社,1991 年。

68. [加]威尔·金里卡:《当代政治哲学》,刘莘译,上海三联书店,2004 年。

69. [古希腊]亚里士多德:《政治学》,吴寿彭译,商务印书馆,1983 年。

70. [英]以赛亚·伯林:《自由论》,胡传胜译,译林出版社,2003 年。

71. [德]尤尔根·哈贝马斯:《在事实与规范之间——关于法律和民主法治国的商谈理论》,童世俊译,三联书店,2003 年。

72. [德]尤尔根·哈贝马斯:《公共领域的结构转型》,曹卫东等译,学林出版社,2005 年。

73.［德］哈贝马斯：《交往行动理论》，洪佩郁、蔺菁译，重庆出版社，1994 年。

74.［英］约翰·邓恩编：《民主的历程》，林猛等译，吉林人民出版社，1999 年。

75.［英］约翰·格雷：《自由主义的两张面孔》，顾爱彬等译，江苏人民出版社，2002 年。

76.［美］约翰·罗尔斯：《正义论》，何怀宏等译，中国社会科学出版社，1998 年。

77.［美］约翰·罗尔斯：《政治自由主义》，万俊人译，译林出版社，2000 年。

78.［美］约翰·罗尔斯：《万民法》，张晓辉等译，吉林人民出版社，2001 年。

79.［美］约翰·克莱顿·托马斯：《公共决策中的公民参与》，孙柏瑛译，中国人民大学出版社，2005 年。

80.［英］约翰·洛克：《政府论》（下），叶启芳等译，商务印书馆，1997 年。

81.［英］约翰·密尔：《代议制政府》，汪瑄译，商务印书馆，1982 年。

82.［英］约翰·密尔：《论自由》，叶启芳、程崇华译，商务印书馆，1982 年。

83.［澳］约翰·S.德雷泽克：《协商民主及其超越：自由与批判的视角》，丁开杰等译，中央编译出版社，2006 年。

84.［美］约瑟夫·熊彼特：《资本主义、社会主义与民主》，吴良键译，商务印书馆，1999 年。

85.［美］詹姆斯·博曼：《公共协商：多元主义、复杂性与民主》，黄相怀译，中央编译出版社，2006 年。

86.［日］猪口孝等：《变动中的民主》，林猛等译，吉林人民出版社，1999 年。

87.陈家刚编：《协商民主》，上海三联书店，2004 年。

88.应奇、刘训练编：《第三种自由》，东方出版社，2006 年。

89.应奇、刘训练编：《公民共和主义》，东方出版社，2006 年。

90.［英］洛克：《政府论》（下），瞿菊农、叶启芳译，商务印书馆，1995 年。

91.［英］迈克尔·H.莱斯诺夫：《二十世纪的政治哲学家》，冯克利译，商务印书馆，2001 年。

92.［美］迈克尔·J.桑德尔：《自由主义与正义的局限》，万俊人等译，译林出版社，2001 年。

93.［美］迈克尔·沃尔泽：《正义诸领域——为多元主义与平等一辩》，褚松燕译，译林出版社，2002 年。

94.［美］曼瑟尔·奥尔森：《集体行动的逻辑》，陈郁等译，上海三联书店、上海人民出版社，1995 年。

95.［法］孟德斯鸠：《论法的精神》，张雁深译，商务印书馆，1982 年。

（二）中文著作

1.徐大同主编：《西方政治思想史》，天津教育出版社，2002 年。

2.徐大同主编：《当代西方政治思潮：70 年代以来》，天津人民出版社，2000 年。

3.王乐理主编：《西方政治思想史》第一卷，天津人民出版社，2005 年。

4.丛日云主编：《西方政治思想史》第二卷，天津人民出版社，2005 年。

5.高建主编：《西方政治思想史》第三卷，天津人民出版社，2005 年。

6. 吴春华主编:《西方政治思想史》第四卷,天津人民出版社,2005 年。

7. 马德普主编:《西方政治思想史》第五卷,天津人民出版社,2005 年。

8. 丛日云:《当代世界的民主化浪潮》,天津人民出版社,1997 年。

9. 丛日云:《在上帝与恺撒之间:基督教二元政治观与近代自由主义》,三联书店,2003 年。

10. 丛日云《西方政治文化传统》,黑龙江人民出版社,2002 年。

11. 房宁:《民主政治十论:中国特色社会主义民主理论与实践的若干重大问题》,中国社会科学出版社,2007 年。

12. 冯克利:《尤利西斯的自缚》,江苏人民出版社,2004 年。

13. 郭道久:《以社会制约权力——民主的一种解析视角》,天津人民出版社,2005 年。

14. 郭秋永:《当代三大民主理论》,新星出版社,2006 年。

15. 顾肃:《自由主义基本理念》,中央编译出版社,2003 年。

16. 顾肃:《罗尔斯:正义与自由的求索》,辽海出版社,1999 年。

17. 何包钢:《民主理论:困境和出路》,法律出版社,2008 年。

18. 何怀宏:《公平的正义——解读罗尔斯〈正义论〉》,山东人民出版社,2002 年。

19. 河清:《民主的乌托邦》,中国社会科学出版社,2004 年。

20. 胡伟:《政府过程》,浙江人民出版社,1998 年。

21. 江宜桦:《自由民主的理路》,新星出版社,2006 年。

22. 李强:《自由主义》,中国社会科学出版社,1998 年。

23. 李铁映:《论民主》,人民出版社、中国社会科学出版社,2001 年。

24. 刘军宁主编:《民主与民主化》,商务印书馆,1999 年。

25. 刘军宁等:《直接民主与间接民主》,三联书店,1998 年。

26. 刘军宁:《共和·民主·宪政——自由主义思想研究》,上海三联书店,2000 年。

27. 马德普:《社会主义基本价值论》,中央编译出版社,1997 年。

28. 马德普主编:《中西政治文化论丛》第 2 辑,天津出版社,2002 年。

29. 马德普:《普遍主义的贫困——自由主义政治哲学批判》,人民出版社,2005 年。

30. 马庆钰:《告别西西弗斯—中国政治文化分析与展望》,中国社会科学出版社,2002 年。

31. 马啸原:《西方政治思想史纲》,高等教育出版社,1998 年。

32. 慕毅飞主编:《民主恳谈——温岭人的创造》,中央编译出版社,2005 年。

33. 启良:《西方自由主义传统:西方反自由至新自由主义的追索》,广东人民出版社,2003 年。

34. 石元康:《当代西方自由主义理论》,上海三联书店 2000 年。

35. 孙永芬:《西方民主理论史纲》,人民出版社,2008 年。

36. 佟德志:《在民主与法治之间——西方政治文明的二元结构及其内在矛盾》,人民出版社,2006 年。

37. 唐士其:《西方政治思想史》,北京大学出版社,2002 年。

38. 汪行福:《通往话语民主之路——与哈贝马斯对话》,四川人民出版社,2002 年。

39. 吴春华:《当代西方自由主义》,中国社会科学出版社,2004 年。

40. 吴玉章：《论自由主义权利观》，中国人民公安大学出版社，1997年。

41. 许国贤：《个人自由的政治理论》，法律出版社，2008年。

42. 徐东礼、纪政文：《民主论》，山东人民出版社，2003年。

43. 徐鸿武等：《当代西方民主思潮评析》，北京师范大学出版社，2000年。

44. 闫健：《民主是个好东西：俞可平访谈录》，社会科学文献出版社，2006年。

45. 应克复等：《西方民主史》，中国社会科学出版社，1997年。

46. 俞可平：《增量民主与善治》，社会科学文献出版社，2003年。

47. 俞可平：《民主与陀螺》，北京大学出版社，2006年。

48. 刘擎：《悬而未决的时刻——现代性论域中的西方思想》，新星出版社，2006年。

49. 佟德志：《现代西方民主的困境与趋势》，人民出版社，2008年。

50. 王绍光：《民主四讲》，三联书店，2008年。

51. 韩冬雪：《马克思主义政治哲学诸范畴初探》，吉林出版集团有限责任公司，2007年。

52. 周光辉：《论公共权力的合法性》，吉林出版集团有限责任公司，2007年。

53. 黄文扬主编：《国内外民主理论要览》，中国人民大学出版社，1990年。

54. 中国社会科学科学杂志社：《民主的再思考》，社会科学文献出版社，1999年。

（三）中文论文

学位论文：

1. 丛日云：《基督教二元政治观与近代自由主义》，天津师范大学博士学位论文，2001年。

2. 马德普：《普遍主义的贫困——自由主义政治哲学研究》，天津师范大学博士学位论文，2002年。

3. 刘训练：《公民与共和——当代西方共和主义研究》，天津师范大学博士学位论文，2006年。

4. 曾纪茂：《共和主义的民主——自治的承诺与实现的可能》，复旦大学博士学位论文，2005年。

5. 曾宇辉：《自由的意蕴及其当代价值——马克思主义自由思想探究》，天津师范大学博士学位论文，2007年。

6. 邓振军：《共同善中的自由——托马斯·希尔·格林自由民主思想研究》，华东师范大学博士学位论文，2007年。

7. 王国宏：《马克思民主思想研究》，中共中央党校博士学位论文，2007年。

8. 刘永宏：《政治自由主义发展的逻辑——从洛克和密尔到格林和罗尔斯》，中国人民大学博士学位论文，2005年。

9. 乔贵平：《自由主义民主理论及其批判》，天津师范大学博士学位论文，2008年。

10. 卢瑾：《寻求消极保护与积极参与之平衡——西方参与式民主发展理论研究》，天津师范大学博士学位论文，2009年。

11. 李颖：《利普哈特的共识民主理论研究》，天津师大硕士学位论文，2008年。

12. 曹晓进：《利普哈特的结盟民主理论研究》，天津师大硕士学位论文，2009年。

期刊、报纸:

1. 高建:《重视对西方近代政治思想的研究》,《浙江学刊》2002 年第 1 期。

2. 高建、佟德志:《作为多元文化解决方案的结盟民主——利普哈特的民主思想初探》,见中央编译局等:《第七届中俄经济社会发展比较论坛:"多民族国家民主政治建设过程中的政治稳定问题"国际研讨会论文汇编》。

3. 吴春华:《密尔政治思想的自由主义特征及其形成》,《浙江学刊》2002 年第 3 期。

4. 马德普、涂晓芳:《民主制度化初探》,《郑州大学学报(哲学社会科学版)》1999 年第 7 期。

5. 杨光斌:《评利普哈特共识民主模式》,《江苏行政学院学报》2007 年第 5 期。

6. 程同顺、高飞:《什么是协合民主——兼与多数民主比较》,《学海》2009 年第 3 期。

7. 杨冬雪:《20 世纪民主理论:流变与评价》,《北京电子科技学院学报》2007 年第 3 期。

8. 韩世奇:《浅论瑞士的共识民主制》,《中国校外教育》2008 年第 8 期。

9. 黄晓辉、陈诚:《多数民主与共识民主下权力监控立论逻辑与效能比较研究——兼论我国权力监控机制改造之进路》,《福建师范大学学报》2008 年第 2 期。

10. 谭融、郝丽芳:《论瑞士"共识民主模型"》,《天津师范大学学报》2006 年第 6 期。

11. 陈炳辉:《20 世纪西方民主理论的演化》,《厦门大学学报》1999 年第 3 期。

12. 陈尧:《西方民主观及其理论思考》,《中国福建省委党校学报》2001 年第 1 期。

13. 陈尧:《拥占性个人主义与自由主义民主——C.B.麦克弗森的政治学说》,《上海交通大学学报(哲学社会科学版)》2004 年第 1 期。

14. 丛日云:《民主制度的公民教育功能》,《中共天津市委党校学报》2001 年第 1 期。

15. 盖宏伟:《现代西方几种主要民主理论述评》,《燕山大学学报》2003 年第 4 期。

16. 洪明:《"西方民主"还是源于西方的民主》,《战略与管理》2002 年第 6 期。

17. 胡伟:《民主与参与:走出貌合神离的困境?——评卡罗尔·帕特曼的参与民主理论》,《政治学研究》2007 年第 1 期。

18. 吕钦:《马克思主义视角下的当代西方民主理论评析》,《北京行政学院学报》2006 年第 4 期。

19. 潘非欧:《汉娜·阿伦特论公共领域的建设》,《浙江学刊》2006 年第 5 期。

20. 潘维:《民主迷信与中国政体改革的方向》,《天涯》2001 年第 1 期。

21. 唐丽萍:《从代议民主制到参与式民主制——网络民主能否重塑民主治理》,《兰州学刊》2007 年第 3 期。

22. 田改伟:《试论民主及其价值》,《政治学研究》2006 年第 3 期。

23. 徐友渔:《中国式民主的模式和道路》,《同舟共济》2007 年第 12 期。

24. 许国贤:《商议式民主与民主想象》,《政治科学论丛》2000 年第 13 期。

25. 燕继荣:《两种民主观和民主观念的现代性变革》,《学习与探索》2002 年第 2 期。

26. 俞可平:《人的全面发展:马克思主义的最高命题和根本价值》,《马克思主义与现实》2001 年第 5 期。

27.俞可平:《当代西方政治理论的热点问题(下)》,《学习时报》2002 年 12 月
23 日。

28.俞可平:《马克思论民主的一般概念、普遍价值和共同形式》,《马克思主义与现
实》2007 年第 3 期。

29.俞可平:《民主是个好东西》,《民主》2007 年第 1 期。

30.郁建兴:《马克思与自由主义民主》,《哲学研究》2002 年第 3 期。

31.郑易平等:《批判视角下的西方政治参与模式》,《政治学研究》2006 年第 3 期。

32.郁建兴:《从政治解放到人类解放》,《中国社会科学》2000 年第 2 期。

后 记

本书是我承担的国家社科基金项目"当代西方共识民主理论研究"的最终成果。该成果也是在我的博士论文《多元共识与政治整合：利普哈特共识民主理论研究》基础上进一步展开研究的结果。

在此书正式出版之际，首先要感谢我的导师高建教授。高老师以渊博的学识、严谨的态度、高屋建瓴的视野和坚定的学术立场，指引着我在学术道路上成长。他那宽厚的胸怀，慈祥的态度，以及困惑之中的适时点拨，不但让我在艰辛的治学过程中如沐春风，更激励着我不断前行。

感谢天津师范大学政治与行政学院的其他老师们，正是在他们的共同培养和帮助下，使我拥有了一段难忘的政治学专业训练经历，并逐渐具备了独立承担科研课题的能力。每回想起这些老师们，内心就会跌宕起伏，难以平静。徐大同先生"学学问、学做学问、学做人"的治学宗旨，"为中国而研究西方"的学术情怀，"从头越"的雄心壮志，使我终生收益。马德普老师严谨的治学、宽阔的学术视野，吴春华老师的睿智宽厚、平易近人，常士誾老师的渊博学识、诲人不倦，佟德志、刘训练老师敏锐的学术触角和开拓进取精神，都令我终生难忘。

感谢王浦劬、杨龙、孙晓春等先生对我的鼓励和指点。在博士论文答辩过程中，他们的肯定和鼓励，坚定了我继续从事这一研究的信心；他们提出的问题，成为我进一步研究的指南。因此，本书的内容，同样有着他们的奉献。

感谢我的家人。他们是我学业进步的精神支柱。年逾八旬的父母，时刻关注儿子的点滴进步，在他们的眼神中，我总能读懂那强烈的期盼！我爱人与我共处二十余载，她任劳任怨，相夫教子，让我感到家庭的温馨和幸福。儿子的茁壮成长让我感到生命的价值和生活的意义。

最后要特别感谢人民出版社的洪琼博士，这位热诚负责的青年学者为本书的出版做了大量的工作，本书能够得以问世与他的帮助分不开。

限于本人的学术水平，本书肯定存在许多不足之处，恳请读者赐教。

寇鸿顺

2014 年 12 月 1 日